Florian Spendlingwimmer

Aussteiger und Überlebenskünstler

FELDFORSCHUNG

Band 6

LIT

Florian Spendlingwimmer

Aussteiger und Überlebenskünstler

Sinnfindung am anderen Ende des Planeten

LIT

Covergestaltung: Michael Potutschnig

Gedruckt mit Unterstützung des Bundesministeriums
für Wissenschaft und Forschung in Wien

→ Wissenschaft

Bibliografische Information der Deutschen Nationalbibliothek
Die Deutsche Nationalbibliothek verzeichnet diese Publikation in der
Deutschen Nationalbibliografie; detaillierte bibliografische Daten sind
im Internet über http://dnb.d-nb.de abrufbar.

ISBN 978-3-643-50263-6

©LIT VERLAG GmbH & Co. KG Wien 2011   LIT VERLAG   Dr. W. Hopf
Krotenthallergasse 10/8   Berlin 2011
A-1080 Wien   Verlagskontakt:
Tel. +43 (0) 1-409 56 61   Fresnostr. 2
Fax +43 (0) 1-409 56 97   D-48159 Münster
e-Mail: wien@lit-verlag.at   Tel. +49 (0) 2 51-620 320
http://www.lit-verlag.at   Fax +49 (0) 2 51-922 60 99
                                       e-Mail: lit@lit-verlag.de
                                       http://www.lit-verlag.de

Auslieferung:
Deutschland: LIT Verlag Fresnostr. 2, D-48159 Münster
Tel. +49 (0) 2 51-620 32 22, Fax +49 (0) 2 51-922 60 99, e-Mail: vertrieb@lit-verlag.de
Österreich: Medienlogistik Pichler-ÖBZ, e-Mail: mlo@medien-logistik.at
Schweiz: B + M Buch- und Medienvertrieb, e-Mail: order@buch-medien.ch

Dankeschön:

Um diese Feld- und Sozialforschungen abschließen zu können, möchte ich einigen lieben Menschen für ihre Unterstützung danken.

Zuerst einmal ein riesiges Dankeschön an alle meine Interviewpartner – ohne sie wäre diese Forschung gar nicht möglich gewesen.

Ich möchte vor allem Bakk. Elisabeth Obermoser, Christian Scheidl und Fabian Neumann danken. Sie haben mir einige Interviewpartner vorgestellt, Elisabeth ist mit mir sogar zur Jugendherberge nach Kirchberg gefahren und hat mich sozusagen ins Feld integriert.

Lara van Turnhout, DI Michael Egger und DI Axel Naglich haben mir gute Tipps für Neuseeland gegeben.

Nina Gunell hat meine Untersuchungen im Barbereich wohlwollend unterstützt und mich sogar im „Londoner Staffhouse" für Barpersonal einquartiert. Die Feldforschung dort hat diese Arbeit sehr bereichert.

Charlie Brown (er heißt wirklich so!) bin ich für die vielen Gespräche über die Lebenswelt der reisenden Saisonarbeiter dankbar.

Dr. Garry Mahon danke ich für seine Tipps zur englischen Zusammenfassung.

Die Gespräche und Kritiken meiner Freunde Mag. Ingo Dieter Joham MBA, Mag. Dimitrios Manopoulos und Dr. Jörg Schader haben mir viele Anregungen für diese Forschung gegeben.

Der Universität Wien sei der Dank für die freundliche Unterstützung bei diesem Projekt ausgesprochen.

Michael Potutschnig bin ich für das Titelbildes dankbar.

Evelyn Zechner möchte ich für das Lektorat danken.

Mario Matt und Rainer Schönfelder danke ich für die Interviews in Neuseeland.

Kate Allen möchte ich herzlich für das Vorwort danken.

Meinen beiden Betreuern Univ.-Prof. Mag. Dr. Manfred Prisching und Univ.-Prof. Dr. Roland Girtler bin ich sehr dafür dankbar, dass sie mich mit diesem Forschungsthema angenommen und unterstützt haben. Ohne sie wäre die Forschung in Kitzbühel und Neuseeland in diesem Ausmaß nicht möglich gewesen. Ich bin kein „Weberknecht" geworden.

Meiner Freundin Biliana danke ich dafür, dass sie mich in Kitzbühel und auch in Neuseeland während meiner Forschung besucht hat, obwohl sie gewusst hat, dass ich zum Forschen dort bin und wenig Zeit für sie haben werde.

Meiner Schwester Anna und meinem Schwager Andreas, meinen Eltern und meinen Großeltern möchte ich dafür danken, dass sie mich in allen Belangen unterstützt und an dieses Projekt geglaubt haben.

Inhaltsverzeichnis

VORWORT VON KATE ALLEN 11
1. EINLEITUNG 13
   1.1 Themenwahl 13
   1.2 Rezeption des Themas 15
   1.3 Irrtum und Odyssee 16
   1.4 Reisevorbereitung 18
2. AUF DER SUCHE 20
   2.1 ...nach Realisierung 20
   2.2 ...nach sozialer Einordnung 21
   2.3 ...nach einem Weltbild 23
   2.4 ...nach Spass 26
   2.5 ...nach dem Saisonarbeiterkalender als Zeichen der Spaßgesellschaft 27
   2.6 ...nach Vergemeinschaftung 28
   2.7 ...nach „posttraditionalen Gemeinschaften" in Urlaubsorten 30
   2.8 „Game Over Restart Effekt" 33
3. URLAUBSFANTASIEN 35
   3.1 Träume, Wünsche und Vorstellungen der Urlauber 35
   3.2 Realisierungsdruck durch Optionen – Jeder will etwas realisieren 39
   3.3 Inszenierte Authentizität 46
   3.4 Bühnen 48
   3.5 Entertainment 51
   3.6 Rollenverschiebungen 56
   3.7 „Urlaub ist ein eigener Kosmos mit eigenen Gesetzen" 59
   3.8 Feste und Feierlichkeiten im Wandel 63
   3.9 Körperlichkeit 64
   3.10 Verhaltensfreizügigkeit und Ventilsitten 65
   3.11 Sexualität 66
   3.12 Trinken und Feiern 68
   3.13 Erlebnis und Spaß, Extrem- und Risikosport 69
   3.14 Backpackerenklaven – Folgen des Mainstreambackpackens 72
   3.15 Identifikationsmerkmal 74
   3.16 Abgrenzung zu anderen Touristen 75
   3.17 Wandel des Reisens 76
   3.18 Backpacker 78
4. GRÜNDE FÜR DEN AUFBRUCH 81
   4.1 Familiensituation – Fluchtreaktion 81

4.2 Ein neues Image aufbauen 84
4.3 Das „Gap Year" 86
4.4 Zeitgefühl, Berufsstress, Kündigung 87
4.5 Erlebnisgesellschaft und Abenteuerlust 90

5. DIE KULTUR DER SAISONARBEITER 93
5.1 Die erste Saison 93
5.2 Die Partys 95
5.3 „Time of my life" 97
5.4 Momentgemeinschaften 100
5.5 Oberflächliches Leben im Urlaubsort 101
5.6 „Stories of a forgiving society" 102
5.7 Saisonarbeitergenerationen 103
5.8 Wer in der Nebensaison da ist, bleibt auch in der Hauptsaison 105
5.9 Unfälle, Katastrophen, Beerdigungen 108

6. AUßENSEITER UND ETABLIERTE IM URLAUBSORT 113
6.1 Die „edlen Wilden" (Etablierte) 113
6.2 Die Außenseiter 114
6.3 Reiche Leute, berühmte Persönlichkeiten und Missverständnisse ...116
6.4 Die Sprachbarriere 118

7. DIE SAISON 125
7.1 Kurz vor Saisonbeginn 126
7.2 Saisonbeginn 127
7.3 Hochsaison 128
7.4 Saisonende 128
7.5 Zwischensaison 130
7.6 Tages- und Wochenroutinen 131
7.7 Events 133

8. PROBLEME REISENDER SAISONARBEITER 138
8.1 Geld und Sparen 138
8.2 Markt von Gegenständen 142
8.3 Transport 143
8.4 Visum 146
8.5 Bewerbung 148
8.6 Wohnsituation 153

9. BEZIEHUNGSMODELLE 156
9.1 Die langfristige Beziehung 156
9.2 Die saisonale Beziehung 159

9.3 Die Fernbeziehung 159
9.4 One-Night-Stands 160
10. NETZWERKBEZIEHUNGEN 162
   10.1 Netzwerk 162
   10.2 Netzwerkzusammenhalt 166
   10.3 Das Pub 168
   10.4 Die Jugendherberge 175
   10.5 Der Austritt und der Wiedereintritt 179
11. REISEN 180
12. JOBS FÜR REISENDE 186
   12.1 Persönliche Veränderung und Weiterbildung 191
   12.2 Rückkehr und Aufstieg im Saisonort 195
   12.3 Verkauf von Emotionen 196
   12.4 Nischengeschäfte 198
13. KARRIERE UND AUSBILDUNG 200
   13.1 Karriereleiter vs. Saisonarbeit 200
   13.2 Ich habe bereits Karriere gemacht 201
   13.3 Wie lange noch? 203
   13.4 Ausbildungsgrad der reisenden Saisonarbeiter 207
14. ELTERN, VERWANDTE UND FREUNDE ZUHAUSE 209
   14.1 Verabschiedungen 209
   14.2 Kontakt zu Familie und Freunden halten 211
   14.3 Generationskonflikt 213
   14.4 Weihnachten 215
   14.5 Freunde und Familie: Parallelveranstaltung 218
15. TYPISIERUNG 221
   15.1 Sportler 221
   15.2 „Party animals" 223
   15.3 Abenteuerreisende 224
   15.4 Sicherheitsreisende 225
   15.5 „Back to Back Seasoner" 226
   15.6 Die Hängengebliebenen 226
   15.7 Die Quasihängengebliebenen 227
   15.8 Die „Lost Souls" 228
   15.9 Individualisten 229
   15.10 Die „reichen Söhne" 231
   15.11 Die „Gap Years" vs. Aussteiger und Überlebenskünstler 232

16. RESÜMEE 234
NACHWORT VON ROLAND GIRTLER 238
ANHANG 240
    Methode 240
ANMERKUNGEN 246
BIBLIOGRAPHIE 261
    Forschungsliteratur: 261
    Abbildungsverzeichnis: 271
    Annex Abstract: 'Drop-outs' and 'survival artists' 272

Vorwort von Kate Allen

Mit dem Lebensstil der Saisonarbeiter verbinde ich einen prägenden Teilabschnitt meines Lebens, der bedeutend anders war als mein Beruf als Krankenschwester zuvor und als Triathlonprofi danach. Ich war selbst auf Reisen, und wenn mir das Geld ausging, musste ich jobben. Ich habe als Saisonarbeiterin in Kitzbühel und anderen Orten Geld zum Überleben verdient. Sobald ein ausreichendes Budget zum Weiterreisen vorhanden war, ging der Trip weiter. Unter anderem habe ich im „Highways" in Kitzbühel gekellnert und im Personalhaus vom „The Londoner" gewohnt. Reich geworden bin ich davon nicht, oft habe ich mir sogar das Zimmer mit anderen Leuten teilen müssen. Mein Rucksack war mein ganzer Besitz. Aber mehr wollte ich damals auch nicht und es war großartig. Auf diesen Reisen habe ich viel von der Welt gesehen und verschiedene Kulturen kennen gelernt. Es ergaben sich unzählige angenehme, interessante Gespräche mit anderen Reisenden und Saisonarbeitern. Diese wussten oft spannende Geschichten zu erzählen, viele von ihnen hatten eine ziemlich qualifizierte Ausbildung und ein umfangreiches Wissen. Für mich ist leicht nachvollziehbar, dass manche diese Zeit als „Time of my life" definieren. Auch ich erinnere mich gerne an diese turbulente und verrückte Lebensphase zurück, bis heute kommen mir noch oft schöne Gedanken und lebendige Erinnerungen aus dieser Zeit in den Sinn. Momente der Unverbindlichkeit, emotionale Ups und Downs, absurde Situationen und die ausgelassene Stimmung auf Partys, und vor allem viel Spaß inmitten gut gelaunter Freunde mit glücklichen Gesichtern. Erlebt haben wir viel, es war immer etwas los. Manchmal konnte schon auch etwas daneben gehen, vor allem wenn viel getrunken wurde. Ich glaube, dass man sogar allein über die Dinge, die falsch gelaufen sind, ein Buch verfassen könnte. Nicht alle Geschichten hatten ein Happy End, aber genug von ihnen brachten uns zum Lachen. Die Eingeweihten im Kreis der Saisonarbeiter haben die Neuigkeiten der letzen paar Tage gerne weiterverbreitet.

Die meisten Leute, die ich auf meiner Reise kennen lernte, waren auf der Suche. Wie Florian es beschreibt, dienten häufig die Religion, familiäre oder gesellschaftliche Probleme oder einfach pure Abenteuerlust als Anstoß. Bei mir war es Letzteres, ich wollte aus dem Land hinaus in die weite Welt – vielleicht auch bis ans Ende der Erde. Und obwohl wir Tausende von Kilometern von zu Hause weg waren, gab es doch eine Solidarität unter uns

Backpackern und Saisonarbeitern. Wir hielten einfach zusammen, wenn es Schwierigkeiten gab.

Beim Lesen dieses Buches über Aussteiger und Überlebenskünstler stieß ich sehr oft auf Elemente meines früheren Lebens. „Reunions" und Wiedersehensfeste, wie es sie überall gibt, sind zwar nicht meine Sache. Zu manchen Leuten habe ich jedoch heute noch Kontakt, vor allem zu Personen aus meiner „Saisonarbeitergeneration". Genug haben den Absprung aus dem Urlaubsort nicht geschafft und sind heute noch dort, in diesen magnetischen Fantasiestädten, die für sie identitätsstiftend wirken. In diesen wunderschönen Orten ernten die Saisonarbeiter viel Aufmerksamkeit und spielen eine Rolle, ohne die viele nicht mehr weiterleben wollen und können. Die Saisonarbeiter wie Kellner, Schilehrer, Türsteher etc. haben einfach eine riesige Bedeutung in den Urlaubsorten. Es hat sich auch vieles verändert – manche Lokale gibt es gar nicht mehr, das Reisen und die weltweite Kommunikation sind einfacher geworden. Ich kann mich noch gut erinnern, wie oft ich das Münztelefon mit Schillingen gefüttert habe und hoffte, dass die Verbindung mit meiner Familie in Australien ein paar Minuten halten würde.

Ich hatte eine wunderschöne Zeit beim Saisonarbeiten und Reisen und denke gerne daran zurück. Für mich sollen diese Erinnerungen jedoch Erinnerungen an eine wunderbare Fantasiewelt bleiben, denn keine Situation kann man noch einmal so erleben, wie sie war. Florian hat es geschafft, diesen Lebensstil zu strukturieren und verständlich darzustellen. Vor allem die Typisierung finde ich sehr gelungen, denn zu jedem einzelnen der beschriebenen Typen wie etwa den „Hängengebliebenen", den „Quasihängengebliebenen", den „Lost Souls" oder den „Gap Years" ist mir sofort ein Gesicht eingefallen.

Schöne Momente und vielleicht auch Erinnerungen durch dieses Buch wünscht Euch Eure

Kate Allen

1. Einleitung

1.1 Themenwahl

Ich glaube, dass die außergewöhnliche Lebensgeschichte eines 62-jährigen Australiers meine Faszination für dieses Thema weckte. Während meiner Forschungsarbeit über Schilehrer in Obertauern[1] habe ich Ed als einen liebenswürdigen Kollegen kennen gelernt. Nach meiner Vorstellung waren Schilehrer in Analogie zu den erfolgreichen österreichischen Schisportlern Einheimische. Zu meiner Verblüffung gehörten jedoch viele anderen Nationen an. Ähnlich wie mir erging es auch einem Schilehrer aus Bayern, der sich ursprünglich als Exot sah:

„Das fand ich eigentlich sehr interessant. Das war so ein multikultureller Haufen, ich dachte, das sind lauter Österreicher oder so. Dann kam halt der Swedish Tom, der Schwede. Und der Holländer, und du musstest auf einmal Englisch reden, aber wir haben uns dann abends immer verabredet. Das war richtig cool, dann haben wir uns kennen gelernt und ich denke, dass ich mich sehr schnell integrieren konnte." [Horst]

Mich interessierte nun, was dieser fast pensionierte Australier als Schilehrer in einem bekannten österreichischen Schisportort verloren hatte. Australier stufte ich eigentlich nicht als Wintersportler ein. Ich dachte da mehr an „Crocodile Dundee", die Wüste, Hitze und die Aborigines, aber nicht an eine Person, die im Schnee ihren Lebensunterhalt verdient. „Was trieb ihn an, warum ist er in dieser Schischule gelandet?", fragte ich mich, und es freute mich umso mehr, als er mir für ein Interview zusagte. Er lud mich in einen Aufenthaltsraum des Hotels ein, wo er gemeinsam mit seiner 15 Jahre jüngeren Lebensgefährtin in einem Zimmer wohnte. Das Interview war ein entspanntes Gespräch bei einer Tasse Tee abends nach dem Schiunterricht, welches sich frei entwickelte und nicht von vornherein durch strikte Vorgaben geplant war (ein so genanntes „Ero-episches Gespräch"[2]).

Nachdem er seine Reifeprüfung abgelegt hatte, studierte Ed erfolgreich Rechtswissenschaften. Er war Zeit seines Lebens sportlich gewesen und während seiner Studienzeit als Rettungsschwimmer tätig. Im Sommer liebte er das Strandleben in Gesellschaft netter Damen. Im Winter aber trainierte er auf der Eisbahn professionell Eisschnelllauf – etwas ungewöhnlich für einen

Australier. Dass er für die Olympischen Spiele für das australische Team qualifiziert war, aber aufgrund mangelnder Sponsoren an ihnen nicht teilnehmen durfte, weil dem australischen Team keine Medaillenchance zugesprochen wurde, überraschte mich völlig. Dadurch verbittert, legte er die Eislaufschuhe in die Ecke. Zu dieser Zeit lernte er den Schisport durch einen Freund in Norwegen kennen und fand mit Hilfe eines anderen Freundes eine Anstellung als Schilehrer in Obertauern. Durch seinen Aufenthalt in Norwegen hatte er sich genug Schwedischkenntnisse angeeignet, um schwedische Gäste in ihrer Landessprache unterrichten zu können. Schließlich erzählte er von seinen fünf Kindern mit drei verschiedenen Müttern – einem in Norwegen, einem „Unfallkind" in Schweden und drei in Australien. Als 62-Jähriger hatte er über 80 Winter hinter sich, weil er dem Winter von der Nord- auf die Südhalbkugel hinterher gereist war[3] Ich grübelte, ob es sich bei seinem Leben um einen Einzelfall handelte, oder ob es vielleicht noch mehr Menschen von seiner Sorte gab. Kurz nach diesem Interview hörte ich das erste Mal den Namen der Austroaustralierin Kate Allen, als sie bei den Olympischen Spielen in Athen die Goldmedaille für Österreich gewann. Sie hatte in Kitzbühel gelebt, gearbeitet, einen Österreicher kennen gelernt und diesen später geheiratet.

Es taten sich in der Folge viele weitere Fragen auf, so etwa: Wer sind diese Menschen – Reisende? Welche Motive haben sie? Was zieht sie von zuhause weg? Handelt es sich beim Aufbruch in ein fremdes Land um eine „undurchdachte Idee"[4]?

Urlaubsorte sind für Untersuchungen spannend, weil sich dort „außeralltägliche Situationen" ergeben, die Rückschlüsse auf unsere Gesellschaft zulassen. Mir fiel auf, dass viele Leute vom „Irgendwann bleib i dann dort, lass' alles lieg'n und steh'n" (so wie es die Austropop-Formation „STS" besingt) reden. Nur – wer setzt dies in die Tat um? Wenige haben ihre Ankündigung wahr gemacht, viele sind Dampfplauderer.

Das Motiv ist meist einfach: Man möchte gerne für immer Urlaub machen, denn: Wer will nicht in ein Paradies im Diesseits mit gut gelaunten Bewohnern ziehen, wo man sein kann wie man will? Doch wird ein Urlaubsparadies nicht langweilig und verliert seinen Glanz, wenn man dort lebt? Christoph Hennig dazu nüchtern: „Wenn Menschen zwei oder fünf oder sogar 14 Tage im Jahr in der Ferialwelt eines Erlebnisparks verbringen, braucht man um ihren Realitätssinn keine Angst zu haben."[5] Kann man dauerhaft Urlaub machen? Ist Dauerurlaub nicht bedenklich? Um sinnvolle Antworten auf diese Frage zu bekommen, habe ich mit den Menschen geredet, die weggingen.

Aussteiger zu sein bedeutet, eine alternative Lebensform zu wählen. Reinhard Bachleitner definiert Aussteiger als eine „Personengruppe, die ihre angestammte Personengruppe (freiwillig) für einen längeren, häufig unbestimmten/nicht festgelegten Zeitraum verlässt. Die insgesamt gesetzten Handlungen von Aussteigern können nur in Abgrenzung zu einer vorhandenen Norm als „Ausstieg" bezeichnet werden."[6] In diesem Text bezieht sich das „Aussteigen" nicht auf Personen, die irgendwo in Spanien in Höhlen leben, sich in Kommunen auf einem oberösterreichischen Bauernhof selbst erhalten oder nach Südamerika auswandern. Mit Aussteigern sind Leute gemeint, welche mitunter wenig qualifizierte Saisonarbeit fern der Heimat ihren Berufen mit wesentlich höherem Sozialstatus und entsprechender Bezahlung zuhause vorziehen (wie z.B. Arbeiten in einer Bank, einer Kanzlei, einem Büro). Gerade der geringe Verdienst bei den Saisonjobs macht manche jedoch zu Überlebenskünstlern.

1.2 REZEPTION DES THEMAS

Während des Verfassens dieser Studie habe ich mit verschiedensten Personen über das Thema der reisenden Saisonarbeiter gesprochen.[7] Fast jeder hatte im Bekanntenkreis Rucksacktouristen oder Aussteiger und somit eine bestimmte Vorstellung. Die gängigsten fünf Meinungen über die reisenden Saisonarbeiter sehen demzufolge folgendermaßen aus:
In modernen Gesellschaften ist individuelle Leistung ein zentraler Wert.[8] Es gab daher Leute, die eine Unternehmung wie „Travel and Work" schlichtweg als unsinnig betrachteten. Sie konnten mit dem Lebensstil der Rucksacktouristen und dem ewigen Reisen nichts anfangen. Diese Skeptiker beurteilten den Lebensstil der Aussteiger als sehr bedenklich. Sie waren der Ansicht, dass man nach der Rückkehr nicht mehr in das Alltagsleben der westlichen Welt zurückkehren kann. Manche gaben sogar an, dass es ihnen Freude bereiten würde, wenn das Konzept der „hedonistischen Backpacker" nicht aufginge und diese in der Folge keine Karriere mehr machen könnten. Man bezweifelte, dass die Saisonarbeiter den Spagat zwischen Fun- und Leistungsgesellschaft schaffen können. Diesen Menschen war letztlich auch unverständlich, warum man sich mit „Verlierern" wissenschaftlich auseinandersetzen sollte.
Manchen Zeitgenossen war die Existenz von Saisonarbeitern egal und sie wollten keine näheren Details erfahren.
Als Drittes gab es eine Gruppe, die Fantasien über das Wegfahren und das „Alles-liegen-und-stehen-Lassen" hatte, sich aber nicht traute. Die Vorstellung, von der Hand in den Mund zu leben und keine sichere Arbeit zu haben, machte diesen Menschen Angst. So liegt die Vermutung nahe, dass es sich

bei Rucksacktouristen um risikofreudige Personen handeln könnte. Vielleicht wären diese sogar aufgrund ihrer Stressresistenz für Führungspositionen geeignet – sofern sie von ihrer Reise wieder heimkehren.
Andere Menschen hatten wiederum selbst noch nicht die Zeit gefunden, sich auf so ein Abenteuer einzulassen. Ihnen fehlte die Anleitung, um so etwas ohne das Risiko eines Karriereknicks durchzuführen. Diese Personengruppe war schon gespannt auf die Ergebnisse.
Schließlich gab es noch diejenigen, die ohnehin schon so lebten. Sie fanden die Idee dieser Arbeit zumeist großartig und versuchten, mich so gut wie möglich bei diesem Projekt zu unterstützen. Von dieser letzten Gruppe und ihrem Lebensstil wird diese Arbeit handeln.

1.3 IRRTUM UND ODYSSEE

„Wir wissen nicht, was wir einmal wissen werden"[9], stellte Niklas Luhmann fest. "'Travellers don't know where they are going, tourists don't know where they have been'. Pedro Backpacker."[10] Der Irrtum ist Bestandteil der Forschung. Er führte bei mir zu zwei Reisen und dazu, bestehende Vorstellungen zu verwerfen und durch andere zu ersetzen. Ursprünglich beschränkte sich meine Untersuchung auf australische Saisonarbeiter in Österreich. Ich nahm durch meine Forschung in Obertauern und Kitzbühel an, dass es in fast allen Schigebieten Saisonarbeiter aus Australien gibt. Deswegen startete ich die Untersuchung in Obertauern, wo ich schnell feststellte, dass der Anteil der Australier und der Englisch sprechenden Saisonkräfte an einer Hand abgezählt werden konnte. Eine rein englischsprachige Kultur in Obertauern entwickelte sich aus zwei Gründen nicht: 1. Die Mehrzahl der Gäste ist deutschsprachig. 2. Es gibt keine Sommersaison. So konnte die Feldforschung in Obertauern nach zwei Wochen abgeschlossen werden.
Kurz darauf setzte ich die Arbeit in Kitzbühel fort und versuchte dort, die australische Community ausfindig zu machen. Ich hatte damals nur eine vage Ahnung, aber im Laufe mehrerer Wochen lernte ich einige Australier und Neuseeländer kennen. Durch das internationale Publikum wird Personal mit Fremdsprachenkenntnissen angezogen. In den Jugendherbergen, Personalhäusern und in der Schischule versuchte ich, Freundschaften und Kontakte mit den englischsprachigen Saisoniers herzustellen. Sehr schnell fand ich heraus, dass überdies Südafrikaner, Japaner, Engländer und Schotten eine gemeinsame Randkultur formten. Diese Kultur und vor allem die Lebensentwürfe dieser fernreisenden Personen erweckten mein Interesse.

In Kitzbühel und Kirchberg gibt es im Sommer Arbeit für Saisoniers, wodurch diese aus finanziellen Gründen dort über das ganze Jahr hinweg leben. Deswegen befinden sich etwa 80 englischsprachige Saisonarbeiter im Sommer und 200 bis 300 im Winter in diesen Orten. Nach einigen Forschungsmonaten in Kitzbühel sollte ein Lawinenunglück, bei dem ein australischer Snowboarder sein Leben lassen musste, die Arbeit für diese Saison abrupt beenden. Am Saisonende brach ich dann nach Ischgl auf, um dort australische Saisonarbeiter zu finden – wiederum mit geringem Erfolg. In Obertauern und Ischgl gab es also keine spezifische Gruppe von Australiern, sondern nur die der ausländischen Saisonarbeiter. Nach diesem Winter überdachte ich mein ursprüngliches Forschungsziel, etwas über die Australier und Neuseeländer in Österreich herauszufinden, neu.

Nachdem ich einige ausländische Saisonarbeiter interviewt hatte, stellte sich heraus, dass sie einen ähnlichen Lebensstil, gleiche Interessen und Motive wie die „Urgruppe" der Australier hatten. Schließlich passte ich mein Thema an die neue Situation mit ihren Ergebnissen an. Diese Forschungsroute zeichnet den Weg reisender Saisonarbeiter nach. Gespräche mit Schilehrerkollegen, die auch schon in Neuseeland und Australien gearbeitet hatten, zeigten, dass Menschen aller Herren Länder woanders ihr Glück suchen. Aus ihren Erzählungen schloss ich, dass es an vielen Orten der Welt das gleiche Phänomen einer Randkultur fern gereister Saisonarbeiter geben könnte.

In der Folge führten mich meine Forschungen nach Neuseeland und Australien, wo ich mich intensiv mit „Travel und Work" auseinandersetzte. In Neuseeland fanden die Untersuchungen stationär in den Orten Methven, Wanaka, Springfield, Taupo sowie Clubfields (nahe Christchurch) und Queenstown statt. Weitere Gespräche und Interviews ergaben sich während der abschließenden Rundreise in Australien in Ayers Rock und Sydney. Auf den ersten Blick eine Reise mit vielen Versuchen und Irrtümern, im Nachhinein betrachtet genau der richtige Weg, um Leuten zu folgen, die ihre Richtung nicht genau geplant und keine Ziele definiert haben. In diesem Sinne folgten meine Bemühungen durchaus den Vorstellungen Roland Girtlers über das Herangehen an die Feldforschung, dem gemäß „[d]er gute Forscher im Feld, der Kontakte zu Menschen sucht und wissen will, wie Menschen leben und wie ihre Rituale aussehen, [...] sich nicht von einem exakten Forschungsplan leiten lassen"[11] darf.

Diese Forschungsreise wurde begleitet und nachbereitet durch eine zweite Reise in die Welt der Literatur.[12] Die Lektüre veränderte die Sichtweise zu diesem Thema laufend. Meine durch Gespräche, Interviews und Beobachtung erworbenen Erkenntnisse konnten durch die soziologischen Theorien erweitert und in einen Zusammenhang gebracht werden. So hält auch Roland Girtler „beides für wichtig: Das Bücherstudium und den unmittelbaren

Kontakt zu Menschen"[13]. Eine wissenschaftliche Arbeit kann aufgrund der vielen Gemeinsamkeiten sehr gut mit einer Reise verglichen werden. Es gibt einen Beginn, den man kennt, und ein oft unbekanntes Ende. Welche Erlebnisse man haben und wie sich das eigene Empfinden durch diese verändern wird, gilt es herauszufinden. Für mich hat diese Arbeit eine Reise in zweierlei Sinne bedeutet: Einerseits als solche, die ich in physischer Hinsicht absolviert habe. Ich durchlebte viele neue, spannende Situationen: den Diebstahl meines ersten eigenen Autos, Gipfelstürme, und ich bin im wahrsten Sinne des Wortes durch die Wüste gegangen. Andererseits war diese wissenschaftliche Arbeit ein Abenteuer geistiger Natur. Ich schlug mich durch den Dschungel der Wissenschaft. Mit ihren verschiedenen Thesen, Gedankengebäuden – „Kathedralen" des menschlichen Wissens – brachte ich das bereits Erlebte in einen Sinnzusammenhang.

Was für Surfer „die perfekte Welle" irgendwo draußen im Meer ist, mag für den ernsthaft Reisenden „der perfekte Trip" und für den Wissenschaftler „die perfekte These" sein, die er eines Tages formulieren wird. Es geht um ein Abenteuer mit ungewissem Ausgang. Man weiß nie, ob man am Ende oder am Beginn dieser Suche steht. Die Suche wird Selbstzweck, der Weg ist das Ziel. Doch noch bin ich nicht am Ende, sondern erst am Anfang dieser Arbeit.

1.4 Reisevorbereitung

Bevor man eine Forschungsreise antritt, überlegt man sich, welche Ausrüstungsgegenstände vonnöten sind und wie man am besten Kontakt zu der zu untersuchenden Gruppe herstellen kann. Wenn Roland Girtler mit seinem Fahrrad auf Forschungsreise geht, nimmt er entsprechende Ausrüstung mit, denn „[e]ine passable und bequeme Ausrüstung ist das Wichtigste beim Radwandern"[14]. Gute Arbeit erfordert entsprechende Ausrüstung.

In diesem Fall war das Motto frei nach den Bergsteigern „travel light". Wenige ausgewählte Kleidungsstücke, Straßen- und Wanderschuhe, einige soziologische Bücher sowie Toiletteartikel packte ich für Österreich in meine Tasche. In Übersee kamen noch die Reiseführer hinzu. Eine Führerscheinübersetzung, meine Reiseversicherung sowie Geld- und Kreditkarten führte ich ständig mit mir, ebenso einen Fotoapparat, zwei Diktiergeräte und ein Feldtagebuch zum Dokumentieren meiner Forschungsergebnisse. Mein Snowboard-Equipment habe ich in einer separaten Tasche verstaut – es war notwendig, um auch auf Schipisten leichter Saisonarbeiter kennen zu lernen. Die Australien- und Neuseelandreise musste ich zeitlich eingrenzen, da die

Buchung des Flugs drei Monate vor Reisebeginn erfolgen musste. Da ich dem Winter auf die Südhalbkugel folgte, bot sich die Zeit zwischen Mai und September an. Nach genauer Exploration der zahlreichen Angebote entschied ich mich für die preiswerteste Variante von Mitte Juni bis Ende September. In punkto Flexibilität war es von großem Vorteil, dass ich fast während der gesamten Forschungszeit über ein Auto verfügte. Um ein solches in Neuseeland zu erwerben, habe ich mich im Vorhinein intensiv über Probleme beim Autokauf und -verkauf informiert. Tiefere Einblicke in die wissenschaftliche Vorgehensweise gewinnt man im Kapitel „Methode".

2. AUF DER SUCHE

Die vielen Möglichkeiten, die Fragen nach der Teilhabe an der Multioptionsgesellschaft, nach dem richtigen Job, nach der richtigen Weltinterpretation, kurz: nach dem Sinn des Lebens halten uns auf Trab.
Die meisten Menschen sind heutzutage auf der Suche. Nicht mehr die Sorge um die Befriedigung der Grundbedürfnisse steht dabei im Zentrum, „[d]em Mangel an Brot, der mehr oder weniger behoben wurde, ist der Mangel an Sinn gefolgt"[15]. Der Wunsch nach einem geglückten und sinnvollen Leben beschäftigt sehr viele. Der traditionelle Lebensweg der Elterngeneration scheint dabei nicht mehr zum aktuellen Zeitgeist zu passen. „Festgefügte Institutionen wie die Familie, politische Parteien und gerade Karrieren sind in Erosion geraten. [...] Die Außenwelt ist unsicher und hat sich zu einem Feld sozialer Kälte entwickelt."[16] Die Menschen stehen vor der Frage, was sie im gewachsenen Möglichkeitsraum machen sollen. Verwirrung und Orientierungslosigkeit sind vorherrschende Gefühle. Die Religion, hierzulande das Christentum, wird zurückgedrängt, die Suche nach alternativen Religionsformen ist aktueller denn je. Ein Weltbild wird individuell zusammengebastelt. Geld, verschiedene Lebenswelten und ein Basar an Identitäten, aus dem man auswählen darf, scheinen viele zu verunsichern. Leistung und Erfolg haben großen Wert in unserer Gesellschaft, das Erklimmen der Karriereleiter ist Volkssport. Die Lebensstile differieren zunehmend. Hierarchien folgen beruflichem Erfolg und manchmal dem Freizeitverhalten. Wechselnde Beziehungen und unsichere Jobs bringen so manchen aus dem Rhythmus. Flexibilität in einem engmaschigen Zeitnetz verbunden mit einem streng geschnürten Leistungskorsett bestimmt den Alltag in unserer Gesellschaft. Eine Gegenbewegung formt sich, dominiert von Spaß und Hedonismus – das Erleben und die Interaktion werden in den Mittelpunkt des Lebens gerückt. Die Menschen sind auf der Suche nach Vergemeinschaftung.

2.1 ...NACH REALISIERUNG

Wir leben „in einer verwässerten Gesellschaft, die extrem komplementäre Züge aufweist"[17]. „Zugleich ging in der Vielfalt der Möglichkeiten die selbstverständliche Überzeugung verloren, daß die eigene Lebensform richtig und sinnvoll sei. Latente Orientierungslosigkeit durchdringt das Leben vieler, wenn nicht der meisten Menschen."[18] In der heutigen Gesellschaft ist der Mensch laufend gezwungen, zu wählen. Peter Gross hat dies in seiner Gesellschaftsdiagnose der Multioptionsgesellschaft thematisiert. Eine Gesellschaft, die immer mehr entwirft, erzeugt einen großen Wunsch an Teilhabe. „Optionen sind je spezifische Kombinationen von Anrecht und Angeboten."[19] Gerhard Schulze betont auch die Unsicherheit durch die Wahl eines bestimmten Lebensstils. Damit wird jeder für sein Glück selbst verantwortlich, das Leben ist steuerbar geworden. Es gibt kein Patentrezept. Die voranschreitende Technik verändert die Qualität der erlebten Dinge. Die Grenzenlosigkeit der Gesellschaft erzeugt den Wunsch nach Reisen. Ein vollendetes Studium ist kein Garant für einen gut bezahlten Job, es entstehen laufend Opportunitätskosten. Die Zukunft ist durch den schnellen sozialen Wandel unsicher geworden. Gesellschaftliche Veränderungen können nicht genau vorhergesagt werden. Durch die Wirtschaftskrise sind zukunftsträchtige Branchen kollabiert, Karriereknick oder Arbeitsverlust folgten.

Um sich in diesen harten Zeiten durchzubringen, müssen neue Wege gefunden werden. Oft bedeutet dies für junge Leute, zu den Eltern ins sichere „traditionelle" Heim zurückzukehren. Das Konzept der Elterngeneration, „einen Job für das Leben zu haben", ist nicht mehr gültig. Durch die Vielfalt der Möglichkeiten ist es schwierig, eine Entscheidung zur Verbesserung der eigenen Situation zu treffen. Es scheint einen gesellschaftlichen Trend zu geben, sich so viele Optionen wie möglich offen zu halten und sich möglichst wenig zu verpflichten. Lohnt sich der Aufwand? Durch die Entpflichtung und Entobligationierung entsteht das Problem der „Projektitis". Das Fehlen von Verbindlichkeiten führt dazu, dass sich Leute nur zu Kurzzeitprojekten zusammenfinden. Man versucht heute, so viel wie möglich zu realisieren. So meint Jana Binder in Anlehnung an die These von Peter Gross, dass die Backpacker bestrebt sind, so viele Erfahrungen auf der Reise wie irgend möglich zu machen.

2.2 ...NACH SOZIALER EINORDNUNG

Klare Abgrenzungen haben sich in unserer Gesellschaft vor allem durch die zunehmende Arbeitsteilung stark verändert. Es gibt mittlerweile so viele verschiedene Jobs und Berufe, dass man nicht mehr genau weiß, wie viele es eigentlich sind. Peter Gross spricht in seinem Buch *Die Multioptionsgesellschaft* von über 12.500 verschiedenen Berufen.[20] Würde man täglich einen neuen Job ausprobieren, würden über 30 Jahre vergehen. Den richtigen zu finden scheint fast unmöglich, man kann nicht alle testen und feststellen, welcher am besten zu einem passt. Die Beschleunigung des sozialen Wandels führt dazu, dass die gut gemeinten Konzepte der Eltern, die intendieren, sich umfassend auszubilden, kein Garant für einen sicheren Job sind. Karriere im herkömmlichen Sinne ist nicht mehr möglich. Es gibt Taxi fahrende Doktoren, die leicht angeheiterte Fahrgäste versiert mit Humor bei Laune halten. Ein Magister kann sich in einem Geschäft als Kassier oder in einem griechischen Lokal als Kellner verdingen, um sein Überleben zu sichern. Irrig die Meinung, dass das Leben einfach sei, weil jeder selbst wählen kann: Wer keinen Erfolg hat, der ist selber schuld.

Im Mittelalter gab es einfache Strukturen. Bei den etwa 100 verschiedenen Berufen – darunter etwa der Bäcker, der Schmied, der König, der Priester oder die Magd – war es jedem möglich, den gesellschaftlichen Status zu eruieren. Heutzutage kann man bei so vielen Professionen nicht klar nachvollziehen, wo und wer die Spitze unserer Gesellschaft ist. Darf sich ein Polizist in seiner Freizeit neben einem Fast-Doktor einige Gläser Bier mehr über den Durst leisten, ohne sein Gesicht dem Studenten gegenüber zu verlieren?[21] Wie viel Achtung man einander entgegenbringen soll, ist unklar. Es bleibt eine interpretative Zone übrig. Es ist jedem selbst überlassen, sich ein Bild zu machen. Einfluss, Bekanntheit und Wertschätzung sind schwer einzuschätzen. Eine Person, der man wenig zutraut, kann einflussreiche Freunde haben und ist vielleicht in wichtige Entscheidungen involviert.

Durch verschiedene Lebensstile und unterschiedliche Verflechtungsgrade und -dichten zwischen den Menschen unterschiedlicher Klassen ergibt sich eine Grauzone, die durch Interpretation und Interpolation angenähert werden kann. Nicht nur die eigene Verortung wird zum Dauerproblem[22], sondern auch die Verortung der anderen. Die Kommunikation beschränkt sich daher auf das Quasiinteresse am anderen. Da es so ein breites Interessensspektrum gibt, ist es schwierig, ein gemeinsames Gesprächsthema zu finden, das alle gleichermaßen fesselt.

Für viele sind Berufsleben und Freizeit getrennt. Es ergibt sich selten, dass man Personen trifft, die sowohl berufliche als auch Freizeitinteressen teilen.

In Unternehmen wissen die Mitarbeiter oft nicht genau, welche Entscheidungen das Management trifft, warum welche Deals gemacht werden, welcher Schritt der Firma der nächste sein wird, geschweige denn wie es in Zukunft um die Jobsicherheit bestellt sein wird. Dies löst in vielen Menschen Ohnmachtsgefühle aus.[23] Aus diesem Grund ist der Beruf für die meisten Menschen im Gegensatz zu früher nicht mehr identitätsstiftend. In unserer Gesellschaft wählt man seine Freunde und sein Umfeld aus. Die Bedeutung der Familie wird zurückgedrängt. So meint Ronald Hitzler:

„Manche Menschen haben – aufgrund ihrer Herkunft, ihrer Beziehungen, ihrer Leistungen, ihrer Skrupellosigkeit oder auch einfach ihres Glück – besseres Material zum Sinn- und Lebensbasteln, andere haben schlechtere Bedingungen, haben sozusagen die schlechteren Karten. Und manche Menschen zeigen beim Existenzbasteln viel Geschick, andere hingegen pfuschen ihr Lebtag an ihrem Leben herum."[24]

2.3 ...NACH EINEM WELTBILD

„Säkularisierung meint den geschichtlichen Vorgang, in dem der Einfluss von Religion und Kirchen zurückweicht und der Mensch die Welt und sich selbst aus rein innerweltlichen Denkanstößen erklärt."[25] Vor allem die Aufklärung, humanistische Schübe und die Französische Revolution haben diesen Prozess in der westlichen Gesellschaft eingeleitet. „Die „Entzauberung" vorgegebener Sinnangebote, Werte und Normen und Glaubensformen"[26] folgt daraus. Der Einzelne muss „nun selbst seine sinn- und sicherheitsstiftende[n] Stabilitäten schaffen."[27] Die Religionszugehörigkeit in der westlichen Welt dient in vielen Fällen nur als statistisches Maß am Papier, aber stellt kein verbindliches Deutungsmuster mehr dar. In frühen traditionellen Gesellschaften gab es einen einzigen Sinnzusammenhang, der die Welt erklärte, alle Ereignisse, die nicht erklärt werden konnten, waren transzendent.[28] Auch im Mittelalter war ein Sinnzusammenhang vorhanden, die Rollen der Gesellschaftsmitglieder waren klar strukturiert. In modernen westlichen Gesellschaften führen die Säkularisierung mit dem einhergehenden Bedeutungsverlust der christlichen Religion sowie die fortlaufende Globalisierung dazu, dass viele Menschen keinen religiösen Sinnzusammenhang und kein verbindliches Deutungsmuster für ihr Leben mehr vorfinden. Es fehlen ein allgemein gültiges Patentrezept, die alles erklärenden Guidelines für das komplexe heutige Leben. Damit kann auch die Schuld für ein Missglücken nicht auf andere Personen abgewälzt werden. Es gibt keine feststehenden, sondern nur noch sich laufend verändernde Werte.[29] Das einzig verbindliche „Regelwerk" für das Leben sind die Gesetze, und selbst die können sich ändern. Durch unterschiedliche kulturelle Einflüsse verbinden sich viele verschiedene Weltdeutungen miteinander, Leute basteln sich aus unterschiedlichen Religionen einen eigenen Glauben zusammen.[30] Ronald Hitzler hat Menschen „Existenzbastler" genannt, welche laufend mit der Deutung und Erklärung ihres Weltbildes beschäftigt sind und sich den Sinn ihres Lebens selbst zusammenreimen müssen. „Die Gesellschaft als Ganzes erscheint rätselhaft, die großen Zugehörigkeiten wie Nation, Religion dienen mehr der statischen Verortung als meiner Orientierung bei der Frage, wie ich leben kann und leben will."[31]

Nicht umsonst finden sich Bücher über Management, Beziehungsratgeber und Esoterikbücher über Glück auf den Bestsellerlisten. Die Logik äußert sich im Handeln. Sinnvolles Handeln wird erst durch die Interpretation der Welt möglich, obwohl die Deutung nicht der Wahrheit entsprechen muss.[32] Wenn die Menschen verschiedenste Philosophien in ihr Weltbild integrieren und nach diesen handeln, entstehen Konsequenzen für das weitere Leben. Biographische Brüche sind möglich, denn die vormals gelebten Prinzipien und Axiome sind schnell abgestreift. Ein strenger Abteilungsleiter und Manager kann problemlos zum Zen-Meister werden, mit der einfachen Begründung, dass er mit Zen-Buddhismus seinen Lebenssinn erfasst hat. Viele esoterische Theorien und „Weisheiten" dringen in unsere Gesellschaft ein und werden oft unhinterfragt in das Weltbild einbezogen. Im Haus steht neben dem Kruzifix eine Buddha-Skulptur. Dann wieder will uns ein Feng-Shui-Buch glauben machen, dass es den Geldfluss des Hauses stärken soll, wenn der Toilettendeckel nach unten geklappt wird. „Alle möglichen Konzepte, die kostengünstig zu erwerben sind, werden irgendwie zusammengebastelt."[33] Die Idee des „Positivdenkens" ist in, denn mit „positiven" Gedanken kann man alles im Leben erreichen – Talent ist überflüssig. Bücher wie Der Alchimist von Paulo Coelho werden Bestseller.

Die meisten Menschen sind nicht Konstrukteure, sondern Hobbybastler. Bastelexistenz ist keine „Autonomie des Menschen; heißt nicht: Entwurf eines befreienden Lebensdesigns. Bastelexistenz heißt: irgendwie sich durchwursteln; mit den vorgegebenen „Materialien" irgendwie überleben; und es möglichst lustig haben."[34]

Viele Menschen sind abergläubisch bei einem Fünffach-Jackpot im Lotto, träumen Zahlen, aber verschließen sich vehement gegenüber den Weisheiten der Bibel oder des Korans, obwohl sie zumindest eines der beiden Bücher gelesen haben. Das Christentum kann die Welt nicht ausreichend erklären, aus den Medien weiß man, dass der Islam aufgrund des Terrorismus schlecht ist. Es ist kaum ein Wunder, dass es neuartige religiöse Organisationsformen neben den ursprünglichen Buchreligionen gibt, die den Menschen helfen, sich „geistig" wieder zu finden und zu entdecken.

Vor allem bei Rucksacktouristen und reisenden Saisonarbeitern lässt sich eine Vielzahl verschiedener Weltbilder finden, da fremde Kulturerfahrungen in manchen Fällen gleich direkt in das Weltbild übernommen werden. Es kann daher zu hybriden Identitäten kommen, die aus verschiedenen Ideen und Kulturkreisen zusammengebastelt werden.[35]

Jessy grübelt öfters über den Sinn des Lebens nach:

„Oh Gott, ja. Über den Sinn des Lebens denke ich oft nach. Manchmal denke ich mir einfach, der Sinn des Lebens ist einfach nur zu leben. [...] Ich sehe irgendwie nicht, dass ich eine bestimmte Aufgabe habe, oder so. Es mag sein, dass wir aus einem bestimmten Grund da sind, aber es mag sein, dass das alles nur Zufall ist. Ich will eigentlich nur glücklich sein." [Jessy]

GM weiß, dass viele Backpacker und Saisonarbeiter auf einer spirituellen Reise sind:
"General we met people that were on a spiritual trip. I think a lot of people try a lot of things." [GM]

Blue Lou, die eine alternative Lebenseinstellung hat und sich vor allem als Kind für den Tierschutz engagierte, erzählte mir, dass sie die schlechte Welt verändern wollte:
"I wanted to save the world." [Blue Lou]

Andere wie Katie und Dani Banani haben sich dem Schicksal ergeben.
"So I flipped a coin and I: head Australia towards college. And I come up head and I was like with my ticket." [Katie]

Kate Allen sucht eine Wahrsagerin auf, die ihr empfiehlt nach Europa zu gehen, um dort ihr Glück zu suchen:
„Zuhause würde ich so etwas nie wagen. Was würden wohl die Leute sagen, wenn sich ihre 24-jährige Nachbarin die Zukunft prophezeien ließe. [....] Meine Handleserin blickt mich lange an, dann sagt sie: „Du musst zurück nach Übersee gehen, weil dort etwas auf dich wartet." Mir bleibt der Mund offen stehen. „Was? Wieso? Und warum?" Sie erwidert: „Das erfährst du noch früh genug. Geh zurück und du wirst jemand Speziellen treffen.""[36]

Ein anderer 35-jähriger Saisonarbeiter ist davon überzeugt, dass man alles positiv sehen muss. Seiner Meinung nach können sich nur Eingeweihte, die eine gute Aura haben, im Urlaubsort auf lange Zeit integrieren. Ich habe einen Liftwart in Österreich getroffen, dessen Mutter von den australischen Aborigines abstammte. Er erzählte mir eine interessante Geschichte über ein spezielles spirituelles Erlebnis mit seiner Mutter. Eine 30-jährige Engländerin ist eine gläubige Christin, die sich der Existenz Gottes sicher ist. Sie glaubt, dass sie den einen Mann kennen lernt, den sie bis ans Ende ihres Lebens lieben wird.
„I feel quite confident when the right person comes along. It will be obvious to be. I don't need a lot of dates and going out with people for the sake of going

out with people. Because when it comes, it would be obvious. I also have very strong views when you are with somebody." [Holy Mary]

Eine Argentinierin, deren Vorfahren von einer Schamanenfamilie abstammen, hat sich über die Informationsfülle in der westlichen Welt beschwert. Schließlich hat sie mein Interview verschoben, weil ein anderer Saisonarbeiter mit indianischen Vorfahren eine Tipi-Party veranstaltete. Am Abend desselben Tages hat in Kitzbühel der australische Besitzer der Jugendherberge ein BBQ in seinem Garten für die gerade angekommenen Gäste abgehalten. Der Argentinier Javier liest chinesische Philosophie, um glücklich zu sein.

„I think that I'm going to learn for other things. When I was very stressed I read a lot of oriental philosophy to give me peace in my soul. In the translation you lose many things and you can't understand many things. I think if I can learn Chinese I can understand all the things of the philosophy. This is very good for me, because your body needs food and your soul too. You never worry for your soul only give food to your body and that is enough for live. Konfuzius, Tsu Tsu, Lao Tse. Many people from China wrote very interesting things maybe 3.000 years ago and still now you can applicate the knowledge into your life." [Javier]

Ein anderer Saisonarbeiter asiatischer Abstammung hat sich vom Glauben seiner Eltern gelöst. Darya Maoz hat sich vor allem mit jüdischen Backpackern, die sich in Indien befinden, beschäftigt.[37]

Aufgrund dieser unterschiedlichen Weltbilder ist es unmöglich, das Weltbild von einer Person auf eine andere zu übertragen.[38] „Wenn man so virtuos ist und allem einen Sinn abgewinnen kann, heißt das noch lange nicht, dass der Sinn von anderen Gesellschaftsmitgliedern geteilt werden muß."[39]

2.4 ...NACH SPASS

Die „Bastelgesellschaft" ist wesentlich „durch eine Vielzahl kleiner, im alltäglichen Umgang aber sozusagen permanenter Querelen, Schikanen und Kompromisse, die sich zwangsläufig im Aufeinandertreffen und Aneinanderreiben kulturell vielfältiger Orientierungsmöglichkeiten ergeben"[40], gekennzeichnet. Instabile Deutungsmuster und Sinnkonflikte gehören zum Alltag der Existenzbastler. Viele verschiedene Grundannahmen stellen einander in Frage – es gibt fast keine eindeutigen Situationen mehr. Die Anpassung an eine neue Situation kostet Kraft und verursacht auch geistige Entropie und damit Stress.

Existenzbastler plündern den kulturellen Haushalt je nach Situation, nur zum Spaß. „Nichtintendiert wird dadurch jegliches Normative nicht in einer emanzipatorischen Handlung erodiert. Der größte gemeinsame Nenner der derzeitigen Gesellschaft ist die Spaßorientierung, die in unterschiedlichsten Formen ihren Ausdruck finden kann."[41] Für viele Gesellschaftsmitglieder ist sie Lebensmotor und -elexier, denn laut einer Untersuchung wollen 66 Prozent der Leute einfach nur ihren Spaß haben.[42] Spaß wird zum Lebensinhalt.[43] Wie er sich gestaltet, ist individuell. Spaß ist oft an Geld gebunden.

„Jeder will tun, was er will. Jeder will, dass andere tun, was er will, dass sie tun."[44] Wenn die anderen nicht das wollen, was man will, muss man sie zum Wollen „verführen oder gewaltsam zwingen"[45], um einen konfliktfreien Ablauf zu garantieren. Probleme entstehen vor allem dann, wenn Spaß jenseits der Konventionen angestrebt wird.

Nicht alles, was primär nach Spaß aussieht, ist am Ende wirklich lustig, was zu Enttäuschungen führt. Darüber hinaus kann man nicht jederzeit auf Knopfdruck lustig sein. Manche Leute bekommen Frust durch zu viel Lust und können sich in einem Haufen ekstatischer Personen nicht wohl fühlen, sondern sind gestresst, genervt oder verängstigt. Den Lebensstil verträgt nicht jeder, deswegen ist die Verweildauer in diesen Gesellschaftskonstrukten von unterschiedlicher Dauer. So befindet Ronald Hitzler, dass viele Menschen in unserer Gesellschaft alleine wegen des Drucks, „Spaß haben zu müssen", keinen Spaß haben können.[46] Die Funktion des Lachens entlastet von der Ernsthaftigkeit und bedeutet eine Vereinfachung der Situation.

Spaß und Vernunft sind zwei einander bedingende Gegensätze – ohne Vernunft gibt es keinen Spaß, ohne Spaß keine Vernunft. George Ritzer spricht von dem „Eisernen Käfig der Rationalität", der zu Irrationalem führt. „Rationale Systeme dienen dazu, die Vernunft des Menschen zu leugnen; rationale Systeme sind häufig unvernünftig."[47] Spaß entlastet von der Alltäglichkeit. Viele Leute planen leichtsinnige, unvernünftige Handlungen.[48] Es ist vernünftig, „unvernünftig" zu sein, um Entlastung zu finden. Durch die Durchdringung und Wechselwirkung verschiedener Kulturen entstehen viele verschiedene logische Unvereinbarkeiten und Unstimmigkeiten.

2.5 ...NACH DEM SAISONARBEITERKALENDER ALS ZEICHEN DER SPAßGESELLSCHAFT

In den Saisonen 2006 und 2007 ist ein Saisonarbeiterkalender in Kitzbühel entstanden. Er ist bezeichnend für diese leichtlebige Subkultur. *Fuck it ..., it's 2007* nannte der Initiator ihn und meinte diesen Slogan wörtlich.

Aussagekräftige Bilder dieser Saisonarbeiter und „Spaßvögel" zieren das Titelbild: Fotos von nackten Menschen, Snowboardstunts, malerische Berglandschaften, ein Krampus in voller Montur, Schifahrer, ein junger Bursche beim „Nageln" (Trinkspiel) und vieles mehr. Der Kalender selbst enthält zwölf „Monatsbilder", darunter sind die Wochentage abgebildet, im Falle eines Geburtstages das Portraitfoto des Geburtstagskindes. Die zwölf Fotos zeigen jeweils nackte Saisonarbeiter, teilweise an ihrem Arbeitsplatz, die Scham bzw. Brüste durch diverse Gegenstände verdeckt. Es handelt sich keineswegs um einen pornographischen, sondern um einen durchwegs lustigen Kalender. Erfrischend, dass die Körper der meisten „Models" nicht den Idealvorstellungen unserer Gesellschaft entsprechen, da sie meist etwas Winterspeck angesetzt haben. Spannend, weil in vielen anderen Bereichen der Gesellschaft die Menschen Angst hätten, sich ohne körperliches Idealmaß nackt fotografieren und danach in einem Kalender abbilden zu lassen. Der Spaß der reisenden Saisonarbeiter steht somit über dem gesellschaftlichen Schönheitsideal. Dieses „Ideal" wird kaum wahrgenommen und ist hier außer Kraft gesetzt.

2.6 ...NACH VERGEMEINSCHAFTUNG

Die moderne Gesellschaft wird von einem Individualisierungs-, Subjektivierungs- und Globalisierungsprozess gekennzeichnet, einhergehend mit der Pluralisierung der Lebensstile. Erst die Arbeitsteilung und die Trennung von Arbeit und Freizeit ermöglichen eine freie Wahl, die durch eine Vielfalt von unterschiedlichen Kleidungsstilen, Symbolen und Ausdrucksformen geprägt wird. Gleichzeitig wird durch diesen Effekt auch das Konzept der Klassen durchbrochen, denn Angehörige unterschiedlicher Schichten können sich in der Freizeit freiwillig in verschiedenen Formen vergemeinschaften.[49]

Die reisenden Saisonarbeiter kann man nicht in eine einzige Gruppe zusammenfassen. Reisende Saisonarbeiter sind Abbild der heutigen Gesellschaft, welche von variierenden Lebensstilen geprägt ist, die mit ihren aktuellen Handlungsformen in den so genannten „posttraditionalen Vergemeinschaftungsformen", auch „Stämme" oder „Szenen" genannt,[50] ihren Ausdruck finden.[51]

Die von Hitzler beobachtete Form von Vergemeinschaftung ist nicht nur, so wie er behauptet, das Kennzeichen der Postmoderne. Diese Bewegung hat meiner Meinung nach ihren Ursprung in den 1960er-Jahren in der Kultur der „Drifter", die sich zu den heutigen Backpackern gewandelt haben. Heutzutage ist das „Herumdriften" von einer Gruppe zur nächsten zur gesellschaftlichen Normalität geworden. Es gibt keine spezielle Ideologie mehr, wie es ursprünglich bei den Hippies der Fall war. Die Rechtfertigung des „unverbindlichen Driftens" ist verloren gegangen, weil es „alle" so machen. Mit „posttraditionalen Gemeinschaften" meint Roland Hitzler „soziale Gefäße", die durchlässig sind. Es handelt sich um eine Form eines lockeren Beziehungsnetzwerks, an dem sich unterschiedlich viele beteiligte Personen und Personengruppen vergemeinschaften.[52] Die meisten haben keine Zugangsbeschränkungen, lediglich ein bestimmter Lebensstil, der zumeist hedonistisch ist, oder gemeinsame Interessen sind Voraussetzung für den Eintritt. „Szenen haben keine Tür: Man weiß oft nicht, ob man draußen oder drinnen ist."[53] „Mitgliedschaft beruht auf Attraktivität und nicht auf Zwang."[54] Maffesoli betont, dass es sich um keine rationale Entscheidung handelt, sich so einer Gruppe anzuschließen, sondern um eine gefühlsmäßige Anziehung oder Abstoßung.[55] Subkulturen wie jene der Backpacker, Saisonarbeiter, Snowboarder etc. zeichnen sich durch unterschiedlich lange, meist unverbindliche Gemeinschaften aus und im Speziellen durch ihre juvenile Disposition.[56] Die gemeinsamen Werte haben sich über die Zeit verändert und weiterentwickelt. „Posttraditionale Gemeinschaften" sind flexibel, können sich in der Größe ändern und an die jeweilige Situation anpassen. Die teils fehlende Rahmung, die ungenaue, schwammige Definition der neuartigen Vergemeinschaftungen und ihrer Mitglieder führt dazu, dass sie sich in Richtungen entwickeln können, die für viele Beteiligte nicht mehr nachvollziehbar sind. Manche haben eine kurze Zeitdauer, werden ausgelöscht und verschwinden aus der aktuellen Gesellschaft und sind Modeerscheinungen.[57] Die Zusammenschlüsse sind nicht dauerhaft und schicksalhaft bis an das Ende des Lebens.[58] Eine große Bedeutung nimmt die gefühlte Gemeinschaft bei Zusammenkünften der Subkulturen ein. Rainer Keller, der sich auf Maffesoli bezieht, spricht von „temporär-orgiastischen Erlebensbeziehungen."[59] Gefühlsbeziehungen, Bewunderung und geteilte Vorlieben nehmen eine zentrale Stellung in den Stämmen ein. Vor allem das gemeinsame Erleben stärkt das emotionale Band zwischen den Szenegängern.[60]

Langes Verweilen in den Subkulturen hängt davon ab, ob jemand genug Geld hat, um sein Leben zu finanzieren, gekoppelt mit einem jugendlichen Stimmungstenor. Die Saisonarbeiter können sich durch ihre Jobs längere Aufenthalte im Urlaubsort leisten. Finden sie im Ort emotionale Geborgenheit, Personen mit ähnlicher Gesinnung, Lebenseinstellung und Gedankenwelt, dann bleiben sie. Manfred Prisching meint, dass das Sich-selbst-Wahrnehmen über den Umweg des anderen ein Zeichen der Neuzeit geworden ist.[61]

Die Kultur der Backpacker befindet sich seit den 1960er-Jahren in stetem Wandel. In der Gegenwart halten hedonistische Strömungen Einzug in die moderne Backpackerkultur. Ein gemeinsames Interesse kombiniert mit Spaß oder Spaß als gemeinsames Interesse sind die Basis. Gerade durch die unterschiedliche Auffassung von Spaß gibt es eine Vielzahl von verschiedenen „posttraditionalen Gemeinschaften". Diese Gemeinschaften können auch gegensätzlich sein, weil manche Gruppen im Speziellen der Spaß der anderen stört. Handlungspraktiken, Lebensstile und Werte grenzen die Teilnehmer, die in einem nichtverbindlichen Verhältnis zueinander stehen, nach außen ab. Je nach Auffassung der Öffentlichkeit erscheinen diese eigentlich labilen Gebilde mehr oder weniger kompakt.[62] Die gemeinsamen Treffen, die teilweise auch auf Events basieren können, werden von banal-orgiastischen Erlebnissen begleitet und bilden die Höhepunkte der Subkultur. Durch die vorhandene Steigerungslogik in unserer Gesellschaft haben Ereignisse in der Subkultur eine bestimmte Halbwertszeit. So steigt das Verlangen nach größerer Intensität der Ereignisse. Bereits Erlebtes soll übertroffen werden, um einen Reiz auszulösen.

2.7 ...NACH „POSTTRADITIONALEN GEMEINSCHAFTEN" IN URLAUBSORTEN

Die Zahl der Szenen und der „posttraditionalen Gemeinschaften" ist im Wachsen begriffen. Urlaubsorte eignen sich für ihre Ansiedelung.

Der soziale Wandel und das Bedürfnis der Touristen, etwas Neues zu erleben, treiben die technische Entwicklung an. Neue Sportgeräte, neue Funartikel, neue Musiktrends werden in den Urlaubsorten ausprobiert und finden ihre Fans.[63] Aufgrund der Pluralisierungen der Sportarten[64] müssen Saisonarbeiter im Stande sein, den Touristen neue Trendsportarten näher zu bringen. Das bedeutet, dass sich viele Saisonarbeiter regelmäßig mit neuen Szenen und Sportarten vertraut machen und bei wichtigen Events dabei sein müssen, um die neuen Trends zu kennen. Menschen werden in Szenen nicht fraglos hineingeboren, sondern zur „Mitgliedschaft" verführt. In Szenen werden „bestimmte Interessen, Neigungen, Orientierungen gepflegt und unterstützt [...], die sich im Wesentlichen im Rahmen von Großthematiken wie Musik, Sport, Mode und neue Medien verorten lassen."[65] „Jede Sportart, so könnte man sagen, hat ihre eigene Physiognomie. Sie zieht Menschen mit deren jeweils besonderen Persönlichkeitseigenschaften an. Dies liegt daran, dass jede Sportart nicht nur im Verhältnis zu den Individuen, die sie zu einer bestimmten Zeit ausüben, sondern auch zu der Gesellschaft, in der sie sich entwickelte, eine relative Autonomie besitzt."[66]

Durch die Pluralisierung der Sportarten und Lebensstile gibt es unterschiedliche Subkulturen, die sich in den Urlaubsorten ansiedeln.[67] Die Globalisierung und McDonaldisierung führt zu einer weltweiten Ausbreitung von bestimmten Sportarten. Dass es bestimmte Sportarten fast überall auf der Erde gibt, schließt eine lokale Weiterführung und eine lokale Kultur und Subkultur nicht aus. Es hängt stark von dem angebotenen Tourismusbündel und den Möglichkeiten vor Ort ab, welche Sportart ausgeübt werden kann und welche Subkultur sich entwickelt. Das Phänomen des Szenehopping oder Sportshopping (letzteres bezeichnet das Ausprobieren neuer Sportarten)[68] erschwert teilweise eine konkrete soziale Zuordnung.[69] Mit dem Ausüben bestimmter Sportarten werden Lebensstil und „Einzigartigkeit" ausgedrückt.[70] Es gibt eine Hybridisierung vorhandener Sportarten, laufend werden neue in einer weiterentwickelten Form geschaffen.[71] Durch die Globalisierung konnten sich bestimmte Sportarten auf dem ganzen Planeten ausbreiten und für manche weltweite Regeln geschaffen werden.[72]

Gemeinsame Vorlieben können in einer Szene ausgelebt werden, viele Szenegänger haben ein gemeinsames Hintergrundwissen: Snowboarder haben zumeist bestimmte Snowboardvideos gesehen, Reisende gleiche Orte besucht und bestimmte Bücher wie *Down Under* von Bill Bryson gelesen,[73] Saisonarbeiter haben beim gleichen Unternehmen oder im selben Ort gearbeitet. Dieses gemeinsame Wissen ist der Grundstein für ein emotionales Band.[74]

In Urlaubsorten kann es „posttraditionale Gemeinschaften" geben, die nebeneinander, miteinander, oder unabhängig voneinander existieren. Jeder Ort bildet seine spezifische Subkultur mit bestimmten Regeln und Werten und einem „harten Personenkern", der dableibt, aus. Der Zutritt zu und Austritt aus diesen Szenen und Gruppen ist zumeist einfach und spiegelt die Unverbindlichkeit unserer Zeit wieder.

Wesentlich für die „posttraditionalen Gemeinschaften" ist jedoch auch ein bestimmter Stil. Dieser ermöglicht eine Unterscheidung von den Andersdenkenden und Outsidern. Es gibt eigene Rituale, Treffpunkte, Feste und Events. Manche verknüpfen bunt schillernd verschiedene Stilelemente in ihrer Kleidung. Die „Enoka"-Snowboardbekleidung in Kitzbühel bedeutet Zuordnung zu der Saisonarbeiter Community, zu den Australiern, zu den Snowboardern und zum Tourismusort. Sie wird von einer dort lebenden Neuseeländerin hergestellt. Man muss die Gruppe kennen, damit man die Symbolik versteht. Beim Backpackeroutfit ist das typische Erkennungsmerkmal der Rucksack, ebenso T-Shirts, auf denen der Name des Ortes steht, in welchem man als Saisonarbeiter gemeinsam gearbeitet hat. Die Arbeitsuniform, egal ob es sich um die Schischuluniform oder die „Londoner"-Kellner-Uniform

handelt, wird sofort erkannt. Wenn man die Leute auch „ohne" erkennt, befinden sie sich schon lange Zeit im Ort. Das passiert Mad Mike:
"Because of we work as an entertainer. Everyone knows you. People came up to me and they say: "Do you remember me from 1987 or 1993." "Well no sorry. No." They remember me. I have met tens of thousands of people in 23 years." [Mad Mike]

Leute kommen und gehen, manchmal vermischen sie sich mit den Einheimischen. In den von mir untersuchten Urlaubsorten bin ich auf verschiedenste Subkulturen gestoßen: Skydiver, Snowboarder und Schifahrer in Neuseeland und Kitzbühel, Paragleiter und Kletterer u.v.a.

"I needed something that made me happy like skydiving and for this reason I come here to New Zealand to do the skydiving course. It is the only place in the world, where you can make a skydiving course for instructing." [Javier]

"I would have a few months in the mountain snowboarding. The reason I picked Mt. Hutt - because it has the longest ski season and it is the closest to Christchurch." [Holy Mary]

"There is not a big paragliding community. There are maybe ten or 15 paragliders in the valley that are here in the summer season, which is the season with all the thermals. In the wintertime the thermal will give you height." [Unlucky Luke]

"Hin und wieder gehen wir klettern am Berg." [Cervantes]

„Letzten Sommer war ich ein Raftingguide und gewohnt habe ich hauptsächlich in Innsbruck und gemacht habe ich das in Haiming. Du kannst Mountainbikeguide machen." [Claude]

Im Sommer gibt es ein anderes Team, andere Sportarten und -partner, kurz: andere Freizeitstile. Die großen Gruppen formen sich durch Sprache, Nationalität, Betriebe, in denen die Leute untergebracht sind, und vor allem gemeinsame Interessen. Wichtig ist auch die Tatsache, ob jemand vorhat, für längere Zeit zu bleiben, oder nicht. Es sind daher nicht alle Freunde im Sommer da. Man begibt sich dann an informelle Treffpunkte, um auf Gleichgesinnte zu warten. Irgendjemand wird schon da sein, mit dem man seine Zeit verbringen kann. Man kann sich, wie Prisching es nennt, über den Umweg des anderen selbst wahrnehmen.

Eine gemeinsame Sprache, Motive, Ziele, Werte- und Normensysteme führen zu einem Wir-Gefühl. Sportgruppen dieser Art unterscheiden sich aber von Vereinsgruppen durch spontane Organisation und unverbindliche Zusammenkunft, die nicht dauerhaft sein muss.[75] Vor allem durch den Individualisierungsprozess haben traditionelle Sportarten und die damit verbundene Vereinskultur abgenommen. Das Alter spielt auch eine bestimmte Rolle. Der Vollblutwintersportler hält sich nur in Wintersportorten auf, die Extremsportler finden sich bei entsprechenden Events an ansprechenden Orten.

„Die Gemeinschaft hat jedes Mal abzuwägen, ob der Neue zu ihr passt. Er muss den ungeschriebenen Code kennen, die Gesten beherrschen, die stillschweigenden Anforderungen erfüllen"[76]. Manche Saisoniers kann man aufgrund der Verständigungsprobleme im Supermarkt erkennen, Backpacker am so genannten „Roadstatus". Das Erscheinungsbild des „Roadstatus": lange, teils ungepflegte Haare bei Männern, „abgerissene" Kleidung, der Rucksack. Diese „Low Budget"-Erscheinung wird von manchen Saisonarbeitern geteilt. Mir fiel auf, dass sich einige reisende Saisonarbeiter Secondhand-Kleidung kauften oder auch benutzte Mobiltelefone erwarben – ein Gegensatz zur „normalen" Welt, wo gerne mit dem neuen Mobiltelefon geprahlt wird. Ein Australier fand es lustig, dass sein „Secondhand"-Telefon einen Riss hatte, er benutzte es gerne als Bieröffner.

Durch das Vorhandensein der Subkulturen bekommt das Urlaubsleben eine andere Dimension. Es handelt sich nicht um einen gegensätzlichen Alltag, wie dies für viele Touristen der Fall ist, sondern um eine Fortführung des Lebensstils, den sie von zuhause schon kennen.[77]

2.8 „GAME OVER RESTART EFFEKT"

Man gehört im Laufe seines Lebens vielen nicht verbindlichen Gemeinschaften für unbestimmte Zeit an. So verliert sich für viele der Kontakt mit Kindergartenfreunden, Teenagerkumpels, Schulkollegen, Fußballfreunden etc. Diese lässt man unbeschadet, teils mit schlechtem Nachgeschmack, manches Mal mit Tränen hinter sich.[78] Es gibt viele Brüche und Diskontinuitäten, Widersprüche, Interessensgegensätze im Leben, mit denen die Menschen der heutigen Zeit konfrontiert werden. Diese Konfrontation fordert das Individuum heraus, das andauernd sein Weltbild an die neue Situation anpassen muss.[79] Gerhard Schulze betont auch die Unsicherheit, die entstehen kann, weil jeder einen bestimmten Lebensstil wählen kann. Jeder ist für sein Glück selbst verantwortlich. Das Leben ist steuerbar geworden. Noch nie konnte von so vielen Menschen eine so große Zahl von autonomen Entscheidungen getroffen werden wie heute.[80]

„In diesem Sinne, als Optionen zunächst als prinzipiell realisierbare Wahlmöglichkeiten angesehen werden, die sich in modernen, offenen Gesellschaften von Angeboten in Supermärkten bis hin zu Denkmöglichkeiten darbieten."[81]

„Die Explosion der Möglichkeiten als Folge der Autonomie des Individuums und der Lebenssphären macht die Folgen zunehmend unkalkulierbarer. Die Kontingenz wird selber erzeugt, die Riskanz wird prinzipiell." Mit Riskanz ist aber nicht Todesnähe gemeint, denn es gab noch nie eine Gesellschaft, die so sicher war wie die heutige.[82] Mit Riskanz sind persönliches Scheitern und Verantwortung gemeint. Viele haben ein Problem aufgrund der Möglichkeiten, den richtigen Lebensstil auszuwählen, denn dieser soll die Einzigartigkeit der Person ausdrücken. Deswegen wird viel ausprobiert und viel gewählt.

Der „Game Over Restart Effekt" beschreibt Handlungen, die abgebrochen und durch andere, ähnliche Handlungen ersetzt werden. Durch die Flexibilität in vielen Bereichen des Lebens ist der Mensch der Gegenwartsgesellschaft immer wieder gezwungen, eine Veränderung mitzuerleben. Diese kann einen Wechsel des Berufes, des Arbeitsplatzes, des Wohnortes oder einer Partnerschaft bedeuten. Der „Game Over Effekt" unterscheidet sich von einer normalen Veränderung nicht nur dadurch, dass die Menschen zum Wechsel gezwungen werden und sich freiwillig dazu entscheiden. Denn die Veränderung und der Wechsel werden zeitweise sehr früh vorgenommen, obwohl sie noch nicht notwendig gewesen wären. So ist es Zeichen unserer Zeit, dass Partnerschaften, die noch „zu retten" wären, beendet werden oder der Beruf gewechselt wird, obwohl es noch in der alten Firma Aufstiegschancen gäbe. Viele Menschen unserer Zeit entschließen sich zu einer Veränderung (bevor diese zwingend notwendig wäre), beenden die Beziehungen am Arbeitsplatz oder mit dem Partner etc. („Game Over") und beginnen mit einem anderen Job oder Partner neu („Restart"). Das erinnert an ein Computerspiel, in welchem der Spieler bei der ersten Hürde etwas Energie verliert und das Spiel lieber beendet und neu startet, als es mit den leicht geschwächten Voraussetzungen weiterzuführen.

3. URLAUBSFANTASIEN

3.1 TRÄUME, WÜNSCHE UND VORSTELLUNGEN DER URLAUBER

Verschiedene Wünsche, Vorstellungen und Träume leiten die Reisenden schon seit Jahrhunderten.[83] Reisen ist mit Fantasie verbunden und es entstehen Sehnsüchte beim Tagträumen. Die Reiseprospekte sind voll von idyllischen, naturbelassenen Landschaften, weit entfernt von jeglicher Zivilisation: traumhaft schöne weiße, palmengesäumte Strände, zugeschneite Berge, Lava speiende Vulkane, mehrmals täglich explodierende Geysire, blubbernde Schwefelquellen, Fjorde mit steilen Felswänden wecken die Sehnsucht. „Natur und Bevölkerung werden zu den Zielen einer Reise."[84]

Sofern Urlaubsregionen bevölkert sind, erwarten sich die Touristen „echte" Einheimische, die dort geboren wurden und eine traditionelle Lebensweise pflegen. Aber nur an einem bestimmten Ausschnitt dieser Kultur möchten die Touristen teilhaben. Sie erwarten sich Einheimische wie z.b. den jodelnden Tiroler mit Tirolerhut beim Schuhplatteln (wie in Felix Mitterers *Die Piefke-Saga*), einen ausgezehrten Schweizer Bergführer vor dem Matterhorn, den australischen Aborigine mit seinem Didgeridoo spärlich bekleidet vor dem Ayers Rock, den costaricanischen Bauern zur Siesta musizierend vor seiner Hazienda, Baywatch an den kalifornischen Strandtürmen, den jamaikanischen Rastafari Reggae singend vor seiner Hütte mit typischer Frisur à la Bob Marley, Mitarbeiter im Mickey-Mouse- oder Donald-Duck-Kostüm in Disney-Entertainment-Parks oder auch die erschreckend armen Schuhe putzenden Straßenkinder in Entwicklungsländern.

Die typische lokale Architektur ist den Touristen bereits vorab bekannt: ein Tiroler lebt im „typischen" Bauernhaus, Inselbewohner am Strand in echten Strandhütten, die keinen Stromanschluss haben und nicht mit „fortschrittlichen" Technologien ausgestattet sind (ein Farbfernseher in der Hütte würde die Idylle zerstören).[85] Die Vorstellung von den Einheimischen als den „edlen Wilden" ist eine gängige Projektion. Die „vormoderne Welt" der Besuchten ist frei von den „Zwängen der westlichen Welt"[86]. Die Idee vom vermeintlich leichteren und weniger komplexen, „rückständigen" Leben ist eine Traumvorstellung der Touristen. Die Menschen sind demzufolge dort freundlicher, heiterer und offener durch weniger Besitzstreben, sorgenfreie Paradiesmenschen, die in Harmonie leben können. Diese Naturmenschen haben das „Glück", in einer einfachen, ungetrübten und sinnerfüllten Welt existieren zu dürfen. Ihr Leben ist spontaner, sie stehen außerhalb der Zeit. Dies gilt gleichermaßen für alle Menschen in Regionen, die vom Modernisierungsprozess verschont blieben: Afrikaner, Orientalen und Bergbauern in den Alpen.[87] Die touristischen Vorstellungen basieren auf naiven Fantasien, es existieren daher bestimmte für sie hergestellte Projektionen. Als andere Beispiele dienen Priester, Töpfer, Kunstschmiede etc.[88], so auch in Kitzbühel:

„Es gibt viele Läden, die von genau diesem Geschäft leben. Ich habe zwei Freunde, die sind die einzigen Kunstschmiede jetzt in Kitzbühel." [Dani Banani]

Touristen sind auf der Suche nach echten, authentischen und ursprünglichen Erlebnissen.[89] Was ist nun wirklich authentisch? Authentizität involviert Begriffe wie „Originalität" und „Echtheit". „Die unstillbare Sehnsucht nach Echtheit"[90] treibt die Touristen (und auch die Saisonarbeiter, wenn sie auf Reisen sind) an. Bei Authentizität handelt es sich aber um ein soziales Konstrukt, welches teilweise auf Vorstellungen beruht und nicht unmittelbar historisch begründet sein muss. Menschen streben daher nach zwei verschiedenen Arten von Echtheit: Einerseits suchen sie Illusionswelten auf, um in eine „andere Welt" entführt zu werden. Auf der anderen Seite sind sie auf der Suche nach authentischen und echten Erfahrungen mit den Ortseinwohnern oder Angehörigen archaischer Kulturen.[91] „Durch Traditionen werden nicht nur Erinnerungen geweckt, sondern es können Gefühle der Vergangenheit wiedererlebt werden."[92] Trotz der Traditionen gibt es für die Fantasie keine Grenzen, es gibt bestimmte Kulturelemente in fast allen Urlaubsorten, das einzig Wichtige ist das Originalgefühl.[93]

Oft erscheinen „echte" Ortsbewohner ohne traditionelle Tracht gar nicht authentisch, während in Trachten verkleidete Personen echt wirken. Manchmal kann die Kopie besser sein als das Original.[94] So etwas erlebte ich bei der Aborigines-Tour am Ayers Rock in Australien. Der australische Führer unserer Gruppe klärte zwei Aborigines, die zum Guide ausgebildet wurden, während unserer Führung über die traditionellen Methoden des Feuermachens und Speerwerfens der Aborigines auf. Es war paradox, dass ihnen der historisch-kulturelle Background fehlte. Die „echten Aborigines" wirkten nicht mehr authentisch. Horst Opaschowski spricht hier von der „Krise des Originals"[95]. Uralte Kultur wird wiederentdeckt und für die Touristen hergestellt. Laut Eric Cohen gibt es in der postmodernen Welt keine originären Primitiven mehr, und deswegen ist die Suche nach Authentizität eine unnütze und unsinnige Herausforderung.[96] Wünsche und Idealvorstellungen von der Urlaubswelt erlauben eine Synthese aus tatsächlicher Realität und einer künstlich geschaffenen, authentisch wirkenden Erlebniswelt, die der Vorstellung ähnlich ist. Hierbei geht es mehr um die Bestätigung der Urlaubsfantasie als das Erkunden der fremden Länder.[97]

„Reisen heißt also immer, Bildern hinterherzureisen."[98] „Natur dient zugleich als Projektionsfläche für Phantasien und Bedürfnisse, als Raum für schweifende Gefühle und als Gegenwelt zu den Defiziten der Industriegesellschaft."[99] Die Natur ist das Rohmaterial der Kulisse. Der Traum von intakter, von der Zivilisation unberührter Landschaft wird von den meisten Touristen geteilt.[100] Oft bedeutet dies, dass Natur nach den Vorstellungen der Touristen verändert, neu geformt und angepasst wird, denn teilweise ist eine bestimmte Landschaft Grundvoraussetzung für die Entstehung einer Erlebniswelt. „Die Grenzen zwischen den realistischen, fantastischen und utopischen Reisebestimmungen sind derart fließend, dass die Gattungen sich nicht einfach trennen können"[101], meint Christoph Hennig. Dass überdimensionale Hotels in Schiorten nach Bergen oder Pflanzen wie dem Edelweiß benannt sind, zeigt dies anschaulich.

Der historische Übergang ist oft nicht einfach feststellbar, da manche Orte aufgrund des Tourismus über mehrere Jahrzehnte in eine bestimmte Richtung gewachsen sind. Salzburg, Venedig und Rothenburg können nur aufgrund des Tourismus in der heutigen Form bestehen. Was echt ist und was imitiert, lässt sich in diesen Fällen nicht mehr bestimmen.[102] Dasselbe gilt für das Lokal „The Londoner" in Kitzbühel, welches seit über 30 Jahren existiert und deswegen für die Stadt authentisch wurde. Es gibt deutsche Restaurants auf Mallorca und Irish Pubs fast in jeder größeren Stadt. Der englischsprachige Kellner wirkt im Lokal stimmiger als der Kitzbühler Einheimische, der bayrische Kellner im Bierlokal in Mallorca „originaler" als ein Inselbewohner. „Die Imitation ist faszinierender als das Original [...]. Die Unterscheidung zwischen Original und Duplikat wird im Zeitalter visueller Realitäten immer fragwürdiger."[103] Ein kultureller Hintergrund ist nicht immer gegeben, manchmal wird Vergangenes wiederbelebt. Füssenhäuser zeigt anhand von Prospekten auf, dass der touristische Blick nur auf bestimmte Dispositionen einer Urlaubsdestination gerichtet wird.[104] Es geht um kein realistisches Bild, sondern nur um die Verwirklichung von Projektionen und Fantasien.[105]

Bereits vor Urlaubsantritt wissen die meisten, was sie sehen wollen, die Vorstellungen vom Paradies hängen so mit dem Vorwissen der Touristen zusammen.[106] Es werden in der Werbung bekannte Symbole verwendet wie z.B. der Elch als „bekanntes" und „typisches" Element für skandinavische Regionen. Daher werden oft Traditionen und Gründungsmythen mit neuen Bildern kombiniert, um auf den sozialen Wandel zu reagieren und den „touristischen Blick" zu verändern.[107] Auf die gleiche Art und Weise werden auch Alltagsvorstellungen von anderen Ländern für touristische Zwecke inszeniert und gelenkt.[108] In Südseeparadiesen wird das „Strandgefühl"[109] verstärkt, in Winterorten die Schneelandschaft und das Winterfrischegefühl. „Den Touristen werden u.a. medial konstruierte Erlebnisse vermittelt, welche von den Urlaubern auf der Reise als natürlich empfunden werden."[110] Historische Zeitreisen führen in eine idealisierte Vergangenheit.[111]

Johanna Rolshofen zur gängigen Vorstellung über mediterrane Küstenlandschaften: „Nach der Entdeckung ihrer „Natur" erfolgte die Wiederentdeckung ihrer Geschichte und in der Folge die Konstruktion ästhetischer Traditionen von Kultur und Lebensstil."[112] Durch diese Konstruktion und Projektion ist es dem Gast kaum möglich, tatsächlich authentische Elemente zu erleben und die echte Kultur kennen zu lernen. Maren Burkhardt zeigt dieses Phänomen am Beispiel der Inszenierung Cubas für die Touristen.[113]

Typische Charakteristika sind nur mehr in bestimmten Situationen erwünscht. Der Großstadt- und Zivilisationsstress kann in Bangkok als störend empfunden werden, während er in New York oder London zum Großstadtflair gehört. Deswegen ist Authentizität nicht immer von vornherein gegeben, sondern muss immer wieder aufs Neue ausgehandelt werden.[114] „Die Informationsflut unserer Tage bringt den Reisenden nicht zwangsläufig näher an das Wesen des Reiseziels heran, als es den Reisenden der Romantik möglich war."[115] Märchenschilderungen bauen auf Fantasie auf und können durch Unvorhergesehenes und Abenteuer überraschen.[116] Die Verfremdung der nicht rechnerisch festgelegten Zeit verstärkt den Effekt der fantastischen anderen Welt.[117] Es wurden für die Gäste zahlreiche Kunstprodukte und Lebenswelten, „in denen die Ansprüche von zuhause gestellt werden"[118], von den Urlaubsmachern erzeugt. Hybride Erlebniswelten hängen so mit dem „Zuhause" zusammen. „Wer reist will etwas sehen. Dieses Sehen ist jedoch nicht beliebig, denn der Reisende sieht hauptsächlich das, was er schon kennt bzw. was er erwartet."[119] Diese Erwartungen, das Wissen, die Vorerfahrung der Heimatkultur, eigene Präferenzen prägen das Erleben von Authentizität. Reisen wird somit zu einem individuellen, interpretativen Prozess.[120] „Man will von Phantasieräumen nicht träumen, sondern sie physisch aufsuchen."[121] Bestimmte Teile der Realität werden ausgeklammert.[122] Dabei wird oft eine „imaginäre Geographie" geschaffen.[123]

Die Balance zwischen erreichten Paradieswünschen und konkret erreichbaren Sehnsüchten ist dafür ausschlaggebend, dass ein Urlaub gelingt. Die Vorstellungen vom Paradies auf Erden können enttäuscht werden, vor allem dann, wenn die Erwartungshaltung und die Sehnsüchte nicht erfüllt werden.[124]

3.2 Realisierungsdruck durch Optionen – Jeder will etwas realisieren

Wenn die Welt als ein riesiges Selbstbefriedigungsgerät gedeutet wird,[125] was spielt sich dann in einem Urlaubsland oder auf einer Urlaubsinsel ab? Dort wird versucht, das gelobte Land zu erschaffen und Urlaubsorte zu Bastionen der Glückseligkeit zu machen. Es geht um die Frage der Teilhabe am Konsum.[126] Sorgengeplagt träumen wir von einer Welt, in der alle Menschen glücklich sind.

Wenn die Saisonarbeiter Touristen glücklich machen, sind deren „Glück" und der Ausdruck desselben echt. In diesem Fall liefern die Urlauber den Saisonarbeitern das Gefühl des authentischen Glücks und sind ein Spiegel für sie. Die meisten Saisonarbeiter wissen: „Das Glück wirkt zurück". Der Animateur Mad Mike liebt es, Menschen glücklich zu machen.

„Die Unterscheidung von Zeichen und Realität, von Sein und Schein wird im Alltagsleben ständig gefordert."[127] Viele Fantasien und Wünsche sind unbedenklich und harmlos. Die meisten Leute durchschauen die Künstlichkeit der Fantasiewelt[128], lassen sich aber gerne von ihr verzaubern. Die Olympiasiegerin Kate Allen weiß um die konstruierte Scheinwelt in Kitzbühel Bescheid:

> „Kitzbühel erscheint mir wie eine Fantasiestadt, deren Leben ausschließlich aus Partys und Tanzen besteht. Jeder Tag wird in einer Bar abgerundet, du schläfst, gehst arbeiten, gehst aus. Viele geben ihr ganzes Geld aus, leben auf diesem schmalen Grad zwischen Après-Ski und Realität. Ich wehre mich dagegen. Als Traveller – das halte ich mir stets vor Augen – lebst du in einer Scheinwelt. Du kannst für gewöhnlich aufstehen, wann du willst, und Feste feiern, wie sie fallen. Die einzige Zeit des Lebens, der einzige Ort des Lebens, an dem du so handeln kannst. Zuhause? Dort wäre so etwas undenkbar."[129]

Die Suche nach Erlösung und damit „Hoffnung und Erneuerung gehört zum modernen Reisen und zur Pilgerfahrt"[130]. Das Paradies soll authentisch und im Diesseits erfahrbar sein, der Himmel soll auf Erden erlebt werden können.[131] Die Glücksversprechungen der Erlebniswelten „ersetzen" die Heilsversprechen der Kirche.[132] Der steigende Wohlstand erfüllt nicht notwendigerweise die Sehnsucht nach dem Sinn des Lebens.[133] Identifikation, Lebenssinn und die Erfüllung suchen viele nicht mehr im Berufsleben oder in der Religion, sondern in der Freizeit und kehren somit dieses Verhältnis um.[134] Viele Menschen leben hedonistisch und das künstlich hergestellte Glück in Erlebniswelten ist Teil davon.[135]

Erlebniswelten liegt ein bestimmtes Thema zugrunde. Dieses wird filmgerecht aufbereitet und soll starke Emotionen hervorrufen.[136] Es kommt zum sanften Hinübergleiten in die neue, unbekannte, künstliche und fantastische Welt.[137] Das Neue sollte „Erfahrungsräume des Idyllischen, Pittoresken, Altertümlichen"[138] ermöglichen. Durch Geschlossenheit und detailgenaue Gestaltung können Erlebniswelten einen positiven Effekt erzielen.[139] In einer synthetischen Erlebnisstadt ist fast alles möglich. In den erschaffenen Erlebniswelten, die Illusionen und Projektionen als Stilelemente nutzen, werden keine persönlichen Makel und Unzulänglichkeiten ausgedrückt, sondern ein in der Gesellschaft vorhandenes Verlangen nach Fantasie.[140]

Einzig begrenzt wird dieses Paradies nur vom Raum (Urlaubsort), der Zeit und vor allem dem Geld der Touristen.[141] Das Glück ist käuflich. In manchen Fällen schafft die Abwechslung des Urlaubs ein anderes Weltbild und kann sich nachdrücklich auf die Alltagswelt des Touristen auswirken.[142] Oft bleibt der Traum eines erfüllten glücklichen Lebens im Urlaubsort zurück und die Glücksgefühle verstummen nach der Rückkehr aus der dort erlebten Illusion. Ist die Themenführung einer Erlebniswelt nicht komplex, zieht sich der Sinn nicht von Anfang bis zum Ende durch; oder ist sie schlecht geplant und inszeniert, besteht eine hohe Wahrscheinlichkeit, dass sie von den Touristen als „unecht" empfunden und abgelehnt wird, wie es etwa beim „Playcastle" in Seefeld in Tirol der Fall war.[143] Träume in der Realität wahr werden zu lassen, wird durch die heutige Technik immer leichter möglich.[144] Die Grenzen der Wirklichkeit verfließen durch die Technik und die Konturen der Scheinwelt können oft nicht mehr von der Realität unterschieden werden. Urlaubsorte sind „künstliche Erlebniswelten" und „getarnte Erlebnisparks". In beiden Fällen zielt man auf ähnliche Bedürfnisse ab.[145] Supportive Technik fängt bei den Bergbahnen und der Erschließung unbezwingbarer Berge an. In Diskotheken und bei verschiedenen Shows werden Videobeamer genützt. In der „Lürzer Alm", einer Diskothek in Obertauern, gibt es eine Maschine, die Schneefall imitiert, indem sie speziellen Schaum in das Publikum auf der Tanzfläche sprüht. In Kitzbühel wurde genauso wie in Schweden[146] ein Igludorf am Berg errichtet, in dem man sogar wie in einem Hotel schlafen kann. Davor gibt es eine Schneebar, in welcher die Getränke von „Eis und Schnee" gekühlt werden.

In Wien wurde an der Donau Sand zu einem Strand aufgeschüttet und eine Beachbar errichtet. In Kopenhagen gibt es eine Eisbar, in der sogar die Gläser aus Eis sind. Las Vegas ist vielleicht das beste Beispiel für eine Fantasiestadt: In verschiedenen Malls und Hotels gibt es futuristische Elemente und Spielhallen. Für Urlauber wurden sogar künstliche Inseln geschaffen und Schiffe davor zum Abenteuertauchen versenkt.[147] Mit riesigem technischem Aufwand wurden in Dubai zwei Palmeninseln für die Touristen aufgeschüttet und gleichzeitig Land gewonnen.[148] Die neue Generation mit TV und PC hat ein Verständnis für die virtuelle Welt entwickelt.[149] „Die

Suche nach den Traumwelten durchzieht alle Formen und Epochen der modernen Urlaubsreise. Die touristische Erfahrung ähnelt in mancher Hinsicht den Welten der Literatur, des Films, der bildenden Kunst - und diesen Kunstformen hält niemand ihren mangelnden >Realitätssinn< vor"[150] Die Medienwelt, das Fernsehen und das Internet sind jedoch nicht physisch begehbar.[151]

Da virtuelle Welten zum Alltag gehören, ist der Unterschied in Urlaubsorten nicht immer sofort erkennbar. Die „Hyperrealität" ist in westlichen Gesellschaften allgegenwärtig[152], in Urlaubsorten liegt der ganze Fokus darauf. Weil Fantasiewelten schon so allgegenwärtig sind, meint Eric Cohen, dass viele Menschen lieber auf Urlaub fahren, um Dinge zu erleben, die sie schon von zuhause kennen, als sich auf neue, gegensätzliche Situationen einzulassen.[153] Aufgrund der langen Dauer des Urlaubs und der damit verbundenen Entpflichtung ist der Wirkungsgrad jedoch höher als bei Außergewöhnlichem im Alltag.[154] Das Verhältnis der Zeit im Urlaub ist anders. Die Urlauber können den Tag zur Nacht und die Nacht zum Tag machen.[155]

Die Wünsche der Besucher sind in den Urlaubsorten der Steigerungslogik unterworfen. Mehr, schneller, besser, intensiver und von längerer Dauer ist das Motto.[156] Die Forderungen werden immer maßloser.

Deswegen entstehen derartige künstliche Erlebniswelten ohne historischen kulturellen Bezug. „Es geht nicht primär um die Erkenntnis, sondern um das Erleben fiktiver Räume." Die Grenzen „zwischen echter Kunstwelt und künstlicher Echtwelt"[157] verschwimmen.

Manche für Gäste geschaffenen Erlebniswelten sind ortsunabhängig.[158] Ob eine Bar, wo man feiert, auf Rhodos, Ios, Kos oder Ibiza ist, ist für viele Urlauber unwichtig, denn es geht mehr um die Art des Erlebnisses. „Gesucht wird nicht mehr ein konkreter Ort, sondern derartige und andere Ereignisse, die irgendwo sein können (Ereignisse können auch sozialer und physischer Natur sein wie etwa ‚Leben mit den Einheimischen' und ‚Sonnenstrandspaß')"[159], so Karlheinz Wöhler. „Die Individuen wissen bereits vor Urlaubsantritt, welche Erlebnisse sie konsumieren wollen. Der Mensch der Überflussgesellschaft hat Erlebniserwartungen, die er eingelöst wissen will." Horst Opaschowski meint, dass ein bestimmtes Glücksgefühl und nicht die Erlebniswelt gesucht wird.[160] Die Erlebnismacher wissen um die Suche nach dem „authentischen Glück" und versuchen in den Traumwelten das Glück zu intensivieren, damit die Gäste ihren Alltag wieder ertragen können.

„Badeorte sind abgegrenzt, können aus dem Nichts entstehen. Sie werden nach Unterhaltungs- und Komfortbedürfnissen und nach ökonomischen Gesichtspunkten, meist ohne Bezug zur kulturellen Tradition und den landschaftlichen Gegebenheiten des Reisegebietes geschaffen."[161] Es werden

Strände aus dem Boden gestampft, neue Schigebiete für den Tourismus erschlossen und Erlebniswelten erschaffen, wobei sich Ambiente und Umgebung ändern.[162] Die Urlauber sind mit Fantasiewelten und ihren Kulissen zufrieden. Sie halten diese für authentisch, solange sie die Realität übertreffen.[163] Die Menschen wollen sich selbst in der Illusion wie die Kinder im Spiel vergessen.[164]

Die meisten Wintersportorte in den europäischen Alpen sind über einen langen Zeitraum gewachsen. Die Bergfanatiker werden zumeist mit einer Gondelbahn aus dem Ort in die Schigebiete transportiert. Ursprünglich wurde ein Lift nach dem anderen gebaut, das Schigebiet entstand in mehreren Phasen, wobei sich die Dörfer und wenige Städte über einen längeren Zeitraum mit dem Tourismus mitentwickelt haben. Dies gilt beispielsweise für Chamonix in Frankreich, für Disentis in der Schweiz und für Kitzbühel, Ischgl und Obertauern in Österreich. Dass der Tourismus die Arbeitsplätze der meisten Ortseinwohner sichert, erklärt auch, warum die Tourismuspolitik in Europa eine bedeutendere Rolle erhält als in Nordamerika, Australien und Neuseeland.[165]

Die kulturhistorischen Gegebenheiten sichern die Identität der europäischen Schigebiete. Traditionen, Riten, Denkmäler und alte Bauwerke sind dabei von Bedeutung. An Sehenswürdigkeiten gibt es z.B. in Kitzbühel ein spätgotisches Portal, die Katharinenkirche (gebaut um 1360) oder einen Pulverturm aus dem 15. Jahrhundert. Im Gegensatz dazu ist man im neuseeländischen Cadrona auf das „ancient" „Cadrona Hotel" aus dem Jahre 1880 stolz.

Ortskultur fußt manchmal noch auf historischen Wurzeln, sie wird aber nur noch selten von den ansässigen Menschen gelebt. In manchen Regionen tragen die Leute den Tirolerhut und die Tracht aus Identifikationsgründen, in anderen für die Touristen. Ein Beispiel hierfür ist auch obige Episode mit den Aborigines, die man im Speerwurf instruierte, damit sie dies in Zukunft den Touristen vorführen können.

In Neuseeland, Australien sowie Nordamerika werden durch die Vergabe einer Konzession „geplante" Schigebiete geschaffen. Dadurch erhält der Inhaber eine Monopolstellung, damit das Schigebiet zentral geführt werden kann. In Neuseeland und Australien führen lange Güterwege bis zu den Talstationen von Liften hin, die sich in vielen Fällen 30 Kilometer weit vom nächsten Ort entfernt befinden, wie z.B. von Methven nach Mt. Hutt, von Wanaka nach Treble Cone, von Cadrona und Queenstown nach Coronet Peak und zu den Remarkables (alle Neuseeland).

Der Australier Chief O'Brian empfindet den Unterschied zwischen den Schigebieten in Europa und Australien wie folgt:

> *"The culture is really, really different where you live. The snow and the mountains. The party and the skiing. Your interaction with the job. Just the whole way the whole things are set up. I think the big difference is here that there was already a culture here before. Skiing was like a tourism industry. People ski to get around here, because there was snow everywhere. In Australia it is really different. Maybe because I grew up where it is purely a tourist industry. The ski resort has maybe 2.000 employees in winter and maybe 200 full time staff. Nobody really lives where the ski resort is. It is so remote and out of the way. And nobody lived there till they wanted to make an industry. And then skiing kind of arrived. It was already somewhere before there. That's what I kind of enjoy here. That is the difference to me. That's nice. Both of the things have things I like, you know, that the other thing doesn't have. In Australia everybody lives half an hour away from the mountain. There are only hotels at the mountain and all the employees travel half an hour every day."* [Chief O'Brian]

Ein anderes Beispiel ist die Region Whistler Mountain in Canada. Auch dieses Resort wird zentral geleitet, weswegen das Ortsbild klar geplant und durchstrukturiert ist. Wie Thomas Bieger beschreibt:

> „Nach dem Kauf von Whistler Mountain ist die bisherige Eigentümerin der Blackcomb Mountains, die international tätige Resort- und Immobilienfirma Intrawest, heute alleinige Besitzerin des Schigebietes. Whistler besteht heute aus verschiedenen kleinen Ortschaften. Im Zentrum steht der „Village Center"-Bereich. Dieser wurde nach 1980 auf Basis eines Masterplans konzipiert und gezielt aufgebaut. Dem Gast bietet dieser Ortsteil heute verschiedene autofreie Flanierstraßen. Dieses Straßensystem ist so konzipiert, dass die Straßen Richtung Südwest verlaufen, so dass vor allem am Nachmittag zum Après-Ski genügend Sonne zum Verweilen einlädt. Die Straßen führen immer wieder zu kleinen Plätzen, an denen „Animationen" stattfinden. An diesen Plätzen biegt die nächste Straße in einem gewissen Winkel ab, so dass der Eindruck eines geschlossenen größeren Ortskernes entsteht."[166]

Das bedeutet aber auch, dass der Ort von einem Unternehmen gesteuert wird und die Saisonarbeiter, sofern sie irgendwo am Berg arbeiten wollen, sich nur bei diesem bewerben können. Dass man dort eine andere Form von zwischenmenschlichem Zusammenleben findet, verwundert daher kaum.

Jeder Urlaubsort, jede Region ist anders und hat sich eigenständig entwickelt. Manche Orte sind auf lange Zeit traditionell gewachsen, andere hingegen von Experten geplant worden und dadurch schnell „aus dem Boden geschossen". So wurden diese entweder von einem besitzenden Unternehmen oder von mehreren Eigentümern und deren Einflüssen über Jahrhunderte gestaltet. Deswegen kann man aus dem Aufrissbild einer Siedlung die Strukturen erkennen.[167] Aus genau solchen Gründen rät Roland Girtler, dass man auf einen nahe gelegenen Hügel wandern sollte, um das Ortsbild zu studieren.

Für die Saisonarbeiter spielt es oft eine Rolle, wie der Urlaubsort beschaffen ist, welches Angebot er hat und ob er ihre Bedürfnisse ausreichend befriedigt. Es gibt so genannte „Pullfaktoren", die Menschen in eine bestimmte Region ziehen, und gegenteilige „Pushfaktoren", welche sie aus einer bestimmten Gegend zum Aufbruch drängen. Hartmuth Luft geht davon aus, dass die Tourismusbranche als der „arbeits- und beschäftigungsintensivste Wirtschaftszweig gilt"[168]. Dadurch ist es für viele möglich, in einem Urlaubsort zu arbeiten und mitzuwirken.

Aufgrund der Unterschiede im Arbeitsaufkommen zwischen Winter- und Sommersaison werden „Saisonarbeiter" benötigt.[169] Die Arbeitsmöglichkeit lockt In- und Ausländer gleichermaßen an. Im konkreten Fall der Saisonarbeiter kann die Arbeit der Grund sein, in den Ort zu kommen („Pullfaktor") oder ihn zu verlassen („Pushfaktor"). Deswegen befinden sich statt der insgesamt 10.000 Leute im Winter nur 300 Ortsbewohner im Sommer in Obertauern.

Die Größe des Urlaubsortes und die Art der Touristen, Tagesgäste oder Langzeiturlauber, schlagen sich auf das Verhalten der Bewohner nieder. Die Saisonarbeiter verbringen unterschiedlich viel Zeit mit den Touristen, woraus sich eine wechselnde Beziehungsintensität zu den Gästen wie auch den Kollegen ergibt.

Der Gast spricht von seinem Urlaub als geglücktem oder misslungenem Gesamterlebnis. Deswegen formen sich Angebotselemente zu einem Leistungsbündel, das nur in seiner Gesamtheit vom Touristen wahrgenommen wird.[170] Als Beispiel dient eine Therme nahe einem Schigebiet (Bad Gastein, Längenfeld), die zur Freizeitgestaltung bei Schlechtwetter genützt werden kann. In der Nähe von Wanaka befindet sich „Puzzling World", so etwas wie ein kleiner Freizeitpark, der auf Wahrnehmung und Sinnestäuschungen, Rätsel, Puzzles und Labyrinthe fokussiert. Ähnliche Alternativen gibt es auch in Sommerresorts, wie im Falle des Gardalands (Nähe Gardasee, Italien) oder von Erlebnisparks in der Nähe von Stränden oder Städten.

Die einzigartige Landschaft, Urlaubsangebote und unterschiedliche Attraktionen beeinflussen auch die Saisonarbeiter bei der Auswahl des Arbeitsplatzes stark. Wintersportler versuchen, eine Saison in Wintersportorten zu verbringen. Kletterfans suchen sich Ziele mit spektakulären Felsformationen in der Nähe aus. „Die Natur wird zum Bereich starker, im sozialen Alltag kaum noch erfahrbarer Emotionen."[171] Es werden unterschiedliche Gefühle hervorgerufen, wobei es sich um Sehnsüchte, quasi-religiöse Verehrung oder Reiz an der Gefahr handeln kann.

Das Wetter ist mitbestimmend für einen gelungenen Urlaubsaufenthalt und einen zufriedenen Gast. So kann das im Sommer am Nordkap häufig vorhandene Nebelwetter zu vergrämten Gästen führen, die vergeblich auf die Mitternachtssonne warten. Ähnlich verhält es sich mit Bergsteigern, die kurz vor dem Gipfel wegen einem Wetterumschwung umkehren müssen und sich nicht in das Gipfelbuch eintragen können. Den Vulkankegel im St. Egmont Nationalpark in Neuseeland – er diente in dem Film „Der letzte Samurai" als Drehort, wobei ein japanischer Schauplatz nachgestellt wurde – konnte ich mir aufgrund der Wolkendecke leider nur vorstellen. Für einen gelungenen Schiurlaub muss die Gegend weiß im Schnee erstrahlen. Das Gegenteil war während meiner Forschungen in Kitzbühel in der Saison 2006/07 der Fall, dies nach einem Rekordwinter im Jahr davor. Der Stimmungsunterschied beider Saisonen beim Après-Ski war bezeichnend: Man konnte die Höhe des Schnees mit jener der Stimmung gleichsetzen. Ein Saisonarbeiter, der im schlechten Winter beschäftigt war, kam oft selbst nicht auf seine Rechnung und musste auch noch den Frust der Touristen und der Chefs ertragen, die wetterbedingt nicht genügend Umsatz erwirtschafteten. Auch indirekt vom Wintertourismus abhängige Unternehmen wie Tischlereien und Baufirmen waren betroffen. Wenn weniger Geld in eine Region fließt, sinkt der Umsatz. Somit gilt das Statement einer Barbesitzerin, dass man das durch alle Bevölkerungsschichten spürt:

„Das ist branchenübergreifend. Und das geht natürlich von der obersten bis zur untersten Ebene von Gesellschaftsschichten. Eh klar. Weil in einem solchen Ort – wir leben ja nicht von der Industrie, sondern vom Tourismus. Und wenn das Rad ein bisschen angeknackst ist, dann merkt das der Tischler, der Bäcker, der Installateur. Alle. So etwas wie heuer haben wir alle noch nie erlebt und das wird auf jeden Fall Konsequenzen haben, und das wird sich auf jeden Fall bemerkbar machen. Das ist klar. Manchmal ist es aber ganz gut. Es gibt natürlich Kitzbühel wieder ein bisschen zum Denken auf." [Tina]

Die Urlaubsentscheidung ist von vielen verschiedenen Kriterien abhängig, wie etwa der Wahl des Verkehrsmittels. Die Infrastruktur ist unterschiedlich ausgeprägt und die Urlaubsorte verfügen über bessere oder schlechtere Anbindungen an Flughäfen, Bahnhöfe oder Autobahnen. Ebenso wichtig sind „Kriterien wie Motive, Neigungen/Interessen und Verhaltensweisen"[172] der Touristen sowie deren Alter. Aufgrund des Überangebotes ist das von Peter Gross angesprochene Problem der Multioptionsgesellschaft auch in der Urlaubswahl präsent.[173] Erleichtert wird die Entscheidung durch das Image der Urlaubsregion. „Der heutige Gast möchte nicht mehr nur einfache, simple Produkte."[174] Je mehr Angebote es im Urlaubsort gibt, desto eher fällt die Entscheidung, dort einen Urlaub zu buchen.[175] Urlaubsmotive sind

Kultur-, Strand-, Abenteuer-, Party-, Sporturlaube oder auch ein Kuraufenthalt. Ausgeklügeltes Marketing spielt eine große Rolle, weil dadurch ein Ort „attraktiver" gemacht wird und die Buchungszahlen steigen. Der touristische Markt ist hart umkämpft und deswegen können nicht alle Orte touristisch werden.[176] Jedes Schigebiet wirbt um eine spezielle Zielgruppe, welche zugleich seine zukünftige Entwicklung wiederum mitbestimmt. Urlaubsresorts sind für unterschiedliche Altersgruppen ausgelegt. Junges Publikum kann erlebnisorientierte Leute anziehen und als Multiplikator dienen, aber im Gegenzug ältere Gäste abschrecken. Nach einigen empirisch belegten Untersuchungen wurden folgende Zielgruppen für deutsche Reisende identifiziert: jüngere Urlauber (zwischen 18 und 29 Jahren), Familienurlauber (zwischen 30 und 44), die berufstätige, ältere Schicht (zwischen 45 und 59), die Senioren-Segmente (60 bis 69) sowie Senioren im höheren Lebensalter (70 aufwärts), mit jeweils unterschiedlichen Interessen.[177] Diese Differenzierung kann nur als grobe Klassifikation gelten, da der soziale Wandel in unserer Gesellschaft durch demografische Veränderungen wie zunehmendes Alter schnell vorangeht. Durch die Globalisierung und das „The Winner Takes All"-Prinzip wird die Mittelschicht schrumpfen.[178]

Die finanzielle Situation und die Sozialschicht der Urlauber beeinflussen das Ortsgeschehen. Reiche Leute verlangen in vermehrtem Maß nach Extradienstleistungen. Aber auch viele Angehörige der Mittel- und Unterschicht wollen es im Urlaub einmal richtig „krachen lassen". Dabei bilden sich in den Urlaubsregionen Szenen und eigene Subkulturen. So wie es im „Schwarzl Freizeitzentrum" bei Graz eine Wakeboardszene (ähnlich wie Wasserski, mit nur einem Brett) gibt, hat sich in vielen Wintersportorten eine Schi- bzw. Snowboardszene etabliert. Das Vorhandensein von Randkulturen kann zum „Push-" oder „Pullfaktor" für Saisonarbeiter werden.

3.3 INSZENIERTE AUTHENTIZITÄT

„Momente der Inszenierung sind in fast allen Urlaubswelten präsent"[179]. Ähnlich wie in Themenparks kommt der Inszenierung der „Erlebniswelt" in den Urlaubsorten eine große Bedeutung zu. Nichts soll dem Zufall überlassen werden, die gewünschten Ereignisse sollen im richtigen Moment eintreten.[180] Das Echte braucht Inszenierung, gefragt ist inszenierte Authentizität.[181] Unterschiedliche Herrichtungen und Inszenierungen beeinflussen das Geschehen in Urlaubsorten. Der dort gelebte Lebensstil und die Inszenierungen wirken sich auf die Urlauber, die Urlaubsmacher, Bewohner und Saisonarbeiter aus.[182]

Das In-Szene-Setzen wird minutiös von den Urlaubsmachern geplant, es werden intensive Reize für alle Sinne eingesetzt. Sinnliche Erfahrung beim Übertreten in die phantastische Welt steht im Mittelpunkt des Urlaubs.[183] Optische Reize werden verdichtet, auf die richtige Wahl der Musik wird großer Wert gelegt. Auch andere akustische Effekte und Hintergrundgeräusche können für die Inszenierungen genützt werden. Gerüche werden ebenfalls geplant eingesetzt, um die Erlebniswelt authentisch gestalten zu können. Vor allem aber kommt es auf Sauberkeit in Urlaubsorten und Themenparks an.[184] Die „Erlebniswelten" werden in verschiedenster Form inszeniert.[185] Besucher und Urlauber wünschen sich eine Anfasskultur.[186]

Der Strand muss jeden Tag aufgeräumt, die Liegen an ihren Platz gebracht und das Eis für Getränke gekühlt werden. Das Sportangebot ist ebenfalls gut vorbereitet: Segelboote, Wasserschi, eine Begrenzung für Freischwimmer und Nichtschwimmer in Badebereichen. In Wintersportorten müssen die Pisten präpariert und durch Schneekanonen mit Kunstschnee angereichert werden, denn es wird nichts dem Zufall überlassen. Pistenplanung findet auch im Sommer statt, wenn neue Pisten geschaffen und Teiche für die Beschneiungsanlagen angelegt werden.

Aufgrund der Fokussierung auf Multioptionalität für den Kunden müssen passend wählbare Programme für den Tagesablauf zusammengestellt werden. Alles zielt auf Multiunterhaltung ab, die sofort konsumiert werden kann. Ein Paradies ohne Menschen wäre langweilig, eines voller Touristen öde. Deswegen wäre ein Urlaub ohne die „Urlaubsmacher", ohne Saisonarbeiter und die von ihnen inszenierte Welt unvorstellbar. „Die Imaginateure beschwören Gottähnlichkeit [...] herauf, indem sie eine perfekte Welt schaffen und als Zubehör die immer glücklichen fröhlichen Menschen, die dort arbeiten."[187] Die „immer gut gelaunten" und „lustigen" Saisonarbeiter haben deshalb eine wichtige Funktion für den gelungenen Urlaub. Die Gastgeberkultur wird von einer bestimmten Seite gezeigt, Pseudo-Folklore-Abende für die Gäste hergestellt.[188] So erlebte Roland Girtler auf einer seiner Forschungsreisen in Sölden ein für österreichische Urlaubsorte typisches Szenario:

> „In Sölden etwa bin ich in einen ‚Heimatabend' mit schmalzigen Heimatliedern und Schnulzen aus den fünfziger Jahren geraten. Das vorwiegend aus Deutschland stammende Publikum wiegte sich im Takt, und einige tanzten. Manche grölten. Das Bier floß und die Kellner machten ein großes Geschäft. Die Masse an Gästen, die während des Sommers die klassischen Urlaubsländer und Urlaubsorte überflutet, muß unterhalten werden. Dafür schuf man eine Menge Folklorespezialisten und Animateure und ‚ländliche', sündhaft teure Lokale, die einander alle gleichen."[189]

3.4 Bühnen

Das Leben ist laut Erving Goffman wie eine Theaterbühne, auf der die Menschen miteinander interagieren. Sie stellen dem Publikum teilweise gemeinsame Inszenierungen vor.[190] Dabei können sich die Schauspieler unterstützen, ignorieren oder auch sabotieren. Jeder Akteur wird vom Publikum beobachtet, bewertet, sogar sanktioniert, je nachdem, ob er seine Rolle gut spielt oder nicht. Wer es schlecht macht, kann einen Gesichtsverlust erleiden. Dazu kommt noch, dass sich einige Schauspieler nicht besonders mögen und gegenseitig die Darstellungen auf der Bühne zerstören. Schon vor der Aufführung bei der Probe, bei Improvisationen und in den Umkleiden lassen sich Sympathie und Antipathie der Akteure feststellen. Das führt zu Streitereien vor oder hinter der Bühne, was damit enden kann, dass manche Schauspieler nicht mehr miteinander auftreten wollen. Überdies ärgern sie sich, dass sie weiterhin die Garderobe miteinander teilen müssen. Professionalität lässt eine Aufführung trotz schlechter Stimmung auf der Hinterbühne mit tosendem Applaus des Publikums enden. In anderen Fällen passiert es, dass es auf der Bühne zu Auseinandersetzungen kommt und ein Darsteller die Fassade des anderen zum Bröckeln bringt, indem er z.b. Geheimnisse des anderen „zufällig" thematisiert.

Gefühle und deren Ausdruck haben für den Einzelnen und auch für das soziale Zusammenleben eine Bedeutung. Wenn Gefühle anderer wie Angst, Trauer, Freude wahrgenommen werden, haben sie Auswirkungen auf das Umfeld der Person. Ob sich das Gegenüber fürchtet oder freut, wirkt sich auf den Beobachter aus und beeinflusst dessen Gefühlswelt. Deswegen kann man echte Gefühle von gespielten unterschieden. Aus diesem Grund ist für die gewünschten Gefühlsregungen der Touristen ein bestimmter Gefühlszustand der Urlaubsmacher notwendig, soll dem perfekten Urlaubserlebnis nahe gekommen werden. Langweilig soll es im Urlaub nicht werden, denn die Leute wollen sich amüsieren. Manfred Prisching meint:

„Die postmoderne Gesellschaft mag ihre rationalisierten verwissenschaftlichten Elemente haben, vor allem braucht sie aber Action, Event, Sensation. Überall Flüchtlinge von der Rationalität – die gewöhnlichen Regeln außer Kraft setzen. Spontanes, emotionales Handeln, das bis zur Ekstase und bis zum Exzess reicht."[191] Deswegen sind die Animateure und Saisonarbeiter mitverantwortlich, dass der Urlaub gelingt und die Ekstase der Touristen erreicht wird. Sie sind die Fluchthelfer aus dem Alltag, die Wegweiser und Guides in das Paradies. Sie versuchen, die Hemmungen der Gäste abzubauen, indem sie sozialen Kontakt herstellen und Kommunikationsprobleme der Urlauber ausgleichen. Weiters sollen sie ein angenehmes Gefühl vermitteln und eventuell zu unterschiedlichen Tätigkeiten wie Sport oder Feiern animieren.[192]

Extradienstleistungen sind ein Vehikel, um die Zufriedenheit der Besucher zu erhöhen. Arlie Hochschild ist der Überzeugung, dass es Gefühlsnormen gibt, welche sich auf das Handeln der Menschen auswirken.[193] Damit ist ein zu erwartendes Gefühl in einer bestimmten Situation gemeint. Bei einem Begräbnis rechnet man mit Trauernden, im Urlaubsort hingegen mit gut gelaunten Menschen, die nett und freundlich sind.[194] Haltung und Gesten, die Erscheinung, Augenkontakt und die richtige Tonlage der Urlaubsmacher sollen für eine positive Stimmung sorgen. Die Saisonarbeiter müssen daher bestimmte Gefühle „liefern", um die Erwartungshaltung der Touristen zu erfüllen. Die Gäste zahlen für gute Stimmung und angemessene Behandlung. Wenn Saisonarbeiter einen schlechten Tag erlebt haben, bedeutet dies Gefühlsarbeit für sie und kann sogar zu „gespielter Ekstase"[195] werden.

„Als Barkeeper und überhaupt in der Gastronomie und überhaupt in der Erlebnisgastronomie, da muss man sich als Personal irgendwie verkaufen können, damit die Leute auch Spaß haben. Und je mehr die Spaß haben, desto mehr trinken die Leute und lassen mehr Geld da, so. Da gibt es dann echt natürlich Tage, wo du dann sagst: Irgendwas Doofes passiert jetzt. Und dann hast du schlechte Laune. Aber du kannst da nicht stehen mit schlechter Laune, so. Du musst halt schon wieder gute Miene zum bösen Spiel machen, obwohl du schlecht drauf bist, und halt deinen Job machen. Und das ist halt manchmal das Schwierige, so." [Asian Fred]

Beim Trinkgeld wird das Gefühl über eine Dankesgeste an den Gast „verkauft". Die Urlauber wissen darüber Bescheid und akzeptieren die „Kommerzialisierung der Kontakte"[196]. Das gehört zum Produkt dazu, Fehlverhalten der Saisonarbeiter kann zu einem missglückten Urlaub und zu Problemen bis hin zum Jobverlust führen. Kommerzialisierte Kontakte können von Touristen als Verlust der Authentizität empfunden werden.[197]

Arlie Hochschild unterscheidet zwei Arten des Gefühlshandelns, welche auch von Saisonarbeitern in entsprechenden Serviceberufen angewendet werden.[198] Beim Oberflächenhandeln vermitteln Körpersprache, Gesichtsmimik und Ausdruck der Stimme einen bestimmten Eindruck. Die Leute sind ein Spiegel der Darstellung. Durch diesen kann sich das Gefühl der entsprechenden Person ändern. Beim Tiefenhandeln versucht man nicht nur das Handeln nach außen hin zu ändern, sondern bei sich das Gefühl auszulösen, um es spontan nach außen abgeben zu können. Das ist beim Spaßmachen, durch schöne Erinnerungen oder durch Musik und Alkohol möglich. Saisonarbeiter müssen nicht nur Gefühlsarbeit für die Touristen leisten, sondern auch unentgeltlich für ihre Kollegen, damit das Gesicht vor dem Kunden

gewahrt werden kann. Wenn die Kollegen schlecht gelaunt sind, kann die gemeinsame Inszenierung schief gehen. So erzählt Asian Fred:
„Das sind dann echt Kollegen, die Leute hier, wenn die halt merken, dass du einmal schlechte Laune hattest, die pushen dich einfach hoch. Da wird dann echt wieder alles gemacht, um den wieder auf die Laune zu bringen." [Asian Fred]

Die Gefühlsarbeit unter Kollegen beruht zumeist auf Gegenseitigkeit und schweißt die Gruppe zusammen.[199] Alkohol wird gerne genutzt, um in Stimmung und Ekstase zu kommen.
„Natürlich, dass das wieder mit dem Einfluss von Alkohol leichter geht. Oder ob man jetzt irgendwie nur blöde Sachen daherredet und dass man dann einfach anfängt zu lachen. „Hey, komm, okay. Jetzt arbeiten wir noch ein bisschen, gehen wir ins „Mangoes", trinken noch einen und wenn dich das jetzt echt so anzipft, das Problem, das du hast, dann gehen wir einfach nachher nach Hause und reden und dann ist das okay so." Wenn du ein Problem hast, entweder möchtest du es echt alleine regeln oder es sind Leute da, die dir helfen und dir ihre Meinung dazu sagen und halt helfen, dieses Problem zu lösen. Weißt du, dass ist schon cool." [Asian Fred]

Es meint daher auch Tina, dass die Leute sich genau kennen müssen. Weiters ist wichtig, nicht zu viel zu trinken, weil man ansonsten nicht mehr arbeiten kann.
„Du musst natürlich auch viel verzeihen. Die sind natürlich 18, 19, 20. Alkohol ist ein Thema. Man macht oft Fehler, die man im nüchternen Zustand nicht machen würde [...]. Bei mir bekommt jeder eine zweite Chance. Das ist immer eine Verwarnung. Klar, bei der zweiten dann nicht mehr, deswegen brauchst du nicht die letzte Chance machen. Die kriegt jeder. Manche müssen einfach zuerst einmal lernen, ihre Grenzen auszuloten. Das ist wirklich so ein schmaler Grat. Wie viel ist zu viel? Wir haben dieses System von zwei gelben Karten wie im Fußball. Zwei gelbe Karten darfst du haben im Monat, aber nicht mehr. Das heißt: Die rote Karte gibt dir der Manager, wenn du dann zu betrunken bist, um zu arbeiten." [Tina]

Der Erfolg bei Bewerbungsgesprächen hängt mitunter davon ab[200], ob die zukünftigen Saisonarbeiter wie z.B. Schilehrer, Kellner, Surflehrer eine lockere Lebenseinstellung haben.

3.5 ENTERTAINMENT

Urlaub bedeutet Erlebnis und Entertainment, ähnlich wie bei Events geht es um die Generierung und die Koordinierung von Spaß. Dabei kann die Vergemeinschaftung in einer etwas paradoxen Art zu Tage treten, wenn einerseits die Urlauber „auf Gemeinschaft und andererseits auf individualistische Selbstverwirklichung zielen"[201].
Durch die Menschenansammlung in einem Urlaubsort gibt es viele Situationen, in welchen sich ein „Wir-Gefühl" herauskristallisiert. Für die Urlauber kann dann dieses Gefühl als ekstatisch das Subjekt überschreitend empfunden werden.[202] Dies kann bei verschiedensten Events, in Lokalen, an Liftstationen, auf der Straße, bei Stadtfesten, Airshows, Oldtimer-Rallys etc. vorkommen. Dieses Publikum gibt dem Einzelnen die Möglichkeit, seinen Auftritt zu bekommen. In diesem Umfeld kann die „graue Maus" zum Helden, der „kleine Angestellte [...] zum King"[203] und der Adelige zum „Normalsterblichen"[204] werden. Im Urlaub gibt es sehr viele Bühnen, die spontan entstehen und für verschiedenste Performances genützt werden können, sofern sich der Darsteller eine hohe Erfolgswahrscheinlichkeit seiner Aufführung erhofft.[205] Dies kann auf der Schipiste geschehen, wenn ein Snowboarder einen „Backflip" (Rückwärtssalto) auf einer Schanze für die beistehenden Zuschauer vorführt. Oder auch im Lokal, wie die junge Besitzerin berichtet:

„Klar. Schau dir an, wie viele Mädels strippen. Die würden doch in ihrer Heimat oder in ihrem Heimatdorf oder ihrer Heimatstadt, wo immer sie herkommen, das nicht machen. Holländerinnen, Norwegerinnen, Schwedinnen. Das kann ich witzigerweise an oberster Stelle sagen. Du würdest das zuhause nie machen. Du machst das in irgendeinem Schiort, zack rauf auf die Bühne, BH weg. Das ganze Lokal schielt, alle lachen. Oder sie singen ein Lied oder was auch immer. Das machst du zuhause nicht. Klar, die Hemmschwelle ist einfach viel weiter unten. Zum Zuschlagen und zum Strippen. Das ist so im Urlaub."
[Tina]

Ob die Zuschauer mit der Aufführung zufrieden sind oder nicht, zeigen sie mit ihren Reaktionen.[206] Weil viele Menschen nicht nur nach Anerkennung, sondern auch nach Beifall hecheln, hat Roland Girtler diesen Typus Mensch „animal ambositum"[207] genannt. Dabei gilt: Gut „gepost" ist halb gewonnen. Der Urlaub eignet sich sehr gut für solche Auftritte, weil das Publikum Zeit zum Beobachten neuer Dinge hat. Die Saisonarbeiter wissen dank ihrer Erfahrung, wo sich die „Bühne" befindet und wie man die Aufmerksamkeit der Zuschauer an sich reißen kann. Deswegen gibt es unterschiedlich viele

„Foci der Interaktion"[208]. Saisonarbeitern kommt eine Doppelrolle zu: Einerseits sind sie durch ihren Beruf sehr oft „on show", auf der anderen Seite sollen sie die Touristen animieren und ihnen helfen, wenn sie einen Auftritt machen wollen. „Für den Neuankömmling in so einem Lokal werden die bereits anwesenden Gäste zu Zuschauern degradiert, die gezwungen sind, das Ritual des Platznehmens [...] zu beobachten"[209], meint Roland Girtler. Durch Mithilfe der Kellner können diese bei ihrer Inszenierung unterstützt werden.[210]

Eine Uniform ist eine Rahmung und für verschiedene Bühnenaktionen geeignet. Saisonarbeiter haben eigene Uniformen; dies gilt etwa für Bergbahnmitarbeiter, Tourguides, Kellner einer Après-Ski-Bar oder Schilehrer. Die Uniform einer Einsatzkraft (Polizist oder Rettungssanitäter) wird anders bewertet als die eines Schilehrers. Das Auftreten eines Polizisten und das eines Schilehrers werden in einer Bar vom Publikum völlig unterschiedlich aufgefasst.

Manche Urlaubssituationen zielen bewusst auf eine Steuerung der Massen ab. Dabei kann es sich sowohl um einen Schilehrer, der seine Gruppe durch das Schigebiet leitet, einen Kellner, der seine Show im Lokal abzieht, als auch um einen DJ oder eine Band handeln.

"Yeah, as a ski instructor, you are showing them. You are showing them exactly what they should do: You start from how to put the skis on to the parallel turn. They always watch. Whatever a mistake they do, they would see. When you play music then it is what you make the people do. And they look at us to do something. [Erlebnisdruck]. If we tell them to clap their hands over hat, they do. And if we tell them, they do. [unverständlich] If they are just looking for us to make an atmosphere to have a good time. It is to make people happy." [Papa Joe]

Der 45 Jahre alte Entertainer Mad Mike ist ein extrovertierter Mensch, der als Sänger und Animateur gebucht wird. Obwohl er Erving Goffman, den Großmeister der Beobachtung und Verfasser des Werkes Wir alle spielen Theater, nicht gelesen hat, ist er sich völlig bewusst, dass es im sozialen Alltag immer wieder Bühnen und Showmöglichkeiten gibt:

"Sure. Life is a performance in many ways. Some people take a back seat and some people take a front seat. I took the front seat." [Mad Mike]

Ähnlich sieht es ein Gitarrist und Schilehrer:

"You can't be shy as a ski instructor. It is a performance. The same what I do." [Papa Joe]

So meint auch eine Lokalbesitzerin, dass es sich bei der Party in ihrem Lokal um ein gezieltes Chaos handelt, das dennoch ein wenig reglementiert ist:
„Die Engländer trinken zwar viel Bier, aber das Bier dort ist nicht so stark wie unseres und das unterschätzen die dann. Und dann kommen sie rein, frisch getankt. Und trinken dann, tanken dann im „Londoner" auf. Das führt manchmal zu unerwarteten Situationen: eine Gruppe Deutsche und eine Gruppe Engländer und jetzt schauen wir mal, wer hier die Stärkeren sind. Damit es nicht die anderen Gäste stört und damit dann nichts passiert, muss man Regeln haben. Wie kommen unschuldige Gäste dazu, irgendwie da mit involviert zu werden oder auch verletzt zu werden und was auch immer. Deswegen haben wir die vielen Türsteher. Es ist viel Abschreckung dabei, aber wenn du überhaupt keine Türsteher hast, dann glauben die Leute, sie können machen, was sie wollen. Unsere Regeln sind ja nicht zu straff. Es soll ein kontrolliertes Chaos sein. Die Leute sollen machen, was sie wollen. Sie sollen auf den Bänken tanzen. Sie sollen wirklich eine gute Zeit haben. Die kommen einmal im Jahr und es soll wirklich so schön sein." [Tina]

Bei der Rahmung und den Regeln in Lokalen kommt den Sicherheitsleuten und Türstehern eine nicht zu unterschätzende Bedeutung zu. Sie sind es nämlich, welche die Lokalbesucher, schon bevor sie den Raum betreten, allein durch ihre Präsenz, beeinflussen. Sie selektieren und wählen die Menschen aus, die sich zu einer Masse formen und sie können den Besuchern auch stimmungsmäßig eine Richtung mitgeben, wie es Chief O'Brian beschreibt:
"When I started working there it was a lot about like, we know we just had to pick up chicks. And if we didn't pick up chicks we just find somebody. For the last three years I have been trying to push it more. Let's just make sure that everybody is having a really good time. And the more we do that in the beginning the better it is. It is something like the more you prepare for something, the less work you actually have to do. The more we can try to make people happy when they walk into the pub, the less chance there is going to be a problem later on. Like if we can develop a good relationship with them as soon as they walk in. Like in the first five seconds. If we are there smiling happy and shake their hands. I shake the hand of everybody who walks into the bar. It is annoying. I would much rather shake everybody's hand than have to drag out five guys, you know. If I do a little bit of the work in the beginning and give the happy face. And I listen to what they have been doing in the day. When they ask me how to get somewhere, I make sure, instead of just saying: "I don't know." "Go left at the arch way and then straight for 50 meters. You take two steps out of the door." A little bit extra that we can provide. A bit of product basically. Then the people

come back and they have a good time and everybody is happy, you know." [Chief O'Brian]

"Some of the rules were so funny. You can only dance on the table in a mini skirt. As security, if you come out naked, if you are not that attractive, I will ask you to put your clothes back on. If you are hot chick or a guy that works out and people are kind of looking, we just let it happen as long as it goes for. If the people are dancing naked for five or ten minutes it is like just how the party goes. And I can't imagine trying to let that happen in Australia. The thing I like about being security is, here you don't have to fight people. And people seem not to want to fight me. The way is, you can just kind of negotiate everybody out of any situation if you give them any option of a free "Jägermeister". It is fantastic." [Chief O'Brian]

Die Türsteher sind da, damit Krisenherde erst gar nicht entstehen können, die Situation im Rahmen bleibt und nicht in eine ungewünschte Richtung eskaliert. Es gibt trotz dieses scheinbaren Chaos Regeln und wer diese nicht einhält, kann von der Gemeinschaft ausgeschlossen werden. Die Gefahren in der Spaßgesellschaft liegen bei den nicht intendierten Konsequenzen des Spaßes, worauf Ronald Hitzler hinweist.[211] Ich habe mehrmals beobachtet, dass Gäste aus einem Lokal entfernt wurden, da sie das weibliche Barpersonal aufdringlich berührten oder andere Gäste in eine Schlägerei verwickelten. Eine andere brenzlige Situation, die aber zum Glück glimpflich ausging, musste eine australische Saisonarbeiterin überstehen:

„*Ich weiß nicht, ob du die Aussie-Maria kennst. Die arbeitet in der Bar dort drüben. Die ist vom Balkon runtergestürzt, weil sie einfach so fett [betrunken] war und solche Dinge.*" [Dani Banani]

Glück hatte ein anderer betrunkener australischer Saisonarbeiter, der von einem Freund im Schnee gefunden worden ist:

"Most of time people you could wake up. Like I have done with Johnny who was sleeping at 4 o'clock in the morning in the snow, minus 18 degrees at the Schwarzsee. We were walking and passed and my friend said: "Look there is someone asleep." And we looked down and it was Johnny. He was working in the "Londoner" as a doorman with me. I said: "Hey Johnny. How is going?" He said:" I am just having a nap." And he just jumped and we kept him walking home." [Tyler]

Eine richtige Bühne hat eine Après-Ski-Band für ihre Aufführungen bekommen. Dem Gitarristen, Sänger und ehemaligen Schilehrer ist bewusst, dass er und sein Kollege die Masse steuern können:

"True. The other thing with ski instructing is that you were looking after to be sure and be safe and don't take them into danger. With music there is no problem, there is no danger. Let's say that for the moment." [Papa Joe]

Der Gitarrist kommuniziert manchmal mit seinem Partner auf der Bühne so, dass das Publikum nicht merkt, worum es geht. Es handelt sich um harmlose private Scherze, um den Alltag besser ertragen zu können. Laut Erving Goffman ist dies Kommunikation außerhalb der Rolle: „So spielen Jazzmusiker, die gezwungen sind, „Schlagermusik" zu machen, manchmal etwas kitschiger als unbedingt nötig. Durch diese leichte Übertreibung vermögen sich die Musiker darüber zu verständigen, daß sie das Publikum verachten und sich selbst höheren Idealen verbunden fühlen."[212]

Als Steuerelement wird gerne Humor verwendet, den es laut Freud in verschiedenen Formen gibt. Nicht alle mögen einen bestimmten „Schmäh" oder eine Parodie.[213] In vielen Fällen bricht ein Lächeln das Eis zwischen der Masse und dem Entertainer:

"I did it, say for six, seven years. Still doing a job, a performance and every day you got a smile. And that is your hobby. Because if you are working in a bar you have to be extroverted. You got Mickey, Chipper, because they do what they do." [Mad Mike]

Professionalität und Hintergrundwissen sind nötig für gute Unterhaltung, die harte Arbeit sein kann, wenn das Publikum oder die Künstler schlecht gelaunt sind.

"Oh yeah. And if I'm on stage on those days it is hard work. But you have got to do it. You have to be professional. And if you have got a small crowd or irresponsible crowd, you still got going doing the job. It is not much fun. It is like if you are a ski instructor and you have a group of pupils, who are not very friendly. It is going to be a long week, you know. So it is only four and a half hours a day. It could be worse." [Mad Mike]

Ökonomische Motive spielen mit, wenn Gäste zum Kauf von diversen Sportartikeln oder Gewand oder zum Konsum von Alkohol angeregt werden sollen, wie es Mad Mike auf den Punkt bringt:

"I don't play with the numbers so often. On the Horn, on a sunny day. [...] If you got a crowd and you command to drink something. Which is your job, to make the people spend money, to entertain them, keeping them in the bar or pushing the drink. I think some hotels want to keep people and they have to keep

the people in the bar. There is choice – so they have to entertain the people."
[Mad Mike]

Er beschreibt hier Trinkspiele vom Typus „Jägermeister-Runde" die einem primären Zweck dienen: sich zu betrinken. Auf jeder Flasche ist eine Zahl aufgedruckt und die geordete Runde muss derjenige bezahlen, der die höchste oder niedrigste Nummer hat.

3.6 ROLLENVERSCHIEBUNGEN

Georg Simmel legt dar, dass kein Mensch das Innenleben des anderen zur Gänze in all seinen seelischen Prozessen erfassen kann, sondern nur Teilausschnitte. Andere können von ein und derselben Person ein unterschiedliches Bild und voneinander differierendes Wissen haben.[214] Ist die Person mit ihrem Image zufrieden, wird sie versuchen, es aufrecht zu erhalten. Dabei unterscheidet Goffman zwischen „Gesicht wahren" und sich ein „Gesicht leihen":

> „Ob man sich nun der vollen Konsequenzen der Handlungen zur Wahrung des Images bewusst ist oder nicht, oft werden sie zu habituellen und standardisierten Handlungen; sie sind wie traditionelle Züge in einem Spiel oder traditionelle Schritte in einem Tanz. Jeder Mensch, jede Subkultur und Gesellschaft scheinen ihr eigenes charakteristisches Repertoire an Praktiken zur Wahrung des Images zu haben."[215]

Es ist für viele Kulturen typisch, im Zuge von Festen die soziale Ordnungsstruktur zu verlassen.[216] Andere Formen der menschlichen Beziehungen sind möglich. Die Affektzurückhaltung des Alltags kann in der Freizeit aufgehoben werden.[217] Feste führen demnach zur kollektiven Durchbrechung von Regeln.[218] Emotionale Notwendigkeiten, die im strikten Alltag der Leute nicht ausgelebt werden können, weichen in den Privat- und Freizeitbereich zurück, wo Verbindlichkeiten niedrig sind. Dabei kann das „communitas"-Gefühl, eine emotionale Nähe der Teilnehmer, durch Lösung von Verantwortung und Zwängen, auftreten.[219] Bei unterschiedlichen Freizeittätigkeiten kann sich der Mensch in seiner Ganzheit erleben.[220] Dies ist möglich, da es kaum Zwänge gibt. Man kann sich seinen sexuellen Neigungen und emotionalen Bedürfnissen hingeben. Die Anonymität führt dazu, dass viele im Alltag nicht erlaubte Handlungen erlebt werden können. Soziale Unordnung hat einen Nutzen.[221]

Während der Urlaubszeit gliedern sich die Menschen aus der alltäglichen Hierarchie aus und befinden sich in einem Übergangszustand, um nach dem

Urlaub wieder in das Alltagsgefüge eingegliedert zu werden. Gemäß Victor Turner ist dies notwendig, um den bestehenden Druck, der gleich einem Käfig auf den Menschen beschränkend einwirkt, aufzuheben und die dadurch entstandene Handlung kanalisieren zu können.[222] Durchreisende befinden sich in einem Schwellenzustand zum hierarchischen Gefüge, da sie aufgrund der Zeit ihres Verweilens nicht in das Gefüge eingeordnet werden können.

Das Ausleben der Affekte wird durch die Triebkontrolle in gebildeten Schichten tabuisiert. Vielleicht ist gerade deshalb der Personenanteil mit hohem Bildungsgrad unter den Saisonarbeitern größer, weil sie sich ohne gesellschaftliche Konsequenzen ausleben können. Es kommt zur Rollenverschiebung und Rollenaushandlung im Urlaub. Es können andere Teilaspekte des menschlichen Innenlebens zutage treten als im Berufsalltag. Der Urlaub ist zeitlich begrenzt, sodass die neue Rolle nicht auf Dauer aufrechterhalten werden muss. Wirkt sie unglaubhaft, folgen Sanktionen des Publikums.[223]

Es gibt auch Gaukler und Clowns. In einem Urlaubsort traf ich auf den „Großen Bären", einen etwa 1,90 m großen Mann im Bärenkostüm, der seine Rolle recht witzig anlegte, doch kann die Selbstinszenierung im Bärenkostüm durchaus auch daneben gehen. Die Barkeeper vom „Londoner" tragen sehr oft Perücken oder maskieren sich. So ein Phänomen führt zu gegensätzlichen Statuszuschreibungen gegenüber dem sozialen Alltag.

Mit Rollenverschiebungen werden Handlungen möglich, die mit der Alltagsrolle der Urlauber unvereinbar sind: der ernste Geschäftsmann wird gesellig, der unscheinbare „Hackler" zum Ton angebenden Leitwolf. Trotz Mittelmäßigkeit ist durch das „playing with identities" eine Neupositionierung in der Urlaubshierarchie möglich. Als „Lokalmatador" wird man aufgewertet. Da zahlende Touristen nicht gerne zurückstecken, sind Lokalmatadore nicht immer gerne gesehen. Für sie fällt im Urlaub im Gegensatz zum Alltag der „korrektive Prozeß"[224] der Imagewiederherstellung weg, wie es Goffman nennt. Es werden nicht alle Handlungen in den Urlaubsgebieten geduldet, da es überall bestimmte Regeln und Normen gibt (trotz der manchmal karnevalsähnlichen Stimmung auch außerhalb der Faschingszeit). Die im Urlaubsgebiet lebenden Personen bleiben das ganze Jahr über unverändert in ihren Verhältnissen und sozialen Hierarchien zueinander, egal ob gerade Saison ist oder nicht. Was für die Urlauber Gegenalltag bedeutet, ist für Ortsansässige Alltag und mit bestimmten Routinen belegt. Urlaub heißt, Grenzen zu überschreiten: die des Alltags, der Routinen, geographische, sexuelle, ebenso wie Routinen abzulegen. Nicht-Alltägliches und Außergewöhnliches stehen auf dem „Konsummenü". Dabei tritt häufig eine Erlebnisrationalität auf, es wird versucht, die Anzahl der Erlebnisse in der Freizeit zu optimieren.[225]

Im Alltag herrscht Affektkontrolle, welche laut Norbert Elias mit der Weiterentwicklung der Gesellschaft zunimmt. Die Kontrolle des Verhaltens wurde seit dem 16. Jahrhundert differenzierter und strenger. Gefühlsausbrüche wurden aus dem Alltag verbannt. Damit ging aber gleichermaßen eine Affekt- und Triebdämpfung einher.[226] So vermerkt auch Elias zu den Folgen der Bürokratisierung, Routinisierung und Rationalisierung der modernen Gesellschaft: „Für gewöhnlich ist das Leben ziemlich langweilig."[227] Dabei bieten, wie Manfred Prisching befindet, „Ausnahmegeschehnisse […] eine psychische Entlastung für Individuen, die sich wieder besser in eine Selbstdisziplinierungsapparatur einfügen lassen"[228]. Im Urlaub sollen starke Gefühlsregungen und eine Loslösung vom Alltag durch Reizintensivierung erreicht werden. Gerade diese Verdichtung erschafft einen neuen Rahmen. Das geballte Gegenwartserleben lenkt die Aufmerksamkeit auf den Moment und löst sie von Vergangenheit und dem Denken an die Zukunft. Diese Herausgehobenheit provoziert eine Situation, die der eines Abenteuers gleicht, einer zeitlich und räumlich abgeschlossenen Begebenheit, die mit dem alltäglichen Leben in keinem Sinnzusammenhang steht und nicht eingeordnet werden kann.[229] Georg Simmel spricht von einer „Unmittelbarkeit […] Hier und Jetzt"[230]. Es geht hierbei um „die volle Stromstärke des Lebens am meisten an der Punktualität eines dem normalen Lauf der Dinge entrissenen Erlebnisses."[231] „Im Außeralltäglichen wird die Grenze des eigenen Ich gesucht."[232] Genau das wird von Touristen und Saisonarbeitern angestrebt.

Besondere Ereignisse sind somit eine Antwort auf die Zwänge der Moderne und bieten dem Urlauber Entlastung.[233] Ein Erlebnis wird „umso ‚aufregender', je weniger Eintönigkeit, Gleichförmigkeit und Erwartbarkeit vorherrschen"[234]. Der Erlebniswert ist vor allem dann hoch, wenn die Gefühle in einer starken Form angeregt werden und die Wahrnehmung mit Affekten gekoppelt ist.[235] „Die Inszenierung von Erlebnissen ist auch bemüht, Emotionen anzusprechen, zu transportieren oder überhaupt zu produzieren. Zu unterscheiden sind Erlebnisse einerseits hinsichtlich der Stärke oder Intensität der gefühlten Emotionen; andererseits hinsichtlich der Vielfältigkeit und Differenziertheit des Spektrums der hervorgerufenen Emotionen."[236]

Die Anregungen sind recht unterschiedlich in Art und Ausdrucksform, wie Reisen, Sport, Sexualität oder Konsum.[237] Unterschiedliche Sinneserfahrungen verstärken das Erlebnis.[238] Im Urlaub gibt es „Raum für Experimente, Spiel und Kreativität. Bekanntes wird in neuen Kombinationen erlebt. Damit entsteht eine Distanz zu den gewohnten Formen der Wahrnehmung, es öffnen sich unbekannte Wege des Denkens und des Erlebens."[239] Ästhetik macht Erlebniskonsum harmonisch und stimmig.[240] Die bei vielen Menschen zu entdeckende Erlebnisorientierung kann als „Reaktion auf die Defizite des Alltagslebens", Mangel an Abwechslung, Aufregung und Körpereinsatz interpretiert werden.[241] Während sich Erleben als ein Bewusstseinsstrom verstehen lässt, sind Erlebnisse einzelne herausgehobene Ereignisse, auf die besondere Aufmerksamkeit verwendet wird.[242]

Die Dauer des objektiven Zeitrahmens ist nicht immer der subjektiven inneren Dauer („durée") entsprechend, die das Erleben einnimmt. Für die Nachhaltigkeit eines Erlebnisses dürfte es eine Rolle spielen, ob es den Charakter der Einmaligkeit hat oder wiederholbar ist. Die Bedeutsamkeit eines Erlebnisses hängt davon ab, wie stark es in das Bewusstsein dringt, womit es assoziiert wird, wie lange es dauert und welcher Ertrag übrig bleibt.[243]

„Erlebnisse schlagen symbolisch die Brücke zwischen Lust und Kunst, pendeln zwischen Alltag und Urlaub, zwischen Realem und Imaginärem. So schwer fassbar der Inhalt dieses schillernden Begriffes auch erscheint – ohne ihn wäre der Tourismus eine salzlose Suppe."[244]

Die Natur wird gerne für die Steigerung und Spiegelung der Affekte genützt. Dies betrifft gleichermaßen Bergsteiger, Paragleiter, Freeclimber, Wildwasserkanuten etc.[245]

Erlebnisse tragen zur sozialen Differenzierung bei, denn für bestimmte Gruppen sind sie gemeinsame Basiserlebnisse. Ein Snowboarder sollte zumindest einmal auf einem Brett gestanden haben.

Erlebnisse sind inflationär. Je öfter Dinge erlebt werden, desto alltäglicher, weniger kontrastreich und weniger intensiv werden sie erfahren. Für Erlebnisse trifft ebenfalls die Steigerungslogik zu.

3.7 „URLAUB IST EIN EIGENER KOSMOS MIT EIGENEN GESETZEN"[246]

Im Urlaub verschwindet die übliche Hierarchie der Gesellschaft.[247] Es ist schwierig, soziale Unterschiede beizubehalten, es kommt zur Vermischung verschiedener Gesellschaftsschichten. „Im Tourismus lassen sich soziale Privilegien nur mit Mühe verteidigen; wenige Orte der touristischen Weltkarte sind exklusiv genug geblieben, um >die Masse< nachhaltig abzuschrecken."[248] Es ist schwierig, Sehenswürdigkeiten, Berge oder das Meer „exklusiv" zu machen. Die Bessergestellten versuchen sich vor allem durch Konsum in Form von teuren Hotels, Diskotheken mit Zugangsbeschränkung und dem Besuch von Hauben-Restaurants von den anderen abzugrenzen. Da im Urlaub viele Leute im Verhältnis mehr Geld ausgeben, ist die scharfe Trennung zwischen betuchten Menschen und weniger gut situierten nicht immer möglich. Backpacker grenzen sich speziell bei der Wahl der Unterkunft von anderen Touristen ab, weil sie sparen wollen. Identifikationsmerkmale wie Beruf, Alter, sozialer Status, Religionszugehörigkeit treten bei Touristen zurück. Damit geht gleichzeitig eine Entlastung des komplexen sozialen Alltags einher. Das Alltagskorsett und damit verbundene Rollenverhältnisse können leichter abgestreift werden. Das Verhältnis von Zeit und Raum ändert sich. Die Menschen haben einen anderen Tagesrhythmus, aber auch während der Freizeit gibt es unangenehme Dinge, die mit Verpflichtungen verbunden sein können. Der Urlaub spielt sich außerhalb der bisherigen persönlichen Biographie, der Sorgen des Alltags und des alltäglichen Raumes ab. Soziale Begegnungen mit anderen Touristen sind im Urlaub wenig formell. Die räumliche und die soziale Distanz werden geringer. Die Privatheit in modernen Gesellschaften, der soziale Abstand und die damit verbundenen Beziehungsmodelle des Alltags können abgelegt werden. Dadurch ergibt sich ein bestimmter Spielraum für spontane Aktivitäten. Die Kontakthäufigkeit mit anderen Personen ist bei den meisten Touristen höher als im normalen Leben.[249]

Dazu im Gegensatz steht der Entspannungstrend: Viele Menschen suchen Stille, Kontemplation und Ruhe im Urlaub. Die meisten jedoch möchten einen guten Ausgleich zwischen Spannung und Entspannung. Auch bei den Saisonarbeitern geht es nicht nur um einen als schön empfundenen „Urlaub", sondern um eine schöne Zeit.

Die Suche nach Erregung kann bei Saisonarbeitern so weit gehen, dass sehr oft extrem negative oder positive Erlebnisse an einem Tag erlebt werden können. Striker beschreibt diese temporär-orgiastischen und tragischen Erlebnisse.

"The "Höhepunkt" of their life. They have always party times and good Silvester and good summer holidays and this is everything all in one. And it kept going and going and that is a fantastic time. The season can be a year. One moment and very high and two days later you lost your job and someone stole your snowboard and you have no money and you are at the lowest point. And two days later you are on a high again. Extremes of good and bad, of very high and very low. And I think obviously a lot of people need the matches as well. They make love. Look at Jan and two or three other people I met and people who I loved deep." [Striker]

Chief O'Brian freute sich über folgende Situation, die er erlebte:
"Last night I had sex on the toilet of the bar." [Chief O'Brian]

Kambodscha und ferne Reiseziele erregen GM:

"The first time I did that was ten years ago. It was a coincidence. A friend of mine was going to go to New Zealand. And he knew some people there and at the end she did not want to go. That started the whole thing. I also wanted to go somewhere else while I was studying. Somewhere else, I did not know which country. When I did travel for this year I did realize that it was great and I knew it would be great. But then I realized that it was very short, so from that point on I knew that I wanted to do it again [...] For the second trip we started in Europe, a little bit Eastern Europe, Hungary, Romania, Bulgaria, skipped Bulgaria and went to Turkey and then we had one trip to Egypt. That was the first six, seven months and then we flew to Singapoure. And we spend time in Malaysia and then we were in Kambodia and then Japan. Then we came back to Canada for a while and then we went to Jamaica. We went to India, Australia, New Zealand and then South America, where we spend much time in Peru, Bolivia, Argentina, Brazil, a little bit of time in Mexico, Mexico City and then to Cuba and then the final destination was Guatelupe. That was pretty much it. We have seen pretty a lot." [GM]

Für die Australier ist Kitzbühel das „drinking paradiso austroholics". Es ist nach der Meinung eines Saisonarbeiters etwas typisch Österreichisches, dass man sich auf einer Tankstelle trifft und dort Alkohol konsumiert. Einige wenige, wie ein ehemaliger australischer Saisonarbeiter in Neuseeland, derzeitiger Mitarbeiter als Auditor von einem der „Big Four"-Unternehmen, erzählte mir nach dem Interview, dass er gerne Marihuana rauche und mit seinen Freunden auf dem Weg nach Europa zum Schifahren sei. Überdies hatte er noch einen Aufenthalt in Amsterdam geplant, um Marihuana zu konsumieren.

Zwei Schotten, die Neuseeland bereisten, erzählten mir in einer Jugendherberge, dass sie in Neuseeland legale extasyähnliche Tabletten, so genannte „party pills", konsumieren. Andere holen sich den Kick bei einer bestimmten Sportart und machen alles, um diese ausüben zu können. In Kitzbühel wird über das Paragleiten am Hahnenkamm diskutiert und in der Jugendherberge von Taupo über Skydiven gesprochen. Die Freizeitaktivitäten können nicht als reiner Gegenpol zur Arbeit gesehen werden. In der Freizeit werden bestimmte Erlebnisse gesucht, welche Elemente von Spannung und Entspannung beinhalten und nicht immer konträr zu den Berufserlebnissen sind.[250] Manche finden mehr Glück und Zufriedenheit bei der Arbeit als bei Freizeitaktivitäten.

Sowohl während der Arbeit als auch in der Freizeit kann bei Tätigkeiten, die weder unter-, noch überfordernd sind, das „Flowgefühl" auftreten. Ist der Mensch überfordert, treten Angst und Stress auf, bei Unterforderung reagiert er mit Langeweile. Ist der Mensch aber im richtigen Maß gefordert, fokussiert sich sein Bewusstsein auf die gerade aktuelle Tätigkeit, die Zeit verfließt und alle nicht mit der Tätigkeit in Beziehung stehenden Gedanken können vergessen werden. Das Flowgefühl kann sich daher befreiend auf eine geistige Entropie auswirken und den Menschen aus der Selbstbeobachtung reißen. Das Erleben des Flowgefühls gibt vielen Menschen das Gefühl von Glück und Zufriedenheit. Bei den reisenden Saisonarbeitern tritt es in verschiedensten Formen auf. Teilweise erleben sie den Flow bei ihrer Arbeit oder beim Reisen und Konsumieren oder bei Abenteueraktivitäten. Das Flowgefühl kann unter bestimmten Umständen von dem „communitas"-Gefühl begleitet werden, einer „emotional befriedigende[n] Nähe, die von den Zwängen der sozialen Rollen und Verantwortung relativ frei ist"[251].

Flow-Erlebnisse haben einen positiven Einfluss auf das Lebens- und Selbstwertgefühl einer Person und können zu innerem Wachstum, Selbstverwirklichung und Zufriedenheit führen. Flowzustände gelten als Glücksgefühle auslösend. Es liegt im Interesse der Tourismusindustrie, den Urlaubern zu Flowgefühlen zu verhelfen, z.B. durch Sport- und Spielangebote sowie Aktivitäten mit klar vorgegebenen Zielen und „Neuartigkeiten".[252] Das Erreichen des Flowgefühls ist für die meisten Saisonarbeiter ein essentieller Bestandteil ihrer Reise.

Schilehrer und Kellner sollen Gefühle zeigen, im Gegensatz zur Affektkontrolle im Alltag. Diese können verschieden ausgedrückt werden, wie z.B. bei Kellnern im Tanzen. „In gewisser Weise sind auch jene Kellner Abenteurer, die „auf Saison" gehen, die also während einiger Monate ihm Jahr in einem Fremdenverkehrsort als Kellner ihr Geld verdienen"[253], vermerkt Roland Girtler hierzu bei seinen Forschungsergebnissen.

Durch den sozialen Wandel entstehen im wachsenden Freizeitbereich neue Nischen für Berufe und Lebensstile. In Tourismusorten werden neue Dienstleistungsberufe geschaffen, die auf die Befriedigung der Bedürfnisse der Angehörigen der Spaß- und Erlebnisgesellschaft ausgerichtet sind. „Schon spricht man von so genannten „Freizeitkarrieren [...]. Insbesondere in der jüngeren Generation entwickeln sich zunehmend neue Qualifikationsprofile als Abenteurer, Sportler oder Globetrotter, die fast professionelle Ansprüche erfüllen und Hobby- und Berufsinteressen miteinander verbinden."[254] Es gibt daher eigene Freizeitkarrieren wie Skydive-Instructor, Schilehrer, Paragleiter, Survivaltrainer, Geisterbahnbauer etc.[255] Risikofreudige finden viele Profilierungsmöglichkeiten vor, gleich den Karrieristen im Beruf: Aufnahmerituale, Leistungsanforderungen, Konkurrenzsituationen, Selbstdarstellungen und Erfolgserlebnisse. Lediglich die gesellschaftliche Anerkennung bleibt vielen versagt. In Zukunft könnte es bei „Aufsteigern und Workaholics" mit ihrem Bekenntnis „Karriere und Arbeit sind mein Leben" angesichts des steigenden Kurswertes außerberuflicher Karrieristen wie „Tiefseetaucher oder Fallschirmspringer" zu Prestigeverlust kommen.

3.8 FESTE UND FEIERLICHKEITEN IM WANDEL

Feste und Feierlichkeiten gibt es schon sehr lange zur Unterhaltung, man denke etwa an das Kolosseum im antiken Rom. Die Gladiatorenspiele waren für das Publikum etwas Außergewöhnliches, denn es wurden gefährliche Tiere eingefangen und Menschen zu Gladiatoren gemacht, die gefürchteten Völkern weit entfernter Regionen und Provinzen entstammten. Die Spiele wurden zum Spektakel. Während des Mittelalters fanden Umzüge und Karnevals statt und später beherrschten die absolutistischen Herrscher in Frankreich das Savoir-vivre. Zur Schaffung von Solidarität wurden Feiern veranstaltet. Dies wirkte meist bis in den Alltag nach. So konnte ein Fest auch als Voraussetzung für Identität und bestehende soziale Ordnung gesehen werden.[256]

Gebhardt führt Deinstitutionalisierung, Entstrukturierung, Profanisierung, Multiplizierung und Kommerzialisierung als Kennzeichen der modernen Festkultur an[257]:

1. *Deinstitutionalisierung*: Es besteht eine Abnahme der Akzeptanz und der zunehmende Verlust der Legitimation von Festen und Feiern klassischer, politischer Institutionen wie z.B. von Vereinen. Diese werden von anderen, meist unpolitischen, offenen Formen wie Sit-ins, Musik- und Kulturfestivals, Demonstrationen, Sportfesten und Happenings abgelöst.

2. *Entstrukturierung*: Die Teilnehmer eines Events rekrutieren sich meist nicht mehr aus einer homogenen Gesellschaftsschicht. Die Grenzen zwischen den verschiedenen Milieus, aus denen die Menschen stammen, lösen sich mehr und mehr auf.

3. *Multiplizierung*: Die Anzahl der Feste und Events steigt stetig. Dieser Effekt kann gemäß Gross dazu führen, dass das Individuum einen Entscheidungsdruck hat, welchen Urlaub es machen oder welchen Event es besuchen soll.[258] „Ventilsitten im Fasching haben zugenommen, es gibt einen Fasching überall."[259]

4. *Profanisierung:* Das Verbindliche sowie verpflichtend Rituelle bei Festen wird abgelehnt, während der Spaß bzw. das „Sich-gehen-lassen-Können" im Vordergrund stehen. Der Ideologiegehalt der Veranstaltung ist durch das Spaßmotiv verdrängt worden.

5. *Kommerzialisierung*: Viele Feste werden veranstaltet, damit der Organisator direkt Gewinn erzielt oder ein späterer Gewinn möglich wird. So gibt

es Sponsoren, die durch Events ihren Bekanntheitsgrad steigern. Es kommt „zu eine[m] korrelative[n] Aufstieg kommerzieller Organisationen, deren Erlebnisangebote Gemeinschaft nur noch als Randbedingungen individuellen Spaßerlebens vorsehen"[260].
Diese fünf Elemente, besonders die *Multiplikation* führen dazu, dass die Feste zu etwas Alltäglichem werden. Früher grenzten Feste, wie z.b. ein dreiwöchiger Karneval, Zeiträume ein: Einerseits die Zeit zwischen den Festen und andererseits die Zeit des Festes selbst.[261]

3.9 KÖRPERLICHKEIT

Im letzten Jahrhundert ist die Bedeutung des Körpers mehr und mehr in den Hintergrund geraten.[262] In der westlichen Welt gehen viele Menschen einer körperlich nicht anstrengenden Tätigkeit nach. Karl-Heinrich Bette spricht von einer „Zurichtung des Körpers"[263] im Alltag, der sich z.b. im Büro auf eine sitzende Haltung über mehrere Stunden beschränkt. Viele Menschen leiden an Bewegungsarmut und diese kann Stress und Spannungen auslösen.[264] Die Kontrolle des Geistes über den Körper nimmt zu. Norbert Elias formuliert, dass die Affektkontrolle mit dem Fortschreiten der Zivilisation steigt.[265] Im Alltagserleben muss man „Haltung bewahren" und kann sich nicht „fallen lassen".[266] Sprechen und Entspannungsübungen sind während Meetings, im Unterricht oder während einer Autofahrt nur beschränkt möglich.

Auf der Suche nach dem Sinn des Lebens rückt der Körper für viele Menschen zumindest in der Freizeit wieder in den Mittelpunkt.[267] Sinnfindung passiert nicht mehr im Glauben an das Heilsversprechen im Jenseits, sondern im körperlichen Diesseits. Im Gegensatz zu den Widersprüchen, die in den weltlichen und kirchlichen Ordnungen zu Tage treten und das Individuum häufig zum Zweifeln bringen, wird der Körper eindeutig und authentisch erfahren.[268] Er wird zum „Fixpunkt bei der Orientierungssuche"[269], auch bei den meisten reisenden Saisonarbeitern.

Es gibt unterschiedliche Techniken, in welchen der Körper als Medium für religiöse und transzendente Erfahrungen dienlich wird.[270] Manche Saisonarbeiter suchen religiöse Erfüllung, wenn sie z.B auf ihren Reisen bei Aborigines in Australien heilige Stätten aufsuchen oder bei den Maoris in Neuseeland an deren Ritualen und Festen teilnehmen. Ausgedehnte Wanderungen und Fußmärsche können ähnliche quasireligiöse Gefühle auslösen. Bei Pilgerwanderungen geht es oft mehr um die Bewegung als um das „religiöse Ziel". Ein Beispiel dafür ist der Jakobsweg nach Santiago de Compostela von Frankreich nach Spanien. Die meisten Leute begeben sich auf diese Reise, suchen dort Spiritualität und haben sich bewusst oder unbewusst einen Wallfahrtsort ausgesucht, an dem der Heilige Jakob gar nie persönlich war.[271] Andere Wege, über Körperlichkeit Erfahrungen zu sammeln, sind Alkohol und Drogen.[272] In Neuseeland haben mir zwei deutsche und ein englischer Saisonarbeiter erzählt, dass sie dort legale, „extasyähnliche" Drogen ausprobiert haben. Ein Australier, der in Österreich auf Saison war, hat mir von seinen Plänen erzählt, nach Amsterdam zu reisen, um dort Drogen zu konsumieren.

Sport ist die naheliegendste Möglichkeit, durch den Körper die Welt zu erfahren. Die meisten Urlaubsorte bieten verschiedene Sportarten an, die über ein bestimmtes Körper- und Lebensgefühl verkauft werden. Dieses Gefühl muss von den Sportlern und den Sportlehrern an die Touristen weitergegeben werden. Der Körper ist für einen Großteil der Saisonarbeiter identitätsstiftend: „Die Körper sind das Produkt und auch der Produzent von Selbstinszenierungen. Seit den 70er Jahren sind Sportarten wie Surfen und Snowboarden nicht nur Produkt, sondern in Kombination von Mode, Musik und „Location" zugleich Lebensstilmuster."[273] Der florierende Wellnesstrend spiegelt ebenso das Bedürfnis nach körperlicher Sinnerfahrung wieder.[274]

3.10 Verhaltensfreizügigkeit und Ventilsitten

Im Urlaub, im Karneval oder auf Events werden Normen affektkontrollierten Alltags aufgehoben. Die zurückgehaltenen Bedürfnisse, die während des normalen Lebens verdrängt wurden, können im Urlaubsort ausgelebt werden.[275] Norbert Elias meint, dass die „Befriedigung des menschlichen Bedürfnisses nach Vergnügen und besonders nach freudiger Erregung, die ein Gegengewicht zur gleichmäßigen Gefühlskontrolle im Leben außerhalb der Freizeit darstellt"[276], von einer Gesellschaft als grundlegende Funktion erfüllt werden muss. Die Ausprägung derselben ist von Gesellschaft zu Gesellschaft verschieden.[277] Ventilsitten sind notwendig, um einen „kontrollierten" Spannungsabbau zuzulassen. Sie gehen mit Verhaltensfreizügigkeit einher.[278] In Touristenenklaven ist freizügigeres Verhalten möglich, aber nicht alles ist erlaubt. Oft werden die Normverstöße der Urlauber mit abwertenden Blicken gestraft. Die Verurteilung der Verhaltensfreizügigkeit durch die Ortsbewohner fällt umso härter aus, je weiter man kulturell voneinander entfernt und je größer der Verstoß gegen die herrschende Norm ist.[279]

Es gibt einen anderen Umgang mit Körperlichkeit, der Körper wird im Urlaub wiederentdeckt. Dies kann spielerisch vonstatten gehen, wenn Sand,

Schnee oder Wasser gefühlt werden. Bei Tätigkeiten wie Schifahren, Wandern, Klettern steht ein Körpergefühl im Mittelpunkt, mit welchem eine dem Alltag konträre Wahrnehmung einhergeht.[280]

3.11 SEXUALITÄT

Der Umgang mit Nacktheit und Sexualität steht im Urlaub gegenüber dem Alltag in einem anderen Verhältnis. Sexualität hat eine wichtige Bedeutung und wird kulturell bedingt unterschiedlich aufgefasst. Nicht alle Formen von Sexualität werden in gleichem Maße thematisiert. Man kann zwischen erlaubten und verbotenen Praktiken unterscheiden und auch von Sexualität, über die man spricht oder besser schweigt.[281] Je nachdem, in welchem Kulturkreis man sich befindet, ändert sich die Sexualmoral. Die Grundneigungen jedoch bleiben, und auch Roland Girtler ist der Meinung, dass sexuelles Handeln „sehr eng mit der Persönlichkeit des Menschen verknüpft ist"[282]. In jeder Gesellschaft gibt es unterschiedliche Gruppen, die sich in den Vorstellungen vom Leben und der Sexualität unterscheiden. Die Theorie von Norbert Elias besagt, dass die Menschen ihre Lust- und Affekthandlungen umso mehr unterdrücken, je weiter sich die Zivilisation entwickelt. Der Fremdzwang entwickelt sich bei einem Individuum auf Dauer zu einem Selbstzwang. Damit meint Elias, dass ein Mensch auch in Abwesenheit von anderen sanktionierenden Personen eine bestimmte Handlung ausführt (beim Gähnen halten sich viele Leute reflektorisch die Hand vor den Mund). Je länger eine Gesellschaft existiert, desto mehr Regeln und Fremdzwänge treten auf, was zu immer rationaleren und affektkontrollierteren Handlungsweisen führt. Aus diesem Grund kann auch der Urlaub als eine Affektauslebung und ein Ausbruch aus der rationalen, durchdachten Gesellschaft und der damit verbundenen Kontrolle gesehen werden.[283]

In den verschiedenen Kulturen gibt es unterschiedliche Schönheitsideale, die sich immer wieder ändern können. So dürfte z.B. die üppig geformte „Venus von Willendorf" Model einer attraktiven Frau gewesen sein. Schönheitsideale sind auch innerhalb einer bestimmten Gruppe verschieden, manche bevorzugen mollige Personen, andere dünne, junge, alte etc. Wenn man die unterschiedlichen Wünsche der Kunden von Prostituierten bedenkt, so stellt man fest, dass viele nicht dem Konsens über Ästhetik in der Gesellschaft entsprechen.[284] Attraktivität ist das Ideal und wer davon abweicht, wird darauf hingewiesen, was das Selbstwertgefühl mindert. Um dieses Problem zu vermeiden, gibt es verschiedene Wege, die man mit der Goffman'schen Konzeption des Stigmas fassen kann.[285] Machsituation und

Abhängigkeiten sind in der Urlaubssituation anders ausgeprägt. Man hat dort keine Strafen des Chefs, eines Geschäftspartners oder der eigenen Familie für das Verhalten zu erwarten. Wer zum Beispiel das Bedürfnis hat, in der Öffentlichkeit zu strippen, kann dies im Urlaub problemloser machen als am Arbeitsplatz. Aufgrund der Anonymität werden bestimmte gesellschaftliche Normen außer Kraft gesetzt. Dies gilt aber nur für einen bestimmten raumzeitlichen Kontext in der gewählten Urlaubsdestination. Die Scham- und Peinlichkeitsgrenzen sind sehr niedrig und die Verbindlichkeiten gering, verglichen mit dem Alltag. Zwei Beispiele vom Türsteher Chief O'Brian:

"*There seems to be quite a nude culture going on inside the pub. I think the people get a few drinks inside and then everybody always knows when something crazy happens. I'm not shocked anymore. I'm just laughing – look that is just another page of the book of life. It is just another experience that happened. You just see the guys with their cocks out and girls just walking around topless. That is just crazy.*" *[Chief O'Brian]*

"*For example: I had sex on the toilet last week. This season there were eight English guys and they made a "Kongo train". They just came out of the toilet naked. They came and they said: "Do you mind if we get naked?" And then all the people came and everybody went crazy and we all joined the train. It was a big highlight this year. I don't think I will see this again – this will be another day. I think there were a lot things on my list that I ticked off. Yeah, I'm very happy that I came here, because it was a rich experience. I experienced so much here. It is really good.*" *[Chief O'Brian]*

Für die Saisonarbeiter bedeutet dieser „Ausnahmezustand" jedoch Alltag und damit sind diese „Entgleisungen", egal ob es sich bei den Betroffenen um sie selbst oder um die Touristen handelt, normal. Dass es sich hier um Kultur im „eingegrenzten" Urlaubsort handelt, ist eine wichtige Feststellung, denn „was auf der einen FSeite [!] der Grenze für wahr und richtig gehalten wird, kann auf der anderen Seite als verabscheuenswert gelten"[286]. Kaum zurück aus dem Urlaub, verschweigen deshalb viele ihre Erlebnisse oder sprechen sich in der Öffentlichkeit gegen derartige Handlungen aus. Diesbezüglich hat Jana Binder beobachtet, dass vor allem auch Backpacker sehr oft kurze sexuelle Beziehungen eingehen.[287]

3.12 Trinken und Feiern

Die meisten Kulturen haben Rituale und Feste, die einen Einschnitt im Leben der feiernden Personen bedeuten. Die Feier markiert den Wechsel von einem bestehenden Lebenszustand in einen zukünftigen und ist daher von großer Bedeutung. Es handelt sich um einen Schwellenzustand, einen Übergang zwischen dem Davor und dem Danach. Victor Turner nennt diesen Zustand „Liminalität".[288]

Es kann sich dabei um Männlichkeitsrituale (der junge Mann wird zum Erwachsenen), einen Geburtstag (man hat ein weiteres Lebensjahr erreicht), eine Änderung des Familienstandes (ich habe sogar von Leuten gehört, die ihre Scheidung länger feiern als ihre Hochzeit) oder die Erlangung einer bestimmten Reife handeln. Ursprünglich ging es um die Idee der Trennung von einer Person, die eine andere wird. Mit Zeremonien wird dies zelebriert, um den Statusunterschied herauszustreichen.

Für viele Angehörige unserer Gesellschaft ist es heutzutage schon Anlass genug, am Freitag und Samstag den Schwellenzustand von einer zur nächsten Woche zu feiern. Ein „profaner" Grund als Ausrede ist schnell gefunden, ein triftiger stellt sich selten ein. Feiern ist Selbstzweck geworden, weil man schließlich fast alles feiern kann. Man kann nicht nur, sondern man feiert tatsächlich fast alles. Es ist möglich, die Party mit einer Afterparty fortzusetzen, die Afterparty bei einem weiteren Getränk in der Afterhour nachzufeiern und wenn man das Gefühl hat, noch immer nicht genug Party erlebt zu haben, schnell bei der Tankstelle vorbeizuschauen, um ein „letztes Abschlussgetränk" zu sich zu nehmen. Dabei kann man sich überlegen, was man eigentlich gefeiert hat.[289]

Dass man manchmal betrunken ist und es auch sein darf, gehört praktisch dazu.[290] Die einen reden vom „Komatrinken", die anderen von „Entspannung" und „Abschalten" (manchmal auch „Ausschalten", da es nach exzessivem Konsum „die Sicherung raus haut und das Licht ausknipst"). Was wiederum die Frage aufwirft, ob Feiern und Trinken in manchen Fällen nicht ein und dasselbe ist. Für unsere Großelterngeneration ist schwer nachzuvollziehen, wie sich solche Situationen mit massenhaft alkoholisierten Menschen ergeben können, da das Trinken während ihrer Jugend für Minderjährige und junge Erwachsene tabu war (die Strafen für Nichtbeachtung waren früher noch andere). Das Betrunkensein hat man (nicht nur) früher gerne auf den Pöbel geschoben, weil „man" sich nicht betrinkt, zumindest nicht in der Öffentlichkeit.[291] Gefeiert wurde in den meisten Kulturen, aber nicht mit dieser Frequenz, wie es heutzutage über die Gesamtbevölkerung verteilt vorkommt. Eigentlich scheint es absurd, dass von vielen Leuten einerseits

Alkohol konsumiert wird und sie andererseits versuchen, sich so nüchtern wie möglich zu verhalten. Es geht hier um die Ambivalenz der „Rauschkontrolle", nämlich gerade so viel zu trinken, dass man nicht betrunken ist oder so wirkt.

Da kommt der Urlaub gerade recht. Dort kann man nämlich täglich feiern, dass man „auf Urlaub" ist. Die Alltagssorgen werden besser vergessen, die Alltagsroutinen aufgebrochen. Dabei „verschwimmen" gleichzeitig auch die Grenzen zwischen Realität und aktueller Wahrnehmung. Unterschiedlichste Leute, die nicht mehr aus einer Schicht kommen müssen, können somit zu einer homogenen Masse werden. Nicht zuletzt mit dem Alkohol als sozialem Schmiermittel wird der Kontakt zwischen den Menschen in vielen Fällen einfacher.

3.13 ERLEBNIS UND SPAß, EXTREM- UND RISIKOSPORT

Die Lust am Risiko und am Extremen hat in den letzten Jahren zugenommen, folglich auch der Risiko- und Extremsport. Sich irgendwo „free-solo" im zehnten Schwierigkeitsgrad in einen Felsen zu klemmen, mit einem schwimmenden Untersatz in extrem gefährlichem Wildwasser fortzubewegen, mit Schi und Snowboards auf von Felsen durchsetzten Tiefschneehängen zu gleiten, ist für viele Menschen normal, um sich in Szene zu setzen.

Extreme sind Pole. Auf der Spitze der Pole kann es nur wenige geben, darunter befindet sich die breite Masse. Das Wort „extrem" hat sich daher in unserem Sprachraum gut etabliert. Was kann man aber nun konkret unter Extremsport verstehen? Und was ist dann noch normal? Extremsport hat mit Steigerungslogik zu tun. Um das Phänomen des Extremsports erfassen zu können, ist es sinnvoll, „den sozialen Kontext zeitdiagnostisch zu durchleuchten, in dem derartige Handlungswahlen stattfinden"[292]. Viele Menschen tragen eine starke Risikolust in sich und haben Vergnügen dabei, sich Risiken auszusetzen.[293]

Da der Urlaub gegensätzlich zum sicheren Alltag und dessen Routinen sein soll, haben sich Risikosportarten in der Freizeit stark verbreitet. Weltweit werden daher in vielen Tourismusorten Dienstleistungen im Extremsportbereich angeboten. Besonderes Neuseeland gilt nach Meinung vieler Reiseführer als das Land der Extremsportarten. Es ist kein Zufall, dass in der Nähe von Queenstown das Bungeejumping erfunden wurde. In Neuseeland gibt es mehrere Stützpunkte, wie z.B. in Methven, wo man die Ausbildung zum Skydive-Instructor (Tandemfallschirmsprunglehrer) machen kann.

„Der Feind der konsumistischen Gesellschaft ist die Normalität. Denn was normal ist, ist langweilig. Was gewöhnlich daherkommt, ist dem Desinteresse preisgegeben. Was wir schon kennen, darauf brauchen wir nicht mehr zu schauen"[294] – eine gängige Meinung, ist sich Manfred Prisching sicher. Die Gesellschaft ist in Bewegung. So ist mit Prischings Worten der „Möglichkeitsraum […] ein vages, bewegliches, virtuelles Gebilde. Er verfließt, wabert und wuchert in allen Dimensionen. Es gibt keine Unmöglichkeitsräume, sondern nur Räume, deren Möglichkeiten noch unerschlossen sind."[295] An einer anderen Stelle führt Prisching aus: „Die Sache an sich, der Wert einer Sache, verliert an Bedeutung."[296] Die Standards verändern sich sehr schnell. Neue Konsumgüter müssen an den Mann gebracht werden – der Markt passt sich an, besonders im Elektroniksektor. Das Handy von gestern ist heute nicht mehr aktuell, da die Marktneuheit mit innovativen Extras wie Spielen (die man eigentlich nicht braucht) ausgestattet ist. Man sollte sich als höriger Konsument ein neues Auto kaufen, obwohl das alte noch funktioniert.

Fortschritt und Markt bedingen sich gegenseitig. Es muss mehr, andere und neue Möglichkeiten der Erfahrung des Konsums geben – der Erlebnismarkt boomt. Extreme und Extremsport sind an Grenzen gebunden.[297] Neue Grenzen schaffen neue Ziele. Neue Ziele definieren neue Grenzen. Damit wird eine Steigerungslogik angekurbelt, alles relativiert sich.

Vor 25 Jahren galt man noch als „verrückt", wenn man sich die Strapazen eines Marathons antat. Heute gibt es schon in fast jeder kleineren Stadt eine Marathonveranstaltung. Gegen einen „Iron Man"-Triathlon ist ein Marathon ein relativ „lockerer" Bewerb, ein „Iron Man" hingegen gegen einen Ultra-Triathlon ein „Kindergeburtstag". Grenzen können ein mehr oder weniger an Zeit, an Raum (z.B. „mehr oder weniger Höhenmeter" oder auch eine neue Route auf den Berg), an Hilfsmitteln oder an Ausrüstung bedeuten.[298]

Das Bestreben, der „Erste" zu sein, muss sich nicht immer auf die Weltbesten beziehen, sondern kann als Ausgangspunkt das persönliche soziale Umfeld haben. Viele Leute möchten etwas Spezielles vor ihren Freunden erlebt oder gemacht haben, um die spannende Geschichte erzählen zu können. Aus diesen Gründen gibt es die unterschiedlichsten Relationen, die eine bestimmte, teils schwammige Hierarchie in unserer Gesellschaft bedingen. Ein Skydive-Instructor[299], den ich bei einem Sprung begleiten durfte, hatte schon 15.000 Sprünge hinter sich. Für ihn bin ich wahrscheinlich weniger mutig als für Leute in meinem persönlichen Umfeld, die so etwas noch nicht gemacht haben. Somit kann jeder etwas für sich finden, um extrem oder normal im Vergleich zu anderen zu sein. „Normal" wird hier in Bezug auf die Gruppe definiert, in der man sich gerade befindet.

Extremsport ist interessant, weil man sich ständig weiterentwickeln kann. Man lernt zuerst den Sport kennen, lernt die Grundlagen, dann die Fortgeschrittenenkenntnisse, bis man bei seinen persönlichen Grenzen ankommt. Dieses Erleben ist mit einem Risiko verbunden, das man steigern kann. Bei einem gut gewählten Risiko (einerseits darf es nicht zu klein sein, denn sonst ist es langweilig, anderseits darf es nicht zu groß sein, ansonsten ist der Sportler überfordert und hat Angst) kann der Extremsportler das so genannte „Flowgefühl" erreichen und ein reines Gegenwartserlebnis frei von Sorgen und Gedanken über die Zukunft oder die Vergangenheit erleben. Dieses Gefühl wird von vielen als sehr angenehm, fast wie ein Adrenalin-Feuerwerk, erlebt. Mit dem Können steigert sich auch das Risikobewusstsein, unter dem man dieses Gefühl anzustreben versucht. In manchen Fällen eignet sich ein erfahrener Sportler, wie ein Schi- oder Snowboardlehrer, um für den Kunden den richtigen Schwierigkeitsgrad auszuwählen und für ihn dieses Erlebnis möglich zu machen. Solche Dienstleistungen zu verkaufen, ist großes Ziel der Freizeit- und Urlaubsindustrie und schafft auch dementsprechende Arbeitsplätze. Viele Urlauber benötigen einen Guide, Motivator oder jemanden, der die Verantwortung für den Extremsport übernimmt. Das gilt für den Schilehrer[300] genauso, wie für den Tauch- oder Kletterlehrer.

Man muss bei extremen Handlungen zwischen Selbstautonomie und dem „Ausgeliefertsein" unterscheiden. Beides wird in Urlaubsorten in den entsprechenden Erfahrungswelten angeboten. In einigen von diesen kann sich der Urlauber frei bewegen und sein Risiko selbst wählen (wie z.B. Berge zum Schifahren, Fun Parks etc.). Es werden aber auch Erlebnismaschinen und Geräte, die eine bestimmte Bahn oder Richtung vorgeben, zur Verfügung gestellt (wie z.B. Bungeejumping, Achterbahn, Fallschirmspringen etc.). Selbstautonomie im Urlaub ist dabei wichtig.

Es gibt in vielen Sportarten und Lebensstilgruppen Strategien, wie sich ein „Original", jemand der von Anfang an einen gewissen Sport ausübt, von den „hangers on", also den Nachmachern und Neulingen, abgrenzen kann.[301] Die alteingesessenen Sportler meistern die schwierigen Situationen mit Virtuosität und Eleganz und zeigen damit ihre Überlegenheit. Mit bestimmten Markenprodukten, Eigenarten der Sportartikel, einer bestimmten Sprache und eigenen Symbolen der Randkultur werden Abgrenzungen zu Neuankömmlingen und anderen Menschen vollzogen.[302] Die Kleidung ändert sich in vielen Subkulturen auf längere Frist.[303]

3.14 BACKPACKERENKLAVEN – FOLGEN DES MAINSTREAMBACKPACKENS

Das alternative Reisen, vor allem in Form des Backpackens, hat in den letzten Jahren so zugenommen, dass man gar nicht mehr von „alternativ reisen" sprechen kann. Während der 1970er-Jahre erschien der erste deutsche Alternativreiseführer. 2002 gab es 15 verschiedene Verlage, die Reiseführer in Deutsch oder Englisch verlegten, wobei der „Lonely Planet" wohl der weltweit bekannteste ist. In diesem Jahr bot der in Deutschland ansässige „Reise Know-How e.V." 239 verschiedene Reiseführer an.[304] In den Reiseführern werden alternative Routen beschrieben, welche aber durch die Publikation zum Mainstream werden. Sobald sich die Backpacker von den Hauptrouten entfernen, pflastern sie die Straße für Massentouristen und nehmen so eine Vorreiterstellung ein.[305] Ungefähr 70 Prozent der Rucksacktouristen nutzen Internet, Familienangehörige oder Reiseführer für Informationen.[306] Die Entfernung der Reisedestinationen nimmt mit der Reiseerfahrung zu. Leute, die oft gereist sind, brechen in weiter entfernte oder weniger erschlossene Gegenden auf.[307]

Die durchschnittlichen Reiseausgaben variieren von Land zu Land und hängen von der Aufenthaltsdauer ab. In den westlichen Ländern wurde mehr Geld ausgegeben. Im Durchschnitt wurden von den 2.500 weltweit befragten Backpackern 4.600 US-Dollar bei einer Australienreise inklusive Flug ausgegeben, bei einer Thailandreise etwa 2.200 US-Dollar. In Asien und Südamerika verbrauchten Backpacker etwa 10 US-Dollar, in westlichen Ländern 30 US-Dollar täglich.[308] Die Zunahme der Rucksacktouristen führt zu einem Aufschwung der Backpackerenklaven und -hostels. Damit wird Reisen mit Rucksack kommerziell vermarktet.[309] Die Infrastruktur für Backpacker ist mittlerweile an vielen Orten McDonaldisiert worden. Es gibt verschiedene Jugendherbergsketten wie YHA, VIP Backpackers, BBH. Ihre Hostels finden sich überall in Neuseeland, manche haben in Australien und anderen Ländern rund um die Welt Niederlassungen.[310]

Die Zimmer sind genau auf die Bedürfnisse der „Reisenden" abgestimmt. Die meisten Hostels bieten eigene Räume und Computer mit Internetzugang oder es findet sich irgendwo in der Nähe ein Internetcafé. Waschsalons, Videoräume, DVDs und Bücher in mehreren Sprachen werden den Rucksacktouristen zur Verfügung gestellt. Zur Förderung des sozialen Kontaktes und der Kommunikation gibt es Gästebücher und Schwarze Bretter. Ähnlich sind die Unterkünfte für die Saisonarbeiter ausgestattet, wie z.B. im „Londoner Staffhouse" in Kitzbühel. Teilweise werden die Speisen in die Enklaven "mitimportiert". In weiten Teilen Asiens haben es „Bananapancakes", „Müsli" und „Fruit Salad" auf die Speisekarte von Restaurants geschafft.[311] In Kitzbühel veranstaltet der Besitzer der Jugendherberge des öfteren ein australisches BBQ. Ebenso wie die Touristen genießen Saisonarbeiter gerne Altbekanntes aus der eigenen Kultur. Für den sozialen Kontakt mit anderen Reisenden eignen sich diese Backpackerenklaven sehr gut, der Kontakt mit den Einheimischen fällt dadurch gering aus, obwohl Kontakt mit den Einheimischen geschätzt wird. Vorrangig ist für die meisten der Kontakt mit Gleichgesinnten, mit ähnlichen Interessen oder mit demselben Hintergrund.[312] Es bilden sich schnell Gruppen, die gemeinsamen Aktivitäten nachgehen wollen.[313] Die Reisedestinationen der Backpacker divergieren kaum. Bestimmte Sehenswürdigkeiten wie z.B. Ayers Rock oder die Oper in Sydney in Australien besucht zu haben, macht die Individualisten wieder zu einer Art Massentouristen. Ähnliches gilt für Großereignisse wie das „Oktoberfest" oder den „Stierlauf in Pamplona", welchen australische Backpacker typischerweise beiwohnen. Für Backpacker in Indien gehören die „Full Moon Parties" in Pagan zur Reise dazu.[314]

"I was in Munich for the Oktoberfest." [Dude]

"And Kitzbühel being one of these places to do a season in the mountain in Austria. I think it is the same thing than going to the beerfest, going to running in the pools, going to the "Berlin Love-Parade", it is one of those big things you must do. Do you understand what I mean?" [Striker]

Die McDonaldisierung der Backpackerenklaven in Neuseeland ist weit fortgeschritten und gut durchorganisiert. In den meisten Jugendherbergen findet man Flyer für verschiedenste Freizeitaktivitäten, wie Canyoning, Rafting, Jetboating, Whale Watching, Canyon Swing, Skydiving, Bungeejumping, welche dort gebucht werden können. Weil es normal ist, so etwas dort zu machen, hat fast jeder dieselben Erfahrungen gemacht. In dieser Hinsicht unterscheiden sich die Backpacker nicht von den Touristen.[315] Eric Cohen ist sich sicher, dass wirkliche Freiheit und Individualität anders aussehen.[316] Die typischen Routen der Backpacker in Australien führen zumeist zu Surfzentren wie „Fraser Island" oder an das „Great Barrier Reef" und ins „Red Centre".[317]

In Urlaubsorten sind bestimmte Szenen wie z.B. die Schifahrer und Snowboarder in Kitzbühel oder die Surfer in Biaritz angesiedelt. Es kommt zur Bildung von Szenen, die auf gemeinsamen Erlebnisinteressen und Stilpräferenzen beruhen. Anderssein ist nicht Kritik an der Gesamtgesellschaft. Enklaven erheben nicht den Anspruch für das Fragment, sondern einen Ganzheitsanspruch. „Die eigene Szene ist die ‚richtige': So muss man leben; die anderen sind hirnlos oder abartig."[318]

Laut Eric Cohen halten sich vor allem ältere Backpacker länger in den Enklaven auf als jüngere.[319] Genauso wie Saisonarbeiter haben Backpacker bestimmte Vorlieben: manche bevorzugen das Reisen und wollen mit den „Partybackpackers" nichts zu tun haben.[320] Andere sind Sportfanatiker und können mit den Dauerreisenden wenig anfangen. Sie bleiben lieber in den Enklaven und frönen dem Sport, solange sie können. Das ideale Backpacken hat sich gewandelt: Nur wenige Backpacker reisen extrem riskant oder bewegen sich hauptsächlich von einer Enklave zur nächsten weiter.

3.15 IDENTIFIKATIONSMERKMAL

Es gibt viele Parallelen zwischen Touristen, Backpackern und Saisonarbeitern. In mehrerlei Hinsicht handeln Saisonarbeiter und Backpacker wie Touristen, z.b. suchen sie authentische Erlebnisse.[321] Alternativtouristische Anbieter schaffen es, den Backpackern unter dem „anti-touristischen" Deckmantel „inszenierte Authentizität" als „echte" zu verkaufen.[322]

Einerseits handelt es sich beim Backpacken um ein weltweites Phänomen, andererseits haben Backpacker keinen gemeinsamen geographischen Ursprung, keine gemeinsame Heimat. Wie gehen sie damit um, nirgends dazuzugehören?[323]

Ein wesentliches Unterscheidungsmerkmal zwischen Saisoniers, Backpackern und Touristen ist die Dauer der Reise. Für Reisende, Saisoniers und Backpacker sind Touristen einfach nur auf Urlaub. Die Touristen suchen Abwechslung und das Außeralltägliche. Für die Saisoniers und die Backpacker ist Reisen und Saisonarbeit zum Lebensstil geworden. Deswegen nennen sie sich lieber Reisende. Sie sehen sich im Vergleich zu den konventionellen Touristen als erfahrenere und bessere „Reisende" und wollen nicht mit diesen identifiziert werden. Die naiven und oberflächlichen Touristen bekommen ihrer Meinung nach von der Kultur nichts mit. Backpacker wollen außergewöhnlichere Dinge tun als konventionelle Touristen. Im Normalfall haben Backpacker wenig Gewand mit und weisen oft den „Roadstatus" auf, einen „vergammelten" Kleidungsstil. Die Kleidung ist zumeist ungewaschen und wird mehrere Tage lang durchgehend verwendet. Jenen, denen das Geld ausgeht, ist der „Roadstatus" mit Sicherheit anzusehen. Sie haben das von Peter Gross angesprochene Problem der Multioptionsgesellschaft gelöst, weil sie nämlich keine andere Wahl mehr haben. Viele erreichen den „Roadstatus" bereits nach ein paar Tagen in einer Backpackerenklave. Der Kleidungsstil dient zur Abgrenzung gegenüber jenen, die „ein gebügeltes Hemd" für jeden Urlaubstag mitnehmen. Falls sie sesshaft werden, behalten viele den Backpackerkleidungsstil bei oder entscheiden sich für den „ethnic look" und tragen die Kleidung der Einheimischen.[324]

Am offensichtlichsten wird der Übergang vom Backpacker zum Saisonier durch die Arbeitsuniform. Diese ist Türöffner für die Community der Saisonarbeiter, dient aber genauso als Abgrenzung zu Weiterreisenden sowie Touristen. Man muss zwischen dem Leben in den Backpackerenklaven, dem Leben auf Reisen und den Erfahrungen mit „locals" unterscheiden.[325]

3.16 ABGRENZUNG ZU ANDEREN TOURISTEN

Christoph Hennig weist darauf hin, dass sich fast niemand mit der Touristenrolle identifizieren will. Touristen haben einen schlechten Ruf, treten in Massen auf, sind hauptsächlich in Touristenenklaven anzutreffen und fallen auf Abzocker herein. Deshalb gibt es Strategien, sich von der Touristenrolle loszulösen, um selbst ein wahrer Reisender zu sein.[326]

Viele behaupten, dass sie jenseits der Massenpfade reisen und sich intensiv mit dem besuchten Land und seinen Sitten auseinandersetzen. Mitreisende stören das authentische Erleben. Trotzdem werden sie von den Einheimischen und den reisenden Saisonarbeitern als Touristen gesehen. Backpacker kommen dabei nicht besser weg, obwohl die meisten nicht in „Touristen-", dafür aber in Backpackerenklaven leben. Backpacker begeben sich selten auf die Trampelpfade der „konventionellen" Touristen. Peter Welk stellt fest, dass sich Gruppen generell von Nachbarn abgrenzen. Die Nachbarn der Backpacker sind eben die Touristen. Die Abgrenzung von den Touristen war ursprünglich auch bei den Driftern massiv ausgeprägt. Die lange durchschnittliche Reisedauer von mehr als 60 Tagen[327], der Stil und die Kleidung sind typische Unterscheidungsmerkmale.

Die meisten Saisonarbeiter, so wie Kate Allen, sehen sich selbst kosmopolitisch und als Travellers (Reisende). Backpacker sparen oft bei der Unterkunft, um möglichst lange unterwegs sein zu können und Spaß zu haben. Wegen des Sparens trifft man die Saisonarbeiter selten in teuren Lokalen an:

"I don't know the London pub so much. I did not hang out there as much, because it was expensive for me." [Amanda]

„Ins „Take Five" wirst du nicht gehen. Ins „Fünferl" gehst du auch nicht so, auch nicht ins „Landhäusl". Die sind alle in diesen Lokalen. Das sind die Schickimickilokale, wo die dann hingehen. Dort triffst du diese Leute, aber die norma-

len Menschen, die gehen ja nicht ins „Take Five", weil da kostet der Wodka 8 oder 10 Euro oder so etwas. Und man geht nicht ins „Landhäusl", wir gehen schon ab und zu. In der Hochsaison gehen die Einheimischen auch nicht essen, weil du keinen Platz im Restaurant bekommst. Da ist es einfach zu voll. Wenn du nicht in diese Lokale reingehst, dann siehst du die Prominenten nicht [...] Lothar Matthäus." [Dani Banani]

Saisonarbeiter befinden sich nicht nur in Backpackerenklaven, sondern haben in vielen Fällen auch Kontakt mit den Kunden und Touristen. Sie sind ähnlich erlebnisorientiert wie die Touristen, sehen sich dieselben Sehenswürdigkeiten an und zielen auf die gleichen Erlebnisse ab. Der Unterschied zwischen ihnen, den Touristen und den Backpackern wird durch die Arbeitsuniformen herausgestrichen. Die Abgrenzung zeigt sich auch in der Wahl der Lokalitäten. Die Saisonarbeiter haben zumeist bestimmte Lokale, die weniger von Touristen aufgesucht werden, und es werden Feiern veranstaltet, zu denen Touristen und Backpacker keinen Zugang haben. In den Augen der Touristen sind die reisenden Saisonkräfte meistens „Arbeiter", die hauptsächlich zur Unterhaltung da sind.

Die Grenzen zwischen den reisenden Saisonarbeitern und den Backpackern sind fließend: Manche sehen sich selbst als Backpacker, die nur zum Geldverdienen einem Zwischenstopp machen. Saisonarbeiter wie Schilehrer, Skydiving-Instruktoren oder Kellner im „Londoner" grenzen sich ab und sehen in den anderen die „Rucksacktouristen". Der Hauptgrund für sie, Leute aus dem Backpackerhostel zu treffen, ist ein gemeinsames Interesse wie z.B. Snowboarden. Saisonarbeiter identifizieren sich nur dann mit ihrem Beruf, wenn dieser ihr Lebensgefühl ausstrahlt. Beim Sport, wie Eishockey- oder Rugbyspielen, ergreifen sie Partei für die Heimmannschaft.

3.17 WANDEL DES REISENS

Reisende gibt es schon seit sehr lange. Der moderne Tourismus, das, was wir heute unter Reisen verstehen, entstand ab der Mitte des 18. Jahrhunderts bis zum Anfang des 19. Jahrhunderts.[328]

Erwähnenswert ist die „Grand Tour", eine Bildungs- und Forschungsreise für einen jungen Mann im 16. und 17. Jahrhundert.[329] Diese weist einige Ähnlichkeiten mit der Idee des Rucksacktourismus auf.[330] „Bereits im 18. Jahrhundert ging es der Mehrheit [...] nicht mehr primär um die Erkenntnis fremder Länder."[331] Die Menschen wollten schon damals fiktive Welten betreten und mit den Sinnen erfahren. Selektive Wahrnehmung war schon immer ein Bestandteil des Tourismus, das bestätigen die Reiseberichte und Tagebücher jener Männer, die sich auf der „Grand Tour" befanden.[332] Kommunikation, Fortbewegungsmittel und Infrastruktur änderten sich in den letzten Jahrhunderten drastisch. Im 19. Jahrhundert war die Postkutsche mit ungefähr 20 km/h das schnellste verfügbare Transportmittel. Verglichen mit dem Reisen in der Kutsche und einer Schifffahrt ermöglicht eine Flugreise heute einen schnellen und einfachen Transport bis an das andere Ende der Welt.

Die meisten westlichen Länder sind heutzutage für Reisende relativ sicher. Für Auswanderer hatte der Abschied von der Familie bis Mitte des 20. Jahrhunderts noch eine andere Bedeutung. Wer in den 1960er-Jahren auf einen anderen Kontinent auswanderte, verabschiedete sich meist für immer. Damals riefen nicht nur Verliebte bei Radiostationen an, um irgendjemanden grüßen zu lassen, sondern auch Auswanderer, um ihre Familie über ihre Befindlichkeit zu informieren. Oft war dies mit Tränen verbunden, jemand weinte in das Telefon, weil er seine Familie so vermisste, aber keine Chance auf ein Wiedersehen erkennen konnte. Durch das Fernsehen und die Nutzung des Internets ist es sehr viel einfacher geworden, Informationen über weit entfernte Destinationen zu erhalten.

Im Zusammenhang mit der Globalisierung hat die Reisehäufigkeit stark zugenommen.[333] Sie ist eine der treibenden Kräfte der heutigen Zeit und ist am weltweiten Fortschritt und Massentourismus mitverantwortlich. „Globalisierung ist ein Prozess, der im Weltmaßstab abläuft, alle gesellschaftlichen Teilbereiche betrifft und lokale Ereignisse neu strukturiert und verknüpft."[334] Durch sie werden Wirtschaft, Politik und verschiedene Kulturen miteinander verbunden.[335] „Dem Tourismus kommt im Globalisierungsprozess eine Vorreiterrolle zu."[336]

Vor allem die technologischen Entwicklungen haben dazu beigetragen, dass Reisen und Tourismus Teil des Lebensstils vieler Menschen geworden sind. Damit haben sich auch das Abenteuer und das Risiko einer Reise verändert. Die Gefahr, bei einer Kutschfahrt im 17. Jahrhundert von Banditen überfallen zu werden, oder Unfälle standen früher an der Tagesordnung.[337] Die weltweite Entwicklung der Massenbeförderungsmittel wurde in den 80er- und 90er-Jahren des vorigen Jahrhunderts forciert, um ferne Destinationen leichter erreichbar zu machen.

3.18 BACKPACKER

Die Vorläufer der heutigen Rucksacktouristen finden sich in den 1960er-Jahren während der Hippiebewegung.[338] Die „Drifter" reisten und waren sehr stark ideologisch geprägt. Hebdige sieht in Subkulturen Antworten auf bestimmte gesellschaftliche Zustände.[339] Drifter trugen die Vorstellungen von einer besseren Welt in sich. Viele, darunter die Hippies und andere, trampten durch verschiedene Länder. Die Drifter sind aus Trampern hervorgegangen und wurden oft für ihre Freizügigkeit in Bezug auf Sexualität und Drogen verurteilt.[340] So definierte Cohen die Drifter ursprünglich als Personen, die sich von einem Ort zum anderen „durchschlugen". Ein Deutscher, der sich in den 1970er-Jahren sieben Monate allein durch Brasilien kämpfte und selbst tropische Krankheiten kurierte, war ein Model für einen Drifter. Dieser Idealtypus wurde nur von wenigen erreicht.[341] Die früheren Drifter brauchten größere Fertigkeiten, um sich in den fremden Ländern zurechtzufinden.342 Die heutigen Backpacker unterscheiden sich von den ursprünglichen Driftern im Fehlen der gegenkulturellen Ideologie und in ihrer Wandlung zu reinen Hedonisten.[343] Bei Backpackern handelt es sich, gleich wie bei Driftern früher, um junge Leute im Alter von 20 bis 35 Jahren. Der Großteil der interviewten Personen dieser Studie weist ein ähnliches Alter auf.

Wir befinden uns in einer konsumistischen Gesellschaft, einer Gesellschaft, in der der Konsum und das Prinzip des Kaufens den Lebensinhalt vieler Menschen ausmachen.[344] Konsum ist auch ein wesentlicher Faktor beim Rucksacktouristen.[345] „Be less materialistic", lautet das Motto der Backpacker.[346] So meint Peter Welk, dass Reisen mit geringem Budget eine der Säulen des Backpackens ist.[347] Backpacker sparen einerseits sehr viel, geben aber auf der anderen Seite für die Befriedigung ihrer Wünsche Unsummen aus. Diese Leute heben sich dadurch ab, dass sie auf viele andere Möglichkeiten des Konsums verzichten, die für Menschen der westlichen Welt selbstverständlich sind. Dieser Konsum unterscheidet sie nicht nur von anderen Teilzeitkonsumenten und Touristen, sondern auch von ihren Freunden. Teilhabe an einer bestimmten Form von Konsum steht über Werten wie Karriere und Geld.

Akuma legt Wert darauf, dass sein Burton-Snowboard in Österreich und nicht in China produziert wird:

"My Burton board is made in Austria. When I wanted to buy a Burton snowboard in Korea, it is made in China. But my snowboard is made in Austria, so is better quality and I bought it in Canada." [Akuma]

"Ich bin das erste Mal mit einem Helikopter geflogen, das war super. In die Gletscher, wo man sonst nicht hinkommen würde. Ich bin absolut kein Kletterer und kein Gletscherbergsteiger, da habe ich auch echt keine Ambitionen. Da mit dem Helikopter reinfliegen. Die Landschaft war so schön." [Eva]

Die meisten üben sich daher im Spagat zwischen Sparen und Prassen, denn Erlebniskonsum bedeutet Lebensqualität.[348] Sie reisen länger als andere Touristen und geben im Gesamten mehr Geld aus. Laut einer Studie und Schätzung tragen die Backpacker in Australien jährlich 1,5 Milliarden Australische Dollar (0,9 Milliarden Euro) zur australischen Ökonomie bei.[349] Dieser Beitrag zur Wirtschaft ist heute wahrscheinlich größer, da die Anzahl der Backpacker gestiegen ist. Das wirkt sich vor allem auf die lokale Ökonomie der besuchten Gebiete aus, weil die Backpacker länger als andere Touristen in bestimmten Regionen bleiben.[350]

Die durchschnittlichen Backpacker stammen aus einer relativ gut situierten Familie der Mittel- oder der Oberschicht.[351] Das gilt auch für die meisten der in meinen Untersuchungen berücksichtigten Personen. Wer wenig oder kein Geld hat, kann nicht konsumieren. Da auch Backpacker gerne konsumieren und das Leben auf Reisen nicht billig ist, sind viele während ihrer Reisen auf Arbeit angewiesen.

Leute treffen und offen zu sein, gehört für die meisten zum Backpacken und Saisonarbeiten dazu. Das bedeutet nicht, dass es sich um verbindliche zwischenmenschliche Beziehungen handelt.[352] Es ist ein Zeichen dieser Subkultur, dass sie für den Moment lebt und man Verpflichtungen außerhalb der Arbeit nicht so ernst nimmt. Es gibt keine Pünktlichkeit, man bevorzugt Spontaneität und sofortiges Erleben gegenüber dem Einhalten eines Termins.[353]

Ziel der meisten ist es, sich so lange und so individuell wie möglich fortzubewegen.[354] Jana Binder identifiziert „Go wherever you want"[355] als eines der Backpackermotive. Für die angestrebte Reiserichtung und das Reiseziel gibt es kein Richtig oder Falsch. So machten es sich einige Saisonarbeiter aus Wanaka zur Regel, dass sie jedes Mal, wenn sie nach Queenstown fuhren, im „Cadrona Hotel" ein Bier trinken mussten, unabhängig davon, ob sie Lust hatten oder nicht.

Forschung über die Reisemotivation junger Leute hat politische und ökonomische Gründe.[356] Lange Zeit gab es wenig Interesse, erst in den letzen Jahren erfolgte ein Boom in der Backpackerforschung. Verschiedene Regierungen wie jene von Thailand, Australien oder Neuseeland haben überlegt, Services für Backpacker auszubauen oder einzuschränken.[357] Malcolm Cooper et al. meinen, dass Backpacker auch als „working holiday makers" bezeichnet werden können.[358] Gemessen am Reisen auf eigene Faust durch fremde Länder sind Backpacker eine Randnotiz.[359] Dennoch ist die Anzahl der Backpacker stark im Steigen begriffen. Während es im Jahre 1990 221.490 Backpacker in Australien gab, waren es 2002, etwa zehn Jahre später, 447.100. In den letzten Jahren waren es über 500.000 allein in Australien. Dadurch hat sich das Backpackerpublikum geändert und es ist zu einer Mainstreamkultur geworden.[360]

Die Erhebung von Julie Wilson und Greg Richards zeigt, dass etwa 7 Prozent an einer Arbeit als Freiwillige teilnehmen wollen. 1995 wurden in Australien 35.000 Visa ausgestellt und 2002 für 78.000 junge Menschen „Working Holiday Visa" bewilligt, was nur einen Teil der verfügbaren Jobs wiederspiegelt.[361] Eine neuseeländische Studie zeigt, dass etwa ein Drittel der untersuchten Backpacker in Neuseeland während der Reise Geld verdient haben.[362]

Einige Backpacker betreiben „Reise und Arbeit" und manche Saisonarbeiter reisen als Backpacker. Bei Backpackern und „Travel und Work" handelt es sich um eine spezielle Form des Hybridtourismus, der sich durch den sozialen Wandel aus dem Alternativtourismus entwickeln konnte.[363]

Der Übergang vom Backpacker zum Saisonarbeiter bedeutet, dass sich der Status des Reisenden in einen sesshaften verändert und so die Backpackerkultur und die der reisenden Saisonarbeiter miteinander in Wechselwirkung stehen. „Die ‚Persona' [...] ist wesentlich heterogen, sie wechselt ihre Masken: den seriösen Anzug im Unternehmen; das Heavy-Metal-Outfit in der Motoradclique, die Lederkluft im Sado-Maso-Club, um an unterschiedlichen Kulten zu partizipieren, ohne sich als ‚Ganzheit' zu zeigen und zeigen zu müssen."[364] Backpacken ist Teil der Identität vieler Saisonarbeiter. „Wir haben es mit Gemengen und Überlagerungen von „echten" Gemeinschaften, „loseren" Gemeinschaften, und temporären Gemeinschaften zu tun; oder auch: kurzfristige, temporäre Vergemeinschaftungen längerfristiger Assoziierungsformen oder gar dauerhaft gemeinter Zusammenschlüsse"[365], vermerkt Manfred Prisching.

Da es so viele verschiedene Gruppen von Backpackern gibt[366], wird der Begriff Backpacker in dieser Arbeit stellvertretend für auf Reisen befindliche Saisonarbeiter verwendet.

4. Gründe für den Aufbruch

Die meisten Saisonarbeiter, die sich auf Reisen begeben, sind bereit für eine Veränderung und wollen etwas erleben. Es handelt sich bei ihnen um Abenteuerreisende, die erlebnisorientiert sind und dem Alltag entfliehen. Nicht gelöste Konflikte, gesellschaftlicher oder persönlicher Natur, können der Ausschlag dafür sein.[367] Die Zivilisationsflucht der Auswanderer hat eine lange Tradition, sie impliziert den Ausbruch aus der eigenen Gesellschaft, um in einer anderen weiterzuleben. Dort vermuten sie bessere Lebensbedingungen und eine erstrebenswerte Lebensweise der Einheimischen.[368]

Viele sind auf der Suche nach einer „Entdifferenzierung", einer Vereinfachung des Lebens in einer neuen, unkomplizierteren Welt, die zumeist idealisiert wird. Für andere jedoch ist der Auslöser für die Reise und die Saisonarbeit mit persönlichen Problemen oder Unzufriedenheit mit der Gesellschaft verbunden. Da sich die Person zuhause nicht mehr in das Normen- und Wertesystem ihrer Umgebung einfügen kann und will, bricht sie auf. Dies wird im Folgenden erläutert.

4.1 Familiensituation – Fluchtreaktion

Saisonarbeit und die Urlaubswahl hängen stark von persönlichen Bindungen zum eigenen Umfeld ab. Je weniger Verbindlichkeiten die Saisonarbeiter in irgendeiner Form zur Familie haben, desto eher steigt die Wahrscheinlichkeit, dass jemand mit Saisonarbeit anfängt oder reisender Saisonier wird. Zusätzlich gibt es noch viele Saisonarbeiter, deren Motiv die Flucht aus einer unangenehmen Familiensituation ist. Wer seine Familie (die man sich ja bekanntlich nicht aussuchen kann) meiden will, ist für ferne Reisen geeignet.

In den letzten Jahrzehnten hat sich die Familienform in der westlichen Gesellschaft stark verändert. Die Scheidungsraten sind stark gestiegen (in Wien werden beispielsweise zwei von drei Ehen geschieden)[369] und Patchwork-Familien haben zugenommen. Vielen Kindern ist es nicht möglich, sich auf diese Umstände emotional einzustellen, wie es in einer „intakten" Familie der Fall wäre. Nichtsdestotrotz gibt es Patchwork-Familien, die besser „funktionieren" als eine traditionelle Familie; dies trifft jedoch nur auf einen Teil der Fälle zu. Es gibt unterschiedliche Beziehungsformen in diesen „gemischten" Familien: viele Halbgeschwister – Kinder, die von ihren Eltern bzw. Erziehungsberechtigten meist unterschiedlich intensiv geliebt werden. Die emotionale Unsicherheit in den Familien hat auch durch die Lebensumstände alleinerziehender Väter und Mütter zugenommen.

Die Zahl der Fernbeziehungen wird in der Zukunft aufgrund der beruflichen Situation und durch die Berufstätigkeit der Frau ansteigen. Partner einer Liebesbeziehung werden vermehrt an verschiedenen, voneinander weit entfernten Orten wohnen. Emotionale Beziehungen werden in Zukunft schwieriger werden.

Mein Cousin Mark-Denis Leitner hat in einem Gespräch mit mir die Situation als Beginn der „Game Over Restart Society" beschrieben. Seine These besagt, dass die zwischenmenschlichen Verbindlichkeiten und die Kompromissbereitschaft im Berufs- und Liebesleben abnehmen werden. Es ist für viele Menschen einfacher, die Beziehung bei Problemen zu beenden („Game Over"), als diese auch in schlechten Zeiten aufrecht zu erhalten. Danach folgt ein Neustart („Restart") mit einem neuen Partner. Damit mag auch die hohe Single-Anzahl in unserer Gesellschaft zusammenhängen. Richard Sennett diagnostiziert: „Die Menschen spüren das Fehlen anhaltender persönlicher Beziehungen und dauerhafter Absichten"[370]. Ronald Hitzler befindet, dass die Verführung die Verpflichtung abgelöst hat. Die Trennung von der Freundin war für „Speed Police Steve" der Grund, sich nach Methven in Neuseeland aufzumachen:

"I just split up with a girl in January just before I came up here. I pretty much decided [to do so] because I wanted to have time and I wanted to be away for one year, two years or how long. It had not been a really long time relationship." [Speed Police Steve]

Für viele der reisenden Saisonarbeiter ist eine unsichere Familiensituation zunächst Mitauslöser für die Entscheidung, sich auf die Reise einzulassen. So meint eine Barbesitzerin aus Kitzbühel Folgendes:

„Es gibt viele Leute, die wahrscheinlich eine schräge Vorgeschichte […] haben, wenn sie herkommen. Deswegen bleiben sie auch lange. Viele von denen bleiben lange. Die, die nur eine Saison kommen, müssen dann wieder zur Uni und zur Familie heim und wieder „back to normal". Das sind immer so kleine „Lost Souls". Das merkt man schon. Vor allem, wenn dann nicht viel Besuch kommt, von Familie etc. […] Es gibt ja wirklich viele Leute, die einfach zerrüttete Familien haben und die sagen: „O.k., ich fange jetzt irgendwo ein neues Leben an." [Tina]

Ein 26-jähriger australischer Fotograf meint dazu:

"Ahm. I personally love my family very much. But we are not terribly close. I think that is connected with the way how I was brought up. I went to boarding school when I was twelve and so I lived away from my parents since the age of twelve onwards. That made me very independent and so since I finally finished school, I went up to university and I lived away on university. Once I finished that I moved away for another stage and worked and got a job and worked till I was running a small fish farm and basically living a totally separate existence as a young adult. And then I started travelling. I've just been away from my parents and my family for that long. That is normal. To answer your question – of course I'm close to them, but I haven't spent a lot of time with them after the age of twelve." [Dude]

Einen starken Familienzusammenhalt vermisst auch eine 24-jährige Engländerin:
"It is quite tricky. I don't live with my mum. My parents got divorced and stuff. That was my Dad. I lived with my mum. When I am at home in England I stay with my sister. It is not really home, it is like my sister's home. So I feel a bit homeless if that makes sense. I mean I am travelling. All my things, all my belongings, some of my things are in my sister's house, some at my mum's. [...] It always starts everywhere. Home is probably where all your stuff is. Now where do I feel home? It is a place, where your friends are. I don't know - maybe friends and not my family. Obviously friends. Family doesn't have to be there. It is a place where you feel happy and where you can be yourself." [Christie]

Frank hat überhaupt keinen Kontakt mehr zu seinen Eltern:
„Ich habe mit meinen Eltern auch nicht so richtig Kontakt, schon ziemlich lange nicht mehr." [Frank]

Viele Saisonarbeiter sind zwischen zwei verschiedenen Kulturen aufgewachsen. Es finden sich verschiedene Formen: Einerseits kann es sein, dass ein Elternteil aus einer anderen Kultur kommt und eine Mischehe geführt wird. Andererseits kommt es vor, dass die Eltern von einem Kulturkreis in einen anderen emigriert sind (ein Beispiel hierfür ist, wenn Perser nach Österreich auswandern). Dies kann zu einer Anomie, einem Norm- und Werteverlust der Kinder führen, da einige Werte und Normen miteinander unvereinbar sind (wie etwa der kulturell unterschiedliche Umgang mit Alkohol in Europa und dem Vorderen Orient). Aufgrund der geringen Verwurzelung in der Heimatkultur ist es für manche leichter, diese zu verlassen. Ein großer Teil der reisenden Saisonarbeiter hat einen Migrationshintergrund bei Reisebeginn. Daraus resultiert die hohe Empathie für andere Saisonarbeiter bzw. Migranten, welche die Gruppe der Saisoniers nach innen stärkt.

„*Koreaner und Asiaten haben das an sich. Ich fühle mich vom Verhalten her mehr deutsch. Ich sag jetzt nicht, dass ich nicht stolz bin, dass ich asiatische Eltern habe oder dass ich asiatisch aussehe. Aber ich benehme mich wie ein Deutscher. Ich kleide mich wie ein Deutscher. Ich tätowier' mich. Das gibt es bei Koreanern nicht so. Die machen die Schule, dann Abitur. Wenn es ein Kerl ist, dann studiert der und findet dann irgendwann eine hübsche koreanische Frau und geht dann arbeiten und heiratet mit 24. Und die Tochter heiratet dann mit 22 oder 20 und das war es dann. Und dann haben die ihre eigenen Familien und dann wird von denen erwartet: Kriegt Kinder, zieht die groß und das geht dann immer so weiter. Das ist dann alles. Und das finde ich eigentlich schade. Ich möchte mit 24 noch nicht heiraten, geschweige denn Kinder kriegen und dann echt eine Familie da haben und auf einmal dann mit 24 voll die supergroße Verantwortung haben, weißt du. Außerdem durfte ich keine deutsche Freundin haben.*" [Frank]

Daher besitzen viele Saisonarbeiter mehr als einen Reisepass. Der Todesfall eines nahen Verwandten ist ein anderer höchst, emotionaler Grund, um sich in einen fernen Urlaubsort aufzumachen ist. In diesen Fällen folgte die Erklärung für den Ausstieg eher stockend. Erst durch den Abstand von zuhause kann die Trauer besser überwunden werden. So beschreibt British Al seinen Grund zum Aufbruch:

"*First time when I was 23, my mother took us on a family holiday to take us away from home. The same year my father died. So she took us skiing for the first time. It was a ten day holiday.*" [British Al]

4.2 Ein neues Image aufbauen

Durch den Wechsel des Umfeldes kann man sein Image verändern. Rollenwechsel haben beim Wegfahren Bedeutung.

Wer zuhause einen schlechten Ruf hatte oder Außenseiter war, nützt gerne die Urlaubssituation für eine Neuinszenierung. Das gilt nicht nur für die Urlauber, sondern auch für die Saisonarbeiter. Holy Mary, die von ihren Freunden zuhause immer das „Label" einer tollpatschigen, verwirrten Person aufgedrückt bekam, empfindet das folgendermaßen:

"*People back home know you as a person you were as a child, and friends in particular. And in my situation, I have always been the forgetful person or the friend who is always late. And something like that. They always see me as that person and not terribly organised, a bit scathe. But when you have been travelling and you come back or you go to university overseas you are a different person, because to organize a trip to go travelling, you know you cannot be that scathe. And so I sometimes found it has been interesting more with friends, that they still sometimes want to treat me as the scathe friend. But suddenly I have to step back and go hold on a minute. If she can orientate herself around Africa with no problems you can't really patchiness her anymore."* [Holy Mary]

Für manche Leute kann dieser schlechte Ruf noch viel erdrückender sein als für Holy Mary, deren Umfeld „bestimmte Eigenschaften" von ihr überbetont hat und es teilweise heute noch tut. So meint sie auch, dass ihr gerade, weil sie Angst hat, ein Missgeschick passiert.[371]

Manche Saisonarbeiter haben eine erdrückende Vorgeschichte und stehen sogar mit einer kleinkriminellen Tat im Zusammenhang, die ausschlaggebend für den gewünschten Rollenwechsel ist und den Aufbruch zur Saisonarbeit begründet. Zuhause erleben sie Stigmatisierung durch Mitmenschen, die über ihre schlechten Taten Bescheid wissen. Deswegen kann die Saison eine neue Chance bieten. So denkt eine Barbesitzerin aus Kitzbühel Folgendes über einige Saisonarbeiter, die bereits mit dem Gesetz in Konflikt geraten sind:

„Es gibt ja auch die, die ein bisschen auf die schiefe Bahn geraten sind und dann da herkommen, wo du überhaupt gar nicht weißt, dass die jemals auf die schiefe Bahn geraten sind. Was weiß ich, was in Australien passiert ist. Ich hol mir nicht das Leumundszeugnis von denen. Klar. Das merkst du entweder sehr schnell oder sie sind sehr dankbar für eine zweite Chance und nutzen die auch. Das gibt es auch. Ich werde keine Namen nennen und wir haben einen, der nutzt diese Chance jetzt ganz extrem. Und wir haben dem geholfen und wir helfen dem auch finanziell mit einem Rechtsanwalt. Er ist jetzt dabei, die ganze Sache in Angriff zu nehmen und seine ganzen Probleme abzubauen. Und [er] ist von zuhause genau deswegen rausgefallen und rausgeschmissen worden und hat jetzt schon seinen eigenen Brief geschrieben. Und das ist super. Aber so ein Experiment kann auch schiefgehen. Der kann hergehen und dir alles ausrauben und am nächsten Tag dahin sein." [Tina]

Norbert musste wegen einer kriminellen Handlung aufbrechen. Er ist froh, dass er sich „reinwaschen" und ein stabiles Umfeld finden konnte:

„Weißt du, das interessiert die Leute gar nicht, was ich früher gemacht habe. Die kommen mit mir aus. O.k., wenn sie sagen: „Der Norbert ist ein cooler Typ. Auf jeden Fall." Wie gesagt, die Leute nehmen dich von Null auf und dann liegt es echt an dir, wie du den Leuten gegenüberstehst und dich den Leuten gegenüber präsentierst, weißt du wie ich meine? Das ist halt echt das gute Ding so." [Norbert]

Norbert selbst scheint sich von seiner früheren Rolle getrennt zu haben. Einige haben das Glück einer neuen Identität und eines sinnvollen Lebens. Es kann aber auch sein, dass sie zwar einen Rollenwechsel anstreben, aber ihre devianten und kriminellen Neigungen nicht ablegen können oder wollen. Aus diesem Grund gibt es in fast jeder Jugendherberge in Neuseeland ein Schild, auf dem steht: „Food stealing is not cool" oder „Food stealing is a criminal act. We are going to call the police". Vor allem in größeren Jugendherbergen, die eine Anonymität zwischen den Gästen zulassen oder in denen es hohe Fluktuationen gibt, ist die Gefahr hoch, dass etwas aus den gemeinschaftlichen Kühlschränken entwendet wird.[372] Aus ähnlichen Gründen sehen sich die Rucksacktouristen in den „dorms" (Schlafräumen) meistens genau an, wer der neue Mitbewohner ist und ob man Wertgegenstände wie einen Laptop oder I-Pod lieber in einen dafür vorgesehenen Locker sperrt oder bei der Rezeption abgibt. Auch die Zimmerkollegen in den Personalhäusern oder in Gemeinschaftswohnungen werden anfangs gemustert.

4.3 Das „Gap Year"

Für viele Menschen bedeutet eine Auszeit Belohnung für ein längeres Arbeitsleben. Zwei oder drei Wochen Urlaub werden als zu kurz empfunden. Bei dem „Gap Year", einem Zwischen- oder Lochjahr, handelt es sich zumeist um eine Übergangsphase, einen Einschnitt zwischen Schule und Universität, Universität und Arbeitsbeginn, oder eine Zwischenphase im Arbeitsprozess. Die Ausbildungszeiten sind länger geworden und man muss sich aufgrund der Schnelllebigkeit und neuer Entwicklungen ständig fortbilden. Mitlernen ist nicht nur in der Schule, auf der Universität bzw. am Arbeitsplatz angesagt, sondern auch in der Freizeit. Beispiele hierfür sind schnellere Computer mit besseren Grafikkarten für Spiele, neue Handys, neue Sportgeräte etc.

Um sich vom ständigen Informationszwang entspannen zu können, wollen viele Menschen eine längere Auszeit, die sich über Jahre erstrecken kann. Im Gegensatz zum „Gap Year" bekommt der Aussteiger bei einem so genannten „Sabbatical" einen Teil seines Gehaltes ausbezahlt, auf welchen er in den vorhergehenden Arbeitsjahren verzichtet hat. Deswegen ist für jemanden, der sich ein „Gap Year" gönnt, Saisonarbeit gut geeignet, um das eigene Budget aufzubessern, während man sich auf Reisen befindet. Manche sehen sogar die Saisonarbeit an sich als Ausstieg. Viele Studenten oder Maturanten betrachten das „Gap Year" als einmalige Möglichkeit, in ihrem Leben eine lange Unterbrechung durchzuführen, bevor sie das Arbeitsleben „für immer" vereinnahmen wird. Das „Gap Year" im Ausland ist vor allem durch die speziell dafür eingeführten „Working Holiday Visa" im anglikanischen Raum und durch die bilateralen Abkommen zwischen England/Südafrika, England/Neuseeland etc. sehr beliebt, wie eine Neuseeländerin berichtet:

„Dann bin ich auf die Idee gekommen: Ich reise jetzt, solange ich noch jung bin. Entweder jetzt oder nie. Und ich habe vorgehabt, so etwa zwei Jahre unterwegs zu sein. Das ist in Neuseeland normal. Zwischen High School und Uni oder nach der Uni machen wir eine zweijährige Reise nach Europa. Wir dürfen als Neuseeländer zwei Jahre in England arbeiten und bekommen ein Visum. In England kann man super verdienen. Meistens sammeln wir Erfahrung und fahren mit dem Ersparten nach Neuseeland nach Hause. Oder wir arbeiten ein Jahr und reisen mit einem VW-Bus oder so etwas. Da arbeiten wir ein paar Jahre und dann geht es zurück nach Neuseeland." [Dani Banani]

Diese Möglichkeit nützte auch eine Engländerin:

"But then I had always planned from what I can remember that I do university and education and everything and then go travelling. And I wanted to make a big trip since I finished uni. I spent ten months travelling, so I went to Southeast Asia and worked in Australia and New Zealand and then I ran out of money and then I had to go home. I went home to my parents for a year and a half and I actually fell almost into a career. I was working with houseboats and doing customer service and I was managing teams of people, so it was actually a quite good job. I never really wanted to settle and get a house and children." [Blue Lou]

Dass Leute während eines „Gap Year" stark erlebnisorientiert sind, soll dieses Statement einer in einem Urlaubsort lebenden Lokalbesitzerin über ihre Angestellten darlegen:

„Und gerade die geben Gas. Die haben alle ihr Studentenleben hinter sich und sind gerade in dieser Phase. Das hier sind Leute, die vom Tag 1 an voll arbeiten müssen, weil sie sich das Studium nicht leisten können oder nicht den Kopf oder den Willen dazu haben. Und die sind hier viel mehr involviert." [Tina]

4.4 ZEITGEFÜHL, BERUFSSTRESS, KÜNDIGUNG

Während des Reisens wird man sehr oft mit einem anderen Zeitgefühl und Lebenstempo konfrontiert, denn in der westlichen Gesellschaft haben wir ein sehr engmaschiges Zeitnetz, welches vor allem auf Pünktlichkeit fixiert ist.

In den Städten ist der Lebensrhythmus generell schneller als in ländlichen Gegenden.[373] Georg Simmel hat das schon lange erkannt und die Auswirkungen dieses Lebensrhythmus auf das menschliche Leben aufgezeigt. Er betont, dass die menschliche Koordinierung in Städten (heute auch schon in ländlichen Gegenden) vor allem auf extremer Pünktlichkeit basiert.[374] In den meisten Großstädten ist das Leben so intensiv geworden, dass viele Menschen aufgrund der Hektik und des geschäftigen Treibens die Stadt verlassen wollen, um sich im Urlaub zu entspannen.

Gemäß Norbert Elias ist die zunehmende Abstimmung der Menschen mit Pünktlichkeit verbunden und kann als selbstregulierend sowie als Selbstzwang angesehen werden.[375] Vor allem Bewohner aus Großstädten wie z.B. London, deren Pendelzeiten von zuhause zum Arbeitsplatz bei riesigen Entfernungen mehrere Stunden am Tag betragen können, leiden an psychischen Problemen. Die Tagesroutinen und das Leistungskorsett eines Büros von 9 Uhr morgens bis 17 Uhr am Nachmittag waren für viele ein entscheidender Grund, ihre Arbeit zu kündigen und wegzugehen:

„*Die Routine in der Arbeit, die den meisten erst nach einem Jahr bewusst wird und nach zwei oder drei Jahren eher nach einer Veränderung ruft.*" [Mareike]

"*One day I was set on the A45 in London and there was a very, very busy traffic in the morning. Stop, go, stop, go, stop, go and then I said: "This is no life.""* [Mad Mike]

"*I worked nine to five in London three years, being in the tube two hours a day. I just work out. I was loosing pretty much one day of my life every two weeks on the tube. I wanted to do something better, go to a beautiful place.*" [Speed Police Steve]

Ein argentinischer Jurist, der mit 27 Jahren schon Karriere gemacht hatte, entschloss sich kurzerhand, eine Skydive-Instructor-Ausbildung (Ausbildung zum Fallschirmsprungbegleiter) zu machen, und blickt nachträglich folgendermaßen auf sein vorheriges Berufsleben zurück:

"*I studied seven years law in my country and I was two years assistant. I was working one year and a half in the government for my studies. I didn't like it, so I changed my work. I was progressing my career. I was manager in one company with many restaurants in Argentina and in Spain and then this work was very stressful too. I was running a company with another guy. It was the work with restaurants. I sold seafood and then I sold my part in the company to this guy and left my work. I went to another company with a shopping mall and I was manager in the commercial department and this was stressful too. Much work and late hours without free days. When I left this work I thought that I need to relax. I needed something that made me happy, like skydiving and for this reason I come here to New Zealand to do the skydiving course. It is the only place in the world, where you can make a skydiving course for instructing. I'm 27, but the last year I felt like 42. This year through my travels I feel young again every day and I enjoy to wake up with happiness."* [Leandro]

Auch eine 30-jährige japanische Krankenschwester ist froh, aus ihrem Alltagsstress ausgebrochen zu sein, um sich den ganzen Tag dem Snowboarden zu widmen:
"I used to work in a big hospital, in the biggest hospital in my city, and I was so busy. And then we had to work really hard. I was always like so scared because of work and the stress." [Satomi]

Dass sie sich mit etwas Geld als Haushälterin über Wasser halten muss, stört sie gar nicht.

In der Urlaubssituation wird genauso wie bei Events versucht, ein gegenalltägliches Spektakel herzustellen, welches einen nichtalltäglichen Zeitcharakter aufweist. Die Verbindlichkeiten und die engmaschige zeitliche Struktur werden in vielen Fällen aufgehoben, der Urlaubstag soll spontan erlebt werden. Die Urlaubsindustrie versucht diesen Urlaub mit einer Emotions- und Reizverdichtung aufzuladen. So meint Richard Sennett an anderer Stelle passend:

„Für den Menschen mit schwachen oder oberflächlichen Bindungen […] gibt es wenig Grund, an Land zu bleiben. Zu den materiellen Wegweisern der Reise können Arbeitsverbesserungen oder Einkommenssteigerungen zählen, aber Seitwärtsbewegungen, retrospektive Verluste lösen die Wegweiser des Fortschritts auf."[376]

Mit Arbeitsverbesserung kann weniger Geld, aber dafür mehr Lebensqualität gemeint sein.

Durch die entspannende Stimmung in der Natur und im Urlaubsort sind viele zur Saisonarbeit gelangt. Das betrifft hauptsächlich diejenigen Saisonarbeiter, welche als Sportinstruktoren angestellt sind, als Barkeeper, Fotograf etc. angefangen haben und die damit verbundenen Tätigkeiten lieben oder einfach Glück bei der Jobsuche gehabt haben.

Für die Saisonarbeiter stellt sich ein eigener Lebensrhythmus ein. Es geht hier um verschiedene Zyklen, die Wiederkehr und das Vorübergehen einer bestimmten Jahreszeit, einer Hoch- und einer Nebensaison. So beschreibt eine südafrikanische Saisonarbeiterin ihr „verlorenes" Zeitgefühl bei Saisonarbeit und im Urlaub:

"Always [...]. Even if I'm not working on holiday, I forget the day, the dates, you never look at the time." [Lucy]

Ähnlich begeistert wird dieses Gefühl von Mareike aufgenommen:
„*Es ist schwierig am Anfang, wenn du unsere Standards und unsere Lebensweise gewohnt bist, dass du dich so schnell umstellst. Wir haben dann auch keine Uhr mehr gehabt und irgendwie geht das dann. Es ist viel relaxter und man macht trotzdem gleich viel. Es ist alles viel einfacher. Man kann viel mehr genießen und viel intensiver das Ganze erleben. Stress und Zeitdruck und „das muss ich noch tun", das gibt es nicht.*" [Mareike]

Andere sind nicht wegen Zeitdruck oder Berufsstress aufgebrochen, sondern weil sie aufgrund von Strukturveränderungen arbeitslos bzw. „freigesetzt" wurden.

"I worked in London for about two years for an internet company. That was around about the time of the big dotcom crash and the company went bankrupt." [Speed Police Steve]

Die Managementidee des Neo-Liberalismus, kurzfristige hohe Gewinne langfristig geringeren vorzuziehen und wenn nötig Mitarbeiter zu entlassen, ist Grund zu verreisen und/oder eine Ausbildung, wie zum Beispiel einen Englischkurs, während dieser „Neuorientierungsphase" zu absolvieren.

4.5 ERLEBNISGESELLSCHAFT UND ABENTEUERLUST

Um das Verhalten und die Subkultur der Saisonarbeiter besser verstehen zu können, sind die Rahmenbedingungen, die ihr Handeln beeinflussen, unter Berücksichtigung des entsprechenden Zeitgeistes zu beachten.

Die meisten Menschen sehen ihren Urlaub als einen Bruch mit den alltäglichen Routinen. Sie wollen etwas Außergewöhnliches sehen, fühlen, riechen, schlichtweg einfach am eigenen Leib erleben. Gerhard Schulzes Diagnose besagt, dass sich viele Personen einem Erlebnisdruck ausgesetzt fühlen. Ein Erlebnis muss sich ästhetisieren lassen, denn nicht alles, was man erlebt, wird als schön empfunden. Deswegen sollte man wissen, was man will. Man setzt sich der Gefahr aus, dass die Erwartungen enttäuscht werden. Daraus ergibt sich eine gewisse Erlebnisrationalität. Die boomende Urlaubsindustrie reagiert auf das Bedürfnis der Menschen, in ihrem Urlaub etwas Besonderes zu erleben. Wer an einer dauerhaften Kundenbindung interessiert ist, muss versuchen, die Enttäuschung im Urlaub möglichst gering zu halten und einen hohen Erlebniswert für die Gäste zu erzielen. Auch bei Saisonarbeitern besteht ein großes Spaß- und Erlebnisinteresse, mitunter trieb sie ein langweiliger Lebensalltag in ein fremdes Land. Es gibt viele Europäer, die sich nach einem Abenteuer am Ende der Welt sehnen, um etwas Großartiges erleben zu können. Ähnlich geht es vielen Neuseeländern, Australiern und Südafrikanern, die sich in Europa und den Vereinigten Staaten ihren „Kick" holen und ihre Lebensfreude zurückgewinnen wollen.

Beispielhaft für mehrere interviewte Personen sind die Aussagen von zwei ehemaligen Sekretärinnen. So befindet die 33-jährige Olivia, die ich in „Kai's Café" in Wanaka in Neuseeland kennen lernte:

"Okay. Well a brief history. I worked in England as secretary in an office and I worked in London. And then I moved up to Leeds, another big city. And I think the view from last office was out on to a concrete car park with graffiti all over the walls and it was pretty horrible. It was a ratrace catching the bus every day and it was just boring and I was quite bored in the position that I was in. And I did not know what I wanted to do, so I decided to buy myself an airticket around the world and set off. I saved, I worked really hard and I saved about 5.000 Pounds, so that I could go for a long time." [Olivia]

Die 30-jährige, ledige Veronika aus Tirol beschreibt die Umstände wie folgt:

„Ich habe jetzt vier Jahre lang in Tirol in einem Büro gearbeitet und das ist mir dann zu fad geworden und ich habe da gekündigt. Ich bin jetzt schon die letzte Saison, wo bei uns jetzt Winter gewesen ist, als Schilehrer arbeiten gegangen und ein Bekannter von mir ist schon öfter nach Neuseeland gefahren und der hat total geschwärmt. Und dann habe ich mir gedacht, das könnte ich ausprobieren." [Veronika]

Es gibt auch „schräge Vögel", die eine andere Art von Erlebnisdruck zum Aufbruch in den Urlaubsort „nötigt": einige der von mir befragten Personen waren manisch-depressiv. Die Symptome der Manie lassen vermuten, dass sich in vielen bekannten Urlaubsorten Leute in ihrer manischen Phase aufhalten, denn z.B. extremes Sprechbedürfnis (in Urlaubsorten gibt es viele extrovertierte Personen), wenig Schlaf, viel Feiern (hoher Alkoholkonsum ist eine sehr häufige Co-Erscheinung bei Manikern) fallen anfangs nicht auf. Viele Geschichten bringen sowohl Erzähler als auch Zuhörer den Tränen nahe, einerseits weil sie so lustig, andererseits, weil sie so traurig sind. Dazu das Beispiel eines 42-jährigen deutschen Arztes, der selbst manisch-depressiv ist. Er erklärt, warum er immer wieder in Kos gelandet und dort geblieben ist:

„Das war halt im Sommer '88, vor meiner letzten Medizinprüfung. [...] Ich bin mit einem Kollegen, der Griechenland-Fan gewesen ist, dort hingefahren. [...] Dort hab ich zwei Mädels kennen gelernt und die sind auch für drei Tage nach Kos gefahren. Da hab ich mich angeschlossen und wenn es mir gefällt, bleib ich halt ein paar Tage dort. [...] Es hat mir sofort zu taugen angefangen, also das ist mir richtig reingefahren [...] Ja und von dort weg ist es mir einfach immer besser und besser gegangen – das Gefühl der totalen Freiheit und du machst was du willst. Ich meine, Touristen waren auch da und mit denen bist du halt herumgezogen [...] Nach zwei, drei Wochen ist aufgrund meiner Erkrankung der Schalter umgelegt worden. Also dann ist irgendwann, wie man so sagt, der „Point of no Return" gekommen. Von dort weg hätte es keine Umkehr mehr gegeben. [...] Und dann halt wieder zurück nach einem halben Jahr. [...] Man muss ja sagen – das war in einem Touristenzentrum. Da bin ich nicht der Einzige gewesen, der so durch die Gegend gesaust ist. Ich meine nicht, dass da alle manisch waren. Es gibt aber viel Jugend und die machen durch. Dann wird gesoffen und Gaude gemacht und so. Also Auffällige gibt es da massenhaft. Und da bin ich halt in der Masse nicht aufgefallen. Zwischendurch hatte ich damals schon den Spitznamen „Dr. Ouzo". [...] Später hab ich dann mit dem Turnus angefangen 1990 und hab dann 13 Monate gearbeitet und dann ist es wieder aufgetreten. Wieder in die Manie gerutscht und zack. Da hat mich der Chef im Spital eben zur Brust genommen und mir die Möglichkeit gegeben, dass ich das alles wieder in Ordnung bringe. Also sprich: zum Facharzt gehe und mich behandeln lasse. Und falls das länger dauert, dann kann ich karenziert werden, damit ich meine Arbeitsstelle nicht verliere. Ja, das kann ich gleich in München machen, habe ich mir gedacht. Ich bin dann heimgefahren, hab meine Sachen gepackt und bin aber direkt nach Griechenland geflogen. Natürlich hab ich mir gedacht: O.k., eine Woche flieg ich runter nach Kos und danach geh ich zum Facharzt. Das war im September, da bin ich wieder dorthin gekommen, nachdem es mich dort hingezogen hat. Ohne daran zu denken, welche Konsequenzen das hat, das war mir in diesem Fall egal. Bin runtergeflogen und Mitte Dezember zurückgekommen. Mittlerweile war ich natürlich meinen Job los. [...] Und jetzt hab ich wieder drei Monate Turnus gemacht. Ein bisschen fehlt mir noch. Das ist gerade in Verhandlung, aber wir müssen schauen. Wenn ich da rein komme, dann hätte ich endlich den Turnus fertig. Das wäre natürlich sehr wichtig, weil sonst ist das Studium auch umsonst. Bei mir hat der Turnus statt drei Jahre zwölf Jahre gedauert." [Franz]

5. Die Kultur der Saisonarbeiter

5.1 Die erste Saison

Nach Abschluss der Reisevorbereitungen geht es los. Abhängig von den jeweiligen Interessen haben sich die meisten Saisonarbeiter eine Destination ausgesucht. Sie brechen mit einer großen Erwartungshaltung in die erste Saison auf, unwissend, was auf sie zukommt und wie sich alles entwickeln wird. Wer von einem Freund angeheuert wurde, erkundet zumeist mit diesem gemeinsam den Urlaubsort und wird so eingeführt. Alleinreisende hingegen haben keinen Guide und müssen sich im Ort selber zurechtfinden.

Eine 27-jährige Engländerin ist immer aufgeregt, wenn sie das erste Mal einen neuen Ort betritt, obwohl sie schon in vielen verschiedenen Urlaubsorten gearbeitet hat. Sie schildert das angenehme Gefühl, wenn sie das allererste Mal durch den Touristenort flaniert und schließlich in „das Pub" der Saisonarbeiter geht:

"Yeah, definitely. My favourite thing is like: walking into a new town, know that I am going to work here. Then enter the pub and thinking why this is your fresh life. As soon as it starts you can meet new people and if you have a really crap summer or winter you recreate yourself. It sounds bad, but it is good at the same time." [Katie]

Die Suche nach Anschluss ist typisch für Alleinreisende. Wenn man kommunikativ ist, schließt man schnell neue Freundschaften mit anderen Kontaktsuchenden. Wer in der Schischule, Tauchschule oder als Kellner in einem Pub arbeitet, lernt bereits am Arbeitsplatz neue Kollegen und Freunde kennen. Erleichtert wird dies durch den Umstand, dass man im Ausland in diesem Tätigkeitsbereich vielleicht auf Landsleute trifft. In Methven habe ich im Internetcafé via Skype mit einem Bekannten telefoniert. Eine anwesende Tirolerin hat mich nach Abschluss meines Skypegesprächs auf meine Herkunft angesprochen, da sie meinen Dialekt sofort als einen österreichischen identifizierte. Ähnliches widerfuhr einem Backpacker aus „Down Under" in Kitzbühel:

"It is very easy. There are a lot of people like me who come back. When you first arrive, for your first time you are among the minority of people who are here for the first time. You have to bump into [...] Australians and when you are

for a season here – Australians as you know don't speak foreign languages at all. We are not multilingual people like in Europe. If you hear a voice with an Australian accent – i.e. at the bus stop, you just talk to them. And people are not shy when they are travelling. If an Australian sees another Australian overseas – he doesn't feel reserved like he would in his own country. So it is very easy to meet people." [Dude]

Am „Ende der Welt" in einem fremden Land ist das gleiche Herkunftsland Grund genug, ein Gespräch zu beginnen. Roland Girtler meint, dass ein gemeinsamer Ursprung Gruppen zusammenhalten kann.[377] Die Solidarität zwischen Landsleuten im Ausland ist ziemlich hoch, vor allem in Kleingruppen.[378] Wenn ein Landsmann im Saisonort bereits integriert ist, kann man von diesem wertvolle Tipps bekommen. Nicht nur der Soziologe braucht, so wie es William Foote Wythe beschreibt, einen „Doc", um in einer bestimmten Gruppe akzeptiert zu werden, sondern auch der Saisonarbeiter, mehr noch der Backpacker. Hat man eine nette Bekanntschaft gemacht, kann man nach dem Schneeballprinzip sehr schnell weitere Saisonarbeiter kennen lernen. Nachdem Kate Allen von ihrem Bruder den Ort „Kids-Pool" durch das Telefon empfohlen bekommt, macht sie sich nach einem Blick in den Reiseführer auf den Weg nach Kitzbühel, um dort Arbeit zu finden.[379] Im Staffhouse des „Londoner" lernt sie den etwa 30-jährigen „Faddy" kennen, der ihr viele Saisonarbeiter vorstellt, ein Zimmer zuteilt und sie in den Ort einführt. „Hier in Kitzbühel wird es nichts geben, was Faddy nicht kennt. Happy Hours zählte er mir bereits gestern auf, auch Job-Gelegenheiten sind ihm alle geläufig."[380]

Vor allem zu Beginn der ersten Saison leben sich die Neulinge aus, feiern lange und viel und wollen alles ausprobieren. Dieses Phänomen findet sich rund um den Globus, in Queenstown, Wanaka, auf griechischen und spanischen Inseln etc. Dieser Zeitraum des intensiven Ausgehens dauert bei vielen drei Wochen, bei manchen hält die Motivation diesbezüglich die ganze Saison an. Der 20-jährige Holländer Bert erinnert sich an seinen Start in Kitzbühel:

"The first three weeks I partied every day. I took it a bit easy. I spent lots of money. You feel the spirit of this place and party." [Bert]

Eine Barbesitzerin erklärt nüchtern, dass ein Teil ihres Personals vorzeitig den ganzen Lohn für Alkohol ausgegeben hat:

„Die Hälfte von unserem Personal hat Ende Jänner keinen Lohn bekommen, weil die ihren Lohn gleichzeitig wieder versaufen und einen Vorschuss nehmen. Und die leben dann wirklich von ihrem Trinkgeld von Tag zu Tag. Trinkgeld

machen sie ein wirklich gutes. Nur die haben auch keinen Lohn bekommen."
[Tina]

Dieser Konsum wirkt sich nicht nur auf das Gehalt, sondern auch auf das Gewicht aus. Genug Saisonarbeiter legen in ihrer ersten Saison einige Kilos zu. Kate Allen wurde deswegen vom Bademeister des Schwimmbades „Aquarena" in der ersten Saison im „Londoner" mit „Der Germknödel ist da"[381] begrüßt. Türsteher schließen zu Saisonbeginn sogar Wetten ab, wer von den Arbeitskolleginnen aufgrund des Lebensstils am meisten zulegen wird.

"If you really want it you can go skiing a lot and start drinking every day at 4 o'clock in the afternoon. And you finish at 4 o'clock in the morning every day. That is definitely something that affects your body. In the first year it was okay. [...]. I mean, when you live the seasonal worker lifestyle to go out, you probably don't want to miss out even one party. I think that is a problem. I think a lot of it is because of a loss of muscle, because they are not so active as they used to be. Especially in the first season. We open up bets on the waitresses which one will end up the fattest [laughing] in the end of the season". [Chief O'Brian]

Wer früher auf die nun sportliche Australierin Tamara (heute Fitnesstrainerin) getippt hätte, hätte wahrscheinlich die Wette gewonnen:
"Oh my god, I gained so much weight. But I broke my hip [...] so I could not do anything. I gained, oh my god. I was drunk every day I think. I gained. – I weigh 52 kg now and I weighed 68 kg. Yeah, and it was a bit of shock afterwards. So I started doing some sport I think." [Tamara]

Hoher Alkoholkonsum kombiniert mit viel Fastfood kann auf Dauer zu gesundheitlichen Schäden führen und ist deswegen für einen längeren Zeitraum nicht von Vorteil. Den meisten ist es zwar bewusst, dass dieser Lebensstil ungesund ist, aber es stört sie wenig.

5.2 DIE PARTYS

Neben sportlichen Aktivitäten gehört für viele Ausgehen und Alkoholtrinken zu den wesentlichen Bestandteilen ihrer Reise. Alkohol senkt die Hemmschwelle und unter Alkoholeinfluss lernt man meist leichter andere Personen kennen. Die Kommunikation wird spontaner, aber auch weniger durchdacht. Gefeiert wird hauptsächlich in Lokalen, da wenige Saisonarbeiter einen eigenen Raum oder ein Wohnzimmer zur Verfügung haben. Wer in

einer zentral gelegenen Wohnung sein Quartier hat, muss damit rechnen, dass diese von anderen Saisonarbeitern als Treffpunkt für das Vorfeiern genutzt werden könnte. Veranstaltet jemand eine Party zu einem günstigen Zeitpunkt, verbreitet sich die Kunde in Windeseile in der Community. „Nihil celerior fama est" – es ist nichts schneller als das Gerücht, meinte schon Sallust. Handy und SMS eignen sich für dessen Verbreitung ausgezeichnet:
"It is very fast. It is – it is Johnny's whispers. I think it is like with any community. News does travel very fast especially for things like parties or an event as Silvester Party or a firework on New Year's Eve on the first of January – the fireworks night. Things like that. Or even ice hockey is very popular with the barmen. We all go alone – it is a novel to us. Something that we just don't see in Australia. We don't see ice hockey matches and ice skate." [Dude]

Viele diskutieren den ganzen Tag über das Für und Wider des Ausgehens. Es ist Bestandteil ihres Lebensstils. Wenn das Lokal zusperrt, feiern manche zuhause im Gemeinschaftsraum des Staffhouse weiter, sofern einer vorhanden ist. Eine Kitzbühlerin beschreibt den Partyraum eines Personalhauses:

„Vollgas, wenn du mit fünf Barkeepern und Barkeeperinnen heimkommst und du hast eine kleine Küche und einen Aufenthaltsraum im Keller unten. Ich meine, da musst du auszucken – das meiste Leben ist sowieso nur die Afterparty – die ist legendär. Nach dem Ausgehen im Staffhouse, da wird bis am nächsten Tag am Nachmittag weitergefeiert, weil es einfach wurscht ist. Die haben sonst keine Verpflichtungen und so. Das ist schon extrem." [Eve]

Die Australier und Neuseeländer sind BBQ-Freunde und aus diesem Grund wird gegrillt, sobald es die Wetterbedingungen zulassen. Ein Australier, der die Jugendherberge in Kitzbühel führt, veranstaltet für seine Backpacker und Gäste auch im Winter in seinem Garten BBQs. Das offene Feuer vor der Jugendherberge kann man von der Hauptstraße aus sehen. (Dass dieser Jugendherbergsbesitzer einen starken Überseebezug hat, merkt man nicht nur an der Häufigkeit der Grillveranstaltungen, sondern auch an seinem Wunschkennzeichen KIWI 1 an seinem VW-Bus oder an der Neuseelandflagge, die ich schon öfters über dem Balkon hängen sah.) Die BBQs im Garten des „Londoner"-Personalhauses haben eine wichtige Funktion für den Zusammenhalt der Community. Da die Barkeeper viel und hart arbeiten müssen, haben sie nicht die Gelegenheit, alle 30 Kollegen während des Arbeitens näher kennen zu lernen.

„Wir haben schon total viele BBQs gehabt. Der erste hat schon angefangen in Februar, das war der erste. Wir finden es halt einfach nur gemütlich, draußen zu sitzen, wenn die Sonne scheint. Und einfach zusammen zu sitzen und zu grillen und nur nicht mal zu saufen. Und sich als Person an sich kennen zu lernen und

man fragt: „Hey. Was hast du früher gemacht?" und „Hast du nicht gesehen?"
Da wird da nicht gearbeitet, sondern da hat man echt einmal die Gelegenheit,
seinen Arbeitskollegen noch mehr kennen zu lernen oder wieder Fotos zu schie-
ßen oder so etwas. Das ist schon wichtig. Gemeinsame Aktivitäten sind total
wichtig." [Frank]

Diese Veranstaltungskultur hat sich gut entwickelt und aus diesem Grund haben die Besitzer des Lokals einen Grill aus Stein mauern lassen:
„Wir haben jetzt sogar einen richtigen gebaut [lachen]. Und letztes Jahr rich-
tig einen aus Ziegelsteinen gebaut im Garten bei uns im Staffhouse. Und ja, es ist
wirklich witzig. Das ist einfach so ein Phänomen und das gefällt ihnen und das
ist natürlich klar." [lachen] [Tina]

Eine Besonderheit sind die von dem Arbeitgeber veranstalteten „Staffpar-tys", die als Belohnung für die Saisonarbeiter dienen, wenn sie gut gearbeitet haben.

5.3 „TIME OF MY LIFE"

Die Leute fahren in verschiedene Urlaubsorte, um sich zu entspannen, zu erholen oder etwas zu erleben. Es herrscht ein angenehmer Gefühlszustand. Die Saisonarbeiter, die selbst in Wechselwirkung zu den Touristen stehen, werden von deren Urlaubseuphorie mitgerissen oder reißen diese mit. Kate Allen, österreichische Olympiasiegerin im Triathlon 2004 in Athen mit australischen Wurzeln, schreibt über ihre Zeit im Saisonort Kitzbühel: „Im Belegschaftshaus des In-Lokals „Londoner" beginnt für […] mich eine unbeschwerte Zeit, auch wenn sie Komfort vermissen lässt."[382] Dass sie viel Spaß gehabt hat und gerne ausgegangen ist, merkt man: „Kitzbühel erscheint mir kurzfristig wie eine Fantasiestadt, deren Leben ausschließlich aus Party und Tanzen besteht. Jeder Tag wird in einer Bar abgerundet, du schläfst, gehst arbeiten, gehst aus."[383]

Vielen Saisonarbeitern macht ihr Job und der Lebensstil so viel Spaß, dass sie die Arbeit gar nicht als solche sehen. Einige Barkeeper, die zum Mittrinken angewiesen sind, setzen ihren Beruf teilweise mit Ausgehen und Partyfeiern gleich. Das sehen auch Alco Matt, Lucy und Chief O'Brian ähnlich:

"Here, ah, like back home. This is the only place I know where we can drink behind the bar. You drink a lot. I mean no matter where you are going to go. You are going to drink. That is the whole plan. That is the whole reason to go overseas. Drink, meet new people and have fun." [Alco Matt]

"It is a big funny place. Skiing is obviously great, but what it is about the "Londoner" and working at the "Londoner" is about drinking and having a good party. Most of these friends – most of the "Londoner" staff." [Lucy]

"It's not even like work. I get paid to go out. It is nice. That's what we do. It is a little bit of acting. We put on a show a little bit. They expect us to be a little bit crazy. I think that is the hardest when you don't feel like partying. Probably that's a bit they don't see like. It happens every day for three or four months when the party is on in winter. Even if only two people come into "Londoner" you have to give them the full "Londoner"-experience. There is no like "Oh sorry, we are all tired." That excuse doesn't fly and then you have a Red Bull. And I think that's what I like about it. The attitude is pretty much there with everybody. They know we have to give that to the people. And if you want to have the easy job you have to pay the prize. You have to do it every day, but it is fun. I think I can remember when I was just a furniture store mobelist. And here I just get paid to stand in a bar. And every time when I'm at work it is too hard or I could not be bothered, I just remember it was just the job I dreamed about. I get paid to stand in a pub. It is so easy man. It is cool. It is nice. You just have to put the party on and that is it. The people love it." [Chief O'Brian]

Viele sehen die große Reise, den Spaß und das Erleben als „Time of my life" an, und weil es Bert super gefällt, weiß er noch nicht, wie lange er den Job machen will:

"Until I'm not happy travelling anymore. The only thing that I think of is other people, other friends of mine. Now I'm 23 and I will get 24 this year. And some of my friends are buying houses. That is the only thing I think I could be behind when I get home. If I'm here more, another four years they will have houses and staff. When I think back it is not a big thing for me. You can't put a price on fun. Getting and seeing the whole world, it is amazing like this making friendships all over the world. I really enjoy that. [Bert]

Auch viele Sportlehrer finden diese Lebensweise und das „Auf-Saison-Sein" großartig. Ein Animateur betont, dass es ihm ein Anliegen ist, dass die Menschen ihn gern mögen. Er will keine stressigen Situationen mit Leuten erleben und ist glücklich und zufrieden mit seinem Lebensstil:

"It's nice to be in the savours magazine now. I walk through the street and the kids know that it is the clown from Horn or whatever. People know me now as the singer or whatever. I am accepted here – I do like people to like me. That attracts me. If people don't like me, I don't want to meet them. That's nice. And that is a plus side of the people's holiday expectations – you know it is nice. [...]

The wrong hotel room and the complaint people. That's why I'm going to animation and then to entertaining. I don't want to deal with the bad sides of it. I like to deal with the nice sides. I like to be in Kitzbühel as well." [Mad Mike]

Es besteht aber die Gefahr von zu viel Alkoholkonsum mit Konsequenzen für die Gesundheit und das restliche Leben, wie eine Barbesitzerin in Kitzbühel feststellt:

„Das ist faszinierend. Sie haben die „time of their life". Das ist schön, dass sie das ausnützen. Sie müssen halt dann den Absprung schaffen. Es gibt dann die Saisonschlampen, die jedes Jahr wiederkommen. Das Geld ist ja gut. Du verdienst dann gut. Sie verdienen dann als junger Mensch gut Geld, sind dann im Sommer in Ibiza und im Winter in Kitzbühel. Weißt du, mit 30, 35 sind die fertig." [Tina]

Kate Allen findet es bedenklich, dass es viele Personen gibt, die zu Alkoholikern werden und ihr Leben nicht mehr auf die Reihe bringen:

„Immer wieder rütteln mich traurige Beispiele aus meiner Umgebung auf. Gerade mich als Krankenschwester berührt es, wenn Leute des Alkohols wegen ihr Leben nicht mehr in den Griff bekommen. Was als kleines Après-Ski-Bier beginnt, artet mitunter zum handfesten Alkohol- und Drogenproblem aus. Die Folge: Leute mit Leberschäden, die auf der Warteliste für Transplantationen stehen."[384]

Es gibt aber auch einige, die jenseits vom Partytrubel beim Ausüben bestimmter Sportarten ihr Glück finden, wie dies ein 26-jähriger Skateboarder und Snowboardfanatiker ausführt:

"I have been to Barcelona. Quite a lot skateboarding. I have been in Austria, a bit in France – I never was there for a long time, but skating was a bit different. I was there for twelve days by myself just on my mission for skateboarding. Now I am here for snowboarding. It makes me the happiest." [Brad]

Andere Personen sehen ihr Glück in der schönen Natur im Urlaubsort und gehen auf den Berg, an den See oder entspannen sich wie Sandra in Wanaka:

„Hier in Wanaka ist man nicht so extrem dem Konsum ausgesetzt. Wenn man günstig Kleidung kaufen will, dann muss man nach Dunedin oder nach Christchurch fahren, wo es die Auswahl und die günstigeren Preise gibt. Grund B: ich bin nicht die ganze Zeit dem Konsum ausgesetzt und ich kaufe nicht einfach etwas ein, weil ich gelangweilt bin. Wenn ich gelangweilt bin, dann geh ich halt wieder an den See." [Sandra]

5.4 Momentgemeinschaften

Das Umfeld ist in den Urlaubsregionen in vielerlei Hinsichten auf das Phänomen der Momentgemeinschaften oder „posttraditionalen Gemeinschaften" abgestimmt, wie Ronald Hitzler es nennt. Dabei treffen Menschen in einer einmaligen Konstellation zusammen: wenig Verbindlichkeiten, nur das gemeinsame Postulat, Spaß zu haben. Momentgemeinschaften können an verschiedenen Orten auftreten und zwischen Sportlehrern und ihren Schülern oder in einer feiernden Gruppe vorkommen. Es handelt sich dabei um teils spontan entstehende Interessensgemeinschaften. Dafür brauchen sich die Menschen gegenseitig, wobei es in vielen Fällen nicht um konkrete Personen geht, sondern darum, dass überhaupt andere anwesend sind. So unterscheidet ein 25-jähriger Australier zwischen seinen Interessensfreunden, mit denen er für den Moment eine Symbiose eingeht, und wahren Freunden, die man ein Leben lang hat.

"You do – you make friends. You don't necessarily make friends for life, but friends for the moment. And some people touch you up a bit more and you keep in contact. You may write a few emails to them and that is about it, but you never know if you see them again, so. But in this town it is a bit different. I have been here for the summer as well. It depends of what kind of persons you meet. Some are friends for life." [Kiwi Karl]

Genauso sieht es eine englische Kellnerin:

"Everyone who started the season didn't know anybody else, so you could make closer friends. It is kind of easy to talk to people [...] at the start of season; but at the end of the season everyone is free and you didn't know them and then you can go talk to them. If people work at the "Londoner" and they talk to everyone. It is different, definitely. [...] There are two people I am going to be and stay in touch with." [Christie]

Das kann die These der „Game Over und Restart Society" gut erklären. Es ist für viele Menschen leichter, auf keine längeren verbindlichen Freundschaften zu setzen, sondern auf Momentgemeinschaften. Da es sich dabei um eine weit verbreitete Geisteshaltung handelt, verlieren verbindliche Beziehungen immer mehr an Bedeutung (wie z.B. das Vereinsleben).[385]

Unterwegs kann sich der Personenkreis der Mitreisenden laufend verändern. Dabei kommt es auf die Interessen und die finanzielle Situation der Beteiligten an. Ein 26-jähriger südafrikanischer Türsteher in Kitzbühel resümiert über die Saison- und Reisefreundschaften:

"That is the funny thing about travelling. You make good friends, but you don't make best friends. The problem is also that you are living in different countries." [Londoner Fred]

5.5 Oberflächliches Leben im Urlaubsort

Das Leben in einem Urlaubsort gleicht in den meisten Fällen dem in einer kleinen Stadt. Durch die Fluktuation der Touristen treten sogar Aspekte des Großstadtlebens auf – Touristen bleiben nur kurz und sind anonym. Für die in den Fremdenverkehrsorten lebenden und arbeitenden Personen gibt es den Berufsalltag und das dazugehörige Ortsleben. Personen, die sich kennen, grüßen sich, und es gibt manchmal kurze Gespräche auf der Straße. Wer Lust hat, zufällig irgendwelche Bekannten zu treffen, braucht einfach nur im Ortszentrum zu flanieren.

"If you have nothing to do you can just wander into town and you always pass somebody. It feels really homely here. Coming from a place like Sydney, I would never get that. Just walking down these streets in Sydney and see someone I know. Whereas here you can walk around town for ten minutes and you can go to a friend, on a shop or somebody is on his lunch break and running into anybody. It is quite nice. You don't know what you are going to see. Just cruise around the town and find pretty much anybody you want to. I think that is something I really enjoy about this place and made me feel more like a person and less like a number. It is so insignificant. It could just be a two minute talk. It is just nice to walk down the street and see people you know and makes me feel comfortable and more at home. That is cool." [Chief O'Brian]

Die Handlungen und Gesprächsrituale sind oberflächlich und wiederholen sich. Es sind dies Floskeln wie „Where are you from?" oder „How are you?", die in vielen Fällen nicht ernst gemeint sind, aber zur Einleitung eines Gespräches dienen. Das schildert ein amerikanischer Saisonarbeiter, der oft nach Kitzbühel zurückkehrt, folgendermaßen:

"Pretty much. Well I don't say: "Hi, I am back again." I just go to places where there is a big chance to know somebody. If I come here by myself or if I come with somebody else. There is a bigger chance to meet with somebody I know. The chance is very high that somebody comes in and says: "Hi, how are you?"" [Todd]

Es gibt in jedem Ort und in jeder Stadt bestimmte Treffpunkte, wo man auf Freunde und Bekannte stoßen kann.

5.6 „STORIES OF A FORGIVING SOCIETY"

Es wird laufend über irgendetwas geredet, Tratsch in den unterschiedlichsten Formen findet sich daher in den meisten Saisonorten. Norbert Elias unterscheidet zwischen drei Formen des Klatsches: Schimpfklatsch über Außenseiter, Binnengruppenklatsch über Freunde und Bekannte und Lobklatsch (zur Erhöhung der eigenen Person). Die Saisonarbeiter haben ihre Treffpunkte, wo sie sich über das Tagesgeschehen, besondere Ereignisse oder außergewöhnliche Erfahrungen austauschen. Auch in diesen Berichten findet sich die Steigerungslogik: etwas war ganz besonders großartig, sehr außergewöhnlich, unheimlich lustig. Die Geschichtenerzähler sind bemüht, die anderen zu übertreffen. Meistens versuchen sie dabei, die eigene Person zu erhöhen (gesteigerter Lobklatsch): Wer hat den besten Snowboardsprung, wer die beste Tiefschneeabfahrt gemacht? Wer hat die schwierigste Kletterwand bezwungen, wer den höchsten Berg erklommen? Und: Wer kann nicht bei diesen Themen mitreden?

Der Binnengruppenklatsch unter Saisonarbeitern weckt großes Interesse, denn es handelt sich dabei um spannende Neuigkeiten von Freunden und Bekannten. In Windeseile verbreiten sich Geschichten über neue Rekorde, Unglaubliches oder ein Techtelmechtel. Weil sehr viel Alkohol konsumiert wird, passieren in einem Urlaubsort viele Überraschungen. Es wird „strategisch [...] das Ziel verfolgt, unstrategische Situationen zu erzeugen"[386] Manchmal geht etwas daneben, aber weil fast jedem schon einmal ein Malheur passiert ist, haben die meisten Verständnis für so manche Entgleisung. Die Gemeinschaft der Saisonarbeiter, vor allem aber die Gruppe der Barkeeper und Kellner, bezeichnet sich als „forgiving society". Die meisten haben schon einige Fauxpas unter starkem Alkoholeinfluss miterlebt, wie auch der 23-jährige Alco Matt:

"I wake up and I will be like [...] there is so much draw in my face. I have had days where I walked out the pub when I finished work and I don't remember anything. I don't remember coming home. And I wake up in the morning and they are all like: "Yeah, do you remember what you did last night? You got naked again." Damn it. That is, I mean, I don't think that it matters what you do or where you work. You go somewhere in a new country, you are going to have fun. This is going to happen. You are going to drink. You are going to meet new people. It is you know you do it for yourself. You do it to become a better person. I mean travel and the whole thing. I travel, it is about learning about the culture, but it is learning. More it is about you." [Alco Matt]

Aus diesem Grund haben sie Verständnis für Missgeschicke.
"We all know exactly what happened. It is quite funny. Kitzbühel and the staffhouse in general. You know if you do something and something happens, everybody knows about it the next time. So in that way it is bit funny. Sometimes you don't want to know people all this stuff or sometimes it is funny, but we all know about 12 o'clock and 1 o'clock it definitely starts up slowly for the most people. And then we are going snowboarding." [Bert]

Die Ausgleichshandlungen, die dem Ziel dienen, das gewohnte Image nach Kontrollverlust unter Alkoholeinfluss wiederherzustellen, sind sowohl für Touristen als auch für Angestellte einfach, die Konsequenzen aufgrund der toleranten Bedingungen gering. Das Umfeld nimmt das Spiel im Alkoholtrinken anders auf oder nicht ernst.[387] Wo es sonst zu einem Gesichtsverlust käme, wird dies als „Dummheit" im Rausch interpretiert, selbst wenn es sich eher um eine „intendierte" als eine „zufällige Beleidigung" handelt.[388] Das ist für den Zusammenhalt der Community wichtig, da solche Fehltritte vor allem in der Gastronomie in einem höheren Ausmaß auftreten können als in anderen gesellschaftlichen Bereichen. Wie Alco Matt weiß, kann man sich daran gewöhnen:

"You get used to it. Like carnival when we all got dressed up. We all had to dress up as women. I was wearing a little skirt, and someone ripped it of and I was standing being [in] the bar naked. That works, just completely naked. You do it because you everyone likes to see someone naked and the customers have fun. You have fun. You learn to deal also with negative situations. You obviously come across things like that, because I think I have worked in the industry so long. You get used to it. You learn how to solve the situation if someone is angry or someone is upset. [...] Have [...] a free shot, sorry. Smile, dance around. And if someone is really angry and piss you up, just walk away. If someone is making a piece of shit of me down here, just swap with another bartender or if it gets really bad, you just get the security and kick him out that he won't come back." [Alco Matt]

5.7 SAISONARBEITERGENERATIONEN

„Jede Situation ist neu, jede Situation ist anders", erklärte mir ein Kellner, als ich mit ihm über seinen Beruf sprach. Die Fluktuation der Saisonarbeiter ist groß und aus diesem Grund gibt es in den meisten Betrieben jedes Jahr eine veränderte Crew.

„*Damals war es so, als ich im Gastgewerbe war. Das ist jetzt auch schon fünf Jahre her. Wir waren eine Gruppe von Leuten, die eigentlich lange da waren. Und jetzt mittlerweile ist es so, glaub ich, im „Londoner", dass die Crew wirklich jede Saison wechselt. Ich glaube, der einzige, der lange da ist, ist der Mikey hinter der Bar. Das ist ein Engländer, ganz ein lustiger Typ. Der ist seit Jahren da. Früher war es so, dass alle länger da waren. Wir waren alle schon sieben, acht Jahre da. Da ist eine Zeit gekommen, wo sich dann die meisten, die zehn, zwölf Jahre da waren, verabschiedet haben. Die sind dann weggegangen. Das war für alle genug. Die haben das lange genug gemacht und das sind die, die jetzt zurückkommen auf Besuch, aber nicht mehr bleiben."* [Dani Banani]

Die Saison lebt von ihren Geschichten. Derjenige, der in einer bestimmten Saison nicht anwesend war, kennt diese Geschichten nicht. Den neu hinzugekommenen Saisonarbeitern fehlen gegenüber den alteingesessenen Erfahrung und gemeinsam durchgestandene „Abenteuer".

Zeitlich wird die Saison immer anhand dieser Ereignisse eingeordnet und wieder aufgerufen, wenn zwei Saisonarbeiter miteinander reden. Es war die Saison, in welcher die Schilehrer mit einem Dreierschi (ein langer Schi mit drei Bindungen für drei Schifahrer) in einer Bar die Wendeltreppe runtergefahren sind. Das war das Jahr, in dem das Personalhaus brannte, wo wir auf der und der Hütte übernachtet haben, wo dieses und jenes auf der Staffparty passierte.

Je länger eine Saison zurückreicht, je weniger Saisonarbeiter selbst in dieser beschäftigt waren, desto weniger spielen damalige Geschichten eine Rolle. Deswegen gibt es Generationen von Saisonarbeitern, die gemeinsame Erlebnisse und Geschichten miteinander teilen. Die Generation wird nicht notwendigerweise durch das Alter, sondern durch den Saisoneintritt und gemeinsam erlebte Saisonen definiert.

„*Ich habe immer noch Kontakt mit den ganzen Leuten, die lange da sind. Nicht die Frischlinge [lachen], die Greenies, die kenne ich nicht, aber die anderen schon.*" [Dani Banani]

Das ist anders als in einem Ort, in dem die Geburt den Eintritt in die Gemeinschaft definiert und notwendiges Wissen über das Ortsgeschehen ab einem gewissen Zeitpunkt vorausgesetzt werden kann. Der 45-jährige Entertainer Mad Mike bringt dies auf den Punkt:

"*I have fun with the "Flannings" team. And I don't go to the back of it, because they are all that much younger than me. I don't have so much in common with them. I am not any more nineteen or twenty. Of course I want to meet people at thirty in generally. I know some people in town that are older. They don't go out at all. Then there is the old Ali who works for the "Top Flight", he drinks every day. He didn't ski. It gets a different sort. That's strange." [Mad Mike]*

"Yeah, sweet. Jobi that was working in "Flannigans" this year. Last year she worked in "Ziggy's". I saw her a lot because I was in there last year working. And we were talking and she was born in the year when I came in. So even I have been living in Kitzbühel I have seen change a lot. I remember the old Horn lift and the old cable car on the Hahnenkamm. Schlepplifts everywhere. That is so unbelievable. That is an improvement. Again it is the improvement that is needed. Some other change in places where I have worked: Jochberg used to be nice and quiet. But now it is busy, busy, busy because of the 3S Bahn. Change is going to happen. That is life." [Mad Mike]

Die Leute aus gleichen Generationen treffen sich gerne. Eine Neuseeländerin geht heute noch bevorzugt mit ihren Kolleginnen aus:
„*Lena aus Schweden. Da ist die Jane aus England. Da ist die Tamara aus Australien. Mittlerweile sind wir alle, wir sind bei den Älteren. Wir sind alle zwischen 30 und 38 – ein bisschen älter. Wir sind die, die da hängen geblieben sind. Unser Kreis ist geblieben. Mittlerweile haben wir, mein ganzer Freundeskreis, wir haben alle Kinder außer einer, das ist die Tamara. Wir sind alle alte Gastgewerbler. Wir sind so lange da. Wir treffen uns jetzt zu Brunch und Prosecco mit den Kindern, aber das ist die gleiche Gruppe. Das ist geblieben.*" *[Dani Banani]*

"Not yet. There is like a group of my girlfriends, Dani Banani and Lena and Jane who have been here to about the same time as I have and they are like my girlfriends and I still have contact with them." [Tamara]

5.8 WER IN DER NEBENSAISON DA IST, BLEIBT AUCH IN DER HAUPTSAISON

Da es weniger Arbeit als in der Hauptsaison gibt, ist nur ein geringer Teil der Saisonarbeiter in der Nebensaison anwesend. Dieser harte Kern lernt sich in dieser Zeit gut kennen. In der Nebensaison hat man mehr Zeit für gemeinsame Aktivitäten als in der Hauptsaison.

In Kitzbühel, Queenstown und Wanaka sind daher im Sommer andere Saisonarbeiter miteinander unterwegs als im Winter. In der Nebensaison ist der Ort weniger hektisch, die Ortsbewohner sind eher unter sich und die ganzjährige saisonale Community wird für die Einheimischen sichtbar. Für die

Ausländer ist es dann gut möglich, auch mit den Einheimischen in Kontakt zu treten. Ein 22-jähriger Australier skizziert die Situation:
"It is a hard different world from the winter community. I think it is more into the local. I guess for people in my situation it is when we definitely spend the most time together. You get to inside to what these people really do. Most of them have different jobs in the winter. It is pretty interesting to see everyone lives, especially for me. It is cool, but just the interactions that happened between us are so different like even last weekend. We all played hockey with the locals which is cool and that is something to learn. We would only have that happen now. That would never happen. They are all playing hockey, we are all to busy as well. So it is cool to interact with them on that level you know. I think we set it up from a good summer. Now we have got something to talk about. That is really, that is a big part of their culture here. So it was cool for us to get involved in that and when you see them out and you see them in the street, now you can stop and have a chat. I think it is in summer when you actually become friends with the locals. I think it is about the local itself and understand how the town works. That is the only thing. I think it are the relationships that get build up during the summer, because you actually have time to find out what the people are into and you probably find someone who is from Austria. It is not quite similar what you know. You have the same interests in music and movies and what you like to do when you are not working and things like that. That is pretty. There are lots of likeminded people, which is nice." [Chief O'Brian]

Auch eine in Kitzbühel lebende Neuseeländerin meint, dass das Leben im Sommer ruhiger als im Winter ist und die Leute viel mehr Zeit haben:
„Im Sommer ist das Leben ganz anders. Im Sommer ist das viel angenehmer, weil meistens arbeitest du nicht so spät. Und manchmal hast du eine Tagschicht und manchmal eine Nachtschicht. Dann, vor ein paar Jahren, haben wir uns alle, die ganzen Ausländergruppen, jeden Tag am Schwarzsee getroffen. Jeden Tag. So um 10 war einmal einer draußen, manchmal um 11. Wir sind den ganzen Tag geschwommen, haben Blödsinn gemacht, Schach, Karten gespielt und sind dann wieder arbeiten gegangen. Im Sommer ist es wirklich angenehm. […]

Im Sommer ist es ruhiger. Es sind meistens Pensionisten, die wandern gehen, und junge Familien. Und in der Stadt selber, wenn es ganz ein schöner Tag ist, ist fast kein Mensch auf dem Weg. Dann ist es viel ruhiger und es sind weniger Leute in den Lokalen, weil die nicht so viele Leute brauchen. Da hast du vielleicht im „La Fonda" im Winter drei oder vier Kellner, im Sommer hast du zwei oder nur einen hinter der Bar. Das ist alles weniger und in der Zwischensaison ist das eine Geisterstadt. Und das war immer ganz lustig. In der Zwischensaison war das so […]. Manche sind dann auf Urlaub geflogen miteinander und mit anderen Leuten, oder alleine. Oder nach Hause geflogen, vielleicht. Und dann

hat es immer so ein Zwischensaisonleben gegeben. Das war früher im „Jimmys". Das „Jimmys" war früher das „Big Ben" und das war immer der Treffpunkt im Sommer. [...] Manche haben sich um 11 Uhr da drinnen getroffen auf einen Kaffee und sind dann um 3, 4 hinausgewackelt. Das ist immer wieder passiert. Oder du bist den ganzen Tag auf der Terrasse gesessen, ob du Kaffee getrunken hast oder nicht. Da ist immer einer oder zwei oder drei von den Saisonarbeitern dann ins „Big Ben" reingekommen in der Zwischensaison. Weil die immer gewusst haben, dass wenn die Leute da sind, sind die im „Big Ben". Wenn du dann nichts zu tun hast, weil es eher eine Geisterstadt ist, dann war es so, dass teilweise nur das „Huberbräu" offen war. Das war das einzige Restaurant, das in der Zwischensaison offen hatte. Manchmal. Dann gehst du vielleicht in das „Huberbräu" was essen und triffst dich sonst im „Big Ben", wenn das offen hat. Das war der Treffpunkt. Das war das einzige. Jeder hat gewusst, wenn ich nichts zu tun habe, dann gehe ich in das „Big Ben", weil da ist immer wer."
[Dani Banani]

Der Sommer eignet sich zum Kennenlernen der Ganzjahrestruppe. In Kitzbühel haben die Saisoniers Zeit, sich vom Alkohol des Winters zu entgiften und sportlichen Aktivitäten hinzugeben:

„Mountainbiken tun viele. Viele probieren auch das Water-Rafting aus. Oder auch das Fallschirmspringen. Das macht der Papa Joe. Der wird halt von uns angesprochen und so: "Was können wir dann machen? Golf spielen?" Letztes Jahr sind wir oft nach Waidring gegangen. Da gibt es einen großen See. Da ist ein Kabel drüber gespannt. Da kannst du Wakeboarden und wirst auch mit dem Kabel gezogen, und das haben wir relativ oft gemacht und wir sind mit ein paar Leuten unterwegs gewesen, und das hat eigentlich immer recht Spaß gemacht letztes Jahr. Einfach viele Freizeitaktivitäten. Es wird schon viel Sport gemacht, doch, auf jeden Fall. Man möchte auch das ganze Fett loswerden, dass man sich angesoffen hat. Man möchte auch den ganzen Alkohol ausschwitzen, und selbst, wenn es jetzt nur ein normales Volleyballspiel ist oder man einmal Fußball spielen geht. Das ist auch schon körperliche Betätigung und du unternimmst aber trotzdem was mit deinen Freunden. Ob danach wieder gesoffen wird oder nicht, das ist einmal dahingestellt. Das endet meistens eh immer wieder im Trinken." [Frank]

Ist man einmal in diesem Kreislauf, wird es immer schwieriger, auszubrechen und nach Hause zurückzukehren. Langfristige Freundschaften entstehen eher außerhalb der Hauptsaison. Einheimische und ganzjährige Saisonarbeiter sind im Generellen auf der Suche nach fixen Freunden und nicht nach jemandem, bei dem unklar ist, ob er am Saisonende wieder wegfährt oder nicht. Wer in der Nebensaison dableibt, bleibt im Normalfall bis zum Ende

der Hauptsaison. Je länger sich eine Person im Urlaubsort befindet, desto schwieriger wird die Abreise:
"Engländer, Schottländer, und dann bleibst du. Manche bleiben eine Saison, manchmal kommen sie im Winter wieder zurück, aber sobald die einen Sommer bleiben, dann bleiben sie hängen. Das ist meistens so. Die kommen, dann machen sie eine Sommersaison. Es sollte super sein zum Mountainbikefahren, Paragleiten, Schwimmen, die Berge, das Ganze. Man kann auch nach Italien fahren. Dann sagen sie sich am Ende des Sommers: „Wir haben nicht so viel verdient, jetzt bleiben wir noch eine Wintersaison und verdienen noch etwas." Und das tun sie auch wieder nicht und dann gehen sie wieder Schifahren und aus. Dann sagen sie wieder: „Jetzt habe ich wieder nicht genug Kohle. Scheiß drauf, bleiben wir noch einen Sommer." Das ist mir auch genauso passiert. Dann habe ich mir immer wieder gedacht, dass ich da nicht schlecht verdiene und bekomme einen Lohn und kann super vom Trinkgeld leben. In der Wintersaison geht das auf jeden Fall, und dann im Sommer haben wir immer ein Monat Zwischensaison gehabt. Und da habe ich eineinhalb Monate im Herbst Urlaub gehabt und dann haben wir uns das zusammengespart und dann sind wir wieder weg gewesen, Südamerika, wieder heim [...] oder Griechenland oder wir waren irgendwo wieder mit dem Bus unterwegs." [Dani Banani]

5.9 UNFÄLLE, KATASTROPHEN, BEERDIGUNGEN

> „Krisen oder Katastrophen sind [...] jene Knotenpunkte oder Wendepunkte von Geschehnissen, an denen die Eigentümlichkeiten von Strukturen und Verhaltensweisen in besonderer Klarheit hervortreten. Die soziale Grammatik wird sichtbar."[389]

Eine besondere Krise ereignete sich in Kitzbühel am Ende der Saison 2004/05. Aufgrund dieses Vorfalles musste ich sogar die Forschung abbrechen und um ein Jahr verschieben. Folgendes war passiert: Eines Abends erschien ein Australier nicht zu einem Interview. Auch gab es von seiner Seite keine Benachrichtigung über das Fernbleiben und daher versuchte ich, mit ihm telefonisch Kontakt aufzunehmen. Entsetzt stellte ich bei diesem Gespräch fest, dass mein Interviewpartner völlig aufgewühlt war und in seinem derzeitigen Zustand weder den Willen, noch die Verfassung für ein Gespräch hatte. Mit den Worten „This is not the moment", beendete er das Telefongespräch sofort. Erst später am Abend, als ich die Nachrichten hörte, stellte ich selbst schockiert fest, was geschehen war: Ein australischer Snowboarder und guter Freund meines Gesprächspartners war als vermisst gemeldet worden. Als Grund wurde ein Unfall am Berg bzw. eine Lawinenkatastrophe nicht ausgeschlossen. Am Abend, als der Snowboarder nicht zurückkam, war der Schock in der ganzen Community zu spüren. Eine Kette von SMS-Nachrichten wurde versandt. Jeder Australier wollte wissen, wer aus ihrem Kreis gesucht wurde und wie sie mithelfen könnten, ihn zu finden.

"I think I was proceeding three or four phone calls, because I've heard that it was an Australian who has been caught off-piste. Everyone was ringing each other to find out who it was. There were lot of people riding out that day. I was up with one person and so I received a lot of phone calls, because people wanted to know where I was. I was ringing people where the other people were. Everyone was trying to find out who was with whom, so that they could find out who it is." [Dude]

Eine Einheimische, die den Verunglückten gut kannte, stellt die Situation anschaulich dar:

„*Beim Rob war es halt extrem. Das war auch am nächsten Tag – da hat die Lisa angerufen, dass er abgängig ist. Da war eine große Suchaktion und da waren 50 Leute oben am Steinbergkogellift. Die Bergrettungsleute waren auch dabei und es wollte ihn jeder suchen, aber das war so eine gefährliche Situation wegen der Lawinengefahr überall. Dann haben uns die Bergrettungsleute eingeteilt und so. Ich weiß nicht, da hast du irgendwie gemerkt, dass die Bergrettungsleute den Australiern nicht vertrauen – eh klar, wir brauchen keinen. Aber die Australier haben genau gewusst, wo er immer fährt. Die haben genau die Wege gewusst, weil die alle immer zusammen fahren. Im Endeffekt hat ihn auch eine Gruppe von Australiern gefunden, weil sie genau dort geschaut haben, wo sie immer gefahren sind.*" [Eve]

Leider kam für den vermissten Snowboarder jede Hilfe zu spät. Diese Katastrophe hat ein Zusammengehörigkeits- und Solidaritätsgefühl zum Vorschein gebracht, welches man in einer „losen" Gemeinschaft von Saisonarbeitern nicht vermutet hätte. Im Folgenden möchte ich beschreiben, wie sich diese Solidarität zeigte:

Alle Saisonarbeiter wussten von dem Unglück, welches passiert war, und wollten die Hinterbliebenen finanziell unterstützen. So kopierte man einen Brauch: In vielen Bars gibt es metallene „Kübel", die an der Decke aufgehängt sind, um das am Abend erwirtschaftete Trinkgeld für die Crew aufzubewahren. Dabei kommen vor allem in der Hauptsaison größere Beträge zusammen. Auf verschiedenen privaten Festen und Grillfeiern wurden dann Kübel aufgestellt. Der Inhalt wurde gespendet, um die Kosten der Beisetzung und der Bergrettungsaktion begleichen zu können. Es spendeten auch viele Personen, die den Verunglückten gar nicht persönlich kannten. So erinnert sich ein Australier:

"*I know of the guy. I have never actually met him. [...] They did spread like welfare. But yeah – there was within just a couple of days – there were buckets being passed around in pubs. The London pub staff in Kirchberg [and Kitzbühel] gave the tip money for the evening to his family. I remember there were buckets going around.*" [Dude]

Die Gruppe hält bei Problemen sehr stark zusammen. Zugereiste Saisonarbeiter sind sich des Umstandes bewusst, dass sie auf sich allein gestellt sind. Da jeder weiß, dass er selbst in eine missliche Lage rutschen kann, ist die Solidarität besonders groß.[390] Wenn jemand einen Unfall hat, kommen Kollegen ins Krankenhaus auf Besuch. Dies drückt die gegenseitige Zuneigung aus und stärkt somit den Gruppenzusammenhalt.

"*Everybody knows everybody. If somebody hears that you hurt yourself up on the mountain, you get help. "Can you hear me?", and the girls are asking and make sure you get ambulanced. Everybody looks at everybody. You see each around and you are checking up on each – if all are good.*" [Albert]

"*There are so many Australians, they are all strong bound. They are all brothers basically. And they all watch each others back. Do you know Steve? He worked in the 'Londoner'. He had a bad accident, he was not really paralyzed, but he couldn't move for a while. He got so much support. He was in the hospital for about six weeks and everyone went to see him. It is crazy. You can actually see how much support you get in a time like that.*" [Sandra]

Das Begräbnis des verunglückten Australiers war für einen kleinen Personenkreis geplant. Die Beisetzung fand in der Stadtkirche von Kitzbühel statt und wurde von über 200 Menschen besucht. Viele Leute konnten in der Kirche keinen Platz mehr finden und mussten die Trauerzeremonie außerhalb des Gotteshauses miterleben, wie ein in Kitzbühel wohnender Freund des Verstorbenen beschreibt:

"*The friends who organised the whole funeral, they did not need a large space there. It was just going to be a small ceremony for him. It was a chance for people to say good bye. And as it turns out there was place for about 150 people and there was not room enough for all the people that showed up. They were outside. I could barely squeeze into that place. I came early enough. There were two hundred people or more, which really surprised us in a nice place and shocked in another way. As well that there were so many people that thought about one person. But I think that the fact that a keen snowboarder and a professional had been taken from us, that was the biggest shock that we had and as a community. We looked to each other and we were brought together because it could happen to anyone of us at anytime. Just a few months later another friend of ours was taken from us suddenly and once again that had the same kind of effect."* [Unlucky Luke]

Der Verunglückte war sehr beliebt und bekannt in der dauerhaft in Kitzbühel lebenden Community, da er sich schon seit neun Jahren dort aufgehalten hatte und vor allem durch seine sympathischen Wesenszüge aufgefallen war. Der Zusammenhalt unter den Zugereisten, die sich schon länger im Ort befinden, ist größer als unter Neuankömmlingen, die noch keiner kennt. So erzählt eine in Kitzbühel hängen gebliebene 33-jährige Saisonarbeiterin:

„Rob war um die zehn Jahre da und er hat ein super Verhältnis mit vielen Einheimischen gehabt. Dadurch ist so ein großer Zusammenhang da gewesen. Und der andere, der gestorben ist, der war nicht so lange da. Aber die drei, vier Jahre, die er da war, machen was aus. Wenn es jemand betroffen hätte, der nur eine Saison da gewesen ist, dann wäre das sicher nicht so passiert." [Dani Banani]

Den Toten wurden von der Community Grabbeigaben mit auf den Weg gegeben, welche von Freunden sehr persönlich ausgewählt wurden. Die Gegenstände standen in starkem Zusammenhang mit den persönlichen Vorlieben und Lebensinhalten der Verstorbenen: Den ehemaligen Barbesitzer bedachte man mit einem Modell einer Minibar. Dem Snowboarder wurden ein Minisnowboardmodell, ein Feuerzeug, Muscheln, Sand, Surfwachs, CDs einer Punkband etc. beigelegt.

Heute noch sind die Spuren dieser Geschichte im sozialen Gedächtnis der Community vorhanden. „Für die Vergangenheit hält sie >>Erinnerung<< bereit, deren alle teilhaftig sein können, die zu der betreffenden Gesellschaft gehören."[391] In einigen Bars und Wohnungen von Freunden sieht man heute noch die Partezettel aufgehängt. Einem guten und engen Freund von Rob fällt es heute noch schwer, über den Verlust zu sprechen:

"In the grieving process that we had going on there, it is – we still feel the loss of, you know, the sudden loss of a great figure. I mean time heals. It should not hurt anymore by now and it still does. Just bringing up subjects is hard to do for us. You know – perhaps it is the way humans are. We prefer not to talk about something and be on our own ways. We both know why we are feeling sad why we get together and the reason that we get a particular group. It also goes – we might not say a word that we were there together or what brought us there together. It is a little sad." [Unlucky Luke]

Olivia schätzt den Zusammenhalt der Community und die Solidarität sehr. Sie vergleicht London mit dem Leben in Wanaka:

"One time the train was packed with computers. There were no seats. We were all crammed like sardines and I got so hot I fainted. And what they did these people? They pushed me to the door. They just put me out onto the station onto the platform and they left me. And it was not my stop and I had to wait twenty minutes for another train. They didn't offer me a seat or open a window and help. They just put me out. The final straw that really brought the camels' bag for me when I was in London, I was on the second story of my office and looking onto the street. I had an accident and a motorcyclecourier had come of his bike and the bike was pinning him down and the wheels were [...] and the engine was still running and he was trapped and I watched three people walked past without even helping. I felt so ashamed. What kind of place is this if people cannot even stop to help someone? [...] Oh my god - it really made me question what was going on. If it is: That is the way the world is coming to in England, I just didn't want to be part of it. Whereas here if you see somebody slept, my god, everybody would be that help me straight away. It is a quite friendly place over here." [Olivia]

6. Außenseiter und Etablierte im Urlaubsort

In fast jedem europäischen Ort gibt es eine ursprüngliche, traditionelle Ortskultur, die historisch gewachsen ist und auf der die Kultur der heutigen Bewohner basiert. Norbert Elias unterscheidet zwischen den Außenseitern und den Etablierten innerhalb eines Ortes. Bei den Etablierten handelt es sich um die schon lang ansässigen Personen, bei den Außenseitern um Zugereiste. Elias' theoretisches Konzept kann auf die Beziehungen zwischen den Saisonarbeitern (Außenseiter) und den Einheimischen (Etablierte) angewendet werden.

6.1 Die „edlen Wilden" (Etablierte)

Die Etablierten sind die Ureinwohner des Touristenortes. Sie kennen sich schon seit langer Zeit und sind stolz darauf, von alteingesessenen Familien abzustammen, die hauptsächlich an der Entwicklung des Ortsbildes beteiligt waren. Es gibt in den meisten touristischen Dörfern und Städten relativ klare soziale Unterschiede, man weiß, wer die Besitzenden sind und wer der Mittelschicht angehört. Im Gegensatz zu den Zugereisten gehören den Etablierten die Immobilien und sie bestimmen daher, wie es weitergehen soll. Sie betreiben die lokale Politik. Die inländischen zugereisten Saisonarbeiter haben kaum Einfluss, die ausländischen gar keinen, weil sie nicht einmal das Wahlrecht besitzen.

Die Etablierten haben ihre eigenen Regeln, Normen und Werte, wobei die Religion einen großen Einfluss hat (für viele ist der regelmäßige Kirchgang Pflicht). Vor allem für die besitzende Schicht ist die Vergrößerung des Eigentums und der Macht von großer Bedeutung. Für manche von ihnen ist das Zur-Schau-Stellen ihres Geldes in Form von schönen Autos oder teuren Urlauben im Sommer von größter Wichtigkeit.

Besonders in der Nichtsaison (für Schigebiete der Sommer) kann man die tatsächlichen Ostseinwohner leicht wahrnehmen, denn die Touristen und Saisonarbeiter haben den Ort schon verlassen. Nur in wenigen Orten, wie in Wanaka, Queenstown, Taupo (NZ) und Kitzbühel, gibt es im Sommer genügend Arbeit für die Saisonarbeiter, sodass es für sie Sinn macht, zu bleiben. In der Nähe von Wanaka und Queenstown befinden sich schöne Seen für Jetboating, Bungeejumping-Anlagen, Flüsse, auf denen Rafting

möglich ist. In diesen Orten ist das Machtgefälle geringer als in Obertauern oder Kitzbühel, wo sich die Einheimischen definitiv von den Zugereisten, die nur während der Saison als Touristen oder Arbeiter anwesend sind, unterscheiden.
In der Nichtsaison sind nur die Etablierten in den Lokalen anzutreffen. Nur zu dieser Zeit kann „reines" Ortsleben stattfinden.
In den meisten Gemeinden sind die Zugereisten als Arbeitnehmer von den etablierten Arbeitgebern abhängig, wodurch ein bestimmtes Machtgefälle entsteht. Investoren in geplanten Ressorts haben eine ähnliche Funktion und Macht inne wie die einheimische Bevölkerung in traditionell gewachsenen Gebieten. In Wanaka, Methven und Queenstown habe ich trotz meines zweimonatigen Forschungsaufenthaltes nur zwei ursprüngliche Ortsbewohner kennen gelernt. Einer Person gehörte ein Café, in welchem ich ein Interview gemacht habe, die andere war Eigentümerin einer Galerie. Schon allein dieses Beispiel demonstriert, dass sich die Kreise der Saisonarbeiter und der Ortansässigen kaum überschneiden.

6.2 Die Außenseiter

Die Gruppe der Außenseiter besteht meistens aus auswärtigen Arbeitern. Ihre Netzwerke sind nicht so stark ausgeprägt wie jene der ursprünglichen Bevölkerung. Gemessen an den Besitzverhältnissen nehmen die zugereisten Saisonarbeiter eine unbedeutende Rolle ein. Allein die Art der Unterbringung und die Größe des Zimmers, das manchmal sogar noch geteilt werden muss, sind aussagekräftig. Ist der Ort groß genug, so gibt es in den meisten Fällen ein eigenes Lokal, das von den Saisonarbeitern als „das Pub" und „der Treffpunkt" angesehen wird, weswegen dieses von der einheimischen Bevölkerung gemieden wird, die unter sich bleiben will.
Da sich in der Hauptsaison auch Touristen im Ort befinden, ist es für viele anfangs gar nicht leicht zu unterscheiden, wer tatsächlich hier arbeitet oder wer einfach nur ein Tourist ist. Für viele Saisonarbeiter ist deswegen die Arbeitsuniform wichtig, damit sie von der einheimischen Bevölkerung als Nichttouristen ausgemacht werden können. Manche Betriebe wie die Bergbahnen in Kitzbühel, die Skydive-Unternehmen in Taupo, Wanaka, die Tourguides sowie einige Cafés und Bars in den verschiedensten Urlaubsorten haben eigene Uniformen für ihre Arbeiter entworfen. Die Uniform hat einerseits Werbewert für die Firma, ist aber anderseits für die Integration der ausländischen Saisonarbeiter wichtig. Vor allem für Personen mit fremdlän-

dischem Habitus ist die Uniform für das Zusammengehörigkeits- und Wir-Gefühl wichtig.

Die Gruppe der Außenseiter beinhaltet Mitglieder aus allen Arbeitergruppen. Sie haben alle die gleiche Ausgangssituation, und in den meisten Fällen grüßen und unterstützen sie sich gegenseitig:

"I greet them. It is a different thing. I mean they are obviously professionals and they are working in the same community – they are doing a different job. [...] Because everybody works together. It's that a person from the "Foto Flash" doesn't work in the ski school – they sell pictures. The guys from the Bergbahn, I think, they are more associated than guys from the "Foto Flash". Every time you make another run, you say: "Hi." and wait and that's quite cool." [British Al]

Nur für jene Saisonarbeiter, die ihren Lebensmittelpunkt über das ganze Jahr in den Touristenort verlegen oder für „Back to Back Seasoners" wird der Kontakt mit einigen Einheimischen möglich.

Generell ist die Bevölkerung aus Sicht der Saisonarbeiter in den Tourismusorten wie Kitzbühel, Wanaka und Queenstown sehr offen, wenn man versucht, sich in den Ort zu integrieren. Eine 30-jährige Engländerin, die in Methven am sozialen Leben des Ortes teilnimmt, konnte sich gut mit einigen Ortsbewohnern anfreunden. Das hatte sicher damit zu tun, dass sie mit den Regeln des Ortes konform ging. Da sie sehr religiös war, sich intensiv mit dem Ortsleben auseinandersetzte und dabei mitwirken wollte, ist ihr die Integration ziemlich gut geglückt:

"I think that I have been fortunate, because I have been able to meet locals and that is very nice. Some very good friends I have made here are locals. But that was also partly my intention. [...] Wherever I live or wherever I am going I am quite involved in church. And even if I move somewhere new I will go to church. And I have done that here and someone saw me. And that enabled me and meet with and have lunch with some ladies on a Monday or Friday. And we just always meet for lunch and get together and one evening a week we are always get together. There is like some group in town like – What would you call it? – It is just basically mums and babies. They call it music and movement. I have been fortunate to go over to help out with that and therefore I meet lots of people. This a very small town, but on a Tuesday morning the local hall fills up with probably 18 mothers and babies doing kind of kinds gym which is quite funny." [Holy Mary]

6.3 Reiche Leute, berühmte Persönlichkeiten und Missverständnisse

Feine Leute besuchen Privatfeiern, um Freunde zu sehen und oder andere wichtige Menschen kennen zu lernen. Teilweise treffen sie sich in bestimmten Lokalen.[392] Vor allem in Nobelsportorten wie St. Moritz, Hochgurgl und Lech am Arlberg gibt es Restaurants und Diskotheken, in welchen die Oberschicht verkehrt. Auch in Kitzbühel, Wanaka und Queenstown gibt es einige Lokalitäten, die für eine gehobene Schicht ausgelegt sind:
„Das „Take Five", das „Fünferl", „Landhäusl" etc. Die sind alle in diesen Lokalen. Das sind die Schickimickilokale, wo die dann hingehen. Dort triffst du diese Leute, aber die normalen Menschen, die gehen ja nicht ins „Take Five", weil da kostet der Wodka acht oder zehn Euro oder so etwas. [...] In der Hochsaison gehen die Einheimischen auch nicht ins „Landhäusl" essen, weil du dort keinen Platz im Restaurant bekommst. Da ist es einfach zu voll. Wenn du nicht in diese Lokale reingehst, dann siehst du die Prominenten nicht. Den Lothar Matthäus habe ich einmal im „Landhäusl" gesehen. Den Franz Klammer hab ich am Berg oben gesehen, auch der Beckenbauer ist öfter da. Es gibt viele Prominente, die herkommen." [Dani Banani]

Die meisten Saisonarbeiter können sich das Verkehren in diesen Lokalen kaum leisten, weswegen sie wenig privaten Kontakt mit den „Reichen und Schönen" haben. Es gibt aber Situationen, in denen sich die Wege der betuchten Leute und der Saisonarbeiter kreuzen. Dies kann bei der Arbeit sein, wenn ein Schilehrer einen Aristokraten unterrichtet oder eine vornehme Person ein Lokal betritt und dort von einem Kellner bedient wird.

Mark van Huisseling greift in seinem Buch ein Zitat aus der *Frankfurter Allgemeinen Zeitung* auf, das das Wort „prominent" näher definiert: „Prominent ist, wer herausragt, wer von mehr Menschen gekannt wird, als er selber kennt."[393] Dazu kommt noch, dass manche Personen in unterschiedlichen Kreisen unterschiedlich prominent sind. Stars oder hohe Politiker bestimmter Länder können im Ausland unbekannt sein. Vor allem in internationalen Urlaubsorten, wo sich viele aufhalten, die einen Rollenwechsel geplant haben oder durchführen, ist oft auf den ersten Blick nicht festzustellen, ob es sich bei einem bestimmten Touristen um eine prominente Person handelt oder nicht. „Ganz hart wird es im Übrigen, wenn man als Schweizer auf einem anderen Kontinent von den Populärkulturexporten des Heimatlandes erzählen möchte. Die Chance, auf jemanden zu treffen, der einen Schweizer kennt und diesen als Star identifiziert, ist gering."[394] Ob es sich beim Besucher um einen berühmten Schweizer handelt oder nicht, ist für Australier oder Neuseeländer nicht immer erkenntlich.

In Kitzbühel gibt es sogar die Umkehr, weil manche reisenden Saisonarbeiter aus Australien oder Neuseeland stammen und die hiesige Prominenz nicht erkennen, obwohl sie mit dieser im direkten Kontakt stehen. Ein Beispiel für so ein Missverständnis passierte einem schottischen Türsteher, der von der von ihm nicht erkannten Prominenz (Bode Miller) zehn Euro kassieren wollte, als nach dem Hahnenkammrennen im „Londoner" eine „Bode Miller Party" stattfand, – wie sein Kollege schmunzelnd erzählt:
"It was that night when there was "Bode Miller Party". Scottish Andy was standing at the door: "It costs ten Euros entry because it is a DJ and it is Bode Miller with his girlfriend there." And then the other guy said: "That is fucking me." [laughing] His girlfriend just shook her head and pulled them forward to get away from this fool." [Irish Jack]

In internationalen Urlaubsorten, wo sich die Prominenz tummelt, häufen sich Missverständnisse. Ein anderer Fauxpas passierte einem australischen Kellner, wie eine Barbesitzerin trocken resümiert:
„Und es gibt natürlich Promis und die wollen dieses Aufsehen und die wollen, dass sie anders behandelt werden. Ich mein z.B. der Udo Jürgens. Der war bei uns im Lokal und wollte nicht zahlen, weil er der Udo Jürgens ist. Ja, Entschuldigung. Wie soll denn so etwas zustande kommen? Unser Barman hat halt damals gesagt: „[unverständlich] Udo who? Excuse me." Und der war total entsetzt und total beleidigt und der wird nie wieder einen Fuß in unser Lokal setzen." [Tina]

Dass nicht jeder Superstar sofort erkannt wird, kann eine schmerzliche Erfahrung sein. Laut einem Türsteher wurde dem Formel-1-Piloten Damon Hill die Tür eines bestimmten Lokals gegen den Körper gedrückt, weil es voll war und man ihm so den Eintritt verwehrte. Manchmal kommt es auch vor, dass ein Freund beim gleichzeitigen Lokaleintritt herzlicher begrüßt wird als ein Prominenter. In diesem Fall scheint die Inszenierung des Saisonarbeiters besser geglückt zu sein als jene des Stars. Die Rollen wurden offensichtlich vertauscht, was für einen unbeteiligten, aber wissenden Beobachter recht amüsant sein kann. Über den Umstand, dass man in fremden Ländern einen anderen Bekanntheitsgrad haben kann als zuhause, sprachen die österreichischen Slalom-Asse Mario Matt und Rainer Schönfelder in Wanaka:
„Das würde ich schon gewaltig sehen, dass es da einen brutalen Unterschied gibt. In Neuseeland ist Schifahren nicht so ein Thema wie bei uns. Es gibt einzelne Gruppen oder Vereine, die da trainieren und die Schifahren sind und schon

etwas mitkriegen vom Weltcupzirkus, aber sonst ist man schon sehr anonym."
[Rainer Schönfelder]

„Natürlich ist es ein Unterschied. Der Österreicher – überall wo man hingeht, wird man erkannt, da gibt es kaum einen Ort, wo man nicht erkannt wird. Da kann man sich schon anders bewegen." [Mario Matt]

Das Phänomen der Prominenz ist stark an bestimmte Gruppen gebunden und nicht für alle gesellschaftlichen Kreise gleichsam gültig. Der Status der Prominenz hängt vom Aufenthalt in der jeweiligen Gruppe bzw. dem jeweiligen Land ab.

6.4 DIE SPRACHBARRIERE

Sprache hängt mit Grenzen zusammen. Roland Girtler führt aus: „Es sind nicht nur die geographischen Grenzen, wie die Berge und die Jöcher um das Paznauntal, die Sprachen voneinander trennen, sondern es gibt auch soziale Grenzen."[395] Diese können auch unterschiedliche Kulturen und Subkulturen voneinander trennen. Hinsichtlich der Sprachbarriere haben es Personen aus anglikanischen Ländern in europäischen Schigebieten wie Kitzbühel oder Chamonix schwerer als Europäer oder Amerikaner in Neuseeland. Die reisenden Saisonarbeiter aus Europa haben zumeist schon Englisch in der Schule gelernt und so schnell die Chance, auch sprachlich Anschluss zu finden. Für viele Europäer ist Englisch die am häufigsten in der Arbeitswelt gebrauchte Fremdsprache und aus diesem Grund wird sie anderen Sprachen in den Lehrplänen vorgezogen.

In manchen Orten in Neuseeland, wie Nelson, gibt es eine deutschsprachige Gemeinschaft. Solche Fälle stellen aber eher eine Seltenheit dar.

Die Englischkenntnisse der Einheimischen, vor allem in Schigebieten wie Kitzbühel, sind sehr fortgeschritten, da diese schon seit langer Zeit mit dem internationalen Tourismus konfrontiert sind. Unternehmen, wie z.B. die Schischulen, reagieren sofort auf die Herkunftssprache ihrer Gäste. Je nachdem, woher diese kommen, werden Schilehrer bevorzugt angestellt, welche Kenntnisse der entsprechenden Sprache aufweisen. Daher sind Fremdsprachenkenntnisse für das erfolgreiche Absolvieren der Schilehrergrundausbildung vonnöten.[396] Zu Beginn meiner Schilehrerkarriere erklärte mir ein Kitzbühler Kollege, dass Englisch die Schischulsprache ist. Ein Engländer in Kitzbühel befindet, dass die Kitzbühler Einwohner gerne Englisch sprechen:

"Sometimes it is not only the English speaking community. There are a lot of people, Einheimische, and they speak English, because they like to speak English." [Papa Joe]

Obwohl in österreichischen Schigebieten viel Englisch gesprochen wird, ist Deutsch immer noch die Hauptsprache. Für Zugereiste, die Anschluss bei Einheimischen finden wollen, ist die Kenntnis der deutschen Sprache unverzichtbar. Weil die österreichischen Dialekte von der deutschen Hochsprache abweichen und die Einheimischen aus Regionalstolz häufig nicht auf ihren Dialekt verzichten wollen, können Verständigungsprobleme entstehen. In manchen Fällen kann dies sogar zu einer sozialen Schließung der etablierten Einheimischen gegenüber den zugereisten Personen führen:

"I learned doing German. But what happens? One of the reasons why I don't speak German in Kitzbühel is that I can't speak dialect. Most people speak dialect in Kitzbühel unless they come from Vienna. Today for instance I met this gentleman up on the mountain and he was from Frankfurt, so his German was very clear and we were speaking in German. When I meet someone who speaks dialect I really don't understand what they are saying, also because of the fact they know that I speak "High German", they make an effort to speak to me in "High German". That is nice. If I go to a shop and I ask something in "High German", then they also speak "High German". And in the end I get whatever. Some global which is nice. At least they make an attempt to speak to me in any language that I can understand." [Todd]

Soziale Schließung könnte es auch in Chamonix in Frankreich geben, da dort die Anzahl der englischsprachigen Gäste und Saisonarbeiter sehr hoch, die Bereitschaft der französischsprachigen Einheimischen, Englisch zu sprechen, jedoch gering ist. In Kitzbühel ist die englischsprachige Community im Winter so groß, dass es für die meisten nicht deutschsprachigen Saisonarbeiter im Alltagsleben nicht notwendig ist, Deutsch zu sprechen. Die meisten Gäste in Kirchberg oder in Saalbach Hinterglemm sind aus den Niederlanden. Die Vermutung liegt nahe, dass es dort auch Anpassungsprozesse der Bevölkerung an das Niederländische gibt und dass man dort eine kleine niederländische Community finden könnte. Das Sprachproblem zwischen Holländern und Österreichern sollte aber in jedem Fall geringfügiger sein als jenes in Kitzbühel, da die zwei Sprachen einander ähnlicher sind als Deutsch und Englisch, wie ein 20-jähriger niederländischer Fotograf in Kitzbühel feststellt:

"It is easier for Dutch people to learn German than English. My English is fine, it is good. That is an advantage of here also." [Bert]

Die Sprachproblematik hängt daher von der etablierten Gäste-Zielgruppe und deren Gewohnheiten ab. Da es in Obertauern wenig englischsprachige Gäste gibt, ist dort der Anreiz geringer, sich in Englisch auszudrücken. Ein Schilehrer, der zuerst in Kitzbühel gearbeitet hat und den ich zufällig in Obertauern beim Unterrichten wieder getroffen habe, umreißt das Phänomen der Sprachbarriere folgendermaßen:

"Well for me in Kitzbühel it is very easy to meet new people. So the language: It's more international. You get Belgium people, Dutch people, Austrian people, English people, Australian people and everyone talks to everyone in English. In Obertauern you get more the local people and they will stick together and I had the feeling of being an "Ausländer" and it was quite hard." [Tom ski instructor]

Eine etwa 50-jährige australische Schilehrerin sieht dieses Problem ähnlich:

"It is difficult with the language you start with, because you don't understand people and you cannot easily talk to people and really explain in a conversation what you want to get across to other people. Anytime it can be very frustrating. Even now, ten years later, it can be very frustrating when you cannot explain yourself clearly. That is the hardest thing. And than you get very tired at the end of the day, speaking another language." [Monica]

Mit dem Problem der Sprachbarriere sah sich auch ein 31-jähriger Londoner, der in Chamonix und Methven in Neuseeland gearbeitet hat, konfrontiert:

"Yeah. I think here it is a little bit different, because there is not a language barrier. If you are, what I found in Europe while working in France is that is very true that people work in the season and that people in the seasons tend to stick together. And when you talk to the local people. Yeah, I don't think, I mean, local people here are so friendly and you talk to people when you go out anyway. But I think it is generally, just because you are always working with the seasoners. I think I don't know really. The people who I'm working with live in Methven. I don't know, I just met too many people who just live in Methven. I talk to a lot of people when I go out. I don't have a group of local people." [Speed Police Steve]

Die Machtbalance,[397] die sich zwischen den Einheimischen und den Zugereisten durch die Kenntnis der Einheimischensprache ergibt, kann Konsequenzen für die Saisoniers haben. Wie stark dies der Fall ist, hängt von mehreren Faktoren ab: Nicht nur Fremdsprachenkenntnisse seitens der Einheimischen, sondern auch der Wille, diese Sprache zu sprechen, spielen hierbei eine große Rolle. Die meisten Geschäftsinhaber und Verkäufer in

Kitzbühel sprechen aufgrund des internationalen Publikums gutes Englisch. Das ermöglicht es in Kitzbühel vielen englischsprachigen Saisonarbeitern, ohne Kenntnis der Landessprache den Alltag bewältigen zu können. So meint der 26-jährige Mikey:
"It is such a tourist area and everybody is interested. I'd like to try there a bit more. I am working in an English pub and I'm not really forced to learn German. It's not like you landed somewhere, where you have to speak German. I can sit there and drink my coffee and have a conversation in English. I can understand that they really can't speak German." [Mikey]

In Obertauern hingegen ist es für die Einwohner aufgrund des hauptsächlich deutschsprachigen Publikums nicht notwendig, Englisch zu sprechen. Ohne Englischkenntnisse in Neuseeland und Australien zu arbeiten, ist sehr schwierig und, wenn überhaupt, nur in den deutschsprachigen Zentren wie Nelson möglich. Einheimische Freunde oder eine Liebesbeziehung mit einem Ortsbewohner können es für reisende Saisonarbeiter notwendig machen, die Landessprache zu lernen, weil die „Ingroup" (die nächsten Bekannten) in dieser Sprache kommuniziert. Ein deutscher Tauchlehrer und eine in Kitzbühel verheiratete Engländerin beschreiben dies so:
„Nein, Kurse überhaupt nicht. [...] Relativ schnell hab ich Freunde dort gehabt, die haben mir viel gelernt, also die haben nur Spanisch geredet und ja, das geht halt dann immer „step by step". Ich hab davor Italienisch gesprochen und ja, Italienisch und Spanisch sind nicht so weit auseinander." [Handsome Frank]

"After "La Fonda", when I decided I was going to stay with my boyfriend, my husband. At that time, I thought right now it is time to learn German. So I worked up the mountain in Hochkitzbühel and nobody spoke English up there, so I had to learn German. Which was how I learned German, which was really good for. Within six months I stayed up there I learned a lot and by the end of it that was o.k. I could go on and get like a different job and not be in service any more, because I didn't really want to work in hospitality any more that I had to, because I couldn't speak the language. That is really the only opportunity that you have to work in service in "La Fonda" or "Flannigans" or "Londoner" or "Highways" you can get away with not speaking German. And after I stayed up there two years when I learned German." [Tamara]

Von den Vorteilen einer Isolation weiß Dani Banani zu berichten:
„Im ersten Jahr davor war ich nur mit den Einheimischen auf dem Weg. Glück im Unglück. Deswegen habe ich Deutsch gelernt." [Dani Banani]

Wie man aus den letzten Interviewpassagen ersehen kann, hängen die Außenseiter- und Etabliertenbeziehungen von der Herkunft der Zugereisten und der Intensität des Tourismus im Ort ab. Wenn die Saisonarbeiter länger bleiben, können sie sich besser in die meisten Gemeinschaften integrieren und die Sprache des Gastlandes erlernen, um an der lokalen Kultur teilzuhaben. Kate Allen beschreibt, wie man in die Außenseiterposition gedrückt werden kann, sofern man am Arbeitsplatz (in diesem Fall: in der Küche) die Sprache nicht beherrscht: „Dort sammle ich Geschirr und verrichte (!) einfache Tätigkeiten. Zumindest teilen mir meine Kolleginnen diese zu, sei es, dass sie ihren Spaß daran haben oder ich mich angesichts mangelnder Deutsch-Kenntnisse kaum mitteilen kann."[398] Eine 42-jährige Irin und ein 25-jähriger Spanier, die wie viele andere zu sesshaften Saisonarbeitern geworden sind, richten sich nach der Regel „Wenn du in Rom lebst, lebe nach der Sitte von Rom". Tut man dies nicht, würde man großartige Erfahrungen versäumen:

„*Ja, das gibt es. Es sind viele „Aussies", viele Australier, da. Das Problem ist, die meisten kommen her und bleiben in derselben Clique und sprechen alle Englisch. Dadurch kommen sie nicht in den Kontakt mit den Einheimischen, die hier wohnen, und verpassen eigentlich sehr viel von dem Leben. Ich habe viele Freunde, die Einheimische sind. Und das sind engere Freunde. Das würde mich stören, wenn ich keinen Kontakt mit den Einheimischen hätte."* [Sarah]

„*Andere lernen gar kein Englisch, weil sie nur für eine Saison dableiben wollen. Das passiert auch viel. Wenn ich dir sage, uninteressierte Leute. Wenn ein Ausländer so drauf ist, dann sind das uninteressante Leute. Der ist aus irgendeinem anderen Grund da, aber nicht um die Kultur zu sehen. Ich glaube, je mehr du siehst, desto schöner ist es."* [Javier]

Aber für ausländische Saisonarbeiter, die ihren Lebensmittelpunkt nach Österreich verlegen, oder Europäer, die nach Australien auswandern, wird es aufgrund der Sprache kaum möglich sein, von Einheimischen als ihresgleichen angesehen zu werden. Brigitte Bönisch-Brednich hat bei der Untersuchung von Deutschen in Neuseeland ähnliche Feststellungen gemacht. Ihrer Meinung nach ist es für Deutsche in Neuseeland ein großer Erfolg, sprachlich für einen Holländer oder Südafrikaner gehalten zu werden.[399] Das Gefühl, zugereist zu sein, legen Saisonarbeiter nicht ab und sie bezeichnen sich deshalb auch nicht als Einheimische:

„*Ich werde nie eine Einheimische werden. [...] Man merkt, dass du mit den Einheimischen gut befreundet sein kannst. Ein Kitzbühler, ein Einheimischer wird man nie."* [Sarah]

Ähnliche Umstände finden sich auch in Neuseeland, wie Bönisch-Brednich in einem Kapitel mit dem Titel „Das Fremdsein oder: >Kiwis are easy to meet but hard to join<" beschreibt.[400] Je länger sich die Personen von daheim weg befinden, desto mehr versäumen sie vom kulturellen Wandel zuhause. Es existiert für Migranten, die gleichsprachige Freunde im Ausland haben, eine Mischsprache, z.b. aus Deutsch und Englisch (Voraussetzung ist die Kenntnis beider Sprachen). Es wird „Denglisch" gesprochen, da manche Wörter und Begriffe einer der Sprachen (auch aus dem Dialekt) den jeweiligen Sachverhalt präziser beschreiben können. Die Kenntnis dieses speziellen Vokabulars schafft Distanz zu anderen Leuten und ist Ausweis für die Zugehörigkeit.[401] Das ist auch die Meinung einer 30-jährigen Neuseeländerin, die in Kitzbühel lebt:

"When Dani Banani and I are together we speak half German and half English. We don't just speak English anymore even though we are both English speaking. We are speaking half English. We call it "Denglish", because some words in German are so much better and they explain so much more in one word, because we can both understand both languages. It is quite funny really. Yeah." [Tamara]

Damit wird klar, dass bestimmte Sachverhalte in unterschiedlichen Sprachen anders definiert werden und die einander zugeordneten Wörter nicht immer in ihrer Bedeutung identisch sein müssen. Die Kenntnis von zwei Sprachen, wie es in der Subkultur von Kitzbühel der Fall ist, führt zu einem nur dieser Kultur eigenen Humorverständnis. Aufgrund der verschiedenen kulturellen Entwicklungen gibt es darüber hinaus unterschiedliches Jedermannswissen[402] (Wissen, das für eine bestimmte Gruppe von Leuten für richtig und wahr gehalten wird). Vor allem Humor basiert auf unterschiedlichen Techniken, von denen die meisten Hintergrundwissen und sprachliche Definitionen bzw. Unschärfen von Begriffen und Wörtern benötigen. Daher kann die für Humor und Lachen notwendige Information von einer in die andere Sprache verloren gehen.

Als Beispiel führt ein Südafrikaner den Brotaufstrich „Vegemite" an, den fast kein Österreicher kennt. Diesen habe ich in Neuseeland probiert, wobei ich zugeben muss, dass sich das Geschmackserlebnis – salzig und leicht bitter – mit meiner Erwartungshaltung aufgrund der schokoladebraunen Farbe (Nutella) nicht getroffen hat:

"Yeah, between the South Africans and Australians if they speak about a thing called "vegemite". It is the equivalent to our [unverständlich]. When they crack a joke about it, first of all, we don't know what the word "vegemite" means. We have never heard of it before, but once you're on so quick and so easy, we understand each other quite fast and you listen to the lingo. And maybe the

dialects are different too, but that doesn't mean play a big point. It is easy. We all watch the same kind of sitcoms like "The family guy", the "Simpsons" and watch the same kind of movies in the same language [...]. It doesn't have to be just Australian, Australian or South African, South African. But if you are on a party, South Africans might mix a little bit more with each other and it is a bit more than mixing equally. [...]. When you talk about home: "I miss brieflakes" or, you know, "Have you been to Durban before? Where are you from? Do you know these people?" It is so much easier to have a conversation, it is fun. With Austrian people it is not really much the same [...] It doesn't like just continuously go and it stops pulling things out of anywhere." [Londoner Fred]

Ähnliches berichtet Kiwi Karl:

"People don't speak English as a first language, because it is a lot easier to communicate and sometimes some more things get lost that decides and the sense of humour is lost. Even though when I came over here I didn't want to hang around with Australians, but we tend to do it anyway because we have the same culture values, the same sense of humour and it is easier as well. It is not excluding other personalities. But we have a lot of friends that are good snowboarders and not Australians. It is just a bit easier for Australians in town to hang around with other Australians. You find it probably overseas as well and anywhere you go. If you meet Austrians there – you will have probably a lot of things you can talk about. Maybe about Salzburg or things that you know." [Kiwi Karl]

Das heißt, dass der Interaktion von Personen aus unterschiedlichen Kulturkreisen während der Kommunikation der Humor als ein wesentliches Element fehlt oder fehlen kann. In der Alltagspraxis wird dies von freundlichen Menschen mit einem höflichen Mitlachen überspielt. Aber das ist weder für die Person, die versucht, einen Witz zu machen, noch für die Person, die versucht, über die peinliche Situation hinwegzusehen, günstig.

7. DIE SAISON

Die Saison kann man mit „zyklischem Zeitdenken" erfassen.[403] Der Begriff „Saison" wird mit dem englischen Wort „season" übersetzt; das englische „season" bedeutet aber auch Jahreszeit. Aufgrund der Erdneigung und der Umlaufbahn gibt es in Gebieten, die sich weit weg vom Äquator befinden, unterschiedliche Jahreszeiten. Die Jahreszeit spielt für die touristischen Gebiete eine große Rolle, denn Schifahren ist in bestimmten Gebieten nur im Winter möglich; eine Ausnahme hiervon stellen lediglich einige Gletscher dar. Genauso ist ein tropischer Strandurlaub nur im Sommer möglich.

Durch die Globalisierung und die Weiterentwicklung der Transportmittel kann man sich theoretisch jederzeit, je nach Wunsch und finanzieller Lage, in einem bestimmten Klima aufhalten. Es wird dies von Sportprofis ausgenützt, die ihre natürlichen Trainingsbedingungen jederzeit frei wählen wollen. Aus diesem Grund habe ich im neuseeländischen Winter in Wanaka den österreichischen Schinationalkader beim Training angetroffen und nach diesem einige Schiprofis interviewt. Rainer Schönfelder ist der Meinung, dass bestimmte Personen mit dem Winter mitreisen:

„Es gibt sehr viele Leute, die irgendwann einmal etwas mit dem Schifahren zu tun gehabt haben, die vielleicht selber Rennläufer waren, die sieht man da schon wieder überall oben und unten auf dem Planeten." [Rainer Schönfelder]

Es gibt Saisonarbeiter, die bevorzugt dem Schisport frönen und deshalb nur der kalten Jahreszeit nachreisen, wie ein neuseeländischer Schilehrer, der mehr Winter als Lebensjahre zählte.[404] Einer deutschen Schilehrerin, die im Paznauntal unterrichtete, fällt auf, dass sie kurioserweise immer wieder Bekannte in den verschiedensten Schigebieten trifft:

„Jetzt habe ich wieder einen Kollegen oben getroffen. Einer von den Schilehrern. Und sein Chef war sein Ausbilder in Österreich. Er wohnte auch nebenan. Wir hätten uns jeden Tag über den Weg laufen können, und dann trifft man sich da oben wieder. Es gibt total viele Kumpels in der Stadt, die ich dann im Winter in Österreich oder in Deutschland wiedertreffe." [Silke]

Auch ich lernte zufällig Freunde einer Bekannten aus Kitzbühel in Neuseeland kennen. Eine 32-jährige, nach Wanaka ausgewanderte Engländerin ist davon überzeugt, dass im Winter die gleichen Leute wiederkommen.

"I think more that skiing is that brings the same crew year after year. When I worked at "Treble Cone" I met a lot of those people. [...] They would always come back every winter, pretty much every winter until they maybe get too old to do it or too injured. But they all meet up again and it is just like it was the previous year. We just carry on where we left off." [Olivia]

Manchen Leuten ist ein Winter pro Jahr genug, so wie einem Entertainer, der sowohl einen intensiven Winter als auch einen entsprechenden Sommer genießen will:

"There was like a few guys who went back to Australia and they were teaching in the "Snowy mountains" and place of that, but by the middle of March I have had enough of skiing. I want to go into sun, by the end of the summer I don't want to be on the beach anymore. I want to be in the mountains and have a change. [...] I like the extremes. I like the summer on the beach and the winter in the mountains. I don't want to be here in summer and I don't want to be in Greece for winter. [...] I like to change." [Mad Mike]

Es finden sich auch „Sommerpersonen", die das ganze Jahr dem Sommer nachreisen wollen (Thomas Muster hat das von sich behauptet). Da meine Forschungen hauptsächlich in Wintersportorten und im Winter erfolgten, lernte ich keine „Sommerfanatiker" persönlich kennen.

7.1 Kurz vor Saisonbeginn

Je nach Ort ist die Saisondauer unterschiedlich lang. Vor Saisonbeginn versuchen die Unternehmen, ihr Personal für einen problemlosen Start zusammenzutrommeln und zu verpflichten. Für viele Globetrotter, die sich eine Arbeit beschaffen wollen, ist dies die beste Zeit, um sich vor Ort zu bewerben; so z.B. in Wanaka, wo es eine Winter- und eine Sommersaison gibt:

„Mai ist eine gute Zeit und Oktober. Da ist die Stadt leer. Da haben die Leute Probleme. Es gibt Zeiten, da wird so viel Arbeitskraft gebraucht und die sind noch nicht da. Letztes Jahr hatten sie riesige Probleme. Es gibt Zeiten, wo extremer Arbeitskraftmangel herrscht. Was hier noch ein großes Problem ist, ist qualifizierte Arbeitsplätze zu finden. Wenn man sich ansieht, was hier an qualifizierten Klempnern und Handwerkern gesucht wird. Das ist das Schwierige. Viele „Businesses" haben das Problem, die stellen jemanden ein und der geht nach einem halben Jahr wieder. Das heißt, du trainierst den. Das kostet einfach zu viel Kraft. Das ist eines der großen Probleme. Der Mangel an qualifizierten

Arbeitskräften. Ich denke, das könnte in Kitzbühel vielleicht das gleiche Problem sein." [Sandra]

7.2 SAISONBEGINN

Zu Saisonbeginn freuen sich viele Routiniers darauf, dass es endlich losgeht. Man ist auf die folgenden Entwicklungen gespannt und ob das Wetter die Saison unterstützen und man genug Spaß haben wird. Die Leute vermissen die Stimmung des Urlaubsortes, den Spaß und haben viele Freunde und Kollegen schon lange nicht mehr getroffen. Der Saisonstart und das Wiedersehen mit den Bekannten werden intensiv gefeiert. Der Ort beginnt sich zu füllen, hektisches Leben kehrt zurück.

Für viele Personen ist „die Saison" Neuland, vor allem im „Gap Year". Sie wissen noch nicht genau über den Ort Bescheid, sind auf Überraschungen eingestellt und wollen Leute kennen lernen:

"It is very easy. People come new in the town. Especially at this time of the season it is very easy, because everyone is looking to make some friends. There are local people and people you can go for a drink with." [Kiwi Karl]

Zu dieser Zeit formen sich neue Gruppen. Viele lernen sich bei der Arbeit, in der Jugendherberge oder in den Personalhäusern kennen. Die Routinierteren wissen schon, was sie erwarten wird, und sind etwas ruhiger. Sie sind überzeugt, dass man sich auch für die Hauptsaison Energie aufheben muss, weil diese Zeit besonders intensiv sein wird.

Manche warten zu dieser Zeit noch auf einen Job, denn kurz nach Saisonbeginn werden immer wieder ein paar Stellen frei, weil einige Saisonarbeiter und ihre Chefs keine Basis für eine weitere Zusammenarbeit gefunden haben. Das zeigt der Südafrikaner Londoner Fred auf:

"I came by myself. I went to Westerndorf. Me and my boss, we had a bit of a fight and so I quit. I didn't find another job in Westerndorf. So I wasn't able to find a job there. That's why I went to Kitzbühel" [Londoner Fred]

Aus diesem Grund macht es Sinn, wie der Entertainer Mad Mike noch etwas zu warten, wenn man zu Saisonbeginn noch keinen Job gefunden hat:

"Some people do change jobs. I have [...]. What it is like with ski instructing just after New Year. And [I] discovered another thing. But again I was lucky. Yeah – when people get laid off or they loose job before, because they are not doing it well. It is hard. Mid season is hard. [...] People turn up in December and looking for work. And they can't find work and we are always saying: „Wait

to January, because then after the Christmas Day there are some jobs from people, because they don't like it and they quit and there are jobs available in January." There was new work available, because a lot of people come for Christmas here and then go. Some people just stay here for the holiday." [Mad Mike]

7.3 HOCHSAISON

Die Hochsaison ist oft mit den Schulferien verbunden, da sich die ganze Familie gemeinsam in das Schigebiet aufmachen kann. Aber nicht in jedem Gebiet ist die Ferienzeit die Hochsaison, denn diese kann auch vom Wetter und Klima beeinflusst werden. So sind z.B. einige Bergtouren nur zu einer bestimmten Jahreszeit möglich. In der Hochsaison ist die Anzahl der Touristen am größten und die Urlaubsorte sind überfüllt. Sofern die Rahmenbedingungen stimmen, steigt die Stimmung zu dieser Zeit auf den Höhepunkt und die arbeitende Mannschaft ist voll beschäftigt. Es werden in vielen Fällen noch kurzfristig Arbeitskräfte gesucht und es ist schwer, während einer guten Hauptsaison als Angestellter im Ferienort einen Tag frei zu bekommen.

7.4 SAISONENDE

Am Saisonende sind viele Saisonarbeiter froh, dass sie die höchst intensive Arbeitsbelastung nicht mehr lange ertragen müssen. Die meisten sind saisonmüde und freuen sich auf den Wechsel, so wie Frank und Emma:

„Jetzt war ich echt fast jeden Abend da bei der Arbeit. Zurzeit bin ich echt so müde, ich will nur noch nach Hause, schlafen." [Frank]

"It doubles an age. People who do this for their life but not running a pub. It is – it is great fun, but one thing that I can't after doing a whole season. I get tired of working so late at night." [Lucy]

Sobald es im Saisonort ruhig wird, spüren das manche Saisonarbeiter finanziell. Das Trinkgeld für Kellner ist am Saisonende minimal, wie Lucy anmerkt:
"I make 2,5 Euro tip in a whole shift – that is nothing. You make 40 Euro and you are working twelve hours. I would rather not have that 40 Euro and have a great day skiing and having a great time with friends." [Lucy]

Das Saisonende ist mit vielen „End of Season"-Partys verknüpft. Manche werden von der Arbeitsstätte organisiert, andere von Lokalen oder Freunden. Viele freuen sich auf diese Feiern, obwohl sie auch Abschied bedeuten:
"The staff party at the end of the season, that is the biggest party ever. We all get dressed up and we are going to have drinks and dinner. But you can order whatever you want, all the alcoholics are free. The "Londoner" just pays it. For some reason, because it is free, we order a box of "Jägermeisters" and hand them out. I ordered a bottle of vodka and "Red Bulls" for myself. You drink more than a bottle of vodka in one night. You go out to "Highways" and anywhere afterward. I woke up. In fact I was so drunk the next morning and had to catch a train and a flight home. It was so bad." [Lucy]

Wegen der Staffparty hat Lucy ihren Flug in der nächsten Saison später angesetzt. Ihr Kollege Chief O'Brian freut sich auf die Party, weil alle Zeit haben, noch einmal die Highlights der Saison Revue passieren zu lassen:
"I think the cool thing is when you are at the staff party it is just a time to sit around and talk about the funny stuff that happened then. I mean it is so much fun, but it is one of my least favourite times of the year, because there are so many guys we are never going to see again. But it is something I am used to accept, because it happens to me every year." [Chief O'Brian]

Bert sieht die letzten Tage mit Wehmut:
"Especially when it comes to this part of the season. April, start of April, and everyone is leaving. And you have seen these people every day or maybe five months and go for relationships very quickly with them, because you meet them every day. Most of your best friends you don't even see twice a week. Those people you are doing relationships very fast, because you see them every day and watch TV with them. It is like they are – they made a family for that home." [Bert]

Für viele ist der Abschied hart, weil sie wissen, dass sie mit großer Wahrscheinlichkeit nicht mehr zurückkommen werden. Dazu ein australischer Backpacker und Saisonarbeiter:
"One of the hardest things of travelling is actually leaving a place. It is not the running out the money or not being up to speak the language or not being able to find a job or a house, those sorts of things. It is leaving people after you have been there and have the experience. It is always hard to say goodbye to people. When you are leaving – you go and live. I live in Ireland for three months and after doing that it was just quite sad to leave. I had so much fun – I have made so many friends. I have only been there for a few months and I really made some close friends. Living on is the hardest beer. It was not to getting up to

work each day, reading a timetable in some foreign language or for a bus or something like that." [Dude]

Nicht jeder macht sich die Mühe, sich von allen zu verabschieden. Manche wissen, dass sie ohnehin in der nächsten Saison wiederkommen werden, und verabschieden sich nur bei Personen, die sie treffen, so wie Todd:
"I would say goodbye to everybody I got to see when I am leaving. People pretty much know at the end of the season, everybody starts leaving and if they see you they say goodbye. If they don't see you, you will see them next year anyway." [Todd]

7.5 ZWISCHENSAISON

Die Zwischensaison folgt meist auf die Hauptsaison und viele Saisoniers haben keine Arbeit mehr. Die meisten haben endlich Zeit für spontane Aktionen oder zum Entspannen und nützen diese auch, um Freundschaften zu vertiefen und sich zu treffen.
"That's it. Everybody comes and slows down at that time. It is like this. So people are up to leave and a few people sit around, so it is not as intense. And it got so quiet. April, May. It is kind a like of low season and everybody gets back into drinking again. You had a few beers here and there, but not as hectic as during the winter. It is more like a chill out time." [Pistol Pete]

Im „Londoner Staffhouse" gibt es sehr oft Grillpartys und die Leute haben Zeit, über die Ereignisse der Saison zu reflektieren. In der Zwischensaison gibt es einige Verabschiedungen, da sich viele Leute während dieser Zeit neu orientieren. Wer gerne reist, nützt die Zwischensaison, um neue Länder kennen zu lernen.
"I think there are seasons you look forward to. And in between season you have time anyway. So you usually go on a holiday or go and see something." [Mad Mike]

Ähnlich hat es Kate Allen manchmal praktiziert. Einmal ist sie mit einem Interrailticket nach Rumänien gefahren. Ein anderes Mal ist sie mit ihrer besten Freundin nach Nepal aufgebrochen.[405] Folgendermaßen fasst ein schottischer, in Kitzbühel hängen gebliebener Saisonarbeiter die Zwischensaison zusammen:
"Many of the local pubs are closing. The ski schools are closed, the restaurants. And the people that have been working, a many of them take a month or

six weeks even. And in between the season it is the obvious time for the people to go for a long holiday. They have earned a little bit through the season and they can effort to go for a well deserved holiday and then ready for the summer time. Personally I had a very little work during the winter. I don't have the money to be able to do that. But I don't know if I would want to. Right now is my best opportunity to catch up with all the people." [Unlucky Luke]

7.6 TAGES- UND WOCHENROUTINEN

Jeder Saisonarbeiter hat aufgrund seiner Arbeit andere Routinen. Die Schilehrer sind früh morgens in der Schischule, warten ab etwa 9 Uhr auf ihre Gäste, beginnen um 10 Uhr mit dem Unterricht, gehen um 12 Uhr Essen und sind gegen 15 Uhr wieder bei der Talstation. Die Kellner von Bars hingegen haben andere Zeitpläne, je nach Dienst beginnen sie am Nachmittag zu arbeiten und dies dauert bis spät in die Nacht. Für die Schilehrer und Kellner gibt es daher kaum zeitliche Überschneidungen, zu welchen beide frei haben.

Trifft der Kellner den Schilehrer auf dem Berg, so arbeitet der Schilehrer meistens, trifft der Schilehrer den Kellner abends in der Bar, ist dieser mit Arbeit eingedeckt. Aus diesem Grund haben die Kellner und die Schilehrer selten freundschaftlichen Kontakt miteinander, man trifft sich allenfalls im Supermarkt nach der Arbeit.

Saisonorte wie Wanaka, Kitzbühel, Methven und Queenstown haben ähnliche Organisationsabläufe und aus diesem Grund sind die Tagesroutinen für eine Berufsgruppe überall einheitlich. Viele Kellner gehen nach der Arbeit noch aus und deswegen kennen sich die meisten. Ähnliches stellte auch Roland Girtler fest: „Die Kellner im Bezirk und die, die auf Saison sind, kennen sich. Wenn einer der Kellner seine Arbeit beendet hat, geht er in das nächste Lokal, in dem treffen sich dann alle."[406] Wenn man im Winter Bekannte zufällig treffen will, so muss man bei schönem Wetter nach 10 Uhr auf den Berg fahren. Die englischsprachige Community in Kitzbühel trifft sich samstags bei schönem Wetter auf einer bestimmten Hütte, auf der man einen wunderbaren Ausblick auf die österreichischen Alpen hat.

„Wo du sicher gute Leute triffst und sicher interessante Leute, ist am Samstag am Horn. In der Schirmbar triffst du die meisten Leute. Da sind alle jungen Kitzbühler dort. Da gibt es auch viele Australier und auch die jungen von Kitzbühel." [Javier]

Der Samstag eignet sich deswegen sehr gut, weil an diesem Tag keine Gäste zu betreuen sind, da es sich um einen An- und Abreisetag handelt. Diejenigen, die in Betrieben mit Fremdenzimmern arbeiten, sind an diesen Tagen jedoch voll beschäftigt. Andere, die in den Bereichen Entertainment, Schiunterricht und Kellnern oder als Après-Ski-Band arbeiten, sind kaum ausgelastet. In Methven kann man die Belegschaft der Jugendherberge an einem schönen Wintertag mit größter Sicherheit am Mt. Hutt treffen. An Treffpunkten, wie dem Gemeinschaftsraum in der Jugendherberge oder in einem Personalhaus, wird man mit großer Wahrscheinlichkeit andere Saisonarbeiter oder Leute auffinden, die spontan für einen kurzen Trip oder eine Sportaktivität zu gewinnen sind. Wem langweilig ist, der kann auch in verschiedenen Cafés oder Pubs Saisonarbeiter treffen, oder man schlendert durch den Ort:

„Man trifft immer irgendwelche Leute am Schwarzsee. Oder am McDonald's oder weil die davor sitzen und irgendwie was essen. Treffpunkte gibt es nicht. Wenn man im Sommer durch die Stadt geht, trifft man irgendwelche Leute. Denen schließt man sich entweder an oder man hat schon vorher etwas gemacht mit den anderen Leuten." [Frank]

Manchmal gibt es lokale Sportteams, die sich in nationalen Ligen messen. Für die meisten Saisonarbeiter in Kitzbühel ist das Eishockeyspiel ein Pflichttermin und gehört zu ihren Wochenroutinen dazu. Weil die meisten wissen, dass sie viele Bekannte treffen werden, begeben sie sich dorthin:

"Ice hockey matches and that sort of things are quite popular. It won't be an advertisement following. It won't be something that goes every week, but one week in months. Ice hockey is only Saturday and there will be a lot of Australians there, but it depends on the weeks. It depends how much word of mouth does happen that week. Yeah, I guess that is a very good example for say, a party or something like that. There is nothing we follow. We don't know even the teams or anything. We go along towards the entertaining. It is a good social gathering." [Dude]

"For me it is not like all about the hockey. Everybody is there. It is a good place to catch up with people basically. I mean it is nice if Kitzbühel is playing and winning and I give everybody something to say. It is a good place to start a conversation. I always like to just go and stick my head in there and just see who is around you know. What are the guys been up to over a winter, because sometimes they are working not in Kitzbühel or they have been studying and on Saturday everybody is at the hockey. It is definitely the place to be seen. It is big social event. Especially for the locals I think. It is something that is important to them. For them it is probably a little bit more about the hockey than it is to me.

They are all there anywhere. It is definitely an easy place to catch up with everyone. That's what it makes it easy to me. I suppose to – it is almost not that tourist area. It is almost not the tourist area. It is not like the people here on holiday go to the hockey. It is like once a week get to see the summer crowd for like an hour and the half. So it is a little catch up once a week and a bit of summer feeling which is cool." [Chief O'Brian]

In Methven in Neuseeland war das Rugbystadion ähnlich attraktiv für die europäischen Saisoniers.

7.7 EVENTS

Als Highlights der Urlaubssaison werden meistens die in den Urlaubsorten veranstalteten Events gesehen. Events sind geplant, werden durch einen gewissen Zeitraum und einen Ort begrenzt. Beides wurde von den Organisatoren genau definiert. Urlaubsgebiete werden gerne für Events ausgewählt, da dort die Infrastruktur wie Übernachtungsmöglichkeiten, gute Verkehrsanbindung und Veranstaltungsplätze vorhanden sind. Des weiteren ist der Werbefaktor eines solchen Ereignisses für die Region von großer Bedeutung.

Kitzbühel ist vor allem für das Hahnenkammrennen bekannt, das berühmteste Schirennen der Welt. Darüber hinaus werden dort auch noch ein ATP-Tennisturnier, ein Oldtimerrennen, der Jahrmarkt und viele andere Feste veranstaltet. Die meisten Backpacker und Saisonarbeiter feiern gerne und begeben sich daher auf Events. Im Juli 2007 wurde im neuseeländischen Ort Springfield nahe dem Schigebiet Porters Height ein „Simpsons Day" veranstaltet. Im Schigebiet Bansko in Bulgarien findet jährlich ein Jazzfest statt. In Ischgl wird jedes Jahr das "Top of the Mountain Concert" auf der Idalp, dem Seilbahnbergstützpunkt, veranstaltet. Dort haben schon Musikstars wie Elton John, Tina Turner, Jon Bon Jovi, Bob Dylan, Rod Stewart, Sting, Udo Jürgens, Peter Gabriel, The Corrs, Alanis Morissette, Anastacia u.v.a. die Massen unterhalten. Naomi Campbell hielt dort einmal eine Modeschau ab und Paris Hilton ließ sich als Star in Ischgl feiern.[407] In Wanaka gibt es die Airshow und in einem kleinen Schigebiet in der Nähe werden Snowboardbewerbe veranstaltet.

"In Wanaka, they have certain events and festivals and things every year or every other year which bring an awful lot of people to Wanaka. The airshow up at the airport called "Wanaka warbirds" that brings up 100.000 to the low Wanaka. Huge. It is a three day event. So I mean that brings in also people from all over the world, but a lot of New Zealanders come back." [Olivia]

In Queenstown, Taupo und vielen anderen Orten gibt es verschiedenste Events, welche die Menschen aus der Gegend und die Besucher aus ihrem Alltag herauslösen. Events kann man laut Knoblauch zu den von Goffman bezeichneten „social occasions" zählen. Für Events ist der Ort der Veranstaltung, an dem sich die Menschen für eine bestimmte Zeit einfinden, um einen Fokus oder mehrere Fokusse der Interaktion zu bilden, von großer Bedeutung.[408]

Für eine fremde „Erlebniswelt" eignen sich die Urlaubsorte ausgezeichnet, da es dort ohnehin schon eine Tendenz zum Fantastischen gibt. Durch diese besonderen Schauplätze, durch die Ausstattung (beispielsweise Kostüme oder Masken) und Aktivitäten (wie Tanzen) wird eine „besondere Art der Fokussierung"[409] erreicht. Die kommerziellen Events sind nicht nur für die Veranstalter von großer Bedeutung, sondern auch für die Saisonarbeiter. Jedes Event hat sein eigenes Thema und spricht daher meist nur eine bestimmte Gruppe von Menschen an. So gibt es Sportevents, Musikevents, politische Events, religiöse Events, Medienevents u.v.a.

Ob es sich um ein gelungenes Event handelt, hängt meistens von der Themenwahl ab, welche möglichst „monothematisch fokussiert sein"[410] soll. Denn bei einem Themenmix aus mehreren Bereichen besteht die Gefahr, dass der Event als alltäglich empfunden wird und infolgedessen in Vergessenheit gerät. Die alltäglich befriedigten Bedürfnisse erleiden nämlich einen Gratifikationsverlust, welcher dann durch eine neue Befriedigungsform ersetzt werden soll.[411]

Die erlebten Reize des vorangegangenen Events müssen übertroffen werden, das Megaevent zum angepriesenen Gigaevent werden, denn ansonsten gilt es als fehlgeschlagen.[412]

Die Zusammenkunft der Masse an einem Event-Ort intensiviert das Gemeinschaftsgefühl. Durch die vielen Zuseher entstehen nicht nur Bühnen für die Auftritte der Akteure, sondern auch für die Selbstdarstellung der Besucher. „Der Event will erlebt werden, und zwar am eigenen Körper"[413]. Dabei ist „das Ereignis [...] nicht nur mit Tönen, Bildern und Bewegung präsent, auch die Präsenz der Menschen ist körperlich evident: Im Riechen, Stinken, Spüren usw."[414] Die Zuschauer des Events werden mitunter zu den Beobachteten, z.B. durch die Fernsehzuseher, d.h. es kommt zu einer Verdoppelung der Beobachtung. Durch Medienpräsenz wird außerdem der Eindruck vermittelt, dass der Event ein denkwürdiges Ereignis ist, welches für die Nachwelt festgehalten werden soll. Die Veranstaltung gewinnt an Qualität.[415]

Manchmal gibt es sogar eine Videowand bei der Veranstaltung, welche die Szenen auf der Bühne im Großformat darbietet oder die Eventgemeinde zeigt. Damit können die Besucher die Bühne oder sich selbst aus einer anderen Perspektive beobachten, was das Verhalten einzelner Personen verändert. Der Event formt daher eine „große Familie", zu der alle Gäste gehören. Obwohl in Urlaubsorten täglich gefeiert wird, bedeutet ein Event eine Steigerung für alle. So sind Leitideen von Events an Subkulturen angelehnt und dienen der Sinnstiftung.[416] Die „Sick Trick Snowboardtour"[417] in Kirchberg ist ein Muss für ausländische Saisonarbeiter, die ein Faible für den Snowboardsport haben. Viele ehemalige Saisonarbeiter kommen für Events in den Urlaubsort zurück, um sich mit alten Bekannten wiederzutreffen. Dani Banani sieht das so:

„Eine lebt jetzt in Australien und hat zwei Kinder. Sie kommt jedes zweite Jahr wieder nach Kitzbühel. Sie hat auch sechs, sieben Jahre da gelebt. Es gibt eine andere aus Schweden. Sie war Schilehrerin oder sie hat im Hotel „Kaiser" gearbeitet, das weiß ich nicht mehr. Die kommt jedes Jahr zum Jahrmarkt im Sommer und zum Hahnenkammrennen. Jedes Jahr. Einfach, weil das Hahnenkammrennen, vier, fünf Tage. Der Jahrmarkt ist nur eine Nacht, aber sie kommt, zwei, drei Tage. Dann gibt es Leute, die ja jetzt in Indien leben. Die kommen auch immer wieder. Einer arbeitet in den Emiraten. Der hat jahrelang hinter der Bar im „Royal" gearbeitet. Der kommt immer wieder. Der hat gerade Besuch und es gibt noch einen in England. Er hat jahrelang im „Londoner" gearbeitet und dann hat er aufgehört und dann ist er immer wieder zur Tenniswoche gekommen, nur zur Generali Woche. Da hat er immer gearbeitet. Die Generali Woche ist eine Woche. Das ist fast jedes Mal so gewesen, dass er dann ein Monat hängen geblieben ist, weil er gesagt hat: Nein – ich flieg eh morgen. Dann am nächsten Tag triffst du ihn auf der Straße: Fliegst du nicht heute: Dann sagt er: Ich bleibe noch ein paar Tage. Es gab immer wieder eine letzte Woche. Nach dieser einen Woche ist er meistens eine Woche hängen geblieben und dann ist er wieder zurück. Die kommen seit Jahren. Irgendwie hat Kitzbühel - es ist hetzig – Kitzbühel hat irgendetwas Magnetisches für Leute an sich, die da mehr als vier, fünf Jahre gearbeitet haben. Die kommen immer wieder. Und wenn du dann wie gesagt einen Winter, einen Sommer und einen Winter machst, dann bleibst du meistens hängen."

„Events [...] sind die „Knoten", an denen die gemeinsame Orientierung sinnlich ehrfahrbar wird."[418] „Die Größe dieser Stämme spielt dabei weniger eine Rolle als die „Stimmung", in der die Teilnehmerinnen und Teilnehmer baden."[419] Diese Stimmung, das „Wir- und Zusammengehörigkeitsgefühl"[420] gibt es nur für die Dauer des Events, die Gemeinschaft besteht nur für den Moment. Damit unterscheiden sich Events von den klassischen Gesellungsformen, die auf dauerhafte zwischenmenschliche Beziehungen zielen.[421] Dieses Zusammengehörigkeits- und Wir-Gefühl wird durch einen entsprechenden Kleidungsstil, z.B. das Snowboardoutfit auf der „Sick Trick Tour", das Schioutfit beim Hahnenkammrennen, und bestimmte Rituale, gemeinsame Werthaltungen oder Symbole gestärkt.[422]

Es gibt für Arbeitssuchende auf Events viele Beschäftigungsmöglichkeiten. Ein Australier sieht seine Chance, beim Hahnenkammrennen Geld zu verdienen:

> *"And three days after a guy offered me a job doing some little bit of helping out on the Hahnenkammrace. And then I found out that I was cleaning up the rubbish from the race and going up the mountain. [...] I organized a team to clean up all the rubbish and a couple of bottles and the cans and everything and it was great fun, you know."* [Striker]

Auf den Events sollen die Grenzen des Alltags gesprengt werden. So wird das Hahnenkammrennen in Kitzbühel von den Saisonarbeitern als ihr persönlicher Saisonhöhepunkt gesehen. Für sie kann der Event als Besucher oder als Arbeitskraft erlebt werden. Je nach ausgeübter Tätigkeit gibt es für die reisenden Saisonarbeiter Möglichkeiten der Selbstinszenierung. Obwohl sich die Saisoniers an einem belebten Ort aufhalten, ist das Event das Ereignis im Jahr, bei dem die üblichen Grenzen überschritten werden können. Saisoniers transzendieren ihre „Erlebniswelt" durch das starke Reizpaket, das in dieser Zeit weiter verdichtet wird, um ein „totales Erlebnis" für Eventbesucher und Eventmacher herstellen zu können. Darüber hinaus soll es für die Eventbesucher möglich sein, sich in ihrer Ganzheit wahrnehmen zu können.[423] Das Event soll zum totalen Erlebnis in der Realität werden.[424]

> „Jedes ausgedrückte Gefühl hallt ohne Widerstand in dem Bewusstsein eines jeden wider; Jedes Bewußtsein findet sein Echo in den anderen. [...] starke Leidenschaften, Geschrei, wahrhaftes Heulen; ohrenbetäubendes Lärmen [sind Bestandteil von Events]." „Die Erregung wird manchmal so stark, dass sie zu unerhörten Akten verführt. Die entfesselten Leidenschaften sind so heftig, dass sie durch nichts mehr aufgehalten werden können. Man ist außerhalb der gewöhnlichen Lebensbedingungen und man ist sich dessen derart bewusst, dass man sich notwendigerweise außerhalb der gewöhnlichen Moral erhebt." [425]

Die Aufmerksamkeit richtet sich bei Events auf einen Hauptfokus. Bei einem Schiweltcuprennen ist es der Wettbewerb, bei einem Musikfestival die von Scheinwerfern beleuchtete Bühne, bei einem Marathon Lauf und Läufer, bei der Airshow die spektakulären Stunts der Flieger. Die Akteure, die sich auf der Bühne befinden, wie Rennfahrer, Marathonläufer und Piloten, werden in den Mittelpunkt gerückt. Am Höhepunkt soll für alle in der Gemeinschaft die Erfahrung des Metaphysischen, ein durch die Masse ermöglichtes, das Subjekt überschreitendes Kollektiverlebnis stehen. Dieses Phänomen nennt Durkheim „Efferveszenz".[426]

Neben diesem Hauptakt, der meistens am Ende des Events stattfindet, gibt es andere Aktivitäten und Performances, die zum Höhepunkt des totalen Erlebnisses hinführen sollen.

„Events bieten die dramaturgisch-emotionelle Verdichtung von Authentizität, die außeralltägliche Erfahrung von Wesen und Sinn; in einem verfügbaren Ambiente den Anschluss an die Unverfügbarkeit."[427]

Hat es gefallen, wird eine Verbindung zwischen dem Event und dem Besucher hergestellt, z.B. durch ein T-Shirt, welches nur auf dem Event erhältlich ist, oder das Tragen des „Freundschaftsbandes", welches als „Eintrittskarte" diente. Viele Veranstalter, vor allem bei Sportevents, verschenken an die Teilnehmer T-Shirts, welche im Nenngeld inkludiert sind, damit sie für das Folgeevent gratis Werbung und Mundpropaganda machen. Merchandising gehört zu den Events und den Urlaubsorten dazu.[428] Manche Saisonarbeiter tragen die meiste Zeit eine Uniform oder „gebrandete" Kleidung von ihrem Arbeitsplatz, machen für diesen Werbung und geben ihm „ein Gesicht".

8. Probleme reisender Saisonarbeiter

8.1 Geld und Sparen

Ungehemmter Konsum bestimmt bei vielen Menschen den Urlaub, Geld ausgeben gehört einfach dazu. Für die meisten Rucksacktouristen ist die Form des Konsums anders.[429] Sie reisen länger und versuchen, mit dem zur Verfügung stehenden Geld so lange wie möglich unterwegs zu sein. Zeit ist für sie in vielen Fällen weniger ein Thema als für andere Touristen, die wegen ihrer Arbeit nur begrenzt Urlaub haben. Wer mehr anspart, kann länger reisen, ohne zwischendurch arbeiten zu müssen. Dies bedeutet hartes Kalkulieren.

Kate Allen hat ein Jahre lang gespart, um genügend Startkapital für die Reise zu haben:

„Nicht, dass ich Geld anhäufen würde, aber ich komme mit dem Gehalt vom Krankenhaus gemütlich über die Runden. 10.000 australische Dollar würde mich die geplante Weltreise kosten. 1.000 Dollar lege ich deshalb brav auf die Seite, Monat für Monat, am Ende zwölf Mal."[430]

Einige haben sogar vor Reisebeginn ihr gesamtes Hab und Gut verkauft oder die Wohnung gekündigt. Den ganzen Besitz tragen sie entweder bei sich oder sie haben Teile bei den Eltern untergebracht. Wer wenig besitzt, kann wenig verlieren, ist sich eine 30-jährige Engländerin und Rezeptionistin in Neuseeland sicher:

"I have no roots anywhere in the world. I have nothing. Everything I own is with me here. Apart from maybe a few books. But otherwise my entire life is here, I think. Possessions are – they make you. They say a lot about you as a person. Yeah. I think that is the concept. In the end of the day if you are travelling, this is my idea, and you were robbed. How devastating is it? Not really. The most valuable thing, what you think, is probably your passport and at the end of the day you can get another one in between 48 hours. So ideally it is not. Not that I want to have my possessions robbed, but it does not matter." [Holy Mary]

Manche Reisende schaffen es sehr gut, eine Weltreise zu bestreiten, ohne auf dieser arbeiten zu müssen. Ein niederländisches Paar hat mir erzählt, dass es die Reisekosten genau geplant habe und wusste, dass es auf seiner Weltreise mit einem „Around The World Ticket" nach Südafrika, Bali, Australien, Neuseeland, Fidschi, Südamerika gelangen würde. In Australien wollten die beiden arbeiten, damit sich die Rechnung ausgeht. Sie haben es geschafft. Anders erging es einer Pariserin, die auf dem Weg nach Thailand in Australien zwischen Uluru und Darwin in Alice Springs strandete, weil sie kein Geld mehr zum Weiterreisen hatte. Unglücklich hat sie mir während ihrer Arbeit als Kellnerin in einem Café erzählt, dass es sie ärgere, in einem Ort wie Alice Springs, der ihr gar nicht gefalle, stoppen und arbeiten zu müssen, anstatt in einer Großstadt wie Darwin oder Sydney. Guter Dinge war sie, als ich später meinen Kaffee zahlte, bei dem Gedanken, dass sie in spätestens drei Monaten wieder weiterreisen könne.

Wer sich ohne Geld auf den Weg macht, kann in kurzer Zeit große finanzielle Probleme haben – so wie eine Australierin. Sie brach mittellos nach Europa auf und ihr Schuldenberg ist auf 6.000 Euro angewachsen, wie sie mir nach dem Interview erzählte:

"I wanted to stay here for the summer, but at the moment I need to go back and earn some and a lot more money than I would earn here. Actually I can't stay. I probably would. I spent a lot of money, because I went travelling without having saved anything before, but normally I don't spend that much money. Here I spend a lot of money on alcohol, but if I was just living in London with a normal job, I would not spend that much." [Lucy]

Einige Saisonarbeiter schaffen es nicht einmal, durch die Arbeit eine positive Bilanz zu erzielen. Die Einstellung zum Geld ist bei den meisten Saisonarbeitern eine ähnliche. Es ist für sie wichtig, ihren Konsumwünschen nachkommen zu können. Solange sie sich nicht verschulden und Angst haben müssen, dass sie sich die Unterkunft und das Essen nicht mehr leisten können, ist Geld für sie ein untergeordnetes Thema. Über Geld reden die Backpacker meistens dann, wenn sie keines haben. Wer finanziell am Limit ist und noch keinen Job hat, kann ziemlich nervös und gestresst werden.

„*Als ich in Australien war, mir das Geld ausging und ich feststellte, so nach dem Motto, dass du in einer Woche nicht mehr weißt, wo du schlafen sollst, was du essen sollst, wenn du nicht gleich einen Job kriegst - das ist schrecklich. Das will ich nie wieder haben so. Und also so viel Geld will ich schon haben, dass ich mir nicht solche Sorgen machen muss.*" [Jessy]

Es tragen diejenigen Personen ein größeres Risiko, welche einen schlechten finanziellen Rückhalt im Elternhaus haben, was bei vielen reisenden Saisonarbeitern leider der Fall ist.

Geld wird auch dann thematisiert, wenn es um größere Anschaffungen geht, wie ein Auto, ein Snowboard oder ein Flugticket:

"No money is simple. Money is most important to me when I'm reaching the end of the season, when I need to buy a plane ticket or something, I just enjoy. Just living for fun of it, live, living in a place, a sort of. I don't have huge values of money. It is necessary – it is not something travellers wage. Backpackers, when they are travelling, usually we work for six months or three months and just work, work, work and try to save money. And then we will go and not working too much. We just work to keep ourselves from being bored and we just enjoy what we do – which is what I'm doing now. I'm here to ski and I'm here to snowboard, so." [Dude]

Viele Backpacker sparen vor allem bei Flügen. Sie versuchen, einen Billigflug oder ein „Around The World Ticket" zu ergattern. Durch das Studium der Preise und durch Tipps Gleichgesinnter kann man sich beim Buchen sehr viel sparen. Die meisten haben kein Problem mit dem Wissen, dass sie in ihrem Leben niemals reich sein werden, weil sie Geld wenig Wert beimessen. Solange die Saisonarbeiter keine Verbindlichkeiten gegenüber anderen Personen haben, ist für sie ein großes Einkommen nicht von Bedeutung:

"No, no, not rich. I just save a little bit of money. But I mean to get me through. I don't have any big savings. I don't have a big house. I don't have any big money. I don't have worry about my weekly rent and my bar bills if I have ones. Food, drink and sleeping. I don't have the boy who has to go on Kitzbühel college and pay all this. I don't need to get rich really." [Mad Mike]

Es ergibt sich ein paradoxer Lebensstil: Auf der einen Seite versuchen die Rucksacktouristen zu sparen, indem sie auf einen gewissen Lebensstandard verzichten, auf der anderen Seite wird verhältnismäßig viel Geld für teure Freizeitaktivitäten wie z.B. Snowboarden, Skydiven und Alkohol ausgegeben. Der Australier Rob fährt leidenschaftlich Snowboard, seit er in Kitzbühel ist, und nimmt einiges in Kauf, um seinem Hobby nachgehen zu können:

"From an economic point that is opportunity costs. I think for me snowboarding is my priority. To snowboard every day that is my pleasure I have. And to do that – it is simple. You prioritize what is important to have. Actually the first is the most important thing for you and you try to stay along as long as possible. And if you want to splank your money and if you stretch out as long as it can. You try to save. Saving in clothes. I've come here to snowboard, but I have never done it in my life. But I fell in love with it and enjoyed it so much. And I think that's why I'm back here because I had a good time last year. I didn't come with a lot of money. But then there was the season out, so I went to England to earn some more money and come back. Pretty much snowboarding is my number one priority. I don't eat so well some time. I have analyzed these things. I think about the fact that before I come over here. I lived there in a little house with my

girlfriend. I had a certain thing. But when I come over here that changed my priorities a lot. Sometimes it is washing every three or four days – it is disgusting. I used to shower every day. If you can't do it for two days it is disgusting."
[Rob]

Oft wird versucht, bei den täglichen Kosten wie bei der Übernachtung oder beim Essen zu sparen, und auf viele Selbstverständlichkeiten wird verzichtet. Das Leben in der Jugendherberge bzw. das Leben in einem geteilten Zimmer schränkt die Privatsphäre der Personen auf ein Minimum ein:
"Yeah, this is privacy – that is something that you give up, when you stay a full season with some people in the room. I did that. It is okay for three, four weeks. It is very hard and even to the point where they were putting in the living room. There were eight people in a big bed. It is disgusting and dirty." [Rob]

Ein tschechischer Saisonarbeiter, der in Kitzbühel für seinen Neuseelandaufenthalt spart, plant schon im Vorhinein, wie er weniger Geld beim Reisen ausgeben muss:
"You can save money, especially when you buy a car. You can sleep in a car. You can do everything in the car. You don't need accommodation and stuff like that. We want to go to New Zealand and hopefully Australia." [Jan]

Sich fortzubewegen ist für viele Rucksacktouristen und Saisonarbeiter der finanziell heikelste Punkt. Wie oben beschrieben, schränken sie sich daher ein: Viele Backpacker tragen Secondhand-Kleidung oder kaufen sich gebrauchte Gegenstände (Snowboards, Schischuhe etc.).
Es ist einfach, in Orten wie Kitzbühel oder Wanaka viel Geld in Bars, Diskotheken oder auch beim Schifahren auszugeben. Deswegen trifft man die meisten Globetrotter auf dem „Happy Hour Trail" an, wenn sie von Lokal zu Lokal, von einer „Happy Hour" zur nächsten ziehen. Ermäßigungen kann es durch Freundschaftsdienste auch bei Sportequipment, beim Bier in der Après-Ski-Bar oder bei Freizeitaktivitäten wie Canyoning, Jet-Boating, Paragliding, Rafting etc. geben, wenn andere Saisonarbeiter aus der Community in diesem Bereich tätig sind. Solange ein ausgeglichenes Verhältnis von Geben und Nehmen unter den Beteiligten herrscht, werden sich alle in einer Win-win-Situation befinden.
Weitere Beispiele sind Gratis-Essen für Schilehrer auf der Hütte, wenn sie viele Schüler mitbringen, billiges Equipment in einem bestimmten Sportgeschäft, wenn man Kunden vermittelt, oder verbilligte Liftkarten. Die Saisonarbeiter in Kitzbühel haben sogar „Deals" auf dem Golfplatz, weil es Golflehrer unter ihnen gibt:

"Well Eric [Golflehrer] sets up a very special evening and allows people to play for maybe 20 Euros. They get a special prize and every week is a little tournament. There are a few locals who join them, but for the most part it is the English speaking community. It is the guys from the bars from here, but they give people a chance to play for a low prize. A bunch of people get there and, you know, golf times." [Old Jack]

In manchen Fällen bekommen die Mitarbeiter sogar Gutscheine für Freunde und Bekannte. Bei den verschiedensten Ermäßigungen für Saisonarbeiter wird ihr formelles und informelles Netzwerk sichtbar. Eine Deutsche, die am Treble Cone nahe Wanaka arbeitet, dazu:

„Also die Leute kriegen einen Saisonpass, der ist für Mitarbeiter des Treble Cone umsonst und dann ist es so, dass wir bestimmte Discounts oben im Restaurant kriegen, rentals und ski lessons. Wir können jederzeit an einem Schikurs teilnehmen, wenn die Gruppe auf unserem Level ist. Dann haben wir auch Ski and Board [unverständlich] Das ist über mehrere Wochen, dass man mit verschiedenen Gruppen trainieren kann. Auch Leute, die noch nie auf Skiern und Snowboard gestanden haben. Und dann ab und zu gibt es Bier umsonst für das Staff." [Silke]

8.2 Markt von Gegenständen

In fast allen Jugendherbergen in Neuseeland und Australien gibt es ein Schwarzes Brett. Dieses ist nicht nur ein Umschlagplatz für Information, sondern auch für verschiedene Gegenstände. Es gibt Dinge, die man nur auf Reisen braucht oder die einfach zu viel Gewicht haben, sodass man sie vor Ort besorgt. Daher werden in Neuseeland und in Australien am Schwarzen Brett neben Mitfahrgelegenheiten kleine Gegenstände wie Kühlboxen, Handys, Sim-Karten, aber auch größere wie Schi, Snowboards, Snowboardschuhe, Surfbretter bis hin zu Autos angeboten. Vor allem in den Städten mit einem großen Flughafen wie Christchurch, Sydney, Auckland, über welchen die Touristen und Saisonarbeiter ins Land kommen oder es verlassen, herrscht ein reger Markt. Kleine Märkte gibt es auch in den Urlaubsorten, besonders am Beginn oder am Ende der Saison, weil viele Leute während dieser Zeit ankommen oder weiterreisen. Wie Sandra aus England beschreibt, ist vor allem das teure Übergepäck ein Grund, Gegenstände zurückzulassen, die nicht unmittelbar nützlich sind:

"I bought new skis last year in the beginning of the season. I left them here, because I could not take them with. I think I would have had to pay extra lug-

gage and I had so much luggage that I couldn't carry at all. I am still leaving them here in the end of the season. I wouldn't sell them, but I'm happy that my sister will come back with me and she can have my skis. I am going to buy new ones anyway. If I had boots and a good pair of skis I would probably take it back with me. But that is a thing I was really wondering about." [Sandra]

Bevor ich von Christchurch nach Sydney weitergeflogen bin, habe ich mein in Neuseeland gekauftes Telefon angepriesen. Der Amerikaner, der sich auf dieses Angebot meldete, war gerade aus Australien nach Neuseeland geflogen und hatte nur ein auf ein australisches Netz zugelassenes Telefon. Kurzerhand tauschten wir unsere Wertkartentelefone aus, was zur Folge hatte, dass ich in Australien die Kurznachrichten von seinen weiblichen Fans erhielt, mit denen er, sofern ich die Nachrichten richtig interpretierte, amouröse Abenteuer erlebt hatte. Dieser Markt unterliegt selbstverständlich den Gesetzmäßigkeiten von Angebot und Nachfrage.[431]

„Ich brauche unbedingt neue Schischuhe, denn vor fünf Jahren habe ich meine Schischuhe gebraucht gekauft. Der Schischuh hält nur noch, weil ich da so ein Teil hier an der Seite geklebt habe und weil du es deswegen irgendwann einmal nicht mehr weiter an der Seite nach vorne drücken kannst. Dann blockiert es und dann klickst du drauf. Nur deswegen habe ich überhaupt noch Druck. Wenn das nicht wäre, dann hätte ich einen Softboot. Fast 160 Euro ist zu viel für einen neuen Schuh." [Claude]

„Sobald jemand nach London fährt, wird sofort eine Liste zusammengestellt. Jeder braucht etwas von zuhause, auch wenn es nur Kleinigkeiten sind. Und wenn er wieder zurückkommt, nimmt er alles mit. Das ist schon eine nette Community." [Tina]

"You can sell that to the sport shops. I don't know if they actually buy them. Kim wanted to go and try to sell her skis before she left." [Sandra]

Am Saisonende, wenn viele Leute das Land verlassen wollen, aber wenige nachkommen, sinkt der Preis aufgrund des Überangebotes.

8.3 TRANSPORT

Wenn man nicht nur in einem Ort verweilen will, stellt sich unweigerlich die Frage nach dem Transport. Da die meisten reisenden Saisonarbeiter ihre Ausgaben im Auge behalten müssen, sind die damit verbundenen Kosten ein wichtiges Kriterium. Je nach Aufenthaltsdauer ist es sinnvoll, sich ein Auto zu mieten, zu kaufen oder den Bus bzw. den Zug zu benutzen. Vor allem in Neuseeland ist das Auto das Fortbewegungsmittel mit den größten Vorteilen, da man alles erreichen kann und die Distanzen zwischen den Sehenswürdigkeiten nicht so groß sind wie in Australien. Deswegen gibt es viele Backpacker, die sich ein altes Auto (zwischen zehn und 25 Jahren) kaufen und versuchen, es am Ende des Urlaubs bzw. Aufenthaltes weiter zu verkaufen. Als Faustregel gilt, dass man sich ab drei Wochen Aufenthalt mit dem Autokauf Geld sparen kann, weil man mit dem Besitz weniger Geld ablegt als mit der Miete.

Je nachdem, ob man sich am Anfang oder am Ende der Saison befindet, stellt sich ein anderes Marktgleichgewicht, also ein anderer Preis ein. Zu Saisonbeginn sind Preise hoch und es ist einfach, ein Auto zu verkaufen, während am Ende der Saison die Preise tief sind und es günstig ist, ein Auto zu erwerben. Wer zu Saisonende kauft und am Saisonanfang verkauft, kann sogar Gewinn aus dieser Transaktion ziehen. Die Gesetze für den Autokauf und die Anmeldung eines Fahrzeugs sind in Australien und Neuseeland verschieden, und deswegen informieren sich die meisten Backpacker genau darüber. Die Preise der gebrauchten Backpackerautos belaufen sich in Neuseeland auf zwischen 500 und etwa 3.000 Neuseeländische Dollar (das sind ungefähr zwischen 225 und 1.350 Euro[432]). In Australien befinden sich die Preise laut Andrea Buchspieß zwischen 2.000 und 3.000 Australische Dollar.[433] Ähnliche Preise finden sich auch auf Internetseiten wie z.B. <http://www.carmarket.com.au/>. Die Preisschwankungen sind abhängig von der Saison, dem Zustand des Autos und den gutgläubigen Backpackern.

Der bürokratische Aufwand beim Kauf und der Anmeldung eines Autos in Neuseeland und Australien ist relativ gering. In Neuseeland reicht ein Kaufvertrag, um das Auto am Postamt anmelden zu können, was innerhalb einer halben Stunde möglich ist. Außer beim Gebrauchtwagenhändler gibt es noch andere Möglichkeiten, um auf ein Auto aufmerksam zu werden. Es kann sein, dass man in einer Jugendherberge einen Zettel „Zu verkaufen" oder „for sale" sieht, im Internet eine Anzeige liest, auf eine Autoauktion geht oder im Internetcafé eine Information bekommt.

Ein Backpacker (Gernot) hat erzählt, dass er in ungefähr zehn Jugendherbergen sein Auto mit einem Zettel am Schwarzen Brett zum Verkauf angeboten hat, um die Chance zu optimieren, das Auto loszuwerden, weil genau dort potentielle Käufer wohnen. Auch am Backpackercarmarket versuchen viele, ihr Auto zu verkaufen. Von den Besitzern des Automarktes wird eine Halle als Marktplatz zur Verfügung gestellt, die für viele Reisende als Umschlagplatz zum Verkauf oder Ankauf eines Fahrzeugs genutzt wird. Hier kann man gegen den geringen Wert von 30 Euro als Verkäufer einen Standplatz für drei Tage mieten, um sein Auto zum Verkauf anzubieten. Da die meisten Backpacker wenig Ahnung von Autos haben und nur manche vor dem Kauf einen Automobilclub holen, um das Auto zu testen, ist für viele der Kauf ein Sprung ins kalte Wasser. Die einzige Orientierung ist für viele das Servicepickerl (in Neuseeland das WOF – „Waranty of Fitness" sowie in Australien das „Road Worthy Certificate", auch „pink slip" genannt). Viele hoffen, dass das Auto während des Aufenthaltes nicht zusammenbricht. Aus Erzählungen von einigen Backpackern weiß ich, dass dies schon öfter vorgekommen ist.

Bei wenig Nachfrage am Markt passiert es, dass man das Auto für einen Zeitraum von drei Wochen oder länger nicht verkaufen kann, obwohl man überall inseriert hat. In den letzten Aufenthaltstagen steigt die Nervosität der Autobesitzer, weil der Preis drastisch sinkt. Falls es wirklich nicht mehr abgesetzt werden kann, kommt das Fahrzeug als Notlösung bei einer Auktion unter den Hammer. Da ein Autokauf ein großer finanzieller Aufwand ist, haben viele Reisende ein mulmiges Gefühl nach dem Kauf und befragen anfangs andere Autokäufer zu deren Erfahrungen. Manche kaufen sich sogar ein Fahrzeug über das Internet, ohne es vorher gesehen zu haben, wie mir ein Australier in Kitzbühel über sein gerade in Holland erstandenes Wohnmobil erzählte. Aufgrund der Marktsituation und der Formalitäten ist es leichter, in Australien oder Neuseeland ein Auto zu erwerben, als in Europa. Da ein Autokauf häufig bei Backpackern vorkommt, konnte ich an den oben genannten Umschlagplätzen und Infostellen viele Leute und einige Interviewpartner kennen lernen. Weniger Sorgen bezüglich Autoverkauf entstehen, wenn man mit dem Gebrauchtwagenhändler einen „Buybackdeal" abschließt[434], bei dem dieser sich bereit erklärt, das Auto nach dem Aufenthalt zu einem fixen, natürlich niedrigeren Preis wieder zurückzukaufen (das hat mir schlaflose Nächte erspart, da ich zu Saisonende Neuseeland verließ).

In Wanaka ist es wahrscheinlich, dass man junge Leute sieht, die auf den Berg hinaufstoppen. Es ist leicht, eine Fahrgelegenheit zu bekommen, weil das ohnehin das Ziel vieler Backpacker ist, die aus Solidarität stehen bleiben. In Europa scheint der Zug zum Reisen attraktiver als der Bus, weil das Zugnetz gut ausgebaut ist. Deswegen sind viele Saisonarbeiter aus Kitzbühel, unter anderem auch Kate Allen, mit einem Interrailticket quer durch den Kontinent unterwegs. In seltenen Fällen wird auch eine Busreise in Kauf genommen, wie Dani Banani erzählt.

„Die Reise kostet was und du möchtest nicht gleich anfangen zu arbeiten. Du möchtest ein bisschen was sehen. Viele kommen an, machen eine kurze Reise. Damals hat es „Kontikibuses" gegeben, das ist europaweit. Das war vor Jahren schon europaweit, aber das ist so von einem Neuseeländer ausgegangen und der hat das in Europa gemacht. Das sind so Busse für 18- bis 35-Jährige. Du steigst

ein. Wir haben einmal gemacht: 18 Tage, sieben Länder. Und das geht so: Du fängst in London an. Ich glaube, du kannst von sieben Tage bis eineinhalb Monate eine Reise nehmen. Und das machen sehr viele Leute, dass die einen Überblick kriegen von Europa. Manche machen nur diese Reise und arbeiten. Und dann geht es wieder zurück. Viele machen das, dass sie ein bisschen einen Überblick kriegen, und wir haben das auch gemacht. Wir machen das als Greenhorn, als Greenie, wenn du nichts kennst." [Dani Banani]

Neuseeland mit dem Zug zu bereisen ist umständlich und stellt eine eigene Herausforderung dar. Andererseits ist die Unfallstatistik in Neuseeland aufgrund des Linksverkehrs, der jungen Fahrer und der Alkohollenker ziemlich hoch und Autofahren gefährlich. Da es in Neuseeland so viele Backerpackerautos gibt und dafür auch viele Ersatzteile gebraucht werden, lohnt es sich für manche Kleinkriminelle, die alten Autos zu stehlen und deren Ersatzteile an Werkstätten weiterzuverkaufen. Dass es diesen Ersatzteilschwarzmarkt gibt, stellte ich am eigenen Leib fest, da eines Morgens auf meinem Parkplatz statt meinem Auto ein fremder VW-Bus parkte.

Durch die billigen Low-Cost-Carrier hat auch das Flugzeug für die Saisonarbeiter als Transportmittel für „Kurzstrecken" stark an Bedeutung gewonnen; so etwa die „Ryan Air"-Verbindung zwischen Salzburg und London Stansted.

8.4 VISUM

Die Welt als Erfahrungsraum ist an bilaterale Verträge, politische Situationen, Flugrouten und sonstige geopolitische Bedingungen geknüpft.

Ein Visum ist für die reisenden Saisonarbeiter wichtig, da es manchmal die Arbeitsberechtigung beinhalten kann. Für EU-Bürger stellt es im Gegensatz zu Australiern, Neuseeländern etc. überhaupt kein Problem dar, in österreichischen Wintersportorten zu arbeiten. Für Personen von außerhalb des EU-Raumes ist das Arbeiten in Österreich problematischer, da gesetzlich ein Arbeitsvisum beantragt werden muss. In ähnlicher Weise ist in Australien und Neuseeland das Beantragen eines entsprechenden Visums für Österreicher relativ schwierig.

Für Bürger anderer Länder wie Belgien, Tschechien, Dänemark, Estland, Finnland, Frankreich, Deutschland, Irland, Italien, Niederlande, Norwegen, Schweden, Kanada, USA sowie einige asiatische und südamerikanische Länder gibt es ein spezielles „Working Holiday Visum" in Neuseeland und umgekehrt.[435]

Sofern man das Alter von 30 Jahren noch nicht überschritten und eine Reifeprüfung oder eine Ausbildung absolviert hat, ist es einfach, ein derartiges Arbeitsvisum zu bekommen. Für Österreicher gilt dies nicht, da es so ein Abkommen zwischen Österreich und Australien bzw. Neuseeland nicht gibt. Das liegt laut der Neuseeländischen Botschaft und dem Österreichischen Außenministerium vor allem daran, dass beide Verhandlungspartner ein klares Konzept verfolgen. Die Österreicher möchten das Visum nur für eine bestimmte Berufsgruppe, z.b. Schilehrer, zulassen (solch einen Vertrag gibt es mit Kanada[436]), während Australier und Neuseeländer ein Visum für alle erdenklichen Arbeitsplätze freigeben wollen.

Aufgrund dieser Probleme werden in vielen Fällen in Österreich, wenn das Beherrschen der englischen Sprache Voraussetzung ist, lieber EU-Bürger aus Großbritannien eingestellt als Australier und Neuseeländer, da der bürokratische Aufwand für das Anmelden am Arbeitsamt geringer ist. Aus diesem Grund besitzen viele der in Kitzbühel arbeitenden Australier, Neuseeländer und Südafrikaner eine Doppelstaatsbürgerschaft, wobei die zweite Staatsbürgerschaft in einem EU-Land wie England, Schottland, Niederlande ausgestellt wurde. Aufgrund oben genannter Sachverhalte werden Besitzer eines „Working Holiday Visums" bei der Einstellung jenen, die keines besitzen, vorgezogen. Wenn man keine Anstellung in Aussicht hat, bekommt man kein Arbeitsvisum. Wenn man kein „Working Holiday Visum" hat (das war in all meinen Bewerbungen anzugeben) und der Arbeitgeber den Bewerber nicht kennt, bekommt man kein Arbeitsangebot.[437] Somit ergibt sich ein Teufelskreis. Das Problem bringt Veronika gut auf den Punkt:

„Das stimmt. Da brauchst es. Da brauchst du eine Sponsorship, also jemanden, der dir einen Job gibt, und dann musst du die Visapapiere ausfüllen. Dann muss das auch ein Job sein, wo sie zu wenig Neuseeländer haben." [Veronika]

In Neuseeland hätte ich die Möglichkeit gehabt, mich vor Ort in einer Schischule zu bewerben, aber das als fix einzurechnen, beinhaltet ein beträchtliches Risiko.

Wer das Vorgehen der KIAB (Kontrolle illegaler Arbeitnehmerbeschäftigung) schon einmal erlebt hat, weiß, dass dies eine unangenehme Sache sein kann.[438]

„Die Organe der Abgabenbehörden sind bei Durchführung der Kontrolle berechtigt, Betriebsstätten, Betriebsräume und auswärtige Arbeitsstätten sowie Aufenthaltsräume der Arbeitnehmer zu betreten und Wege zu befahren, auch wenn dies sonst der Allgemeinheit untersagt ist. Weiters sind die Bediensteten der KIAB befugt, die Identität von Personen festzustellen, wenn Grund zur Annahme besteht, dass es sich dabei um ausländische Arbeitskräfte handelt. Die Arbeitgeber sind verpflichtet, den Abgabenbehörden die erforderlichen

Auskünfte zu erteilen und Einsicht in die Unterlagen zu gewähren. In ihrer Abwesenheit haben sie dafür Sorge zu tragen, dass eine an der Arbeitsstelle anwesende Person diese Auskünfte erteilt und Einsicht gewährt. Die Kontrollorgane haben sich bei Beginn der Kontrolle auszuweisen und den Arbeitgeber zu verständigen. Dies darf jedoch den Beginn der Kontrolle nicht unnötig verzögern. Für die Kontrolle bedarf es **keinerlei** schriftlichen Auftrages."[439]

Dass es unerfreuliche Folgen mit sich bringen kann, illegal zu arbeiten, soll dieses Statement von Tyler untermauern:

"Not at all. It is very difficult to get a start here. People will not give you a job before you come and see them. How can you get the permit when the person is not able to give you the job? I think that is definitely something, where you take a look at and try to relax and somewhat. It is the point of giving people maybe a one month work visa before they can do a fully season or year. It is very hard to get a start and nobody wants to do it like always having to run out the backdoor somewhere or run of. That is not the way it should be." [Tyler]

8.5 BEWERBUNG

Viele Personen, die „travel and work" machen wollen, suchen um ein „Working Holiday Visum" an, sofern es dieses zwischen den jeweiligen Ländern gibt, bevor sie sich um einen Job kümmern. Das „Working Holiday Visum" ist mit der Auflage verbunden, dass der Bewerber, wenn er Arbeit gefunden hat, diese nur drei Monate lang ausüben darf. Falls er weiterarbeiten will, muss er sich danach für einen neuen Job bewerben. Dies ist für ein Jahr, den Zeitraum des Visums, möglich. Wenn das Visum bewilligt ist, kann der nächste Schritt, die Bewerbung, in Angriff genommen werden. Im Wesentlichen kann man fünf verschiedene Bewerbungsstrategien unterscheiden:

1. Internetbewerbung

Durch das Internet ist es einfach geworden, eine Bewerbung bis ans Ende der Welt zu schicken. Viele Backpacker versuchen, zuerst über das Internet via E-Mail Kontakt zu den möglichen Arbeitgebern herzustellen. Die meisten Schigebiete in Neuseeland haben eigene „application forms" (Bewerbungsformulare) auf ihrer Homepage, auf welchen man seine persönlichen Bewerbungsdaten und das gewünschte Berufsfeld eingeben kann. Da die Schigebiete meist von einem einzigen Unternehmen verwaltet werden, kann man sich auf dieser Seite für die unterschiedlichsten Jobs wie Schilehrer, Liftpersonal, Koch, Kellner etc. bewerben. Speed Police Steve hat auf diese Art seine Arbeit als „Speedpatrol" in Methven am Mt. Hutt (Neuseeland) gefunden:

"A lot of people search in the internet. Here in New Zealand it is a bit limited. There are some small ski resorts and everybody tends to apply for Wanaka and Queenstown. And the other people are just going somewhere else." [Speed Police Steve]

Für die meisten Berufssparten gibt es eigene Foren und Seiten im Internet, auf denen man feststellt, wo und wie man sich bewerben kann. Claude meint hierzu Folgendes:

„Ich war in Honduras, Guatemala, Mexiko und in Spanien habe ich angefangen zu tauchen. Dann in Honduras habe ich noch mehr Kurse gemacht, bis ich Dive-Master war. Das ist schon der erste professionelle Level, wie Schilehreranwärter, aber anders. Man darf halt Leute unter Wasser führen. Aber die müssen schon alle sehr versiert sein. Am Ende meines zweimonatigen Aufenthalts habe ich zwei, drei Wochen in Honduras richtig gearbeitet. Am Ende der Ausbildung kriegst du dann eine Nummer, wenn du Dive-Master wirst. Damit kannst du dich im Internet – da gibt es eine Internetdatenbank mit Arbeitsangeboten – bewerben. Da kannst du dich sogar rund um die Welt bewerben. Ich habe in Spanien Arbeit gefunden und das hat nur drei E-Mails gekostet. Ich war noch beim Schreiben und dann habe ich eine Antwort bekommen auf die erste Bewerbung, wann ich kommen könnte. Das war am ersten Tag, als ich zurückgekommen bin. Dann hab ich schreiben müssen: Also, ich bin erst gestern zurückgekommen und gebt mir eine Woche Zeit und dann bin ich da." [Claude]

2. Bewerbung über Freunde

Vermutlich wird das Wissen über die meisten Jobs auf informellem Weg weitergegeben. Es passiert sehr oft, dass man über einen Freund oder Bekannten Jobangebote erhält. Sobald ein Saisonarbeiter einmal in einem Ort gearbeitet hat, weiß er, wo und wie er dort Arbeit finden kann und ob es eventuell freie Stellen für seine Freunde gibt. Er selbst tritt in diesem Fall als Bürge auf:

"I met Bert in Portugal. He was working the same as me and we started working in the kitchen in the restaurant and then I asked Bert in the end of the summer season: "What are you doing?" He said: "No plans." I told him: "Come over to Austria, I get a job there for you in the "Londoner"." [Albert]

Ein sehr netter Allgäuer, der das Schigebiet in Porters Heights (NZ) leitet, bestätigt, dass Empfehlungen auch für sein Schigebiet das Um und Auf sind:

„Sehr viel geht über Empfehlungen. Viel mit Österreich. Da war ein Österreicher, ein Freund von einem ehemaligen Angestellten von mir, und den wollte ich zum Schituning im Schiverleih anstellen, aber das E-Mail ist wieder zu mir

zurückgekommen, weil es unzustellbar war. Der hat mir eine E-Mailadresse gegeben, die nicht funktioniert hat, sonst hätte ich ihm den Job gegeben." [lachen] *[Reinhard]*

3. „Show up"-Strategie

„Show up" heißt übersetzt einfach „auftauchen", und genau das machen viele Saisonarbeiter. In den meisten Tourismusorten werden kurz vor Saisonbeginn noch Arbeitskräfte gesucht. Aus diesem Grund wird empfohlen, sich im Touristenzentrum einzufinden, von „Tür zu Tür" zu gehen und dann nach Arbeit zu fragen, wie es Londoner Fred gemacht hat:
"*Yeah, I was in Kitzbühel. I mean, I was in Westerndorf. I came to Kitzbühel for the day and searched for the jobs. And I saw there is a place called "The Londoner". It sounded English, so I went there and asked for a job and saw Tina. I went to the "Flannigans", which was closed, so I didn't ask for a job there. I looked everywhere and looked if it sounded English and then I went to all the après-ski bars. That is pretty much what I did. I didn't want to work in a kitchen."* [Londoner Fred]

Schließlich hat Fred als Türsteher Arbeit in Kitzbühel gefunden. Ähnlich hat es die Japanerin Satomi in Wanaka (NZ) gemacht:
"*I think that is timing. I don't know. When I came here last month, that was very low season, I went to all the restaurants, cafés, shops and I asked them: Can I work her? I am looking for a job. Pretty much of the people, most of the staff said: "No." Because of the low season and I couldn't get a job. And then in the hotel I found a job."* [Satomi]

Die „Show up"-Strategie, bei der man einfach auftaucht, an einige Türen klopft und sich nach einer Arbeitsmöglichkeit erkundigt, ist auf jeden Fall riskanter als schon im Vorhinein eine fixe Stelle vertraglich abgesichert zu haben. Dieser Art, sich zu bewerben, kommen einige Angebote und Gegebenheiten stark entgegen.

Vor allem in den Jugendherbergen, in Belegschaftshäusern oder in von Saisonarbeitern gemieteten Wohnungen und an speziellen Treffpunkten kann man Arbeit finden. Kate Allen wusste, dass sie im Personalhaus des „Londoner" in Kitzbühel herausfinden könnte, wo es gerade Arbeit gibt.

„Zu arbeiten gibt es glücklicherweise genug, und die Wege, das herauszufinden, sind wie immer schnell erschlossen. In den Belegschaften trifft sich die arbeitende Bevölkerung zum Feiern und zum Kontakteknüpfen. Hier erfährt man aus erster Hand, wo Not an Mann oder Frau ist. Die Sammelpunkte sind sozusagen unser Schwarzes Brett für Arbeitsbeschaffung. Hier abwaschen, dort im Service mithelfen – die Bandbreite ist im Sommer und Winter klar abgesteckt."[440]

Es ist deswegen auch kein Zufall, dass ich einen 20-jährigen Holländer, der gerade auf Arbeitssuche war, eine Woche nach dem Interview im „Londoner Staffhouse" zufällig getroffen habe. In Neuseeland habe ich von meinem Zimmerkollegen in der Jugendherberge das Angebot bekommen, mit in die Schischule zu gehen, da dort gerade Personalmangel vorherrschte. Die meisten Jobs werden durch Mundpropaganda in den Kreisen der arbeitssuchenden Reisenden vermittelt. Aus diesem Grund ist auch das Pub, in dem sich die Saisonarbeiter treffen, nicht nur zum Trinken, sondern auch für die Arbeitssuche geeignet. Für viele Saisoniers definitiv für beides. Wer auf die Leute in den Lokalen zugeht oder mit den Kellnern ins Gespräch kommt, erfährt sehr schnell, wo es Arbeit gibt. In den meisten Jugendherbergen gibt es – wie bereits oben erwähnt – Schwarze Bretter, auf denen auch freie Stellen ausgeschrieben sein können. Die Informationen darauf sind deswegen für viele Saisonarbeiter sehr wichtig.

Wie Kate Allen schon in obigem Statement gemeint hat, kann man an den Treffpunkten der Saisonarbeiter eventuell Arbeit finden. Dazu gehören auch informelle „meeting points" wie das Internetcafé, der Videoshop, Cafés, in welchen Saisonarbeiter arbeiten. So fasst ein australischer 26-jähriger Surfer und Snowboarder die Situation Kitzbühel und Kirchberg zusammen:

"In Kitzbühel – definitely the "Londoner"-staffhouse would that work. It is definitely one of the central pubs. What goes on amongst the Australian, South African and New Zealand community. It is very much the same in Kirchberg. In Kirchberg the "London pub" staffhouse is literally the center harbour for the Australian community and what goes on there. If they were walking through town and they have met someone of the staffhouse. It is pretty much a very social sort of place. There is also some of the small backpacker like "Club Habita" and not so much now. It changes his cliental. A few years ago it was very popular for Australians who were working in England. It was marketed at them to come over and sort of use that as their central pub for all the advice and nowadays in Kirchberg it would be "Haus Christian" which is also a backpacker if you like. It is a cheap accommodation hostel. It is a hostel with shared accommodation like "Snowbunnies" where they marketed themselves as snowboarders not skiers so much. They get a lot of young Aussie guys who are surfers and are travelling and they come and stay there for a couple of weeks and end up staying for the season. I'm sure "Snowbunnies" is here in Kitzbühel the same." [Dude]

4. Jobvermittlungen

Da für „Travel and Work" in Australien und Neuseeland schon seit längerer Zeit mit einigen europäischen Ländern bilaterale Abmachungen existieren, gibt es eigene Jobvermittlungen, die sich auf reisende Saisonarbeiter spezialisiert haben. Einige Saisonarbeiter übergeben die Jobvermittlung an eine Agentur oder gehen auf das Arbeitsamt, um Arbeit zu finden. Der Vorteil von Agenturen liegt darin, dass sie den Arbeitssuchenden Zeit, Mühe und Energie beim Suchen sparen, der Nachteil sind die Kosten (www.mycareer.com.au, www.careerone.com.au etc.).

5. Zeitungen und Lokalzeitungen

Die Annoncen in den Zeitungen und besonders Lokalzeitungen werden meist von Personen gelesen, die sich für die „Show up"-Strategie entschieden haben oder entscheiden mussten. Solche Blätter sind typisch für viele Touristenzentren. In Kitzbühel gibt es den *Kitzbüheler Anzeiger*, in Wanaka den *Upper Clutta Messenger*, darüber hinaus zahlreiche Backpackermagazine.

Wenn der Fall eintritt, dass es weniger Arbeitsangebot als Nachfrage gibt, wird dies für jene Reisenden problematisch, die das noch nicht erwirtschaftete Budget in ihre Reisekosten mit eingerechnet haben. Dass diese Leute in einem großen Abhängigkeitsverhältnis zu ihren Arbeitgebern stehen und in weiterer Folge in vielen Fällen schlechte Arbeitsbedingungen in Kauf nehmen müssen, soll folgendes Beispiel demonstrieren: In Wanaka habe ich einen autostoppenden Schweizer Schilehrer in ein Schigebiet mitgenommen. Dieser hat mir während der Fahrt erzählt, dass er gerade an einem „Hiring Camp" teilnimmt. Von den 30 Schilehrern werden fünf tatsächlich in das Team aufgenommen. Eine interviewte Angestellte dieses Unternehmens hat mir diesen Sachverhalt bestätigt:

„Das ist bei Schilehrern vielleicht ein bisschen anders. Wir hatten dieses Jahr insgesamt 1.000 Bewerbungen für 150 bis 180 Stellen für das gesamte Personal. Ich glaube, acht von diesen Stellen gehen an Snowboardlehrer. Vor allem im Schischulbereich gibt es viel zu viele Bewerber, die dann rausfallen. Die kommen gar nicht, weil es keine Antwort gibt. Da bewerben sich so viele Leute, und wenn du jemanden kennst, der da schon arbeitet oder du kennst den Chef persönlich, dann hilft das natürlich. Weil wenn es nur 30 Leute in der Schischule sind und 20 Leute vom letzten Jahr wiederkommen, dann gibt es noch zehn freie Plätze für all die Bewerber. Die anderen, die noch dazukommen, werden nur für die zwei Wochen „School holidays" benötigt und das hilft ja denen auch nicht. Ich meine, dieses Jahr ist es so, dass wir eine „Hiring clinic" haben, in welcher die besten aus den 30 Bewerbern ausgewählt werden. Die kostet sogar 250

Dollar. Von den Bewerbern werden ein paar genommen, die in den „School holidays" arbeiten dürfen, aber ich wette mit dir, dass da vielleicht nur ein bis drei Leute sind, die dann eine Fulltime-Position kriegen." [Silke]

Treffend konstatiert Heinz-Günther Vester, dass die Abhängigkeitsverhältnisse in Saisonbetrieben unglaubliche Dimensionen erreichen können.[441] Wenn es vorkommt, dass ein Saisonarbeiter sich in solch schlechten Arbeitsverhältnissen befindet, aber finanziell nicht abhängig ist, kann er es sich leisten, zu kündigen. Ein genervter kanadischer Liftangestellter hat mir in einem Gespräch erzählt, dass im Jahr zuvor bei einer bestimmten Firma mitten in der Saison die halbe Belegschaft aufgrund der schlechten Arbeitsbedingungen gekündigt hat.

8.6 WOHNSITUATION

Die Wohnungsmarktsituation stellt ein Problem in den Wintersportorten dar. Für viele Leute erscheint es attraktiv, in einer derart schönen Gegend einen Wohnsitz zu haben. Deswegen gibt es in vielen Urlaubsdestinationen eine rege Nachfrage nach Immobilien, wodurch deren Preis steigt, sofern das Angebot gleich bleibt.[442]

„Wanaka ist ja schon so teuer. Ja voll, der teuerste Ort in Neuseeland, gefolgt von Queenstown." [Silke]

"There is a lot of foreign investment here, a lot of properties are owned by foreigners, which is a bit of ship, because it is putting up the prizes so much for the locals. We have had, I have had comment by locals – they were a bit negative about the impact they had, but other locals are really benefiting from it. On the one hand people are caught in on it and make millions and on the other hand there is a quite negative […]." [Olivia]

Aus diesem Grund können sich nur reiche Leute ein Ferienhaus in diesen Gegenden leisten. Diese Zweitwohnungen werden in den meisten Fällen nur in den Ferien genutzt und nicht vermietet.[443]

„Das ist ein anderes Problem. Es gibt Häuser, die Millionen gekostet haben. Und die Leute, die drinnen wohnen, die sind vielleicht gerade einmal, wenn es hochkommt, sechs Wochen im Jahr hier und dann ist das viel. Ich glaube einer Statistik, die ich einmal gelesen habe, dass über 50 Prozent der Häuser in der Regel frei stehen, weil das einfach nur „Holidayhomes" sind. Viele Leute vermieten sie auch nicht. Das ist ein weiteres Problem im Winter mit den ganzen

Saisonarbeitern. Die haben Probleme, Unterkunft zu finden. Außerdem ist das Wohnen sehr teuer. Ich selbst teile mir auch ein Haus mit einer Freundin, die ebenfalls Deutsche ist und die hier auch seit bestimmt vier, fünf Jahren wohnt. Wir sind beide im Prinzip „locals". Wir teilen uns ein Haus." [Silke]

Dies kann mit der Einstellung einiger Hausbesitzer zu tun haben, die ihr Haus nicht als Mietobjekt zur Verfügung stellen wollen. Bei manchen von ihnen lässt sich das auf negative Erfahrungen mit Mietern und deren Umgang mit dem Mietgegenstand zurückführen. In einigen Fällen haben sie ihr Haus in einem stark veränderten Zustand wieder zurückbekommen:

"Because here is so much demand of the seasonal workers here and unfortunately we are a ski resort. A lot of the young party snowboarder/skier types, they have kind of made a bit of reputation for themselves and it is a shame. You don't want to judge a book by its cover. […] An example would be that last year there was a group of Japanese guys and they rented a beautiful house, a holiday home that some people in Auckland owned and they had a gas flame effect fire and put on it and burned the house down. And it was just pure stupidity and drunkenness and, yeah, that is just one example, but it happened again and again. There some beautiful houses have been totally trashed. They just put on big parties and build ski jumps and they have no respect and then of course the next lot of snowboarders that arrive. Nobody wants them." [Olivia]

Dass dies auch Schilehrern passieren kann, die ihre Wohnung während der Saison vermieten, äußert Ed verärgert:

„Ich habe das schon ein paar Mal vermietet. Ich bin einmal nach Hause gekommen, da war ein Motorrad in meinem Wohnzimmer, und einmal habe ich drei bis vier Tage gebraucht, die Küche wieder in Ordnung zu bringen. Wir haben viele Antiquitäten, die wir geerbt haben, und da kann man keinen Untermieter haben. Ja, wir wissen schon, wenn wir heimkommen, dann ist alles hin." [Ed]

Manche Tourismusbetriebe haben daher eigene Personalhäuser gemietet oder gekauft, damit ihre Mitarbeiter zu einem günstigen Preis eine Unterkunft haben. In diesen Wohnungen gibt es unterschiedlich viel Platz und Komfort. Wenn die Betriebe diesen Service nicht anbieten oder die Mitarbeiter mit der zur Verfügung gestellten Unterkunft nicht zufrieden sind, müssen sie sich selbst um eine Wohnung oder ein Zimmer kümmern.

„Die meisten normalen Leute können sich da nichts leisten. Als normaler Einheimischer hast du ein Glück, wenn deine Eltern ein Haus oder ein Grundstück haben, wo du bauen kannst oder dranbauen kannst. Als normaler Einheimischer kannst du dir auch das nicht leisten. Das ist das Problem von der Politik *von Kitzbühel: Für die Einheimischen passiert nicht viel. Die Deutschen können ihre großen Villen kaufen. Es sind elf Immobilienmakler und zwölf Banken da, aber für den normalen Einheimischen ist das schwierig, auch für den normalen Arbeiter. Die mieten meistens irgendwas und zahlen auch viel."* [Dani Banani]

Wohnungen im Zentrum des Urlaubsortes sind daher nicht nur für die zugereisten Saisonarbeiter schwer leistbar, sondern auch für ursprüngliche Ortsbewohner. Sie können sich die Häuser nicht mehr erhalten und wohnen deswegen nicht im Zentrum, sondern in der Peripherie oder in Nachbarorten. Eine Nachrichtenmeldung des ORF bestätigt, dass es in Kitzbühel die verhältnismäßig teuersten Wohnungen in Österreich gibt.[444] Saisonarbeiter, die sich im Ort ansiedeln wollen, werden beim Apartmentkauf mit hohen Preisen konfrontiert:

"Yeah. That would be nice. I'm living with my girlfriend now. We keep looking for places, you know, possible to buy. The prices here in Kitzbühel are very high. A house in Kitzbühel is very expensive anyway. Yeah, you have to have a lot of money. I think that the German influence is making the markets so expensive. It makes a tough situation. You can find some good deals, but you have to be very quick, so this straight away. The same left. We were looking for an apartment for 285.000 Euro, but now because of the bad winter it is 225.000 Euro. It is 60.000 Euro cheaper. Who knows what the market is going to do. I hope it is going to be a bad winter next year too – so I'm going to get a cheap house. So I am maybe the only person who wants to have another bad winter." [laughing] [Papa Joe]

„Das ist zu teuer. 300.000 Euro oder 350.000 Euro. Dann bekommst du vielleicht eine 70-m²-Wohnung. Die meisten Einheimischen da, die normal arbeiten, wohnen in den Siedlungen – Pichlweg, Langau. Tamara und Paul und die Luise vom „La Fonda" haben jetzt ein Haus gekauft unten in den Siedlungen. Das waren auch 250.000 Euro für 70 m². Die sind außerhalb. Da musst du immer Taxi fahren oder zu Fuß gehen oder ein Auto haben und das kostet auch wieder." [Dani Banani]

"I thought about this, yeah, but at the moment it is not possible. Purely because here in summer there are no real jobs to be had in this area. Not in Kitzbühel, maybe in Innsbruck or maybe in Salzburg, but not in Kitzbühel. I would not mind buying a house here in Kitzbühel, but then I would be in the same position as all the wealthy travellers. They have a house here and they live in the house for two or three weeks in the year and the houses are new. So what is the point? I am not in the position to be able to effort a house here in Kitzbühel just for three months." [Todd]

9. BEZIEHUNGSMODELLE

Bei Saisonarbeitern ist es eher unwahrscheinlich, dass sie einen „katholischen", sexuell enthaltsamen Lebensstil anstreben und den ersten Partner heiraten, um mit ihm bis an das Ende ihres Lebens in Liebe und Treue verbunden zu sein. Dass sich Saisonarbeiter nur als „Intimverkehrsoptionspartner" zur Verfügung stellen und auf die Jagd begeben, ist nicht die ganze Wahrheit. Auf welche Arten der Zusammenkünfte und des -lebens sie sich einlassen und wie sich diese verschiedenen Beziehungsmodelle auf ihr Leben auswirken, wird hier erläutert werden.

9.1 Die langfristige Beziehung

Einige Reisende, die sich in einem „Gap Year" befinden, sind gemeinsam mit ihrem langjährigen Partner aufgebrochen. Während meiner Forschung habe ich drei Paare interviewt, die sich ein „Around The World Ticket" gekauft haben und gemeinsam „die ganze Welt" anschauen wollten. Wenn man sich mit einer Person lange auf sehr engem Raum befindet, lernt man vor allem die Routinen und Eigenheiten des anderen sehr gut kennen. Für viele ist deswegen eine lange Reise eine Zerreißprobe für ihre Beziehung. Einige schaffen es tatsächlich, die Partnerschaft auf der Reise zu intensivieren, andere trennen sich. Eine Australierin berichtet, wie sie und ihr Mann in England die Gelegenheit nutzten, die Ehe weit weg von allen anderen Bekannten zu beenden.

Es gibt interessante Untersuchungen über Paare, die besagen, dass im Normalfall beide Partner ähnlich attraktiv sind und ein „Gleichgewicht" bilden. Dies wurde mittels Paarbewertungen nachgewiesen, wo die Partner unabhängig voneinander hinsichtlich ihrer Attraktivität bewertet wurden. Eine hübsche Frau war im Normalfall mit einem gutaussehenden Mann befreundet, eine unscheinbare Person mit jemandem von ähnlich schwacher Anziehungskraft. Es ist nicht verwunderlich, dass sich daher viele Leute die Frage stellen, was eine sehr attraktive Person an einer unattraktiven findet. Über welche zusätzlichen Qualitäten mag diese Person wohl verfügen? Welche Charakteristika machen jemanden attraktiv? Warum ist ein alter Mann mit einer jungen attraktiven Frau zusammen oder eine hübsche, hochgewachsene Dame mit einem kleineren Mann befreundet? Warum hält sich eine ältere Dame einen jüngeren Lover? Es werden Geldgier, bestimmte sexuelle Neigungen und Ähnliches unterstellt. In unserer Gesellschaft liegt ein bestimmtes Partnerwahlverhalten vor, bei die Frau einen Mann mit demselben Bildungsgrad oder höher auswählt. Daher sind sehr viele Akademikerinnen Singles, weil sie „aus gesellschaftlich erwünschten Gründen" nur aus einem begrenzten Pool von Männern auswählen können.

Meinen Beobachtungen zufolge aber gibt es in Urlaubsorten eine viel „persönlichere Partnerwahl". Das relativ tolerante Umfeld, Teilanonymität und vor allem die Tatsache, dass der Partner nicht sofort den Eltern und der Familie vorgestellt werden muss, begünstigen diese Art der Liaison. Bei Saisonarbeitern habe ich oft „interessante Paare" entdeckt, bei denen die Frau um einiges älter als der Mann war (z.B. mit einem Altersunterschied von acht Jahren). Kate Allen ist eine davon. So schreibt sie in ihrer Biographie über das Wiedertreffen mit ihrem Freund Marcel nach einer langen Tibetreise:

> „Ich erzähle und lasse Marcel erzählen. Von sich, von Zuhause, von der Schule: 'Dort bin ich mittlerweile eine Legende', strahlt er. Klar, wenn du als Maturaklassler mit einer 26-Jährigen liiert bist."[445]

In einer ähnlichen Beziehung befindet sich eine 26-jährige Biologin:
> *"Yeah. I'm not ready to stop travelling and seasonal work now at all. I have been speaking to a few people and I have been 26. And my boyfriend is only 19. He doesn't want to stop travelling for a really long time whereas I haven't found anywhere that I want to settle yet, pretty much."* [Blue Lou]

Es entstehen viele internationale Beziehungen, vor allem unter Saisonarbeitern, aber auch zwischen Einheimischen und Touristen. Einige sind so tiefgehend, dass Ehen geschlossen werden. Ein australischer Surfer erzählt, wie er seine langjährige Freundin kennen gelernt hat. Mit ihr teilt er die Leidenschaft für das Reisen:
> *"I went out with a girl. I met her here in my first season, three seasons ago and she was a Dutch girl. She was a ski instructor in Kirchberg. Kirchberg is a very Dutch tourist town. I met her – she was ski instructing there and I used to see her every day and we started going up and we are still going up. In the meantime we have been travelling. We have travelled a lot. We have been travelling to Eastern Europe and then to Africa and Australia and some parts of Asia as well."* [Dude]

Dorothee führt eine internationale Beziehung in Wanaka:
> *"Yes, my partner here in New Zealand, he is actually American, but I met him seven years ago at Treble Cone, we were friends for five, six years, before we got*

together. And now we are very happy together. So it is weird to come all the way to New Zealand and end up with an American. But I know so many couples here in Wanaka that are mixed. English and German, Thailand Swiss, there are so many Kiwis together with a British person. Different nationalities." [Dorothee]

Es werden auch Scheinehen geschlossen, um Arbeitsvisa zu erhalten. Die partnerschaftlichen Beziehungen zwischen Einheimischen und Saisonarbeitern sind ein großer Bestandteil der „fremdländischen" Kultur während der Nichtsaison. Ohne sie wäre eine durchgehende „Aussteigerkultur" kaum denkbar. Der 38-jährige Amerikaner Todd wird über aktuelle Beziehungen informiert, wenn er nach Kitzbühel zurückkommt, um Freunde und Bekannte zu treffen:

"Mary is married and Andrea was married to a local boy as well. And yeah then there it is good when I see them, because I have known them for at least ten year. So it is good when I come back and meet them." [Todd]

Andere, die sich zum Bleiben entschlossen haben, gehen aufgrund nötiger Kompromisse und neu entstehender Verbindlichkeiten keine länger dauernden Partnerschaften ein.

"I had a girlfriend in Spain for a couple of years. I'm not sure. Early 90ies I was with an Australian girl. That's why I went to Australia for seven month in '96 in summer. We tried to stay and live there. We did the summer together. I'm not very good in relationships. I'm so selfish. I used to do my own thing when I want to. Another person is difficult. It is this lifestyle choice again." [Mad Mike]

Ähnlich erging es einer 30-jährigen deutschen Schilehrerin, die im Paznauntal unterrichtete, aber unbedingt noch eine Saison in Neuseeland erleben wollte. Sie analysiert nüchtern ihre Beziehung:

„Ich wäre jetzt nie im Pauznauntal geblieben wegen einer Beziehung. Die kann so und so in die Brüche gehen. Wenn jemand meine Abwesenheit über vier Monate nicht ertragen kann. Mehr geht nicht. Ich werde immer noch acht Monate im Paznaun sein. Es funktioniert auch meistens nicht, wenn man wegen irgendjemandem da bleibt. [...] Letztes Jahr gab es einige Schilehrer, denen man tröstend auf die Schulter klopfen musste, obwohl die Jungs auch nichts verbrochen haben. „Die kommen ja wieder." Es ist ja nicht so, dass sie jeden Abend mit einer anderen nach Hause gegangen wären." [Heidi]

Auf Reisen ist die Interaktionsdichte der Paare mit anderen Personen verglichen mit jener von Singles verhältnismäßig gering. Sie sind nicht zwingend darauf angewiesen, sich irgendwo anzuschließen, um mit anderen etwas zu unternehmen.

9.2 DIE SAISONALE BEZIEHUNG

Eine Besonderheit in den Urlaubsorten sind Beziehungen, die nur über den Zeitraum einer Saison definiert sind.[446] Es kann sich bei den Beteiligten um zwei Saisonarbeiter (wie einen Schilehrer und eine Kellnerin) oder um Einheimische und Saisonarbeiter handeln. Beiden ist bewusst, dass aufgrund der Zukunftsplanung die Weiterführung der Beziehung nur schwer möglich oder sogar unmöglich sein wird. Die Dauer ist durch die Ab-, Weiter- oder Nachhausereise von zumindest einer Person zeitlich begrenzt. Ein Australier, der mit einer Kitzbühlerin für eine Saison liiert war, meint hierzu leicht bedrückt:

"I know that I have to go. I want to go to Canada next winter season. I want to do a bit of travelling with Australians. And to do this I need some money, which means that I am going to leave before the end of the season. So I probably end of March go back to England which is going to be sad, very sad. [...] It is like with my girlfriend. I have to be realistic about it and that will be the hardest thing. But because we are very close and we spend a lot of time together and we both know she has too her life. And I want to keep travelling and we always would have to know that this will be the end. But I guess it will come to it soon. But I'm sure that we will keep in contact. You never know what in the future happens. But from now, I have friends and there will be an end." [Rob]

Das gleiche Problem musste auch Robs Bekannte, eine Kanadierin bewältigen:

"It is. A lot of people just go out and stay with someone for the season here. [...] But Ivana had one of the English guys who just worked with her for the season and then they broke up. Last season I met someone from Austria and it was very difficult to say goodbye. He went off to Australia and I went to London." [Lucy]

Diese Aussagen passen gut zur "Game Over Restart Society"-These.

9.3 DIE FERNBEZIEHUNG

Manche Globetrotter versuchen, während ihrer Reise eine Beziehung außerhalb des Schigebietes bzw. des Urlaubsortes aufrecht zu erhalten. Damit so etwas funktionieren kann, gehören sehr viel Vertrauen und Disziplin dazu. Ein Südafrikaner und eine Schwedin haben sich in Kitzbühel kennen gelernt und verliebt. Obwohl die Frau nicht mehr in Kitzbühel lebt, treffen sich die beiden öfters. Durch das Aufkommen von Billigfluglinien und Spezialtarifen für die Bahn ist es innerhalb Europas kein Problem mehr, eine Fernbeziehung zu pflegen:

"My girlfriend worked also as a waitress. Last year she worked at the wardrobe for a whole season, because she wanted to ski. But this season she is studying. Now we are a year together. Skype and Ryan Air are saving my relationship. Also the overnight trains. You can go to Kopenhagen from Munich for 19,95 Euro." [Londoner Fred]

Die Billigfluglinien und günstiger Transport sind jedoch kein Garant für eine lebenslange Bindung.

9.4 ONE-NIGHT-STANDS

Aufgrund der hohen Fluktuation der Touristen, der Urlaubsstimmung, der Anonymität, des hohen Alkoholkonsums, der Möglichkeit, Personen kennen zu lernen, ist die Anzahl der One-Night-Stands in Urlaubsgebieten viel höher als anderswo. Wer viele kurze sexuelle Abenteuer erleben will, für den sind Urlaubsorte gut als Aufenthaltsorte geeignet.[447] Jana Binder berichtet über den Lebensstil von Backpackern, dass es wenige Verbindlichkeiten gibt. Vor allem für Frauen wird es aufgrund der bestehenden Doppelmoral einfacher, sich sexuellen Abenteuern hingeben zu können.[448] Kate Allen über das Umfeld in Kitzbühel:

„In einer Welt des Nachtlebens und des Après-Ski stellt der monogame Mensch eine seltene Spezies dar, zumindest falle ich in meinem lebenslustigen Umfeld als Ausnahme auf. Viele meiner Freundinnen machen mit der Männerwelt regelmäßig nähere Bekanntschaft, gesprochen wird darüber jedoch nie. […] Offene Beziehungen gelten als akzeptiert."[449]

Das wird auch von einer englischen Kellnerin in Kitzbühel bestätigt:

"I don't think it is for a serious relationship. Seasonal work remounted as being like people are there to have fun. And a quite lot of boys and girls are here for sleeping around. I would not think so. I have seen a lot of my mates, girls and boys who just like having a relationship, but cheating on them. There are too many temptations here about drinking and getting late. To me it is – that's how I see it. And also in the "Londoner": like one of their T-shirts. "The Londoner is helping people to have sex since 1970." The "Londoner" is not focussed on long time relationships. I think I have seen it on TV about season work. People just go

and sleep around and they are happy to have a good time. Maybe she is now gone to Wanaka. She met her boyfriend in St. Anton and then she went to Australia with him. And now they are in New Zealand and that was one year ago. They are both seasoners. It is tricky." [Christie]

Dass natürlich auch Männer auf Reisen für kurze amouröse Abenteuer offen sind, bestätigt der 25-jährige Australier Fred und weist darauf hin, dass Kommunikationsbereitschaft für das Kennenlernen des anderen Geschlechts wichtig ist:

"And a lot of people are so. I met a lot of girls. I had little relationships with girls while I travelled as well. I met a few girls from last season, Kitzbühel girls from around here and I saw them briefly around here. Then it is very easy, because they speak a lot of English. There can't be a language barrier. If it is very hard to communicate it's not that good. The language is very important." [Fred]

Vor allem über One-Night-Stands brodelt die Gerüchteküche häufig. Während meiner Forschungen habe ich laufend Geschichten darüber gehört, an welch interessanten Orten sich die Saisonarbeiter und Saisonarbeiterinnen ihrer Sexualität hingegeben hatten – Gerüchte über die Besenkammern von bestimmten Lokalen, Personalhäuser, Liftgondeln bis hin zur Tanzfläche von bestimmten Après-Ski-Locations. Manche dieser Gerüchte führten auch zu Trennungen mit dem eigentlichen Partner.

10. NETZWERKBEZIEHUNGEN

10.1 NETZWERK

Durch die steigende Interaktionshäufigkeit und Mobilität in unserer Gesellschaft nimmt die Intensität vieler Freundschaften ab. Kurzzeitbekanntschaften und Interessensgemeinschaften werden häufiger. Man kann heute ohne viel Aufwand von einer zur nächsten Gruppe wechseln. Gerade die Abnahme der „strong ties", der Bindungen zu Familie und Freunden, führt dazu, dass der Effekt der „Game Over und Restart Society" zunimmt. Mark S. Granovetter weist darauf hin, dass vor allem die „weak ties", die schwachen emotionalen Beziehungen, eine große Rolle für das menschliche Leben spielen. Mit den „weak ties" meint er Bekannte, zu denen man ein emotionales und soziales Band hat. „Weak ties" spielen bei der Jobvergabe eine Rolle und sind relevant für die Saisonarbeiter. Sie sind in vielen Fällen die Brückenverbindung zwischen verschiedenen Cliquen und Freundeskreisen.[450]

Dass die Welt „klein" ist und man immer wieder bestimmten Personen über den Weg läuft, weiß auch Amanda:

„Well, Blue Lou, who works in here, she is a good example. I walked into a pub one day in Kitzbühel and I saw a friend from Newquay. He said: "Oh my god. What are you doing here?" I said: "I was here last season." He was the guy whom I met in Newquay three years ago. He told me about this place and he had done six seasons, but skipped last season, because he had an operation on his shoulder. So yeah, I bumped into him again. It is the second season. I asked him for the work. You know Blue Lou. She worked in Newquay. Three dows up from where I used to work in Newquay and that is crazy. And she came here. The world is so small." [Amanda]

Bei Gesprächen mit Fremden im Ausland wird manchmal offenbar, dass man Gemeinsamkeiten hat. Es findet sich ein Bezug zueinander, wie z.B. gemeinsame Bekannte, Freunde oder die Tatsache, am selben Ort zur selben Zeit gewesen zu sein. Verschiedene Experimente, wie z.B. jenes von Milgram, haben nachgewiesen, dass man fast jeden Menschen auf der Welt über einige wenige Zwischenpersonen erreichen kann. Die Anzahl der Zwischenpersonen sinkt, sofern Personen in einer ähnlichen Branche arbeiten.[451] Bei den Saisonarbeitern im gleichen Interessensmilieu steigt die Wahrscheinlichkeit, Freunde anderer Saisonarbeiter persönlich zu kennen. So habe ich in Wanaka und Queenstown „Freunde von Freunden" kennen gelernt.

Es gibt bestimmte Reiserouten, die von Backpackern gerne genutzt werden, weil die Arbeitsmöglichkeiten und Sehenswürdigkeiten passen. Ein steigendes Arbeitsangebot gibt es vor allem in der Erntezeit. Zwei Niederländer, die ich in Christchurch in Neuseeland auf dem Backpackercarmarket interviewt habe, haben mir von ihrer Reise um die Welt und ihr „Around The World Ticket" erzählt. Sie hatten die Länder sorgfältig ausgesucht und waren über Südafrika und Thailand nach Australien gereist, wo sie Arbeit auf einer Erdbeerplantage eingeplant hatten. Die Arbeitsverträge hatten sie schon vor ihrer Abreise abgeschlossen und auch ihre Reisezeit an die Saisonarbeit in Australien angepasst.

Aufgrund des Arbeitskräftemangels auf australischen Farmen war die australische Regierung daran interessiert, vermehrt auf die Arbeitskraft von Backpackern zurückzugreifen. Die Regierung erkannte, dass die über 100.000 reisenden Saisonarbeiter und Studenten in Australien den Arbeitsmangel bestimmter Regionen reduzieren konnten.[452] Deswegen wurden gezielt Backpackerhostels errichtet, um die Frequenz bestimmter Routen zu erhöhen.

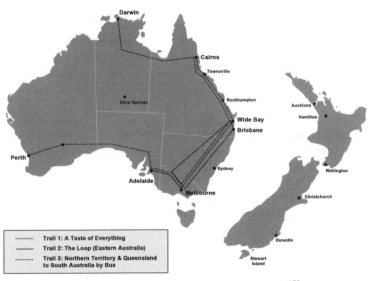

Abbildung 1. *Harvest trails in Australia (selbst erstellt)*[453]

In Australien starten die meisten Backpacker in Sydney, Cairns und seltener in Brisbane. Die Netzwerke führen von diesen Zentren an die Strände für Surfer und zu Zentren wie Fraser Island, das Great Barrier Reef, das Red Centre und Murray River.[454]
Ein Netzwerk kann graphisch mit Punkten und Linien dargestellt werden. Die Personen werden als Punkte und ihre sozialen Beziehungen als Linien zueinander abgebildet.[455] Unter einem Netzwerk versteht man den Zusammenhalt und -hang von sozialen Gruppen. In dieser Studie ist es von Interesse, wie das Netzwerk der Saisonarbeiter aussieht und dargestellt werden kann. Ähnlich wie bei unterschiedlichen Online-Communities wie z.B. „Facebook", „Myspace" oder „Xing" werden im Folgenden die Netzwerkbeziehungen der Saisonarbeiter gezeigt.

In der Abbildung zu Kitzbühel wird das Netzwerk der Saisonarbeiter, die ich kennen gelernt und interviewt habe, dargestellt. Mit Kitzbühel habe ich die unterschiedlichen Orte, in welchen meine interviewten Saisonarbeiter bereits davor gearbeitet haben, verbunden. Dabei habe ich nur Personen berücksichtigt, von denen ich weiß, wo sie gearbeitet haben. Einige der interviewten Personen haben in Newquay (England), Kos (Griechenland), Barcelona (Spanien), Portugal oder in Wanaka, Queenstown (NZ) gejobbt.

Der häufigste Grund, dass die Urlaubsreise in ein bestimmtes Gebiet führt, ist laut einer Untersuchung die persönliche Empfehlung von Bekannten,[456] hier durch das informelle Netzwerk der Saisonarbeiter. Eine Engländerin hat im englischen Surferstädtchen Newquay in Cornwall von Kitzbühel erfahren:

"I have heard about Kitzbühel while I was staying in Newquay. Friends who were still here had done like seasons, like four, five, six seasons over. I always wanted to learn to snowboard. It is just a case of way. And then just trough travelling. I started in Brighton about the Canadian girls there and they want to do a season, because they were bored in Canada. I have said: "You must go to Kitzbühel." Yeah, we came last season. It was all a word of mouth. And it was between here and France. We just come here first. And we can get a job and go to France, because I knew people there too. But [we] managed to get a job and I am glad we did." [Amanda]

Sofern ein Saisonarbeiter in einen dieser Orte will und dort Kontakte hat, dauert es nicht lange, bis ihm auf seinem Weg weitergeholfen wird.

Abbildung 2. *Vernetzung Kitzbühel mit anderen Orten durch die Saisonarbeiter* (selbst erstellt)

Ähnliches passiert auch in Methven, Wanaka und Queenstown (NZ). Im nächsten Bild sind die Verbindungen von der Südinsel Neuseelands mit Personen und deren Herkunft bzw. vorherige Saisonarbeitsstätten eingezeichnet:

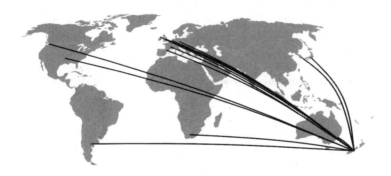

Abbildung 3. *Vernetzung Queenstown mit anderen Orten durch die Saisonarbeiter* (selbst erstellt)

Vor allem aus Ländern, die ein „Travel und Working Holiday Visum" haben, gibt es große anreisende Menschenströme. Die meisten arbeitswilligen Reisenden wurden von einem Freund angeworben. Sofern man an das Netzwerk der Saisonarbeiter angeschlossen wird, ist es leicht, an einen der oben verbundenen Orte zu gelangen. Durch Empfehlung eines Freundes oder den Kontakt zum Urlaubsort kann man entweder einen Job bekommen oder zumindest wichtige Adressen und Information. Ein von Roland Girtler interviewter Kellner berichtet, dass zwei Freundinnen in das Stubaital gingen und ihm einen Job organisierten.[457]

Es gibt in Österreich Verbindungen zwischen einigen Schigebieten und -orten. Kitzbühel ist mit Kirchberg nicht nur durch das Pistennetz, sondern auch durch die persönlichen Beziehungen der Saisonarbeiter verbunden. Einige Australier, die in Kirchberg wohnen, haben in Kitzbühel Arbeit gefunden.[458] Aus diesem Grund haben sich soziale und freundschaftliche Beziehungen zwischen Saisonarbeitern bilden können, wie ein Koch ausführt:

"Yeah, it is. Like usually we have the Tuesday and once I made a dinner for friends. Every couple of weeks another guy makes dinner for us and it is usually ten, fifteen people who come for dinner and then having fun. Last time it was a dangerous place – we were in Kirchberg at our friends' house and then we went out. We were at a lot of bars and we were very drunk. And we went to the places: lalala [spielt auf Feiern mit Alkohol an]." [Big Masta J]

Durch die Eröffnung des zweiten Lokals eines Kitzbühler Besitzers in Zell am See gibt es ebenso Verbindungen zwischen den beiden Orten. Auch in Neuseeland lässt sich Ähnliches zwischen Wanaka und Queenstown beobachten, weil das Schigebiet Cadrona geographisch in der Mitte liegt.

Einige Personen sind in ihren Aktivitäten stark auf den Saisonort, in welchem sie arbeiten, fixiert, andere sind diesbezüglich offener.

10.2 NETZWERKZUSAMMENHALT

Vor allem in der ersten Saison haben Saisonarbeiter hauptsächlich mit Zugereisten und kaum mit Einheimischen Kontakt. Zugereiste bleiben deshalb eher unter ihresgleichen. Vor allem die gleichen Probleme, Ängste und Sorgen halten das Netzwerk gut zusammen.[459] Die meisten haben Angst, auf Reisen keinen Anschluss zu finden, sich zu verletzen oder einem Diebstahl machtlos gegenüber zu stehen. Diese Angst macht solidarisch. Eine

Kitzbühlerin, die selbst gerne als Backpackerin unterwegs ist, hilft in Notfällen gerne. Sie nimmt gestrandete Backpacker für einen kurzen Zeitraum bei sich auf und stellt ihnen sogar die Postadresse zur Verfügung:

„Heuer ist eine Freundin, die Kate, gekommen. Und die hat noch kein Personalzimmer gehabt und die hat noch nicht gewusst wohin. „Couch bei mir?" – dann hat sie zwei Wochen bei mir gewohnt [...] Du musst schon auf dem gleichen Level sein, die gleiche Lebenseinstellung haben. Deswegen verstehen sie sich auch so gut, weil sie alle einfach so dahinleben. [...] Sie haben teilweise keine Adressen. Jetzt bekommen sie keine Post. Das ist auch nicht gut. Dann schicken sie selber auch nie was, wenn sie nichts kriegen. Die Kate hat meine Adresse angegeben und da kriegt sie dauernd Post von daheim und die schicken ihr Zeug und das und das." [Eve]

Informationsbeschaffung ist für viele für das weitere Fortkommen enorm wichtig. Es geht darum, zu erfahren, wo es Arbeit gibt, wo man interessante Sehenswürdigkeiten findet oder wo man günstig wohnen kann. Die Gemeinsamkeiten sind in vielen Fällen vorhanden und es formen sich unterschiedliche Kleingruppen innerhalb der Großgruppe. Manche Leute feiern gerne viel, andere sind eher sportlich orientiert, wieder andere fahren gerne in der Gegend herum – Gruppen, die man unter Lebensstil- und Interessensgemeinschaften zusammenfassen könnte. Eine Neuseeländerin über die unterschiedlichen Gruppen in Kitzbühel:

„Da gibt es zum Beispiel die Barcrew. Die mischen sich auch nicht mit den Einheimischen. Die im „Londoner Staffhouse" wohnen und die Leute aus dem „Flannigans". Da gibt es Schilehrer, die ausgehen. Da gibt es immer die Gruppe von Schilehrern, die auch nicht ausgehen, sobald die einen freien Tag haben. Die gehen Schifahren und die stehen auf. Vom ersten Lift bis um 10 Uhr fahren die selber und dann gehen die Schilehrer. Danach gehen die auch nicht ins „Flannigans". Die gehen heim und kochen und am nächsten Tag stehen sie früh auf, damit sie wieder ein bisschen für sich Schi fahren können." [Dani Banani]

Die Solidarität im Unglücksfall ist hoch, auch wenn keine Garantie besteht, dass der persönliche Einsatz jemals irgendwie abgegolten wird. Wer sich nicht an die Grundsätze hält und den Austausch asymmetrisch zu seinen Gunsten versteht, der kann Probleme in der Community bekommen oder ausgeschlossen werden. Durch den raschen Wechsel gibt es Backpacker, die zu Trittbrettfahrern werden. Sofern nicht festgestellt wird, wer das System strapaziert, z.B. Nahrungsdiebstahl begangen hat, ist die Person sicher; wehe aber, sie wird erwischt. Ein „Schilehrerkollege" hat am Tag seiner Abreise den Proviant der anderen mitgenommen und die Zurückgebliebenen nicht gerade glücklich gemacht. Nach einer langen Diskussion und Rekonstruktion des Tagesablaufs konnte schließlich festgestellt werden, um wen es sich beim Dieb handelte – um den Abgereisten. Ein Jahr später hatte dieser „Sozialversager" die Dreistigkeit, im selben Quartier aufzutauchen, weshalb er vor versammelter Belegschaft an seine Tat erinnert wurde („Du bist ja der Kärntner, der unseren Proviant mitgehen ließ!"). Damit war seine Selbstinszenierung zerstört und die „intendierte Beleidigung" und der Gesichtsverlust, wie Goffman es nennen würde, waren geglückt.[460] Dies hatte zur Folge, dass der Kollege am Tag darauf das Haus verließ, selbstverständlich erst, nachdem er sich aus der „Gemeinschaftskiste" mit so viel Bier bediente hatte, bis er nicht mehr weitertrinken konnte.

Sozialversager machen nur einen geringen Bruchteil der Saisonarbeiter aus. Wenn ihnen ein Vergehen nachgewiesen werden kann, müssen sie damit rechnen, dass sie auf die sozialen Vorteile des Netzwerkes zumindest an diesem Ort verzichten müssen.[461] Die Strategie des „Freeriders", der ohne Kosten die Vorteile des Netzwerks nutzt, ist in neuen Saisonorten wieder anwendbar, kann aber nach einer bestimmten Zeit den Ärger der gesamten Community hervorrufen.

10.3 DAS PUB

In fast jedem Dorf auf diesem Planeten findet sich ein Lokal oder Pub. So eine Einrichtung ist für die meisten Bewohner eines Ortes wichtig. Es handelt sich um einen „öffentlichen Raum", in welchem das Treffen mit anderen Personen problemlos möglich wird.

Norbert Elias hat während seiner Forschung in dem Ort Winston Parva festgestellt, dass die Lokale eine wichtige Bedeutung für das Zusammenleben haben, genauso für die Unterscheidung und Trennung von verschiedenen Gruppen wie den Ortsansässigen und den Außenseitern.[462] Vor allem für Saisonarbeiter ist das „Ortsbeisl" von großer Wichtigkeit. In all meinen untersuchten Tourismusorten versammeln sich in den verschiedenen Gasthäusern unterschiedliche Personenkreise. In Methven, einem Ort mit ungefähr 2.000 Einwohnern in Neuseeland, gibt es mehrere Lokale, von denen das „Blue Pub", das „Brown Pub", die „Lodge" und das „Steelworx" ein je unterschiedliches Klientel bedienen. Die Etablierten und ursprünglichen Ortsbewohner treffen sich im „Brown Pub", um über ihre Probleme zu diskutieren. Es handelt sich bei ihnen um eine Gruppe von Bauern und Samenproduzenten, die weltweit exportieren, sowie ihre landwirtschaftlichen Helfer. Sobald eine fremde Person dieses Lokal betritt, wird sie von den bereits anwesenden Ortsbewohnern aufmerksam dahingehend gemustert, ob

sie sich vielleicht verirrt hat. Zu den Besonderheiten der Lokalwelt in Methven äußern sich ein Jugendherbergsbesitzer und eine Tirolerin:
"The town people tend to. And it is well known that they do their socializing mainly at the "Brown Pub". And the hospitality industry and the workers on the mountain they mainly go to the "Blue Pub" and maybe the "Lodge". That it is how it works. There is some segregation, but everyone works in pretty well."
[George]

„Im „Brown Pub" sind mehr die Farmer, die ausgehen, und das „Blue Pub" ist mehr international und für junge Leute. Das ist auch für Après-Ski eher bekannt, glaub ich, jetzt. Und sonst eben, wo ich noch gewesen bin, das ist die „Forest Lodge". Das ist eine von den wärmsten Lodges. Da ist auch das österreichische Schiteam untergebracht, einquartiert im August, wenn sie rüberkommen." [Veronika]

Dass die unterschiedlichen Gruppen verschiedene, teils gegensätzliche Interessen haben und andere Gesprächsthemen verfolgen, wird schnell offensichtlich. Die im Agrarbereich beschäftigten Personen sehen viel Schnee als Bedrohung an, währenddessen die spaßinteressierte Wintersport-Community bei großen Mengen von Schneefall vor Euphorie gar nicht mehr zu halten ist. Viele Landwirte in Methven sind in ihrem ganzen Leben außerdem noch nie auf dem Berg zum Schifahren gewesen.
"In the "Brown Pub" they get together and they talk about their problems and especially last year when we had nearly a meter of snow in the town. It was very hard for a lot of farmers. [...] It was not common not to have power for two ore three weeks. In many areas surrounding Methven, life was pretty hard, they lost quite a few of stock as well it was difficult to prepare their ground for cropping. Yeah, they don't like the snow, whereas for another industry, which makes its money out of the snow it was a fantastic year. Which is success also without even a snow being here in any great quantities this year. We also have very good bookings, because we had a good season last year. There are two industries which are parallel which don't really have the same goals. But they work independently of each other you could say." [Helen]

Abhängig von der Industrie, sonstigen Arbeitgebern und dem Tourismus in einem Ort bilden sich in den Gaststätten unterschiedliche Gruppen, wie sich auch in Wanaka, Queenstown, Kitzbühel oder Obertauern beobachten lässt.
Es kann sein, dass ein Extrazimmer oder ein spezieller Bereich im Lokal für die ansässige Bevölkerung reserviert wird. Das habe ich in einer Disko-

thek in Obertauern erlebt oder auch in einem Lokal in Kitzbühel, welches über ein Hinterzimmer verfügte:
"They called it the "VIP room". There was a pool table in the backroom there, the people liked to play pool there. There was also a music system. A band could be taken to the "VIP room" because they could relax. Mainly I think it was used for partying – I think the "VIP" was created for a cool socializing for the people to have a cool party [...]. I stayed there for a few hours." [Unlucky Luke]

Saisonarbeiter treffen sich in „ihren" Pubs, welche sich zumeist von denen der Einheimischen unterscheiden. Manchmal teilen sie sich mit den Touristen ein Lokal und befinden sich dann als „locals" im Sinne von verbliebenen Saisonarbeitern in einem bestimmten Teil desselben.

Für Touristen wie für den Forscher ist es zu Saisonbeginn nicht leicht, die Unterscheidung zwischen Tourist und Saisonarbeiter zu treffen. Durch Betriebsuniformen kann man einen Teil der Saisonarbeiter leicht identifizieren. Saisonarbeiter kann man aber in Zivilgewand und Schioutfit gekleidet nicht von den anderen Leuten unterscheiden. Am Ende der Saison in Kitzbühel, als ich in ein Lokal der Saisoniers gegangen bin, habe ich fast jeden erkannt, egal ob es sich um einen Liftler, Barkeeper, Schilehrer oder auch Hausmeister gehandelt hat.

Die Saisonarbeiter mit beschränktem Budget bewegen sich gerne in Lokalen, in welchen es günstige Getränke gibt. Manchmal gibt es niedrigere Preise für Einheimische und Saisonarbeiter. Da die Saisonarbeiter per definitionem die ganze Saison anwesend sind, kennen sie die „Happy Hour Trails". Kate Allen waren diese Wege nicht unbekannt: „Uns verschlägt es ins „Happy Horse", einer netten Bar mit heimeligem Ambiente. Weit würde unser Geld in teuren Pubs wohl kaum reichen, dementsprechend stellt das „Lustige Pferd" eine günstige Alternative dar"[463].

Dass das „Happy Horse" für die Happy Hour bekannt war, bestätigt ein 36-jähriger Schotte:
""Happy horse". This was in Ehrenbachgasse behind the "Flannigans". "Happy horse" had a fantastic Après-ski, had a happy hour which got all of the ski instructors so drunk so early, of course. Everybody has got nice memories of the "Happy Horse" if they can remember them at all. You know what I mean." [Unlucky Luke]

""Bergsinn", Happy hour, "Flannigans", "Highways". It is really good party this season. I don't know what else. I don't go to the "Mangoes" often. It is too expensive. It is where everybody meets up." [Bert]

Nicht nur die Happy Hour lockt die Saisonarbeiter an. In Methven im „Steelworx" gab es die so genannte „Curry Night", in der es zu jedem „pint of beer" eine Portion Curryfleisch gratis dazu gab. Die Leute und das Angebot lockten auch Tom ski instructor ins Steelworx:
"I think "Steelworx" has got a good atmosphere. Especially Monday night, "Curry Night". It seems that pretty much the whole of Methven seems to turn up on Monday night." [Speed Police Steve]

In den letzten Jahren ist es vor allem in Schiorten in vielen Lokalen populär geworden, Extremsportvideos auf eine Leinwand oder weiße Wand mit einem Beamer zu projizieren oder auf einem riesigen Flatscreen-Fernseher zu zeigen. Solche Videos habe ich im „Steelworx", im „Shooters" in Wanaka, im „Flannigans" und im „Mangoes" in Kitzbühel gesehen. Manchmal drehen auch Saisonarbeiter ihre eigenen Schi- und Snowboardvideos und die Präsentation dieser Filme ist ein großes Ereignis. Durch billig zu erwerbende Schnittsoftware wird oft ein hohes Maß an Professionalität erreicht:
"In the last three years has always been a movie in Kirchberg for the season. Ever since people started travelling with laptops and they have programs that you can do the cut and editing. Since then existed films. We used to do that with VHS and it took us weeks to do it until we had good ones, sometimes showing it in "Mangoes". Made it still lively. You should watch it. It tells you the story of the season, because there is a bit of everything in it." [Tyler]

Hubert Knoblauch hat über Events gemeint, dass Zuschauer deren Hauptdarsteller beobachten und die Veranstaltung eine Aufwertung erfährt, weil wiederum viele Leute via Fernsehen die Zuschauer beobachten.[464] „Spitzensport bietet dem Zuschauer vor allem lustvoll erlebte Spannung. Aus dieser kann ekstatische Heldenverehrung erwachsen. Sporterlebnisse sind Ereignisse sind auch Möglichkeiten eines affektiven Sich-Auslebens."[465] „Public Viewing" ist für die Saisonarbeiter Grund, sich in den Lokalen zu treffen. Während die Europäer sich gerne die Fußballspiele ansehen, sind die australischen, südafrikanischen, englischen und vor allem neuseeländischen Saisonarbeiter auf Rugby eingestellt, besonders dann, wenn der „Six Nations Cup" abgehalten wird. Die Neuseeländer sind auf ihr nationales Rugbyteam, die „All Blacks", sehr stolz, und in fast jedem neuseeländischem Sportgeschäft kann man sich daher ein Trikot dieses Teams kaufen.

Was die „Aussies" so machen, erzählt der Türsteher Chief O'Brian:
"I think it is where we go in the daytime. You know. If you want to go and everybody wants to watch a sporting match together. And we go to "Flannigans" and we watch it. Because they have got a pool table and it is a pretty relaxed atmosphere. And it is a sort of place where we can sit down and have a

quite discussion with someone. We can just hang out with ten or fifteen people and we are all playing pool at the backroom and that is another place where you can go own your own. And you can either hang out just with the staff or [...] go to someone you know and have a game of pool. It is definitely the local living room. That is good." [Chief O'Brian]

Genauso wie im „Flannigans" in Kitzbühel gibt es im „Steelworx" in Methven einen Billardtisch, an dem sich die Saisonarbeiter miteinander messen können. Es ist sehr einfach, dass man beim Billard Leute kennen lernt, auch wenn man nicht gut spielen kann. Will man einen Billardspieler, der gerade am Tisch spielt, zu einer Partie herausfordern, so legt man einfach eine Münze auf den Tisch, um das Spiel zu bezahlen. Während des Spiels wird, solange man nicht die „Lokalmatadore" fordert, eine entspannte Situation herrschen, und man kann sich über die verschiedensten Themen unterhalten. In manchen Lokalen gibt es sogar ein Extrazimmer, das von Saisonarbeitern genützt werden konnte, wie es im „Highways" der Fall war. Dieses Zimmer bildet eine Grenze, die nur von ausgewählten Gästen und dem Wirt und seinen Kellnern betreten werden darf. Dort gelten eigene Regeln.[466] Das Pub stellt so etwas wie ein öffentliches Wohnzimmer dar. Die meisten Saisonarbeiter wohnen in kleinen Zimmern oder Wohnungen, die kaum für Besuche oder größere Ansammlungen von Leuten geeignet sind. Aus diesem Grund ist das Lokal der Saisonarbeiter für den Zusammenhalt in der Community wichtig.

"And I know a lot of people from "Flannigans". It is like – we call it "the office". We go to "the office". It was very nice to walk in there for the first. And they are like: "Hey back?" I said: "Okay." And you kept up: "What have you been doing the last summer?" and stuff like that. I love that. That is good." [Amanda]

Die meisten Menschen sind etwas nervös und es herrscht eine gewisse Grundunsicherheit und Erwartungshaltung, wenn sie neue, unbekannte Räume oder Lokale betreten. Dies kann sogar als unangenehm empfunden werden. Überdies kann das Lokal mit Tischen und Gegenständen so angefüllt sein, dass man aufpassen muss, nicht irgendwo hängen zu bleiben und ein Missgeschick zu verursachen. Anders ist die Situation für Leute, die genau wissen, wie der Raum oder das Lokal aussieht und wo sich ihre Freunde befinden. Die Vertrautheit bringt eine gewisse Sicherheit für die eintretenden Personen. Manche Besucher werden durch Jubel empfangen und fühlen sich dann wie Helden in Eishockey-Arenen oder auf Wrestling-Veranstaltungen, bei denen die Stars eine Eingangsmelodie und eine Ankündigung von einem Sprecher erhalten.

Roland Girtler hat schon öfter beobachtet, dass die Gaststätte als Bühne für bestimmte Auftritte genutzt werden kann.[467] Wird jemand erwartet und von vielen Leuten begrüßt, zeugt das von Beliebtheit und Wichtigkeit, im Gegensatz zu einer Person, die niemand wahrnimmt und die auch noch unsicher in die Runde blickt. Die Begrüßungsrituale können mit speziellen Handschlägen erfolgen, die nicht den förmlichen sozialen Konventionen entsprechen müssen. Dies kann ein Abklatschen oder ein kurzes Streicheln über die Schulter sein. Der Körperkontakt bei der Begrüßung der Saisonarbeiter wird von einem 36-Jährigen bildlich dargestellt:

"This is typically when we greet somebody, there is an open hand: "Hi, how are you doing man?" and you get the eye-contact: "Going man." And sometimes there is a little hug involved and the closer you are to people or perhaps if you share something very personal together. And usually it is sporting thing. And there is just a moment there is a bond that you have and you take. We seem to have it with everyone. Perhaps in the seasonal worker community there is an element of security still there. They are touching each people that they know to show that they are connected with these people. And it is a way like dogs in a pack together and they show that we are stronger in a pack together as alone."
[Unlucky Luke]

Bei Saisonarbeitern, welche die Lokale gut kennen und Freunde dort haben, glückt der Auftritt meistens. Touristen dagegen tun sich in solchen Situationen manchmal schwerer.

Die Frequenz der Saisonarbeiter im „public living room" (Pub) ist meistens sehr hoch. Meinen Schätzungen zufolge gehen viele von ihnen mehr als drei Mal pro Woche aus. Der Vorteil am Pub ist, dass man alleine dorthin gehen kann und immer wieder auf Bekannte trifft. Sobald man im „Saisonarbeiterpub" mit ein paar Leuten befreundet ist, lernt man schnell weitere Freunde dieser Freunde kennen und ist so nach kurzer Zeit in die Cliquen der Saisonarbeiter integriert. Es gibt verschiedene Gruppen, die sich nach Arbeitsplatz und Interessen aufteilen. Gibt es mehrere Schischulen in einem Ort, haben die meisten ihr bevorzugtes Lokal.[468] Ähnliches gilt auch für andere Berufsgruppen wie das Barpersonal. Da Barleute einen anderen Tagesrhythmus haben, gehen sie auch in andere Lokale. Der oben erwähnte „Happy Hour Trail" ist nicht für alle Barkeeper möglich, weil sie entweder zeitgleich selbst in einer dieser Bars oder woanders arbeiten müssen. Sofern sie selbst noch ausgehen wollen, steht ihnen nicht mehr so viel Auswahl zur Verfügung.

Die Lokalwelt ändert sich vielerorts sehr schnell. So haben nicht nur die von Ronald Hitzler erörterten „posttraditionalen Gemeinschaften" Momentcharakter, sondern auch manche Lokale. Das bedeutet aber auch, dass sich beim Wechsel der Saisonen mit der Lokalwelt auch die Lebenswelt der Menschen mitverändert. Aus diesem Grund sind Hitzlers Momentgemeinschaften von einer Saison zur darauf folgenden verschieden, vor allem dann, wenn ein Lokal schließt, welches Haupttreffpunkt der Saisonarbeiter war. Ein Entertainer beschreibt diese Wechsel in Kitzbühel:

"The "Happy horse" is where you used to be up the stairs in the early 80ies. There was a bar called "Jane's Club" and "La Fonda" was called "Winnies". It is just good. And some places, let's say, I used to go a lot, they are different. There was the "Big Ben" and they changed it into "Jimmy's". That changed into a different field. Change is good, but it's not always what you want." [Mad Mike]

"So the "Happy horse" has come and gone and that was a huge place like 15 years ago. The "Londoner" was big at that time, but also the more expensive place to go." [Unlucky Luke]

In Wanaka sieht die Lokalwelt, die von den Saisonarbeitern 2006 besucht wurde, so aus:

„Unterschiedlich. Letztes Jahr war „Red Rock". Da war letztes Jahr tierisch gute Live-Musik. Das war ziemlich relaxed und dann „Shooters", das ist mehr so die U21, die Kiddies. Und dann haben wir noch „Gullit" und „Paluga". Da war letztes Jahr „Apartment 1". Die haben die Namen und die Arbeit gewechselt. Das sind wohl die Plätze." [Silke]

Problematisch ist es für einen Saisonarbeiter, der sich mit dem Barbesitzer zerstritten hat und deswegen nicht mehr in das Saisonarbeiterlokal gehen kann.

"Always when I catch up with people, it is always where is the next bar to come for a drink and the same names of places keep cropping up. The bar where I struggled with the owner probably had a fantastic season this year I would think, because it is the most logical place to meet after they skied. I just stayed in between the meeting point. It was a real "Flannigans" year. Falling out of one bar, has given me a very different winter season, I think. It made it very easy to have a healthy one. Right now is my best opportunity to catch up with all the people. I am talking about a ski instructor. I have seen her every day that I have been on the mountain, but she was always with a group. Not always, but she was regularly with the group that she was instructing – no she was always working. I can never really catch up. "Are you going for a beer in "Flannigans"?" "No, I am not drinking, and I don't want to have to be going to this pub."" [Freddy]

10.4 DIE JUGENDHERBERGE

Für viele Backpacker und reisende Saisonarbeiter ist die Jugendherberge die erste Anlaufstelle in einer neuen Stadt oder einem neuen Tourismusort. Jugendherbergen können in unterschiedlichen Orten verschiedene Funktionen übernehmen. Die Jugendherbergen in Christchurch sind hauptsächlich Ankunfts- oder Abreisejugendherbergen, da die meisten Flüge auf die Südinsel in Neuseeland nach Christchurch gehen, weswegen die meisten Backpacker dort ihre Neuseelandreise starten oder beenden. Vor allem an den Ankunftstagen oder an den Abreisetagen sind bestimmte Dinge zu erledigen, wie etwa ein Auto oder andere Gegenstände wie Autoradios, Kühlboxen, Handys zu kaufen oder zu verkaufen. Andere Personen organisieren sich den Transport oder touren irgendwohin. Es kann sein, dass einige noch auf das Gepäck warten müssen, welches zu spät angekommen ist. Nach dem Abschluss der Vorbereitungen vor Ort geht die Reise los. In diesen Jugendherbergen ist es schwierig, andere Leute kennen zu lernen, da jeder bei der An- oder Abreise irgendwelche Probleme hat und Dinge erledigen muss. Am Ende der Reise ist kaum jemand interessiert, neue Bekanntschaften zu schließen.

Jugendherbergen in Touristenzentren eignen sich aus mehreren Gründen, um mit anderen Backpackern Kontakt aufzunehmen:
1. Es verbleiben die meisten Backpacker in den Touristenzentren länger als in den Städten und die Fluktuation der Leute ist geringer.
2. Viele Backpacker sind dort unterwegs, um bestimmten persönlichen Interessen und Neigungen nachzugehen. Gesinnungsfreunde lassen sich schnell in einer Jugendherberge finden. In den Jugendherbergen in Methven, Wanaka, Queenstown, Kitzbühel und Kirchberg sind während der Winterzeit hauptsächlich wintersportbegeisterte Personen untergebracht. Ein Gespräch kann sich zwanglos aus Erkundigungen über die Schneebedingungen oder danach, wo man skydiven, bungeejumpen bzw. wandern kann, entwickeln.
3. Durch den Sport ergibt sich ein bestimmter Tagesrhythmus: Schifahrer und Snowboarder stehen früh auf, um den Berg richtig auskosten zu können. Nach der letzten Liftfahrt um 5 Uhr am Nachmittag befinden sich die meisten Schi fahrenden Backpacker wieder in der Jugendherberge, um sich etwas in der Gemeinschaftsküche zu kochen. Vor allem in der Küche und im Gemeinschaftsraum ist es zu dieser Zeit leicht, Bekanntschaften zu machen, weil sich alle dort aufhalten. Am zweiten oder dritten Abend kommt man, falls man sich noch nicht kennt, über das gemeinsame Interesse am Wintersport ins Gespräch oder man hat

sich schon vorher am Berg zufällig gesehen und nützt nun die Gelegenheit zum Reden.
4. Die Jugendherberge ist Anlaufstelle für job- und wohnungssuchende Backpacker. Manche Backpacker bleiben die ganze Saison in der Jugendherberge und helfen für Kost und Logis dort mit. Vor allem die Schwarzen Bretter und eventuell darauf ausgeschriebene Jobs sind für die Globetrotter interessant. Manchmal kommen Backpacker in die Jugendherberge zurück, auch wenn sie schon eine Wohnung gefunden haben, um andere Backpacker, Freunde oder auch Rezeptionisten, die inzwischen zum Freundes- und Bekanntenkreis zählen, zu treffen. Bekannte, die ich in den Jugendherbergen in Methven und Wanaka getroffen habe und welche dann ausgezogen sind, haben mich und zwei meiner Freunde, mit denen ich herumgereist bin, zum Essen zu sich eingeladen.
5. Backpacker schlafen in den meisten Jugendherbergen in „dormitories", Schlafräumen für vier bis acht Personen. Der Umstand, dass man sich den Schlafraum mit anderen Leuten teilt, regt dazu an, sich gegenseitig vorzustellen. Oder man will die anderen Personen zumindest aus einer Schutzfunktion heraus kennenlernen, um sicherzustellen, dass man am nächsten Tag noch sein ganzes Hab und Gut besitzen wird. Vor allem in großen Jugendherbergen, in denen die Fluktuation der Gäste hoch ist, vergewissern sich die Zimmerkollegen, die einen Laptop, einen I-Pod oder persönlich wichtige Gegenstände wie ein Diktiergerät oder ein Feldtagebuch bei sich tragen, ob die Neuankömmlinge oder Abreisenden in Ordnung sind.
6. Man kennt sich schon aus der Jugendherberge. Bekannte, die in der Schischule am Mt. Hutt oder am Treble Cone oder in Cadrona arbeiteten, stellten uns sofort vor, wenn wir sie mit ihren Arbeitskollegen am Berg getroffen haben. Ähnliches kann bei einer Partie Billard im Pub passieren, wenn sich die Personenkreise der Jugendherberge bzw. der Saisonarbeiter kreuzen und miteinander vermengen.

"I feel really blessed in a sense of. We have a lot of people that have come and stayed here initially while they get themselves sorted and get themselves into a house, what is lovely. You get to know them and then when they get themselves sorted into a house, they are coming over and chill out and feel free. [...] A girlfriend in particular that stayed here only a week, if that. And she now is renting a house in town and we have a good giggle together and it is lovely, because it is outside of here. And just on the slopes. Everyone sees you every day or you see them every day, yeah. No, definitely, that is good." [Holy Mary]

7. Gleiche Reiserouten. So habe ich zufällig Bekannte aus der Jugendherberge in Methven in Wanaka bzw. in Te Anou wiedergetroffen und einen schottischen Zimmerkollegen aus Te Anou, der das ganze Zimmer durch das Schnarchen um den Schlaf brachte, in Methven – zum Glück im Gemeinschaftsraum und nicht im Zimmer! Mit den Franchisesystemen der Jugendherbergen hängen gleiche Reiserouten stark zusammen. Es gibt in Neuseeland Mitgliedschaften für „YHA" (Youth Hostel Association) und BBH oder in Australien für „V.I.P.-Backpackers", die für die Rucksacktouristen Ermäßigungen bei eben diesen Ketten mit sich bringen. Diese Vergünstigungen beeinflussen in vielen Fällen die Reiserouten von Backpackern. Ein Jugendherbergsbesitzer erzählt von seinem Geschäftsmodell und dem Franchisesystem:

"I basically bought myself a business in Methven. The business is a hostel which is also a ski lodge in the winter and a summer lodge for hiking, fishing and so on. I have a franchise with the YHA. The types of people that we have here are mainly backpacker and they are more up marked backpackers, which we call "flashbackers". They are a bit older, middle age type traveller, who do not want to pay a lot of money for accommodation. They want the convenience of double on suite rooms and twin on suite rooms as well as the younger traveller, who was the normal backpacker and normally between the ages of 19 and 30, 35. I suppose, even now, it is getting older all the time as people are travelling." [George]

8. Es gibt in manchen Jugendherbergen große Gemeinschaftsräume oder Fernsehräume, ideal für Kontaktaufnahmen.
9. Manche Besitzer von Jugendherbergen stellen die Gäste untereinander vor, damit sie schneller Anschluss finden, länger bleiben und sich dadurch eventuell eine angenehme Atmosphäre bildet. Die meisten Rezeptionisten bzw. Besitzer einer Jugendherberge haben eine gute Menschenkenntnis:

"His people skills are brilliant. He is very good at making people very relaxed. And I think this is a lot about the positiveness of this place, and friendliness of this place is because of George's personality. It is kind of one spirit. Obviously people don't tell you if they have a bad time. Lots of people tell that they had a good time. I have been amazed in the six weeks I have been here. I think probably the average, we are talking by heart. Three people a week saying that this is the best place I have ever stayed. It is so lovely. And that is in a quiet time. I don't know, I hope so. By the way George is, it is very good. I kind of hope that the rest of us do. Everyone in the hostel does. Everyone who is staying here loves his friendliness which is lovely." [Holy Mary]

Genau aus den genannten Gründen ist die Jugendherberge ein wichtiger Schnittpunkt im Netzwerk zur Bildung bestimmter Interessensgemeinschaften.

In einer Jugendherberge gibt es einige Regeln, die für ein angenehmes Zusammenleben befolgt werden müssen. In fast jeder Jugendherberge in Neuseeland und Australien finden sich Zettel, auf denen steht: „Wash your dishes up" oder „Your mum doesn't live here. Clean your stuff yourself" etc. Manchmal müssen die Gäste eine Kaution hinterlegen, damit eventuell zerbrochenes oder „nicht mehr vorhandenes" Geschirr oder Besteck ersetzt werden kann. Eine ehemalige Rezeptionistin einer Jugendherberge in Wanaka meint dazu:

„Die Leute reisen an, die wohnen erst mal im Backpackers und dann ziehen sie wieder aus, wenn sie eine Wohnung gefunden haben. Das ist auch die Zeit, wenn sich die Backpackerhostels wieder Inventar nachkaufen müssen, weil die Leute Töpfe und alles mitnehmen." [Dani]

Wer sich nicht an die Regeln hält, kann aus der Herberge verwiesen werden. Das passierte zwei Globetrottern in Methven, welche am Küchentisch einen echten Feuergrill angefacht und die Tischplatte damit komplett ruiniert hatten.

Die Jugendherberge wird als billige Schlafmöglichkeit und Leutetreff gerne aufgesucht. Der Preis kann aber auch einige Nachteile mit sich bringen: In manchen Jugendherbergen in Neuseeland war die Heizung mit einem Timer verbunden, welcher diese nach einer halben Stunde abgeschaltet hat. Daher ist regelmäßig irgendjemand mitten in der Nacht im kalten Zimmer aufgestanden und hat den Timer aktiviert.

Die hohe Personenzahl im Zimmer reduziert die Privatsphäre der Gäste auf ein Minimum. Es kann zu Störungen durch unterschiedliche Tagesrhythmen kommen und der Schlaf empfindlich gestört werden (wie auch das Beispiel des schnarchenden Schotten zeigte). Ich erinnere mich, dass ich in der ersten Nacht in Neuseeland aufgrund des Jetlags um 4.30 Uhr Ortszeit aufgestanden bin und mich die vom Ausgehen heimkommenden Zimmerkollegen gefragt haben, ob ich den frühen Bus nehmen wolle.

Nicht immer ist man mit angenehmen und erwünschten Mitbewohnern konfrontiert, wie mein Erlebnis in Wanaka zeigt: Wir (meine zwei Reisekollegen und ich) wollten um 5 Uhr Nachmittag in ein für uns reserviertes Sechsbettzimmer einziehen, welches zu dem Zeitpunkt noch voll besetzt war. Die Vormieter hatten darauf spekuliert, dass die restlichen Betten im Zimmer nicht weitervermietet werden, und wollten, ohne zu bezahlen, bleiben. Verschärft wurde die Situation zusätzlich durch ein gerade stattfindendes Trinkspiel. Indem wir den Leuten im Zimmer eine halbe Stunde Zeit gaben, die Betten zu räumen (für die sie nicht bezahlt hatten), konnte die Situation entschärft werden.

10.5 Der Austritt und der Wiedereintritt

Genauso einfach, wie man dazustoßen kann, kann man aus dem Netzwerk der Saisonarbeiter wieder austreten. In vielen Orten ist die Fluktuation des Personals ziemlich hoch und es gibt wenig „Back to Back Seasoners". Aus diesem Grund ist fast jedes Team zu Saisonbeginn anders als am Ende der vorhergehenden Saison.

Zu Saisonende gibt es viele Feiern und zahlreiche Verabschiedungen, wobei man oft nicht weiß, ob es sich dabei für immer oder nur für eine Saison handelt. In manchen Orten wie in Kitzbühel reisen nicht alle Saisonarbeiter ab, da manche das ganze Jahr beschäftigt sind. In Kitzbühel gibt es etwa 80 bis 100 Personen in dieser Community. Für Rückkehrer, die für einen längeren Zeitraum außerhalb des Touristenortes leben, ist der Wiedereintritt sehr einfach: Entweder sie begeben sich gleich in das Pub oder flanieren durch den Ort, um alte Bekannte zu treffen. Wie schnell man sich in die Community wieder hineinfindet, hängt davon ab, wie lange man im Ort gearbeitet hat bzw. wie lange man weg war. Bestimmte Events, wie es sie in Kitzbühel, Wanaka und Queenstown gibt, locken viele ehemalige Saisonarbeiter an. Die Oldtimer-Rally, der Jahrmarkt, das Tennisturnier und die Flugshow (in Wanaka) sind gute Gelegenheiten dafür, zurückzukehren. Die Rückkehr dient zur Auffrischung angenehmer Erinnerungen und Beziehungen, man will wissen, was aus den ehemaligen Freunden geworden ist. Wer zu lange weg war, dem kann passieren, dass er nur mehr die Reste des ehemaligen „harten Kerns" antrifft.

11. Reisen

Die Reiserouten und die Reisemotivation der Saisonarbeiter sind individuell. Einige lassen sich für ein paar Monate in einem Ort nieder und planen Aktivitäten, andere lassen sich während der Zeit treiben. Dieser Zustand wird „Drift"[469] genannt, weil der Reisende nicht genau weiß, wo er schließlich landen wird. Das hängt auch sehr stark mit den Beziehungen zu den anderen Saisonarbeitern und deren Netzwerk zusammen. Ein Australier erlangte Kontakt durch einen Freund und landete gleich nach Schulabschluss in Kitzbühel, da er ein großer Wintersportfan war. Er hat sich so in das kleine Städtchen verliebt, dass er seinen Freunden zuhause in Australien folgendermaßen von seinem Urlaub berichtete:

"Especially in the last few weeks I did a little bit of travelling. I went to Dachstein and Schladming and then after that I went to Laax in Switzerland and I have been to the Arlberg for one day. It is nice to get around. I found it so easy to come here and get stuck in the "Kitzbühel bubble". When I get home and I say to my friends: "I have been Europe for six months." And they said: "Where did you go?" I said: "Just in Kitzbühel". [laughing] I leave it for probably three weeks in six months. I find it that nice here. I'm so happy here. And something is always new to me." [Chief O'Brian]

Vielen reisenden Saisonarbeitern ergeht es gleich. Auch ein Schotte, der schon seit drei Jahren in Kitzbühel lebt, hat von Österreich nicht viel mehr gesehen als Kitzbühel, Innsbruck und Zell am See, da sich seine Reisetätigkeit innerhalb des Landes in Grenzen hält.

"I have been to Salzburg going to the airport, that is it. We drove around Salzburg. We went to the airport to pick up my sister. We went to the beer festival, shopping in Rosenheim. I was in Zell am See for a night. A friend was on holidays there." [Pistol Pete]

Für einen englischen Schilehrer ist Saisonarbeit mit dem Leben und Verweilen in einer Kleinstadt nicht geeignet, da er gerne reist und mehr von der Welt sehen will:

"I couldn't, because I know that I could see so much more when I am not here. I think my travels have opened my eyes a bit, so. What is out there and what we can do in our lives. And staying in one little town, no matter how good it is, for all my life I could not do it. I want to see much of the world and experi-

ence as much as I can and challenging myself and gain all the opportunities I can. I think I probably do that. That's why I'm going anyway." [Robman]

Saisonarbeit und Reisen gehen nicht immer Hand in Hand, und es gibt viele Saisonarbeiter, die nicht viel mehr als „ihren" Saisonort sehen. So habe ich einige Saisonarbeiter in Neuseeland kennen gelernt, die sich wenig vom Land angesehen haben und sich hauptsächlich in Wanaka und Queenstown zum Schifahren oder Snowboarden aufhielten. Ähnlich verhält es sich mit Extremsportfans, die ihren Sport so lange und so oft wie möglich ausüben wollen und daher auf zusätzliche Kurztrips wenig Wert legen.

Konträr sind diejenigen, die sich möglichst viel vom Land ansehen wollen. Zum Reisen eignet sich für sie die Zwischensaison am besten, da viele ohnehin keine Arbeit haben und ihre Zeit sinnvoll verbringen wollen. Sie kaufen sich nach der Saison ein Auto oder ein Interrail-Ticket oder machen eine weite Busreise. In Neuseeland haben einige beide Hauptinseln bereist, um vom „whale watching" in Kaikura, „wine tasting" in Marlborough, „skydiving" in Lake Taupo zu berichten. Dabei stellen viele erst durch das Reisen fest, wie groß die Welt ist und dass man sich nicht alles ansehen kann. Manche Backpacker machen sich aber auch gerade dadurch, dass sie so viel gesehen haben, bei ihren Kollegen unbeliebt. So stellt die walisische Rezeptionistin einer Jugendherberge in Methven das Showoffbackpacken dar:

"I have experiences this time, because I am not doing the backpacking thing. But I sometimes find unique people. Their level of conversation is: "Where have you been? Where are you going?" It is like a checklist of countries you travelled. To me that is showing off. They don't necessarily want to know about you. They just want to know whether they have been to more countries than you have been to. I think there is an ego level in travelling." [Grace]

Für viele Showoffbackpacker ist es wichtig, sich von der Touristenrolle zu trennen, sind Christoph Hennig und Peter Welk sicher.[470] Aber nicht alle, die auf ihren Reisen viel erlebt haben, weisen diesen aufdringlichen Charakter auf, manche informieren ihr Gegenüber nur nach einer konkreten Frage. Dabei ausgetauschte Informationen können die Reiserichtung ändern. So befindet auch Horst Opaschowski, dass die Meinung von Freunden und Bekannten mit persönlichem Bezug zur gewählten Destination am meisten Gewicht bei Urlaubs- und Reiseentscheidungen hat. Eine Empfehlung kann folgendermaßen lauten:

"I have been to Wanaka. I didn't snowboard there. I only snowboarded at Coronet Peak which is about one hour and a half away. Wanaka is a beautiful little town but so cool. I went down, it was such a nice weather, such a fantastic

place. "Definitely go there." I was saying to these guys. They were not sure where they wanted to go. I said to them: "If I was going to go there for a season I probably would go to Queenstown or Wanaka. Wanaka is a cool little place.""
[Dude]

Es bilden sich Moment- und Interessensgemeinschaften, vor allem allein reisende Rucksacktouristen schließen sich gerne anderen an, wenn es etwas Spannendes zu erleben gibt:
"That is the beauty of travelling. You meet a lot of people especially in the hostels and find out what you also have to do. Someone has been to France and says: "Go to France." I was in a hostel and met an American guy and he said that he wants to climb in the mountains there and I said: "Okay then. Let's go tomorrow." But we did it because we talked about it. There are so many examples when you are travelling. If someone has got an idea what he wants to do, if you want to participate, do it." [Rob]

Big Masta J beschreibt die Spontaneität seines Chefs, der ihm und seinen Freunden sein Ferienhaus in Slowenien zur Verfügung stellte.
"We have been in Slovenia for two weeks. Then we come back to Czeck with my friends. I went there with Gigi and other two guys. And the boss – he came to Prague – just jumped into the car and went there. We had a couple of beer."
[Big Masta J]

Reisen wird von vielen mit Abenteuer assoziiert, daher „driften" einige Backpacker scheinbar ziellos herum. So sagt ein von Jana Binder interviewter Rucksacktourist Folgendes über das Reisen: „Travellers don't know where they are going, Tourists don't know where they have been."[471]

„Verrücktes", ungeplantes Reisen macht diesen Backpackern Spaß. Eine Engländerin hat per Münzwurf über ihr weiteres Leben entschieden, als sie in Kitzbühel in einer Pension strandete. Der Wetteinsatz, den sie am Start ihrer Reise definiert hat, sieht folgendermaßen aus:
""Do you know what I have done? In the middle of doing my degree one of my courses broke down and we had to postpone it to the next year." I said to one of my friends. If I want to go back and I can't decide. So I flipped a coin and head – Australia towards college and writing my master thesis. It came up head. That was like with my ticket. [...][laughing]. My friend was like that I am joking. No, I am not. But I never went back. But that is the problem. I was away for a year and then I flew back home for three weeks. I was going to like stop travelling along with May, and I covered a credit card and I flew back again to New Zealand. And I was so stupid and I was young. [...] Then I was in New Zealand for a while and then I come home again. [...] I could not stop after that. [...] I

started too late and you can travel and work at the same time. You can pick up jobs very quickly. [...] Working on the boat. You work on the boat and most of the people there were like snowboarders and skiers, because everyone who is working season starts to seek out where to get money. And it is like that you need something that will last for six months. And then you come for snowboarding and skiing. I think that it is lifestyle and I think when you start meeting the same sort of people and in the same circles. Yeah." [Katie]

Der Südafrikaner Londoner Fred verlässt sich lieber auf die blinde „Fingerglobusmethode".

"That is my dad's idea. He just told me that I should try that and it worked. That is the way he travelled. And he said you can't get more excited than that. You are going to see the big tourist signs first. Some places you will never have heard of. Your finger is on the map and there are some places you never have heard of. [...] Your finger is on the map and it says there "Andorra", "Quartos" and you know you should go. [...] And in Mexico I didn't know anybody there."
[Londoner Fred]

Die Neuseeländerin Dani Banani ist Anhängerin der „Wir biegen links ab"-Methode. Nicht zu wissen, was passieren wird, ist ein wichtiger Bestandteil des Reisegefühls und der Selbstautonomie. Dani Banani selbst meint dazu:

„Dann am Ende bin ich noch nach Griechenland gefahren. Wir wollten eigentlich nach Cottswoods. Ich weiß nicht, ob du das kennst – das ist in der Mitte von England. Dort sind so Berge und es ist so wie ein Gebirge. Ich habe eigentlich von der Firma und meinen Arbeitskollegen – am letzten Tag bevor ich gegangen bin haben sie mir ein Buch geschenkt. Das war ein „Lonely Planet Griechenland", obwohl sie gewusst haben, dass ich eigentlich nach Cottswoods wollte, in die englische Berglandschaft. Und dann auf der Autobahn schaue ich dieses Buch an. Mein damaliger Freund ist gefahren und ich habe das Buch angeschaut. Und er hat gesagt: „Griechenland wäre schon cool." Und er hat gefragt: „Ja, was tun wir?" Dann sag ich: „Ja, was meinst du? Ja, entweder wir fahren rechts oder links. Rechts wäre Cottswoods und links wäre Griechenland." [lachen] Dann sind wir links gefahren. Dann wollten wir mit dem Boot nach Zypern und sind schließlich in Rhodos ausgestiegen." [lachen] [Dani Banani]

Es gibt Saisonarbeiter, die Reisen sehr genau planen, um sich nicht auf negative Überraschungen einlassen zu müssen. Sie sind sehr gut durch verschiedenste Reiseführer, Internetseiten und Foren informiert und wissen genau Bescheid, was man sich anschauen kann und welche verschiedenen Arten von Reiseversicherungen es gibt. Ihnen geht es darum, die „nicht intendierten Konsequenzen" einer Reise abzuschwächen und einen ausgezeichnet geplanten Urlaub zu verbringen: Im Gepäck Kopien aller Reisedokumente sowie verschiedene „Backups", wie das Dokument des eingescannten Reisepasses, im Postfach der eigenen E-Mail-Adresse. Ihre peniblen Reisevorbereitungen dauern meist sehr lange.

"We have a copy of passports and tickets and also visa. [...] It looks like a funny thing. Most people have it, I noticed that, for the fact that people are loosing documents. We thought about it. We always need a backup or something, I thought. It would be the easiest, because we made travels when we had a van in Australia and New Zealand. We knew that we would stay in South Africa for three months. So we had some information. I am happy, we just looked up things in the internet, important things. [...] And things you have care about and look for and stuff like that. We scanned also all the important documents and we also send them to ourselves by email. We did that as well with the photos. We burned the CD as well and we also send it by email to ourselves, that we have this backup. It is easier for you. Mind if you have central backup. It is easier travelling when you know that you don't have to worry about it, because you always can get it. [...] And that you have there your extra documents. And do your financial stuff also, only our bank. I think that has to do with your personality, if you always make backups. You also have to care for people. There are some who are not insured. That is a thing that I cannot understand. It is 30 Euro for the whole trip. If you don't, like you broke shoulder, I want to have a good insurance. The amount you have to pay is really small. It is only an advantage. You don't win enough by no paying 30 Euro, if you think about it. You think nothing will happen to you, but anything can happen. If you are insured you don't think about that. When you leave you don't think about it. I am sure I don't need it. It is not really necessary, but it is better to have it just to be sure." [Gus]

Reisen ist mit viel Selbstorganisation verbunden, weswegen man eine Backpackerreise nicht mit einem Hotel- und Strandurlaub vergleichen kann, wo man sich in Ruhe entspannt. Es kostet oft sehr viel Energie und ist mit Anstrengungen verbunden, wie Mareike weiß:

„Wir sind schon neun Monate unterwegs und das ist eigentlich nicht Urlaub. Es ist eigentlich Arbeit. Du solltest wissen, wo du am Abend schläfst, du musst dein ganzes Gepäck herumschleppen, du musst dir irgendetwas organisieren zum Schlafen, du musst zum Essen organisieren. Du musst schauen, du musst nicht, aber du willst wissen, ob du dir vielleicht etwas anschauen kannst. Du willst wissen, was du dir anschauen kannst, wie du dorthin kommst, und den Transport organisieren. Es ist viel Vorbereitung und viel Organisation bereits im Hintergrund, die du machst. Du legst dich nicht nur hin und gehst am Abend in dein Hotel und kriegst dein Essen serviert. So ist es nicht, ich meine, wenn du ein *bisschen mit „low budget" unterwegs bist. Wenn du es dir leisten kannst, in einem guten Hotel unterzukommen, dann ist das schon ein bisschen anders."* [Mareike]

12. JOBS FÜR REISENDE

Manche Jobs sind besser für die Saisonarbeit geeignet. So meint eine Barbesitzerin über die Fluktuation ihres Personals Folgendes:
„*Wir haben über das Jahr gesehen, die acht Monate haben wir ja nur einen kleinen Personalstab. Da sind wir ungefähr zu acht. Und im Winter ist das also fast viermal so viel. Beziehungsweise dreimal so viel, weil das Putzpersonal und so, die sind sowieso immer da. Und dadurch brauchst du immer deine neuen Leute. Also von dem her haben wir schon einen Haufen „change". Aber wir haben Gott sei Dank unsere Stammleute, die im Sommer nach Griechenland oder Portugal oder wohin auch immer gehen und dann im Winter wieder herkommen. Das erspart uns natürlich jedes Mal das komplette Einlernen und es ist sehr angenehm, weil du hast es einfach. Das ist sehr wichtig für die Gäste, dieser Wiedererkennungswert von Jim, Jack und Joe hinter der Bar. Wenn die nächstes Jahr auch wieder da sind, dann ist das natürlich super.*" [Tina]

In manchen Branchen gibt es je nach Sommer- oder Wintersaison unterschiedlich viel zu tun. Die Baubranche im Sommer und der Wintertourismus ergänzen sich in Österreich recht gut, da der eine Bereich genau dann Leute benötigt, wenn der andere kaum oder wenig Arbeit offerieren kann.

Uta Glaubitz, eine Berufsberaterin, hat ein Buch über die verschiedenen Arbeitsfelder von reisenden Personen geschrieben: Jobs für Weltenbummler und Globetrotter. Ihre grobe Unterscheidung der Berufsfelder sieht folgendermaßen aus:
1. „Reise und Abenteuer", z.B. Touroperator, Animateur, Reiseleiter, Fahrradguide, Sportlehrer, Survivaltrainer, Schilehrer etc.
2. „Medien", z.B. Reisemagazin-Moderator, Wanderführerautor, Filmemacher etc.
3. Kunst, Musik und Showgeschäft", z.B. Künstler, Fotoillustrator, DJ, Showsportler, Diashow-Präsentator etc.
4. „Helfen, lehren, unterstützen", z.B. Fremdsprachenlehrer
5. „Handel", z.B.Vertriebsspezialist, Importeur von exotischen Nahrungsmitteln etc.
6. „Verkehr", z.B. Busfahrer, Taxifahrer, Liftwart etc.
7. „Sonstiges", z.B. Dolmetscher, Reisepsychologe etc.
8. „Landwirtschaft", z.B. Erntehelfer, Früchtepflücker, Hilfstätigkeiten etc.[472]

Ich habe reisende Saisonarbeiter aus all diesen Berufsfeldern befragt. Wenn sie kein Geld mehr haben und auf irgendein Einkommen angewiesen sind, nehmen sie jeden nur erdenklichen Job an. Wer es sich jedoch aussuchen kann, wählt eine Tätigkeit, die den Spaß und das Lebensgefühl optimiert. Folgende Berufswahl soll erklärt und mit Vor- und Nachteilen skizziert werden, um das Kalkül der Saisonarbeiter zu verstehen: Schilehrer, Barkeeper, Zimmermädchen und Doorman.

1. Schilehrer

Die Schilehrer sind durch die Uniform sowohl auf der Piste als auch in der Stadt sofort zu erkennen. Vor allem die Touristen bewundern die Schilehrer als die „Kings of skies". Das erfüllt die neuen Schilehrer, die das erste Mal mit der Schilehreruniform durch den Ort gehen, mit Stolz und dem Gefühl, anerkannt zu sein. Sie erleben durch das Tragen der Uniform ein Zusammengehörigkeitsgefühl mit ihren Kollegen, welches zusätzlich durch gemeinsame Aktivitäten wie Après-Ski oder Rodeln gestärkt werden kann. Da auch einige Einheimische diesen Beruf ausüben, haben auswärtige Schilehrer die Möglichkeit, auf diese Weise sehr einfach mit einheimischen Personen ins Gespräch zu kommen und Freundschaften zu schließen. Ein weiterer Vorteil ergibt sich durch die Tätigkeit in der Natur, wo durch Bewegung ein Gefühl der Freiheit hervorgerufen wird.

Es gibt aber auch mehrere Nachteile: Den Schilehrerberuf kann man offiziell nur nach einer etwa 1.000 Euro teuren Ausbildung ausüben und er setzt notwendiges Können auf zwei Brettern voraus. Schilehrer zu sein, beinhaltet auch die Opportunitätskosten, dass der eigene Schispaß am Berg durch das begrenzte Können der Gäste oft stark eingeschränkt wird. Die Verantwortung ist nicht zu unterschätzen, die ein Schilehrer für Kinder und Gäste zu übernehmen hat, da er bei Unfällen und fahrlässigen Handlungen für sein Verhalten zur Rechenschaft gezogen werden kann. Der Beruf des Schilehrers ist beispielhaft für alle Arten von Sportlehrern – es könnte sich ebenso um einen Kletter-, Mountainbike- oder Segellehrer oder einen Dive-, Paraglide- oder Skydive-Instructor handeln. Dieser Gruppe geht es primär darum, ihr Hobby zum Beruf zu machen.

2. Barkeeper

Vor allem für die australischen und neuseeländischen Kellner ist ihre Arbeit in Kitzbühel etwas Besonderes, da sie zuhause während der Arbeit keinen Alkohol zu sich nehmen dürfen. In einigen Après-Ski-Lokalen in

Österreich ist der Konsum von Alkohol für das Personal nicht nur erlaubt, sondern erwünscht, damit man so auch die Gäste zum Konsumieren anregt:
„Das ist bei uns natürlich, davon leben wir. Das ist das ganze Shortdrinking. Diese ganzen „Shorts", diese ganz „Kurzen". Und das Personal trinkt mit. In den meisten Ländern Europas und weltweit darf man hinter der Bar weder rauchen, noch trinken. Das ist ja eigentümlich, Österreich ist schon ein bisschen das „alkoholic paradise". Das muss man schon dazusagen. Das finden die Gäste aus der ganzen Welt, und weil es überall verboten ist, finden die das sensationell, dass hier alle Englisch sprechen und dass die alle mittrinken. Aber du kommst auf deine 20 bis 30 „Kurze" am Abend." [Tina]

Das bestätigt ein 23-jähriger Diplomingenieur und Kellner:
"Here this is the only place I know where we can drink behind the bar. You drink a lot. I mean no matter where you are going to go, you are going to drink. That is the whole plan. That is the whole reason to go overseas. Drink, meet new people and have fun." [Alco Matt]

Für die reisenden Partyfreunde ist dies die beste Gelegenheit, Feiern und Arbeit in Einklang zu bringen. Speziell den Kellnern macht die Atmosphäre im Lokal Spaß. Das hängt mit ihrem Alkoholkonsum, dem der Gäste und deren Handlungen zusammen. Manchmal gehen sie sogar während ihrer Freizeit dorthin, um ihre Freunde und Kollegen zu treffen und mit ihnen Spaß zu haben. Dass man so manch skurrile Situation erlebt, die mit gesellschaftlichen Normen bricht, amüsiert viele Kellner. Diese Gegensätzlichkeit und Gegenalltäglichkeit definieren sie als Erlebnis, wie Irish Jack erzählt:
"You see stuff in the pub you would not see anywhere else in the world. [laughing] I have seen a woman, I think she was 65 or 70, and she was giving a blowjob to a guy who has been 25 on the chair, when her friend, who was the same age, was kissing. He was just sitting there [laughing] and lots of stuff like that is going on. There is a lot of stuff like that going on and you have to remember them. We are just having fun." [Irish Jack]

Einen Nachteil bei ihrem Beruf sehen viele Barkeeper darin, dass es die meisten nach einer durchzechten Nacht nicht schaffen, frühmorgens aufzustehen, um irgendwelchen Aktivitäten nachzukommen, wie z.B. Schifahren zu gehen. Die Meinung einer 34-jährigen, in Kitzbühel lebenden Australierin über den Barberuf bestätigt dies:
„Brutal. Was wir da alles gemacht haben. Du arbeitest. Du hast das Ziel, dass du arbeiten gehst und auch Schifahren gehst. Das schaffst du nie, außer du bist voll konsequent und du trinkst nicht, aber das geht in Kitzbühel im Gastgewerbe nicht – du kommst nicht raus. Du musst saufen. Das ist schlimm. Deswe-

gen kannst du diese Gastgewerbesachen nicht zu lange machen. Das geht ein paar Jahre, so fünf, sechs Jahre, manche schaffen es zehn Jahre, aber irgendwann einmal ist das dann vorbei. Du musst saufen und dann – du sagst immer – wir gehen Schifahren. Du schaffst es höchstens vielleicht einmal in der Woche, Schifahren zu gehen. [...] Du bist drinnen in diesem Nachtleben, aber es gibt Leute, die da jahrelang sind. Die sind vielleicht zehnmal Schifahren gewesen." [Dani Banani]

Manchmal müssen Barkeeper den Ablauf der letzten Nacht aus Erzählungen rekonstruieren, wenn sie viel zu viel Alkohol getrunken haben. Ein 26-jähriger Ire weiß nichts mehr über eine Feier in der durchzechten vorigen Nacht:

"Everybody got smashed. I've heard stories. I can't remember being in the restaurant. I can't remember leaving the restaurant. I can't remember being in a pub." [Irish Jack]

Nur wenige, die sich als Kellner bewerben, schaffen es, keinen Alkohol zu trinken. Dass sich dies, wenn man nicht aufpasst, schlecht auf die Gesundheit und die weitere Lebensführung auswirken kann, meint auch Fred:

„*Drastisch wirkt sich vor allem die Tatsache aus, dass der Umstand, nicht feiern und Alkohol trinken zu wollen, sich als schwer darstellt, wenn man sich jeden Tag mitten in der Party befindet."* [Fred]

3. Zimmermädchen, Dienstpersonal

Das Angebot, Kost und Logis einzusparen, nutzen viele Reisende gerne. Deshalb sind sie bevorzugt als Haushälter in Jugendherbergen oder Pensionen tätig. Manche werden je nach Arbeitsaufwand und -vertrag auch ausbezahlt. Ich interviewte eine Saisonarbeiterin in einer Pension, ihrer Arbeitsstätte. Sie hat um diesen Job gekämpft, wie sie selber sagt:

"I fought for this job, because last season my friends were here. We struggled to find a job. I got the job in a week. I worked in a tavern collecting glasses. And then the girls I was travelling with, the Canadians, they have been never working black so it was trickier for them. But one by one they got in here and I used to come. I thought that it is a cool job, because you get your accommodation. You get a bed. It is so close to everything. The most important thing is that you get heaps of boarding and skiing time. Heaps of time on the mountain. I can be out here for half the night and I don't have to be back to four. And that is everyday a most important thing. It is also a nice thing. Somewhere that was the most important thing. And it was also nice to contact someone that I knew as well,

because I don't think I would be tired of starting again. I am going to come back. So yeah, I fought with these guys." [Katie]

Die Arbeit in der Pension hat den Vorteil, dass man von 10.30 Uhr bis 5 Uhr Schifahren gehen kann, weil man die Gäste nur während des Frühstücks bis 10 Uhr und des Abendessens von 18 bis 20 Uhr bedienen und ihnen zur Verfügung stehen muss. Das bedeutet, dass diese Saisonarbeiter auch am Abend ausgehen können. Als einen Nachteil kann man eventuell die Arbeit an sich betrachten: Putzen, Bettenmachen und Wäschewaschen sind im Allgemeinen in unserer Gesellschaft nicht gerade prestigeträchtig. Vor allem der Samstag ist in vielen Pensionen ein arbeitsintensiver Tag, weil die meisten Gäste an- und abreisen. Die Bezahlung für solche Tätigkeiten ist im Normalfall nicht sehr hoch. Der Kontakt mit anderen Berufsgruppen wie Schilehrern beschränkt sich auf die Bars, der private Kontakt mit Barkeepern ist während des Tages auf der Piste möglich.

4. Türsteher

Um Türsteher zu werden, muss man ein gewisses Persönlichkeitsprofil besitzen und vor allem männlich sein. Wer auf keinen Fall in eine Schlägerei verwickelt werden oder Streit im Lokal schlichten will, ist für diesen Job nicht geeignet.

Es sind nicht die einzigen Aufgaben des Türstehers, Leute aus dem Lokal zu entfernen oder niemanden mehr hineinzulassen, wenn es voll ist – im Idealfall versucht dieser auch, Leute in das Lokal zu bringen und sie richtig einzustimmen. Er sollte die Party entsprechend steuern können, um Probleme zu vermeiden. Weiters sollte er abschätzen können, wo brenzlige Situationen entstehen und ob diese im weiteren Verlauf den Spaß fördern oder hemmen könnten.

Ein Türsteher einer „High Society"-Diskothek wird überdies angewiesen, Leute mit dem falschen Outfit höflich zu ersuchen, sich entsprechend zu kleiden. So wird der feiernden Runde gewährleistet, dass sie unter sich bleiben kann.

Türsteher haben viel Zeit zum Beobachten und manche betrachten ihren Job als gute Möglichkeit, um mit dem anderen Geschlecht in Kontakt zu kommen. Eine Barbesitzerin glaubt, dass die Rolle des Türstehers auf manche Frauen sogar anziehend wirkt.

5. Billeteur, Fotograf etc.

Es gibt nur ein kleines Kontingent von Pistenkontrolleuren, Schischulfotografen, Billeteuren in Kinos oder Unterhaltern in Après-Ski-Bands. Diese

Berufe gehören nicht zu den Saisonjobs, wo viele Mitarbeiter gesucht werden.

12.1 Persönliche Veränderung und Weiterbildung

Die Saison bedeutet keinesfalls Stillstand in Bezug auf Karriere und Weiterentwicklung der Persönlichkeit. Jeder, der sich auf eine längere Reise begibt, verändert sich auf dieser. Der Abstand zum Berufsalltag, der zuvor tagtäglich die einzige Realität darstellte, lässt den Betroffenen Freiraum, ihr früheres Weltbild zu überdenken. Vor allem die Distanz und die teils konträre Lebenswelt regen viele dazu an, über das Leben davor zu reflektieren. Persönlichkeitsstile und Selbstverständlichkeiten, die als unabänderlich galten, können überhaupt erst wahrgenommen werden.

Je nach Empfinden werden Routinen positiv, negativ oder schlichtweg gar nicht wahrgenommen. Vielen Globetrottern und Saisonarbeitern wird während ihrer Reise klar, wie sie ihr Leben in Zukunft gestalten und welchen Weg sie gehen wollen, welche Routinen sie aufrechterhalten wollen und welche nicht. Bart schildert diesen Entwicklungsprozess:

„Man hat Zeit zum drüber Nachdenken. Ich habe manchmal darüber nachgedacht. Genau über Dinge, die ich nicht haben will, und Dinge, die mir ein bisschen taugen. Da ist mir schon einiges sehr, sehr bewusst geworden. Das ist schon cool. Zuhause kommt man vielleicht auf manche solche Dinge nicht drauf, weil man sich nicht die Zeit nimmt. Das relativiert sich. Das hat mit der Entfernung zu tun, auch mit dem geistigen Abstand zu dem Leben zuhause. Man kann es viel besser beurteilen und anschauen, wie lächerlich man sich über manche Dinge ärgert. Zeit, die man zuhause verliert, wenn man auf den Bus wartet und so unendlich viel Zeit hat, wie z.B. wenn man in Brasilien auf den Bus warten muss und fünfmal länger wartet als zuhause und das niemanden stört." [Bart]

Manche Leute können sich nicht entscheiden und sind sich trotz der Reise nicht im Klaren, was sie eigentlich wollen.
"I don't think that as a young girl, I don't know, if I ever wanted to do that. And I don't even know if I still do, [...] because what I know now. When I was a young girl I wanted to be an actress. I went to college and I studied it and everything. Travelling showed me that with something like that you used to be at one place. I am almost like there is two of me and I have to choose one or the other. I can't be an actress who travels. I have to study more. And now I have different interests. I can't just stay focussed on just that. [...] I am almost like I can never live in a small town again. I can never do like just stop and do one

thing. I have seen so much, but that would be too difficult. It is too much to give up." [Amanda]

„Natürlich stellt man sich die Frage nach dem Sinn des Lebens immer wieder, von Zeit zu Zeit." [Veronika]

Im persönlichen Bereich haben sich die meisten Backpacker und Saisonarbeiter weiterentwickelt und haben „skills" erworben, die sie in ihrem weiteren Leben brauchen können. Vor allem scheue Leute lernen im Urlaub aus einem gewissen Zwang heraus, mit anderen Personen in Kontakt zu treten. Die meisten konnten dadurch mehr Selbstvertrauen gewinnen. Man lernt viel über sich, die anderen und ihre Lebensgewohnheiten dazu und legt so manches Vorurteil ab:

"Before I came, before I started travelling, I was a very shy person. People had to come to me. I would never go and introduce myself. Whereas I was an extremely shy person before I came travelling, I actually lost my virginity overseas and that shows you what it does to you. And we also need, you know, as a ski instructor you are thrown into the position where you have to talk to people. You can't be shy. Then you have to say: "This is what you have to do. I'm ski instructing." You have to have fun with it." [Dave]

„Man muss seine deutsche Einstellung extrem ablegen. Wenn man zu deutsch ist, dann hat man hier Probleme. Gerade was die Arbeitseinstellung betrifft. Die Kiwis, die sind halt ein bisschen lockerer, und da ist er nicht am nächsten Tag da und vielleicht auch nicht übermorgen, aber vielleicht einen Tag danach. Das hat mich am Anfang etwas gefuchst. Ich habe etwas bestellt und das hat dann eine Ewigkeit gedauert, bis es da war. Man überlebt das auch." [Dani]

"I changed very much. In Australia it changed, because it was such a different life. It was just a different culture a different world almost. Here in Kitzbühel I changed. I gained a lot of confidence, because of actually my first season, because you are given a group with twelve adults and they are saying: "Right. Teach them." And all this adults booked you and they are asking you: "What are we doing? What are we going to do now?" You have to develop yourself. That's where I gained a lot of confidence. Especially with the women in the bar. Very much it is a good lifestyle." [Robman]

"Yeah. And it is also a bit of a challenge. You have to speak in a different language, you meet new people. It is a big difference and you have to find out. The beginning is maybe hard, but you learn a lot of it, so I like to go somewhere else. Yeah, definitely." [Paris]

Der Kontakt mit anderen Kulturen und fremden Menschen erweitert den Horizont. Dadurch haben viele der Reisenden ihre Menschenkenntnis und den Umgang mit anderen sowie ihre Selbstpräsentation verbessert:
"*Just we learn so much from it. You learn so much about other people's cultures, other people's way of life. It is interesting.*" [Dave]

"*You meet people from a lot of countries, of different cultures. You need to find a way that works with everyone. So I think you definitely improve your presentation skills. You definitely improve your language skills. I'm pretty sure, that you improve your people skills as well. And people skills, presentation skills, language skills. That does not work at least. At least I think so when I want to proceed my career in my university education. That helped so much.*" [Swedish Tom]

Die vielen Probleme, die während des Reisens auftreten können, helfen den Backpackern und Saisonarbeitern, selbstständiger zu werden. Es müssen ständig Hürden wie Übernachtung, Transport, Sprachbarriere u.v.m. bewältigt werden. Heikel ist, dass man sich weit von zuhause entfernt befindet, keine Hilfe erwarten kann und die Probleme selbst lösen muss, egal ob es sich um einen entwendeten Rucksack, ein gestohlenes Auto oder einen Beinbruch handelt.
„*Mir ist der Rucksack und so alles geklaut worden und ich hatte keine Kohle mehr. Und dann haben die mir einen Job besorgt und dann haben die gesagt: „Ja, okay, wenn du Bock hast, dann komm mit uns nach Kitzbühel.“ Und deswegen bin ich hier. Das ist meine zweite Saison jetzt. Also letztes Jahr bin ich angekommen und seitdem bin ich eigentlich hier. Das ist ganz chillig hier.*" [Frank]

"*It changed my life, definitely. I have learned to survive, definitely. I know that I would never be without the job and I hate people that say: "I can't find a job." This is rubbish. That is happening. I can walk into the job within a week and I think anyone in the world can do that. And I think you have to help yourself as well on your travel. I started as a waitress or behind the bar. I am travelling – I am the manager of this chalet now and I have worked my way. And finally in the end I maybe would have my business and staff like that.*" [Amanda]

Nicht immer kommt es zu Extremsituationen, aber vor allem auf Reisen kann etwas Unvorhergesehenes passieren und dann zu beträchtlichen Problemen führen, die man im Heimatland wahrscheinlich nicht in dieser Intensi-

tät erlebt hätte. Dies führen beispielsweise die Erfahrungen eines deutschen Tauchlehrers in Mexiko vor Augen:
„Also, in Mexiko hab ich auch Probleme gehabt, die mir im Weg standen. Also, ich hab was mit einer verheirateten Frau gehabt, ja, die eigentlich schon in Scheidung gelebt hat. Aber ihr Ehemann war trotzdem relativ ungut auf mich zu sprechen. Ja, der hat mich mal in der Früh mit einer Pistole aufgeweckt. Und ja, also, ich bin in meinem Leben relativ oft überfallen worden – auch mit Schusswaffe. Dabei ist es ein Unterschied, ob einer nur dein Geld will und dann wieder abhaut oder ob der grundsätzlich sauer auf dich ist. Weißt du, was ich meine? Ja und das ist etwas, was die Sache schon ein bisschen beeinträchtigt." [Jens-Dietrich]

Einige Personen nützen das „Gap Year", um neue Erfahrungen und Ausbildungen zu machen. In Neuseeland haben einige Globetrotter, Europäer und mehrere Asiaten, einen Englischkurs besucht. Einige Schilehrer haben in Österreich eine Doppelausbildung – Schilehrer kombiniert mit einem Deutschkurs – gemacht, wie eine Japanerin und ein Engländer.
"And then I came to Kitzbühel, there is a language institute, ein Deutschinstitut in Kitzbühel and I learned German. And I had this exam as a ski instructor and then I trained a little bit and then I passed. Then they told me that I can work in Kitzbühel. So I started in the ski school. Until I started, I never thought I'd work in Kitzbühel. I thought that I'd work just in the holidays. I never thought that I can get a job here. Yeah." [Domiko]

"Not very long. Actually I wanted to learn German. That was I wanted to do. And I also thought skiing as well would be good fun. So I took a Deutschinstitut course, if you have ever heard of it. It is basically a three months or four months course here in Kitzbühel. And even though it is very expensive, it was about 5.000 Euro for the course. That's not spending and you are also spending money. It was very expensive. But you gain. It was better if I knew more German when I came. It was not right for me to be beginner." [Robman]

Mit dem Sprachkurs wird also trotz Auszeit Lebenslaufkosmetik betrieben und der Aufenthalt mit Auslandserfahrung gleichgesetzt. Ähnliches gilt für Erasmus-Studenten. Viele Asiaten aus Korea oder Japan sehen das Erlernen der englischen Sprache und vor allem das Arbeitszertifikat als Gewinn an, wie es ein Südkoreaner und ein Holländer beschreiben:
"At the strawberry picking farm, we, Paris and me, were the only European people working there. The Asians are all going to go to the same spot. They tend to go to New Zealand for example to study there and they work for a few months. It is not about the money, especially to improve their English skills. They can

have a certificate when they go back home. It has also to do, to get a good job. If you want to work for an international company you have to speak English and you have to have a certificate which says that you can speak English properly. That is why they go to Australia. It is nearby Asia and they have to do their best at home. Their families want that they get as high as possible in the social environment, to get the best job there and earn as much money as they can."
[Gus]

"That is a good idea. I want to try this for my thesis also. My thesis is for international trade, that is why I have to study English. I think my English is getting wise. When I was in the language school. I did not study since when I was here, just speaking with the people. Speaking is better, but grammar and my English is getting worse." [Akuma]

Zusammenfassend zeigt sich eine Weiterentwicklung der Persönlichkeit durch die Reflexion über die ursprüngliche Lebenswelt vor dem Aufbruch und den Umgang mit anderen Menschen. Durch Sprachenlernen wird mehr Kompetenz erworben. Ich denke, dass gerade die Fähigkeit, Risiken auf sich zu nehmen und allein Probleme zu lösen, förderlich für die Reintegration in unseren Arbeitsmarkt ist.

12.2 RÜCKKEHR UND AUFSTIEG IM SAISONORT

Wenn es Saisonarbeitern in einem Gebiet gut gefallen hat, kommen sie gern wieder. Ein Australier hat mir beim Abendessen in einem Restaurant in Kitzbühel erzählt, dass er in der ersten Saison froh war, dass er als Tellerwäscher Arbeit gefunden hat. Als er jedoch in der zweiten Saison wiederkam, suchte er sich eine Arbeit, die seinen Interessen und Wünschen besser entsprach. Vor dem Winter hatte er sich den Beruf des Schischulfotografen gesichert, damit er seiner Passion, dem Snowboarden, besser nachgehen konnte.

Der Leiter des kleineren Schiresorts „Portes Height" in der Nähe von Christchurch (NZ) ist sicher, dass die meisten Personen in sein Schigebiet zurückkommen, wenn sie sich eine Aufstiegsmöglichkeit versprechen:

„Es kommen nur diejenigen zurück, die eine Aufstiegsmöglichkeit sehen. Also, die Schilehrer kommen nur wieder als Schischulleiter oder auch als Vice Coach zurück. Also diejenigen, die eine bessere Funktion und auch Leitung von einem Bereich innehaben. Die leiten entweder die Bergbahn oder die Schischule oder die Pistenraupen. Die haben halt eine Ausbildung, die wir brauchen, und dafür

zahlen wir auch mehr. Die Leute, die im Café arbeiten oder im Schiverleih, die kannst du in zwei Tagen anlernen. Jemand, der mit der Pistenraupe fährt, der braucht zwei oder drei Jahre Erfahrung, bevor wir den überhaupt anschauen. Die Schilehrer müssen mindestens Level 2 haben oder den Staatlichen." [Reinhard]

Es gibt auch in einem Schigebiet angesehenere Berufe, die mehr Geld bringen und aus diesem Grund Anreiz zur Weiterbildung sind:
"My work situation has changed so much from being a tour guide working all the time, a ski instructor, and then a little bit DJ and then entertainer. I earn now pretty good money and work not so much – four, five times a week. It is good. I was very lucky at my base on the Horn and the "Jägerwirt" and now "Chizzo". And they want me next year and other things, I'm quite lucky. [...] Next year probably in Ellmau and go somewhere different. What I do – entertainment has changed: From just being a clown in "Sennerwirt" and now probably I'm a singer over the mountains. And now I don't know if you have seen it, on a Friday in the "Jägernight" do a sweet night. Which is rap texter. Not much clowning around. It is a very chilled now. Even what I do – it has changed, it is nice." [Walt Nuts]

12.3 Verkauf von Emotionen

Viele Saisonarbeiter befinden sich während ihres Tagesablaufs „on show", das bedeutet, dass sie sich auf einer „Bühne" befinden und eine Darstellung für die Touristen abliefern müssen. Das gilt für die Kellner einer Bar genauso wie für die Schilehrer, Canyoningguides, Tourguides und viele andere.

Während dieser Zeit ist es für die Saisonarbeiter kaum möglich, ehrlich über ihre Gefühle zu sprechen und ihre Bewertungen über Gott und die Welt kund zu tun. Die Saisonarbeiterberufe gehören in die Gruppe der Dienstleistungsberufe. Dienstleistungen stehen in Zusammenhang mit Freundlichkeit und Zuvorkommen gegenüber dem Gast, damit dieser sich wie ein König fühlt und zahlt.

Es gibt aber bestimmte Bereiche, welche die Touristen nicht einsehen können und in welchen sie nicht an der Interaktion teilnehmen können. Dieser Rückzugsbereich wird von Erving Goffman „Hinterbühne" genannt. Auf der Hinterbühne können die Darsteller (Kellner, Schilehrer, Tourguides) in Ruhe über alle Details der Darstellungen (betreffend den jeweiligen Schikurs oder die jeweilige Tanzaktion) sowie im Speziellen über die Kunden sprechen. Unangenehme Situationen können verdaut werden.

Bei den Schilehrern ist dies nach dem Unterricht beim Après-Ski oder im Gemeinschaftsraum des Personalhauses der Fall. Die Angestellten des „Londoner" trinken nach der Arbeit gemeinsam ein Abschlussgetränk, um den Tag zu besprechen. Das Dienstpersonal einer Pension macht sich einen gemütlichen Abend im Pub. Für Saisonarbeiter ist generell das „Saisonarbeiter-Lokal" die typische Hinterbühne, wo ebenfalls eigene Vorstellungen stattfinden.

Die Lokalinhaber, Manager von Schigebieten, Schischulleiter wissen ganz genau, dass der Verkauf von Gefühlen Hauptbestandteil der Arbeit ihrer Angestellten und daher sehr intensiv ist. Die Staffparty und das Offerieren von einigen Gratisgetränken, das Zur-Verfügung-Stellen von Freikarten für Lifte sehen sie als Anerkennung für ihr Personal an. Wenn die Chefs mit ihrem Personal zufrieden sind, wird es belohnt. Die Arbeiter vom „Porters Heights" bekommen nach einer gelungenen Woche gratis Bier in der nahe gelegenen Bar in Springfield. Da der Samstag aufgrund des An- und Abreiseverkehrs der intensivste Tag für das Zimmerpersonal ist, bekommt die Belegschaft am Samstagabend ein Freibier in der Bar. Die Besitzerin einer Bar in Kitzbühel stellt ihren Kellnern und dem Personal im Wohnhaus viel Luxus zur Verfügung, damit sich die Leute gut aufgehoben und glücklich fühlen. Dazu gehören Gratis-Internet, Pay-TV und ein Griller. Die Schischulleiter in Kitzbühel und anderen Schigebieten haben viele Ermäßigungen für ihre Schi- und Snowboardlehrer ausgehandelt.

Entspannte Saisonarbeiter fördern das Geschäft. Die Kunden merken nämlich sofort, ob es sich um ein echtes oder ein gespieltes Lachen handelt.[473] Aus diesem Grund ist für Geschäftsmänner, vor allem in der Face-to-Face-Dienstleistungsbranche, ein entspanntes Team notwendig, um die Kunden zum Konsumieren anregen zu können. Roland Girtler weiß, dass Kellner eigene Strategien entwickelt haben, um unangenehme Gäste zufrieden zu stellen.[474] Ähnliche Strategien haben auch Schilehrer entworfen. Aus diesem Grund ist gute Personalführung für den Ruf und die Kundenbindung nötig.

Auch bei den Partys gibt es Hinterbühnen wie Zimmer und Schlafräume der Saisonarbeiter. Dort kann auch offener gesprochen werden, falls sich nicht zu viele Saisonarbeiter ein Zimmer teilen. Einmal habe ich gesehen, wie ein Saisonarbeiterpärchen für seine Privatheit „gesorgt" hat. Es spannte ein Leintuch als Trennwand, wodurch zumindest der Sichtkontakt eingeschränkt wurde.

"We are crammed into a room upstairs. We are in one of the guestrooms. Last year we were four in there, but Blue Lou lives with her boyfriend in that part over there. There is me and Juri in one room and Michael is in the other room, but it is like a bit of carpet, sheets or something like that. Space is limited. But I feel that I need space. I'll just go riding on my own and that sorts me out. I

would read in my room even people were around, because I can create a bubble for myself. And it works like here and for a relationship to be doing that. Well you know it is scary, but it is not so far. I don't know, I think it is important to explore the mountain with different people." [Amanda]

12.4 NISCHENGESCHÄFTE

In der sich ständig weiterentwickelnden Tourismusbranche ergeben sich immer wieder Möglichkeiten, um neue Geschäftsideen umzusetzen. Es handelt sich nicht nur um einheimische Personen, sondern auch um einige Ausländer, die eine Nische in einem Touristenort für sich entdecken können. Rainer Schönfelder thematisiert, dass der Schisport in aller Welt oftmals von österreichischen Schipionieren aufgebaut wurde und sich viele deswegen an unserer Heimat orientieren:

„Es ist sicher so, dass Österreich Kompetenz in Sachen Schisport aufweist. Und das ist ein Unterschied, ob da der Österreicher Schilehrer ist oder ein Japaner. Ich gehe auch dort hin, wenn ich eine andere Sportart ausüben möchte, dann gehe ich auch dort hin, wo die Besten sind. Dafür weisen wir eine Kompetenz auf und deswegen sind auch die österreichischen Schilehrer sehr gefragt." [Rainer Schönfelder]

Am Aufbau des Schischulsystems in Japan waren die beiden Österreicher Erich Moscher und Karl Haas maßgeblich beteiligt.[475] Ein Australier hat Österreicher beim Aufbau der australischen Schigebiete unterstützt:

„Ich bin hier schon länger gewesen, also schon '67. Zu der Zeit haben die schon einen Verband in Australien gegründet. [...] Die haben schon gesagt: „Das ist Zeit, dass es vielleicht eine Ausbildung in Australien gibt." Die Popularität von Schifahren ist zu dieser Zeit gewachsen. Wir haben auch ein dreistufiges System eingeführt, so wie hier. Da habe ich nur Österreicher dabei gehabt und die waren hier auch Ausbildner. Das waren super Schifahrer und das waren natürlich schon die Richtigen, wie man sich das gewünscht hat." [Ed]

Von einigen österreichischen Schischulleitern weiß ich, dass sie auch in australischen Schischulen Leitungsfunktionen innehatten. Ein staatlich geprüfter Schilehrer aus Bayern hat wegen seiner Erfahrung und Flexibilität einen Job als Leiter für ein Schigebiet in Neuseeland erhalten. Er sieht dies als große Herausforderung an:

„Ich war zuerst in Südamerika ein Jahr und dann bin ich nach Australien und nach Asien gereist und wieder zurück nach Australien ein Jahr. Und dann bin *ich nach Neuseeland. Dann habe ich den Job als Schischulleiter angenommen. Es ist halt eine Herausforderung, dass man etwas erreicht. Wir versuchen das Schigebiet aufzubauen, wir sind immer noch so in der Pionierszeit. Wir haben nicht so viel Geld wie europäische Schigebiete, aber versuchen halt auch unseren Standard zu erhöhen und bessere Möglichkeiten und Gebäude und Lifte zu bauen. Und das dauert halt länger als in Europa, weil wir die Infrastruktur nicht haben."* [Reinhard]

Eine neuseeländische Schneiderin hat in Kitzbühel das Snowboardmodelabel „Enoka" gegründet, informiert eine einheimische Snowboardlehrerin:
„Sie hat die Modeschule gemacht. Der Berny hat sie gefragt, ob sie ihm nicht eine Hose machen kann. Dann hat sie für ihn die erste Skatehose gemacht, so eine besonders lässige, und aus dem ist das alles entstanden. Das Label heißt Enoka." [Eve]

Das Lokal „Londoner" in Kitzbühel wurde von einem Engländer aufgebaut.

Es gibt einige Saisonarbeiter, die sich im Ausland selbstständig gemacht und ihre Ideen gewinnbringend umgesetzt haben. Einfacher haben es in diesem Fall jene, die aus einer finanziell besser gestellten Familie kommen. Andere wiederum haben sich zwar nicht selbstständig gemacht, aber ihre Landsmänner im Ausland beim Aufbau eines Nischengeschäftes unterstützt.

13. Karriere und Ausbildung

13.1 Karriereleiter vs. Saisonarbeit

Eine Leiter ist ein Gegenstand von ausreichender Länge, welcher zwei Ebenen unterschiedlicher Höhe miteinander verbinden kann. Je „steiler" man eine Leiter aufstellt, desto direkter kann man von der tieferen auf die höhere Ebene aufsteigen, was mit mehr Anstrengung verbunden ist.

Die „Karriereleiter" bezeichnet den Aufstieg einer Person in einer Gesellschaft. Sie ermöglicht einen sozioökonomischen Vergleich zwischen Personen und deren Biographien. Da es im kapitalistischen System im Gegensatz zu anderen Gesellschaftssystemen möglich ist, seinen Status und Besitz zu ändern, macht es durchaus Sinn, von einer „Karriereleiter" zu sprechen. Jedes Kind in unserer Gesellschaft erlebt die Karriereleiter beim Eintritt in die Schule, wo man in höhere Klassen aufsteigt, sofern man die notwendigen Kriterien erfüllt. Hat man die Pflichtschuljahre hinter sich gebracht, kann man wählen, ob man die Matura absolviert oder ob man einen Lehrabschluss anstrebt.

Die Karriereleiter steht in Zusammenhang mit einer linearen zeitlichen Vorstellung. Man bewegt sich in der westlichen Gesellschaft während der immer länger dauernden Ausbildungszeit auf der Karriereleiter. Der Berufseinstieg erfolgt in der Regel später. Wenn man das nötige Talent für die Schule, den Lehrberuf, das Studium mitbringt, sind der Abschluss und der damit verbundene Aufstieg als Belohnung wahrscheinlich.

Manchen ist der Weg auf der Karriereleiter zu unsicher, zu unbequem oder zu anstrengend. Mit dem Berufsbeginn nach Ende der Ausbildung laufen viele Menschen Gefahr, in eine Anomie zu geraten, da in der Berufswelt die Aufstiegschancen nicht so klar wie während der Ausbildung definiert sind. Die Erfolgsvorstellungen sind zukunftsorientiert. Es führt zum „Immermehr-Paradoxon": immer mehr zu erreichen, damit man mehr erreichen kann.

Gerhard Schulze, Peter Gross und viele andere Soziologen nennen dieses Phänomen „Steigerungslogik".[476] Im Gegensatz dazu steht die Idee der Saisonarbeit. Die Saisonarbeit ist, wie schon erwähnt, an eine zyklische Zeitvorstellung von Saison und „Nichtsaison" gekoppelt. Statt im „Immermehr-Paradoxon" ist man auf Saison – mehr nicht. Das heißt, dass Saisonarbeit gegenwartsbezogen und daher nicht auf das Leistungskorsett übertragbar ist.

13.2 ICH HABE BEREITS KARRIERE GEMACHT

Karriere kommt aus dem Französischen und bedeutet „Laufbahn" oder „Rennbahn". Mit Karriere bezeichnet man die „Gesamtheit der Stationen des soz[ialen] Aufstiegs einer Person im gesamtges[ellschaftlichen] Rahmen oder innerhalb einzelner ges[ellschaftlicher] Teilbereiche oder Organisationen"[477]. Wichtig hierbei ist die Unterscheidung zwischen horizontaler und vertikaler Mobilität. „Horizontale Mobilität" bezieht sich „auf geographische Bewegungen zwischen Vierteln, Städten oder Regionen"[478]. „Vertikale Mobilität" hingegen beschreibt das sozioökonomische Verhältnis zwischen einem Individuum und der Generation davor; das heißt, ob sich jemand in Bezug auf sein Elternhaus finanziell und sozial verbessert, verschlechtert oder den Standard gehalten hat, ob er auf der Karriereleiter auf- oder abgestiegen ist.[479]

Einige Saisonarbeiter haben schon Berufe ausgeübt, bei welchen sie gute Karriereaussichten hatten und vor allem viel Geld verdienten. Sie wären wahrscheinlich imstande gewesen, das Niveau der Eltern zu halten oder zu steigern. Da manche dabei nicht glücklich wurden, oder sie aus unternehmerischen Gründen ihre Arbeit verloren haben, z.B. wegen Insolvenz oder Einsparungsgründen, haben sie beschlossen, einen Jobwechsel durchzuführen und im Urlaubsort neu anzufangen. Es geht hierbei um die Frage, was den Leuten im Leben wichtiger ist. Dabei stehen sich „viel" und „wenig" gegenüber: viel Geld, viel Konsum, viel Stress oder viel Langeweile – stattdessen weniger Vermögen, weniger Umsatz, weniger Überlastung und weniger „leere" Zeit. Je nach Persönlichkeit ergibt sich eine bestimmte Präferenz:

"Before I came to Obertauern, I have [owned] for five years a seafood whole selling business, where I would deliver to cafés and restaurants seafood, frozen vegetables, chicken and dry goods, flour. Because I wanted to experience what it is like to earn my own business. [...] I had a bit of strange life compared to the most of the people, because when I was younger, with my first partner, I had the luxury of not having to work. And unfortunately he died. He left me a bit of money, which has disappeared over the years. I mean it has been now nearly 20 years since he passed away and there is no more money there. And the money he left and the house he left me if I could have swap that to have him with me, I

would have done that. And therefore money is not important. He was a very big businessman with a very good reputation in Sydney." [Monica]

"Before here [...] I studied aquaculture, which is fish farming and a little bit of marine biology and so I was working in that. I was managing a fish farm for two years prior to going overseas. As soon I came away: No, I'm not going to do that again, just I knew. I'm not working in a related field at a lot." [Dude]

„Ich bin die Maria, ich bin auch 27, bin aus der Nähe von Graz. Ausbildungsmäßig habe ich BWL studiert in Graz und dann nicht ganz drei Jahre in einem Ingenieurbüro im Personalwesen gearbeitet. Personalmarketing und so weiter. Die Gründe für die Reise waren eher so: Wir wollten eigentlich einmal ins Ausland gehen, etwas Gutes tun, das uns mehr erfüllt und mehr Nutzen hat für uns und die Leute dort als unser Job zuhause, der dafür da war, dass die Firma mehr Geld verdient. Aber es hat nicht unbedingt einen sozialen Aspekt gehabt." [Maria]

Aufgrund der hohen Opportunitätskosten ziehen reisende Saisonarbeiter mit hohem Ausbildungsgrad eine sichere „Abwärtsmobilität" mit Spaßgarantie einer „Aufwärtsmobilität" (mit Stress oder Langeweile) vor, da bei letzterer ohnehin nicht garantiert werden kann, dass sie ewig anhält. Das bedeutet, dass diese Menschen im Berufsleben gerne Sicherheit hätten, aber keine haben.

Damit kehrt sich der Gedanke der Elterngeneration um, die noch auf soziale Geborgenheit zuhause setzt. Diese wird durch die Sicherheit im Urlaubsort ersetzt. Dort kann man Spaß haben und angenehme Lebensbedingungen vorfinden, die man zuhause aufgrund der Berufsunsicherheiten nicht hätte. Für dieses „sichere" Leben mit wenig Geld tauschen diese Leute ein unsicheres, aber vielleicht lukrativeres ein. Dass sie weniger konsumieren können, stört die meisten wenig, weil sie mit ihrem bestimmten, gut ausgewählten Konsum glücklicher sind als viele andere, die dauernd konsumieren und für die das Konsumieren zum Selbstzweck geworden ist.[480]

Man kann diese Form von Lebensstil als Alternativkonzept zum gesellschaftlichen Muss des Konsums sehen. Glück und Sinn des Lebens werden nicht nur mit Besitz definiert. Einige haben den möglichen Konsum in unserer Gesellschaft schon bis an das Limit ausgekostet und sind seiner überdrüssig geworden:

"I had them all when I was young. I had the sports car, the convertibles and the nights in the five star hotels and restaurants, and those. I don't really need them anymore. I like still a nice car, but it does not have to be a Ferrari or convertible any more. It just has to be a car that always goes and looks alright.

The people have to have the best and the latest. For me I just need to have a car and a little boat. I don't need a big boat. I just want a little one that just fits the two of us and that is what we want and that is it. Yeah." [Monica]

Diese Situation trifft auf einige wenige Personen zu, am ehesten auf die über 30-Jährigen, die sich bewusst für das Aussteigen im Urlaubsort entscheiden. Für sie ist dies der klare Weg, um einem Burn-out-Syndrom vorzubeugen und aus dem in Wechselwirkung stehenden Leistungs- und Konsumkorsett herauszukommen. Die Kunst des Überlebens ist nicht mehr schwierig, wenn es sich nur mehr um klar überdachten und notwendigen Konsum handelt. Diese Gruppe sind also Aussteiger und Überlebenskünstler.

13.3 WIE LANGE NOCH?

Wie lange kann man diese Saisonarbeiterjobs machen?
Das ist wohl die meistgestellte Frage der hart arbeitenden Bevölkerung. Man muss dies aus verschiedenen Perspektiven betrachten, um dann festzustellen, dass die Art des Saisonjobs, das Alter, der Wille, die Lust des Saisonarbeiters auf Reintegration und auch die Familiensituation eine Rolle spielen. Diese Frage kann man mit meinem Sample statistisch beantworten: Orientiert man sich an den Aussagen der interviewten Personen, so stellt man fest, dass sich vor allem die jüngeren Personen, die sich gerade im „Gap Year" befinden, wieder in die ursprüngliche Gesellschaft einfügen wollen. Von den unter 26-Jährigen wollen drei Personen (von 18) nicht mehr aus dem „Gap Year" zurückkehren, sondern weiterhin auf Saison bleiben, währenddessen sich 13 Personen zuhause wieder im Berufsleben einfinden und Karriere machen wollen. Zwei Personen sind unentschlossen. Die Hälfte der 58 Personen, von denen alle Daten zur Verfügung stehen, sind unter 30 Jahre alt, die andere Hälfte ist 30 Jahre und älter. Zwischen 26 und 30 steigt die Häufigkeit der Aussteiger stark an, und etwa 50 Prozent dieser Gruppe wird nicht mehr in das Heimatland zurückkehren.

Wer sich mit 30 Jahren immer noch zum Arbeiten im Saisonort befindet, für den ist die Wahrscheinlichkeit extrem hoch, dass er im Tourismusort hängen bleibt. Lediglich sieben von den 28 Interviewten denken noch daran, dass sie sich wieder in das „normale" Leben einfügen werden.

Die verschiedenen Gruppen und ihre unterschiedlichen Motive seien im Folgenden dargestellt.

1. Die „Gap Years" (bis 26):

Die meisten Personen, die sich ein „Gap Year" gönnen, wollen entweder reisen, etwas erleben oder sich einfach entspannen, bevor das Arbeitsleben losgeht. Nach Karrierestart ist dies meist nicht mehr möglich. Nach der Matura im Alter von 18 bis 20 Jahren oder nach einem Studium (mit 23 bis 26 Jahren) geht es los. Sie genießen die Auszeit im Bewusstsein dessen, dass es für sie danach im Berufsleben anstrengend werden wird. Viele sehen Saisonarbeit als lustige und erlebnisintensive Zeit an, aber nicht als ihren Lebensinhalt. Ein erfülltes Arbeitsleben mit entsprechenden Aufstiegschancen ist für sie genügend Anreiz, nicht bis an das Lebensende „von der Hand in den Mund" zu leben. Robman, der eine Karriere beim englischen Militär anstrebt, meint dazu:

"The point for me to make a difference in my job. That's why I could not be a ski instructor for my life. I have to do a job where I want to do you it. It is not just money, it is not just career. Whatever. I'm not interested in that. I'm interested in developing myself. Being the best that I could be. Not about having [...] maximal profit at the end of the months. [...] I knew that I was going to the army. And it would either work in an office in Manchester perhaps doing a job I hate or come out here and I wear sunglasses to work. So I thought I come here first. After this I might stay in the army my whole life or I might leave after five years and go to a private enterprise or going to a different job. I don't know, what I intend to do. What I want, I think it is best for me." [Robman]

Ein 26-jähriger irischer Buchhalter musste Kitzbühel aufgrund seiner Karrierepläne verlassen:

"No, I have to leave Kitzbühel and just start working. I have to start working in my profession. I am cost accountant." [Londoner Fred]

Auf meine provokante Frage hin, ob es sich bei der Arbeit bei seiner Buchhaltertätigkeit und seiner Türstehertätigkeit nicht um ein und dasselbe handelt, erwiderte er:

"It is very different from a doorman job. Of course it is different to accountancy. [...] You have always no responsibilities compared to that you have when you are working for a lot of my money yet. You know like financial reports." [Londoner Fred]

2. Die 26- bis 30-Jährigen

Diese Gruppe der 26- bis 30-Jährigen steht in der Schwebe: Die Hälfte von ihnen hat vor, sich wieder in die Gesellschaft zu integrieren, während sich die anderen nicht mehr in das Leistungskorsett unserer Gesellschaft zwängen lassen wollen. Es kommt auch darauf an, ob sie zuhause einen Arbeitsplatz finden, der ihnen gefällt.

Ich glaube, dass das „Flow"-Konzept auf den Berufsalltag anwendbar ist. Wer im Alltag nicht geistig ausgelastet ist und nur wiederholende Tätigkeiten ausübt, dem ist langweilig, es herrscht „Bore-out". Derjenige, der zuviel arbeitet und sich ständig überlastet fühlt, braucht teilweise das ganze Wochenende, um sich für die nächste Arbeitswoche zu erholen. Beide haben Angst, der eine vor der Langeweile, der andere vor der Überlastung. Einen gelungenen Berufsalltag haben nur jene, die ausreichend gefordert sind und immer wieder spannende Tätigkeiten ausüben, die ihnen „Flow"- und Glücksgefühle bescheren. Diese Gruppe hat entweder stressige Arbeit mit genug Aufstiegsmöglichkeiten oder langweilige, bei der man nicht ausreichend gefordert wird. Mit der Bezahlung müssen die Opportunitätskosten des alltäglichen Lebens gedeckt werden. Wer ein Arbeitspensum von 60 Wochenstunden leistet, beim Pendeln zu und von der Arbeit noch einige Stunden „staut" (im Stau verbringt) und somit an seiner Freizeit „spart", muss ausreichend gut verdienen, um sich dieser Situation auszusetzen. Dazu eine 28-jährige österreichische BWL-Absolventin, die bei einem Sozialprojekt in Brasilien mitgeholfen hat, nachdem sie ihre Arbeit im Vertrieb nach drei Jahren gekündigt hat:

„Ja ich meine, ich habe sicher, bevor ich weggefahren bin, eine andere Sichtweise gehabt wie jetzt. Aber Karriere ist einfach: ein besseres Leben führen, kannst dir mehr leisten, hast aber wenig Zeit. Oder die andere Tour: Du hast nicht viel Geld, du wohnst dafür in einem kleinen Paradies und kommst auch über die Runden und kannst trotzdem ein glückliches Leben führen. Was ist besser? Das ist schwierig. Wir haben halt die andere Seite nicht gefunden."
[Mareike]

Eine Südafrikanerin, die BWL mit der Fachrichtung Marketing fertig studiert hat und sofort nach dem „Gap Year" in einem großen Unternehmen wie etwa dem „Big Four" oder einem Marketingbüro anfangen wollte, hat keine für sie sinnvolle Arbeit gefunden. Ihre Wahl war: Entweder ein schlecht bezahlter Job mit viel Verantwortung und ein kleines WG-Zimmer in London mit langen Anfahrtszeiten zur Arbeit oder eine Wintersaison als Kellnerin in Kitzbühel mit viel Spaß und wenig Verantwortung. Mehr Glück hatte hingegen ein schwedischer Schilehrerkollege, der ein Studium in Management abgeschlossen hatte. Er unterrichtete einen einflussreichen englischen Geschäftsmann und erhielt von diesem ein für ihn interessantes Stellenangebot.

Weniger Glückliche sind mit folgendem Problem konfrontiert: Je länger sie keinen „vernünftigen" Job ausgeübt haben, desto schwieriger wird es, sich wieder im „normalen" Berufsalltag zurechtzufinden. Die Ausbildung, die man absolviert hat, veraltet oder wird aufgrund der „Halbwertszeit" des Wissens abgewertet. Das wissen auch die verantwortlichen Personen der „Human Resources".

3. Die über 30-Jährigen

Für jene über 30 sinkt die Wahrscheinlichkeit enorm, dass sie jemals wieder heimkehren. Nur etwa ein Viertel der Personen meint, dass sie wieder ihren ursprünglichen Beruf ausüben wollen. Eingeschlossen ein manisch-depressiver Arzt und ein „Schilehrertourist" – ein Urlaubsschilehrer, der eigentlich Banker aus England ist. Die meisten Personen über 30 bleiben aus folgenden Gründen im Urlaubsort:

Eine Liebesbeziehung und die Gründung einer Familie. In Kitzbühel gibt es mehrere internationale Beziehungen zwischen ÖsterreicherInnen und Australiern, oder NeuseeländerInnen und Österreichern. Einige haben Kinder, die zum Teil zweisprachig aufwachsen und sich schon in den Ort integriert haben.

Die Errichtung eines Nischengeschäftes, wie der Aufbau eines Schigebietes in Neuseeland, eines Snowboardmodelabels in Österreich, einer speziellen Bar oder die Führung einer Jugendherberge hält Fremde in den Saisonorten.

Die dritte Gruppe der über 30-Jährigen hat die Nase voll von dem Leistungskorsett und dem Großstadt- und Zivilisationsstress unserer Gesellschaft. Die meisten haben schon Karriere gemacht und sehen sich in einer beruflichen Sackgasse, die nichts mehr mit Lebensqualität gemein hat. Sehr oft sind diese Personen Singles, haben keine Familie oder Kinder und deswegen keine Verbindlichkeiten anderen gegenüber. So auch die 36-jährige Dani:

„Ich hatte eine relativ gute Karriere in der Hotelgesellschaft. Für mich war es auch ein Punkt. Ich hätte entweder etwas komplett Anderes machen müssen, mich neu orientieren in der Hotelkette, um weiter zu kommen. Ich war in der Sackgasse in meinem Job. Ich hatte einfach keine Lust mehr auf das, was ich gemacht habe. Ich habe mich zu Tode gelangweilt. Ich habe eine Schulung gemacht und wenn ich etwas machen will, dann will ich es gut machen und wenn ich es tue, dann will ich, dass die Leute das auch verstehen. Und wenn ich keine Lust habe, dann bin ich auch nicht gut. Das heißt, dann leiden die anderen darunter oder die Qualität meines Jobs leidet dann darunter. Ich habe dann keine Lust mehr, dann will ich etwas Anderes machen und dann hatte ich halt das Angebot, hierher zu kommen, das war wie ein Sechser im Lotto. Ich hatte die Möglichkeit durch einen deutschen Freund, hier in einem Backpacker anzufangen an der Rezeption. Das musste ich mal alles herb schlucken. Weil für mich

war meine Ausbildung vor 15 Jahren. Aber um hier herzukommen, musste ich das tun. Ich musste meine deutsche Einstellung ablegen, aber das war meine beste Entscheidung, die ich je gemacht habe." [Dani]

13.4 AUSBILDUNGSGRAD DER REISENDEN SAISONARBEITER

Von den 69 Interviews mit reisenden Saisonarbeitern konnten 58 Datensätze angefertigt werden, die für statistische Überlegungen brauchbar sind (Besitzer von Internetcafés oder Einheimische wurden nicht berücksichtigt). In meinem Sample hat ein einziger keine abgeschlossene Ausbildung, acht (13,8 %) verfügen über einen Lehrabschluss, 49 (84,4 %) erreichten Maturaniveau, von welchen 37 ein Studium begonnen und 35 (60,34 %) ein Studium beendet haben. Da sich die Auswahl meiner Interviewpartner über das Schneeballsystem ergeben hat und ich von keinem einzigen das Abschlusszeugnis gesehen habe, ist dies nicht repräsentativ. Dass diese Unterlagen glaubwürdig sind, kann ich mit dem „Working Holiday Visum" begründen, denn um dieses zu erhalten, muss man eine Ausbildung abgeschlossen haben. Im Vergleich zur Gesamtbevölkerung und zu anderen Berufsgruppen ist der Ausbildungsgrad der reisenden Saisonarbeiter enorm hoch. Die untersuchten Personen dürften in ihrer Einstellung konsequent sein, denn nur zwei von ihnen haben ihr Studium abgebrochen. Das ist im Vergleich zu den allgemeinen Studienabbrecherraten sehr niedrig. Die Befragten haben unterschiedlichste Studienfächer absolviert: Medizin, Wirtschaft, Militärakademie, Biologie, Soziologie, Jus, Elektrotechnik, Informatik, Publizistik, Film- und Fernsehtechnik und Architektur. So bestätigt eine „akademische Kaffeeköchin" am Treble Cone in Neuseeland:

„Der Patrick, mein Kollege aus Kanada, der hat auch Politik studiert und hat sich davor und danach auch durch die Welt gejobbt und war, glaub ich, zuletzt ein Jahr in Australien und dann in Kanada und Neuseeland. Und der macht das, glaub ich, auch schon über einen längeren Zeitraum. Der ist 27." [Silke]

Selbiges gilt für das „Londoner" in Kitzbühel oder das Schiresort am Mt. Hutt bei Methven:

"Because you are working at night when you have free and you study during the day. You can't work in an office if you are studying [...]. A lot of people here like me finished uni, but I didn't want to go straight into my career, I want to travel through a bit. I have learned and met new people and so I will do this. And then when I go back to Sydney, I did the IT for a couple of days a week. And studying that was very hard, because work and you study at the same time. [...] I

finished work and had to run to uni. When you finish you go home and study a bit more. It is not so easy and also if you are working in the bars." [Dani]

Unter den Personen mit Lehrabschluss haben einige ihre Ausbildung im gastronomischen Bereich wie Koch oder Kellner beendet, manche eine Ausbildung zur Hotelfachfrau oder etwas Branchenfremdes wie eine Mechanikerlehre absolviert.

14. ELTERN, VERWANDTE UND FREUNDE ZUHAUSE

14.1 VERABSCHIEDUNGEN

Saisonarbeit bzw. „Travel and Work" hängt mit Verabschiedungen zusammen. Gruß und Verabschiedung sind ritualisierte Ehrerbietungen[481] – das merkt man vor allem dann, wenn das Gegenüber nicht bereit ist, sich zu verabschieden. Verabschiedungen sind Trennungsrituale, die am Ende der gemeinsamen Interaktion stattfinden und das Rollenverhältnis zwischen den beiden Partnern bestätigen. Dieser Zeitraum kann sehr kurz, etwa fünf Minuten, oder bis zum Ende des Lebens andauern. Man kann sich von einer früheren Rolle verabschieden, die man im Leben gespielt hat.

Vor allem bei längerer Abwesenheit (oft auch bei einem Abschied für immer) wird gerne ein Fest veranstaltet, um sich von seinem sozialen Umfeld, den Freunden und der Familie zu verabschieden. Diese Feiern können auch im Sinne der Liminalität einen Statusübergang bezeichnen, wie es Victor Turner beschreibt. Vor allem für die jungen Menschen bedeutet dies nach dem Schulabschluss den „ersten Schritt" aus dem Elternhaus. Da eine Reise, die mit Saisonarbeit verknüpft ist, mehrere Monate dauern kann, ist für viele vor allem der Abschied von ihren Großeltern besonders schwer, da es sich vielleicht um die letzte gemeinsame Begegnung handeln kann. Kate Allen erinnert sich an das letzte Treffen mit ihrem Großvater:

> „Als sich am anderen Ende der Leitung einmal traurige Stille breit macht, frage ich besorgt nach. ‚Dein Großvater Alfi ist tot!', erzählt Mum und ringt dabei sichtlich nach Worten. Alfi! Die Nachricht von seinem Tod trifft mich wie ein Keulenschlag und mir kullern die Tränen übers Gesicht. [...] Auch vor meinem Abflug, als ich mich von meinem Opa Alfi verabschiedete, schien dieses stille Einverständnis gegeben: Wir reichten uns die Hand, er umarmte mich – und beide wussten wir, dass es wohl das letzte Mal sein werde."[482]

Da sie in einem guten Verhältnis zu ihrer Familie steht, bedrückte der Abschied auch Katie, die schließlich in Methven arbeitete:

> "It was very emotional to leave my parents, because I am quite close to my parents. And that was maybe the worst. I am more close to my parents. [...] It was not too bad with my friends, because I do know that. They all have got their own lives and most of my friends are married and they started to have children. And some of them are very settled and they know what they are doing as well. I

know when there is also a bit of life on roots leaving. My grandparents are all dead, but the last I went away was three, four years ago when I spent one year abroad. I understand what you mean, because my grandmother died during that year. [...] It was sad. The worst thing of leaving home was leave my parents. I knew that once I left home, I would be fine, from travelling before. You know when you leave and then this is before you go. And this is, once you leave like this, is the worst part here. And once you leave you are fine, you are better."
[Katie]

Noch vor 50 Jahren bedeutete das Auswandern oder Wegreisen nach Australien oder Neuseeland in vielen Fällen einen Abschied für immer von Familienmitgliedern aus Europa, weil die Transportmittel für lange Distanzen fast unerschwinglich waren. Eine englische Saisonarbeiterin und Rezeptionistin in Methven sieht die Distanz zwischen Neuseeland und England gelassener:

"My only reservation to coming away this time. Now, when I first travelled I was 17 or 18, so twelve years ago and I did not think about my parents. Now I am 30. My parents are also older and I am also very much aware of how old they are. And I am also very much aware of their health. But twelve years ago it was not so, because there was no issue to be aware of. Sometimes that plays a consideration as you get older, you know. Am I going to one day regret if something happens to my parents and I have been living for two years and have not gone home to seeing them in two years. Am I going – you know. I just sometimes go to weigh them up. I know the only reason – we had a tragic family accident. My two cousins lost their father very unexpected and it really did make you revaluate. Your relationship with your parents, but my parents view is: "You live your life and you need to grow up and you have to know where you are going to be." So I have met people or people have said to me: "Your sister lives in Australia and you want to live in New Zealand? You think your parents will come out and emigrate?" No, because they have their life. They have their friends. And they are happy where they are in the same way they grew up and moved away from their hometown. I have done exactly the same. The difference is, they only moved 400 miles. I have moved 12.000 miles. It is, like I said. I could be home in 24 hours if I need to be." [Holy Mary]

14.2 Kontakt zu Familie und Freunden halten

Durch die rasante Entwicklung der Telekommunikation ist es für Reisende sehr einfach, Kontakt nach Hause zu halten. In den 50er-Jahren des vergangenen Jahrhunderts war das Festnetztelefon noch wenig verbreitet und Telefonieren wurde als Luxus empfunden, bei dem nur die wichtigsten Informationen ausgetauscht wurden. Intensiverer Informationsaustausch über große Distanzen wurde in Briefform per Post getätigt, die Antwort konnte wochenlang ausbleiben. Das Telegramm, welches durch Fernmeldesysteme die schnellste Form der schriftlichen Kommunikation war, wurde nach der Anzahl der Wörter abgerechnet, viel Information war teuer.

Vor ungefähr 15 Jahren gab es noch sehr viele Telefonzellen in Österreich, das Mobiltelefon war der breiten Masse hingegen nur beschränkt zugänglich. Kate Allen empfand es als mühsame Beschäftigung, Münzen in den Automaten zu werfen, um nach Australien zu telefonieren: „Von nun an belegen wir Jugendherbergen, und ich rufe vorsorglich schon einmal meinen Bruder Nigel an. […] ‚Wie hieß das?', stammelte ich durchs Telefon in der Hoffnung, dass er schnell antworten würde. Zeit heißt im Falle eines Übersee-Telefonates noch viel Geld. […] ‚Kitzbühel', ertönt es aus dem Hörer und schon eine Minute später ist das Gespräch beendet". An einer anderen Stelle berichtet sie Folgendes über die Telefonatfrequenz mit ihren Eltern: „Alle vier bis sechs Wochen rufe ich zuhause an, meine Eltern sehen das durchaus gelassen."[483]

In einer Pension in Kitzbühel gibt es noch heute einen alten Telefonautomaten, der mit alten österreichischen Schillingmünzen betrieben wird. Auf diesem klebt ein Zettel: „only for incoming calls", damit niemand den Automaten mit den Euromünzen ruiniert und die Aussteiger, die dort arbeiten, erreicht werden können.

Mobil- und Autotelefonierer schleppten früher ihre Telefonkoffer herum, bis Ende der 1990er-Jahre das Mobiltelefon zunehmend Verbreitung fand. Aus dem heutigen Alltag sind Handys nicht mehr wegzudenken. Dass sich mit dieser Entwicklung auch das soziale Leben änderte, zeigen zahlreiche Beispiele: Die Zahl der Überraschungsbesuche nahm ab, da die meisten Menschen schon im Vorhinein abklären, ob sich ein Besuch lohnt und ob der Besuchte überhaupt daheim ist. Das wirkt sich auch auf die Treffen der reisenden Saisonarbeiter aus, die sich mittlerweile mit Handys zu spontanen Aktivitäten zusammenrufen. Aus diesem Grund nimmt auch die Bedeutung der informellen Zusammenkünfte der Saisonarbeiter etwas ab. Das Handy hat Veränderungen mit sich gebracht:

„*Es gibt nicht nur Treffpunkte an sich, sondern man ruft sich gegenseitig an. Das und das machen wir. Man trifft immer irgendwelche Leute am Schwarzsee oder am McDonald's oder weil die davor sitzen und irgendwie was essen.*" *[Frank]*

Seit er nicht mehr in der Jugendherberge wohnt, muss Kiwi Karl telefonieren, um Gleichgesinnte zu erreichen:
"*I mean in the first season I was here, because I lived in the hostel "Snowbunnies". We constantly had a group of seasonal workers in there. [...] But there was always a group hanging out together and we were riding together. And you know this season is a bit different for me. It is just snowboarding and hanging out a bit. We are not meeting in each other's pub. I did a few more trips by myself to other mountains and sometimes with my friends. There is a difference now and in between last year. Living together has advantages in networking. When we all live together we just knock on someone's door. But now since I live in my girlfriend's flat it is a bit different. It is always on the telephone. But there are still a lot of contacts.*" *[Kiwi Karl]*

In den letzten Jahren ist das Auslandstelefonieren drastisch billiger geworden. Es werden Dienstleistungen von vielen verschiedenen Telefonfirmen und zahlreichen Telefonshops angeboten, die sich auf Interkontinentaltelefonie in bestimmte Länder spezialisiert haben. Für weit herumreisende Personen sind nun lange, kostengünstige Gespräche mit der Familie und den Freunden zuhause möglich.

„*Wir haben einen super Telefonanbieter. Der heißt „Amiga" und da kann ich eine Stunde lang reden um zwei Euro. Das ist ganz hetzig.*" *[Dani Banani]*

Durch die Entwicklung des Internets und das Aufkommen der E-Mails ist die schriftliche Kommunikation schneller und billiger geworden. Es ist in den letzten Jahren ein starker Trend dahingehend festzustellen, dass viele Backpacker ihren Freunden und ihrer Familie Botschaften via Internet schicken. Es gibt heutzutage kaum einen Urlaubsort, welcher nicht an das Internet angeschlossen ist. 2003 habe ich während einer Costa-Rica-Reise festgestellt, dass es sogar dort überall Internetcafés gibt. Durch Internettelefonieren wie z.B. „Skype" und „Voice over IP", ist es möglich, weltweit gratis zu telefonieren; wenn man eine Webcam hat, kann man sogar kostenlos Videotelefonieren.

Die Häufigkeit der Kontakte hängt also nicht von den Kosten, sondern von anderen Faktoren ab: vom persönlichen Verhältnis zu den Eltern und Freunden, der eigenen Kontakt- und Kommunikationsfreudigkeit sowie den Arbeitszeiten und der Zeitverschiebung. Das Problem der unterschiedlichen Zeitzonen kann in vielen Fällen durch E-Mails umgangen werden.

Das Eingebundensein in den Saisonalltag sowie Freizeitaktivitäten können „Kinder" davon abhalten, sich bei ihren Eltern zu melden. Eine Barbesitzerin erzählt, dass bei ihr im Büro schon öfter besorgte Eltern angerufen und sich über das Wohl ihrer Sprösslinge erkundigt haben, weil sich diese schon über einen längeren Zeitraum nicht mehr gemeldet hatten. Dann werden Fragen dahingehend gestellt, ob die Kinder „brav" sind oder sich gut benehmen. Das Telefon im Personalhaus ist im Zeitalter der Handys abgeschafft worden:

„Wir hatten ein Telefon, aber da ist niemand drangegangen, weil keiner sich angesprochen gefühlt hat. Weil vor Mittag oder vor 2 Uhr sind alle Vorhänge zu und das ganze Haus schläft. Und wann auch immer irgendwelche Eltern angerufen haben, dann ist das völlig ignoriert worden. Und jetzt im Zeitalter vom Handy haben wir kein Telefon mehr dort." [Tina]

In den letzten Jahren haben sich Plattformen wie „Myspace", „Facebook" oder „StudiVZ" entwickelt. Über diese Plattformen ist es registrierten Usern möglich, Kontakt zu halten. Mir ist aufgefallen, dass Netzwerke wie „Facebook" oder „Myspace" vor allem von Personen, die international unterwegs sind, und von reisenden Saisonarbeitern genützt werden. Viele ehemalige Saisonarbeiter haben sich durch solche Netzwerke wieder gefunden und mit verloren geglaubten Freunden erneut Kontakt. Darüber hinaus gibt es zahlreiche Internetseiten, auf welchen die wichtigsten Probleme der „Travel and Work"-Community wie auf www.gumtree.com besprochen werden, wie Visum, Hostels, Jobangebote, Autokauf und -verkauf. Über diese Themen wird laufend in Foren und Gruppen im „StudiVZ" gepostet. Autokauf oder Verkauf von diversen Reiseutensilien sind Dinge, die sofort gelöst werden müssen.

14.3 GENERATIONSKONFLIKT

Einige sehr junge Saisonarbeiter sind das erste Mal vom Elternhaus weg und auf sich allein gestellt. Sie dürfen nun selbst entscheiden, wie sie ihr Leben führen wollen, können ihren persönlichen Präferenzen nachgehen und ihre eigenen Ideen umsetzen.

Viele Eltern haben aber schon konkrete Vorstellungen von der Zukunft ihrer Kinder. Außerdem vertreten sie bestimmte Werte, die von ihren Nachkommen nicht unbedingt geteilt werden. Vor allem in der ersten Abnabelungsphase können sich Meinungsunterschiede zwischen den Generationen ergeben. Die Eltern wünschen eine Karriere und sind erst dann beruhigt, wenn ihre Sprösslinge das Leben nicht nur selbst in die Hand genommen haben, sondern auch selbst finanzieren können. Aus diesem Grund ist es für viele Eltern schwer zu akzeptieren, dass ihre Kinder zwar bei Saisonarbeit glücklich sind, sich damit aber gerade so über Wasser halten und nichts aufbauen können. Das ist nicht die Laufbahn, die sie sich für ihre Kinder gewünscht haben. Die 30-jährige deutsche Schilehrerin Silke beschreibt die Unzufriedenheit ihrer Mutter, wenn diese sie in Neuseeland anruft, und erklärt deren Einstellung:

„„Warum hast du studiert?", fragt meine Mutter jedes Mal, wenn sie anruft. „Kind, wann suchst du dir endlich einen richtigen Job?" Aber, Karriere ist ja meistens so: Ich kenn viele Leute, die leider im jungen Alter unerwartet gestorben sind. Also ich kenne so viele Leute, die sagen: "Ach hätte ich doch...", und die sind zum Teil schon in den Vierzigern. Das ist ein sehr egoistischer Lebensstil. Wenn man keine Familie oder keine Verantwortung hat oder sich diese nicht aufzwingen lässt, dann kann man das machen." [Silke]

Die Mutter vom 23-jährigen Alfred macht sich aufgrund des Lebensstils ihres Sohnes um dessen Gesundheit Sorgen:

"It scares my mum. She always calls me: "Are you drinking?" And I'm saying: "You know where I work. You know what we do. Come on. Of course I'm drinking. I know you don't like it, but that is what I'm doing."" [Alfred]

Rons Mutter hätte ihn lieber in einer universitären Laufbahn als auf Saison gesehen. Er hingegen ist sich sicher, dass er sich immer irgendwie durchsetzen wird:

"My mum was so keen for me to go to university – something that I had to do. I didn't know what I wanted to study. And I think my mum is when she grew up so stuck in her thing. If I don't have like a degree in business or some kind of official paper I'm not able to get anywhere a job in the world. I said: "Come on – there are so many opportunities, you know." Maybe in Sydney it is a bit like that. It is a big world out there and that is what I'm learning. And I really like travelling here and learning it and a bit about how people live here. And then I think my opinion of the world is a bit more valid. You can understand when people have a certain point of view. I think when I'm done – if I ever get done with Kitzbühel. I think there will be the day when I think that my body can't do this any more. I will find an easier job with the body thing. Then I try to find somewhere really different again and do it all again. I don't know when. I enjoy the challenge, so I can find more about the world. And that is what I like. I think that is just that what I want to do, find out what makes the world." [Ron]

Mit der Idee, dass die Kinder ein neues Leben weit weg von zuhause führen werden, können sich viele Eltern nur schwer oder gar nicht anfreunden. Die Mutter einer 30-jährigen Australierin, die bei deren Interview mit mir anwesend war, beschreibt die Abwesenheit ihrer Tochter, die sich schon seit zehn Jahren auf Reisen bzw. in Kitzbühel befindet, folgendermaßen:

"When she first went away, it was like you are going for six weeks, two months maximum. I guess, over the years you have to accept it. This is what you have to accept: this is where Tamara wants to be and that was it. When she left I was not really upset. That's all she is going for. And then of course when she met her husband, I thought: "Oh well you know. She is young, might not work."" [Mother]

Insgeheim hofft sie noch immer darauf, dass ihre Tochter wieder zurück nach Australien kommen wird.

"I just have accepted that this is where she wants to be at this stage of her life. You cannot force her to come home. I'm just happy that she is happy." [Mother]

14.4 WEIHNACHTEN

Das Weihnachtsfest hat in der Kultur der ausländischen Saisonarbeiter eine wesentliche Bedeutung, vor allem dann, wenn sie weit weg von zuhause sind. Das „Fest der Familie" ist außergewöhnlich, viele haben eigene Rituale und es werden die gemeinsame Zeit und die gegenseitigen Geschenke geschätzt. An diesem „hohen" christlichen Feiertag will keiner aus diesem Kulturkreis allein sein.

Für Einheimische ist es einfach, Weihnachten im familiären Kreis zu feiern. Saisonarbeiter erleben Weihnachten auf unterschiedliche Weise, je nachdem, woher sie kommen, mit wem sie sich gut verstehen und wo sie arbeiten. Für die Australierin Sandra, deren Familie in London lebt, ist es kein Problem, dorthin zu fahren, um im Kreis der engen Familie das Weihnachtsfest zu zelebrieren.

"I was in England at my mum's house with my sisters and we are four sisters and we were five persons. I arrived because I went to Australia before that and then I came back on the 19th of December and met my mum on the 22nd. [...] I spent Christmas with my sisters and my mum and the day after the 26th. It was short, but it was great time." [Sandra]

Die Weihnachtszeit und die damit verbundenen Ferien eignen sich gut für einen Besuch von Freunden und Familienangehörigen aus dem Heimatland. So meint auch Hayley aus England, die jetzt in Methven in Neuseeland lebt:
"*My sister and her husband are going home for Christmas.*" *[Hayley]*

Die Weihnachtsrituale sind in englischsprachigen Ländern anders als in Österreich. In anglikanischen Ländern wird nicht der Heilige Abend am 24. Dezember mit dem Christkind und dem Weihnachtsbaum gefeiert, sondern der „Christmas Day" am 25. Dezember mit dem Weihnachtsmann Santa Claus. Australier und Neuseeländer haben Sommer und keinen Schnee, wie auch Bert feststellt:
"*Yeah. I was in Kitzbühel for Christmas and luckily it was my second white Christmas. It is a really nice town when it is snowing. I don't know. It is just a lovely town.*" *[Bert]*

Damit auch viele der zugereisten Saisonarbeiter ein vertrautes Weihnachten erleben können, gibt es ein „Staff-Christmas":
„*Das machen wir so – also die Anglikaner feiern alle am 25. und wir machen da immer ein großes Christmas-Lunch für das ganze Personal. Wir sperren da ein bisschen später auf. Es wird der Turkey gegessen und es gibt genügend „presents" und da schenkt jeder jedem was. Das wird dann gelost und das ist natürlich so eine kleine Feier, weil jeder an diesem Tag ein bisschen Heimweh hat und für viele sind das die ersten Weihnachten weg von zuhause etc. Wir machen das eben mit den Mitarbeitern, dass das Ganze einen Rahmen hat.*" *[Tina]*

Das Staff-Christmas wird von den meisten zwar als angenehm empfunden, aber ein vollständiger Familienersatz scheint es für Bert nicht zu sein:
"*Usually I have a big family dinner and spend the whole day with my family. Also it is not so lonely. We are 35 people in the house. It is not so lonely. There are people I'm hanging around and they keep a smile. [...] That is, okay, it is lonely without the family.*" *[Bert]*

Wer sich schon länger im Ausland befindet, so wie die Deutsche Annette in Wanaka, Neuseeland, feiert dieses Fest manchmal lieber privat mit Freunden aus verschiedenen Ländern der Welt als mit der Familie zuhause:
„*Wir feiern hier Weihnachten mit BBQ. [...] Es ist der 25. Dezember und das ist der einzige Tag, an dem der Supermarkt hier geschlossen hat, sonst hat er jeden Tag offen. Man trifft sich mit der Familie, zumindest wer Familie hier in Wanaka hat. Die keine Familie hier haben, das sind einige so wie ich oder Freunde aus England, die treffen sich dann und feiern das zusammen. [...] Zu*

Weihnachten hat man sich mit der Familie in Deutschland getroffen. Aber dafür hat man hier halt seine Freunde, die in der gleichen Situation sind, dass die Familie auf der anderen Seite der Erde ist. Man trifft sich mit den Freunden und das ist dann sozusagen ein Familienersatz. Das ist manchmal vielleicht sogar besser. Wie sagt man immer: Die Freunde kann man sich aussuchen, die Familie nicht. Ich habe letztes Jahr im Dezember mit Engländern gefeiert und da waren auch die Eltern von einer Freundin aus England da. Dann haben die klassisch-englische Weihnachtsküche gemacht und es gab Truthahn mit Füllung. Es gab auch diese Cracker, die man auseinander zieht. Und dann hat jeder lustige Hüte auf und dann habe ich sie gefragt, warum sie das tun. Und hier krieg ich mehr Geschenke als zuhause. Die Leute sind hier einfach großzügiger. Es sind kleine Sachen und es sind persönliche Sachen. Zu Geburtstagen und zu Weihnachten gab es persönlichere Geschenke als zuhause, wo man ein nächstes obligatorisches Parfüm kauft oder die eine obligatorische Krawatte. Hier machen sich die Leute mehr Gedanken." [Annette]

Ähnliches berichtet die Australierin Andrea, aber sie betont, dass es nicht so einfach ist, bei den Einheimischen das Weihnachtsfest mitzufeiern:

"Since I have been working in the bar we have Christmas with all of the staff and everybody cooks something and it's all. It was that outplace and we just all got together, because nobody has got families. So we all buy each other presents and just have dinner like we in Australia or England, not like Austrian style. We have like an Australian/English Christmas with food and presents and roasting and a few drinks and it has always just been with our friends. The locals are friendly, but you will never be in their group of things. And this was always a bit of problem, so this is why the English-speaking community hold together so much, because they do become friends or like a family home and like we spend Christmas together." [Andrea]

Der 73-jährige, geschiedene, amerikanische Pensionist Fred, der schon seit 20 Jahren in Kitzbühel lebt und mit vielen Saisonarbeitern befreundet ist, verbringt den Heiligen Abend mit Freunden, den eigentlichen Feiertag aber allein:

"The "Heiligen Abend" I spend with friends, but sometimes at home alone. And the kids are going to call on the 25th itself, which is where we traditionally in the States celebrate Christmas I used to go on the farm and have turkey dinner up there. I celebrate it myself. By "Heiligen Abend" I was home with the people who are living in the flat upstairs." [Fred]

Wer aber mit Einheimischen in einer Partnerschaft lebt, wird manchmal zum traditionellen österreichischen Weihnachtsfest bei der „Schwiegerfamilie" eingeladen. Der 26-jährige Spanier Javier findet das Tiroler Weihnachtsfest im Vergleich zum spanischen „Feliz Navidad" ruhig, aber trotzdem wunderschön und hat deswegen sogar seinen Bruder dazu eingeladen:

„Weihnachten bin ich bei der Freundin eingeladen und wir feiern tirolerische Weihnacht mit ihren Eltern. Voll nett, das ist ganz nett. Am Anfang war ich ein bisschen überrascht, weil es sehr traditionell war. Die Familie soll allein bleiben. Es ist die Zeit für die Familie, wo sich die Verwandtschaft trifft. Die einen kommen aus Innsbruck oder aus Zell am See und so weiter. Das ist voll schön. In Spanien ist es mehr euphorisch, während es in Österreich ruhiger ist. Vielleicht bin ich mehr in Ruhe und bewusst, um was es tatsächlich heute geht. In Spanien ist das viel fröhlicher. Da wird es gleich lauter. [lacht] Das ist voll schön. Mein kleiner Bruder hat auch zu Weihnachten hier Snowboard unterrichtet. Das Einzige, was ich ihm gesagt habe und auch meinen Eltern: Es wäre auch schön, wenn er einmal im Winter in Kitzbühel ist, dass er auch das Tiroler Weihnachtsfest feiern kann. Das ist voll schön. Er war total begeistert." [Javier]

14.5 Freunde und Familie: Parallelveranstaltung

Das Wiedersehen mit der Familie ist für die meisten Saisonarbeiter eine überraschende und manchmal schockierende Situation. Je länger die Reisenden von zuhause abwesend sind, desto stärker empfinden sie den Unterschied zwischen dem eigenen Lebensstil und dem ihrer Freunde und Familien. „Zuhause" bzw. „Home" zu definieren, ist für Saisonarbeiter oft schwer. Für einen 36-jährigen Amerikaner aus San Francisco, dessen Eltern immer noch dort leben, bedeutet „Home" Folgendes:

"Home. [pause] Home is still San Francisco. Home in a different sense of the world, where I happen to live at a time. There are two definitions from home. One is where you live and one is where you come from. So home in the where I come from is still San Francisco. My family is still there. They finished, when we all finished, they moved away. If I would move back to California I would probably don't know anyone." [Todd]

Für viele ist mit „zuhause" einerseits der Geburtsort, andererseits der Saisonort gemeint.

"Yeah. Probably [unverständlich]. He has been travelling for eight years and has been coming to Kirchberg for a winter and he is South African and I was talking to him last night: "Where do you belong?" He said: "I live in Kirchberg." He feels more attached to Kirchberg, some fun place where he doesn't

speak the language as he does in South Africa, because he has hardly been to South Africa – just once and that was ten years ago." [Dude]

So fühlen sich manche Saisonarbeiter aufgrund der vergangenen Zeit „homeless" und sehr einsam, weil ihre Heimatvorstellung zeitlich nachhinkt und sich zuhause einiges verändert hat:

"You get to know lots of people and make lots of friends and the scariest thing is, that you loose all your friends where you are born. When I go home, it is actually the loneliest where I feel, it is at home, which is strange. All my friends moved on and they don't use to being there anymore. And now like up in a way for six years there is a point and I go home and I can't be bothered to catch up with them." [Katie]

Viele Freunde der reisenden Saisonarbeiter sind zuhause geblieben, sesshaft geworden, haben eine Familie gegründet und versuchen, Karriere zu machen. Das Konzept und die zeitliche Idee von Saisonarbeit sind schwer mit dem zielorientierten Leistungsdenken in Einklang zu bringen.

Ein interessanter Punkt betrifft das Zeitgefühl und den sozialen Wandel. Zeitbegriffe beziehen sich auf eine Bezugsgruppe[484] und verschiedene Bezugsgruppen ermöglichen Vergleiche.[485] Während die Reisenden in Einheiten von Saisonen denken, herrscht zuhause die Zeitvorstellung einer linearen zeitlichen Weiterentwicklung vor. Diese Art von Zeitvorstellung ist mit Entwicklung, Reife und Fortschritt verbunden. Dieser Fortschritt stellt sich in unterschiedlichen Formen dar. Dabei können viele Probleme entstehen, weil die Freunde und die Familie zuhause die Reisenden nicht verstehen können und umgekehrt, da die Lebensstile so different sind. Alle haben sich weiterentwickelt, empfinden aber, dass sich der andere noch immer auf seinen festgefahrenen Schienen befindet. Beide gehen davon aus, dass der andere „verlorene Zeit" erlebt hat.[486] Die einen denken, dass der Reisende noch immer nicht reif genug ist und davonläuft, während die anderen das ewige Verbleiben an einem Ort mit demselben Umfeld kritisieren. Manche Freunde, die in ihrem Umfeld verhaftet sind, sehen Saisonarbeit als Rückschritt an:

„Das war hetzig, wo ich meinen Job hingeschmissen habe. Ich habe in einer Firma gearbeitet, die war nicht schlecht, ein internationaler Betrieb. Die Bezahlung war nicht schlecht. Die Sozialleistungen waren auch nicht schlecht. Dann habe ich eben gesagt: „Was tust du jetzt? – Ich gehe schilehrern." Dann ist ihnen das Ladl runtergefallen: „Das gibt es nicht – für das Schilehrern gibst du deinen lässigen Job auf? Den Superjob?" Der Schilehrerjob ist in deren Augen eine Dodljob, irgendwie, und jetzt tut sie das. Dann bin ich zurückgekommen als Besucher, irgendwie nach der Wintersaison, und habe über meine Pläne, nach

Neuseeland zu fahren, geredet. Dann habe ich schon von manchen gehört: „Mah, lässig. Super, dass du dich das traust, dass du das tust! Ich möchte auch, aber ich kann nicht, ich bin verheiratet." – Kinder und hin und her. Dann habe ich schon rausgehört, dass es ein paar Leute reizen würde, was ich jetzt mache." [Veronika]

„Viele Leute sind in ihrem Leben gefangen und blicken nicht über ihren Tellerrand, weil sie auch zu „busy" sind – sorry, mein Deutsch ist manchmal. Ich lass da mal English einfließen, weil es einfacher ist. Es ist schwer, wenn man in eine Schublade gesteckt ist von Freunden, die einen jahrelang kennen. Das ist schwer, aus dieser Schublade rauszukommen. Hier in Wanaka, was das Schöne ist, man kann sein inneres Kind rauslassen. Hier die meisten Leute, die sind hier zum „Spielen". [...] Die Leute sind auch ein bisschen offener. Das liegt aber vielleicht auch daran, dass hier so viele verschiedene Kulturen zusammenkommen. Hier sind viele Engländer, Iren, Schotten, also Briten, viele Deutsche, aber dadurch lernt man auch ein bisschen die anderen Kulturen kennen. Die Leute sind offener. [...] Ich hab mittlerweile auch Probleme mit einigen Freunden. [Unterbrechung] Ja, ich kann mit einigen Freunden nicht mehr richtig kommunizieren, weil die einfach meinen Lebensstil nicht nachvollziehen können, und ich weiß nicht, was deren Lebenseinstellung ist. Ich habe dafür kein Verständnis. Die sind halt immer nur am Jammern, wie schlecht doch ihr Leben ist, dass sie nur mehr jammern. Entweder hör auf zu jammern und ändere dein Leben oder akzeptiere es, wie es ist. [Lachen]. Das langweilt mich." [Dani]

Vielen fällt es schwer, nach Hause zurückzukommen und mit alten Freunden in Kontakt zu treten, wenn sie sich fragen, ob diese aufgrund der Mobilität vielleicht verzogen sind. Sie merken den sozialen Wandel, wie auch der 26-jährige Dude und die 26-jährige Katie:

"And it is like to go in the pub and have a beer. And you are away from your home friends. It is like to ring their parents and find out where they are and find out what they are doing. And it is a much bigger effort to catch up with, because they moved on. Some of them are still doing the same thing, which is even worse [laughing]. I found it was harder to go home and to catch up with my friends, that I have not seen for three years. To make the effort to catch up with them and go out and see them, or go and visit them or get to visit me, than it is to come back here after only six months of being away." [Dude]

"I haven't been home for six years. When I go home it is scary, because it is the only one. And I'm afraid that I don't belong anywhere. It is like going from place to place and you start to make your own roots somewhere else." [Katie]

15. Typisierung

Unter reisenden Saisonarbeitern haben sich im Rahmen dieser Forschung verschiedene Typen herauskristallisiert. Bevor jedoch die Typisierung der Saisonarbeiter erfolgt, soll noch auf die Besonderheit ihrer Namen und Spitznamen hingewiesen werden. Da das alltägliche Leben in Urlaubsorten „lockerer" abläuft als zuhause, stellen sich die Leute meist zwanglos mit dem Vornamen vor. Aus diesem Grund kennen die meisten Saisonarbeiter voneinander die Nachnamen nicht, weshalb es unterschiedliche Zuordnungen von Spitznamen aufgrund der Herkunft gibt, wie „Irish Jack", „Australian Chris", „Chinese Fred", „Londoner Lou" oder „Kiwi Karl". Wer nur die Nachnamen dieser Personen kennt, wird bei der Suche nach ihnen Probleme im Urlaubsort haben.

15.1 Sportler

Für sehr viele Saisoniers ist die Arbeit im Urlaubsort nur Mittel zum Zweck, einer bestimmten oder sogar mehreren Sportarten dauerhaft nachgehen zu können, was ansonsten nur Profis möglich ist. Je nach Urlaubsort differieren die Sportarten und bei der Jobsuche ist ausreichend Freizeit zum Ausüben des Sportes das Hauptmotiv. Für einen Jugendherbergsbesitzer ist das evident:

"For example: Dan is just for snowboarding here. He does really skateboarding as well. That is a lifetime for snowboarding. My first winter: Snowboarding. It was not about anything else. It is definitely the mind roll card for a lot of people. They are there around. The more people that try not to save the money, but conserve it so when it gets to winter that they have got enough money to not have to work and snowboard more. I definitely think that they are still here. There are at least five of them through the season, who are totally religious about the mountain, but not about alcohol." [Tyler]

Für diese 24-jährige Engländerin steht auch der Sport sommers wie winters im Vordergrund:

"I would not come to Austria without snowboarding. Since I was at uni I wanted to snowboard. [...] Then I pushed myself for another season so I came back here. I was supposed to go to France this winter. I also spend the summer

here for mountain biking, I wanted to do both. But I think I am going to do another winter like another type of European winter should say." [Christie]

In Neuseeland in Wanaka, Methven, Queenstown ist eine große Gruppe von Personen nur wegen des Wintersports dort. Der Animateur Walt Nuts hat mir bei einem Gespräch Ende März stolz und zufrieden vorgerechnet, dass er in dieser Saison 48-mal Schifahren war und es auf 50 Mal bringen wird.

Der Spanier Javier ist im Winter Snowboardlehrer, geht gerne nach dem Unterricht noch auf eine Schitour oder rodeln und betreibt im Sommer Klettern. Er ist ein Sportler durch und durch. Im Sommer ist er Kajaklehrer und macht geführte Touren in Katalonien:

„*Ja, in Katalonien an der Costa Brava, da gebe ich auch Kajakunterricht. Also in der Nähe von Lorette de Mar und weiter hinauf, noch 20 km weiter hinauf, da ist ein kleiner Ort und dort gebe ich Unterricht. Also Meereskajakunterricht, sowie geführte Touren."* [Javier]

In zahlreichen Sommersportorten sind auch andere Sportarten wie Schwimmen, Wasserschifahren, Wakeboarden, Surfen, Tauchen etc. möglich. Ein Tauchlehrer berichtet über seine Erfahrungen in Mexiko und Spanien:

„*Also ich war in „Playa del Carmen" in Mexiko und habe dort zum Tauchen angefangen. Das hat mir voll Spaß gemacht. [...] Ich möchte mich voll aufs Tauchen konzentrieren und dass ich da weitergehe, also das bis zum Tauchlehrerausbilder und zum Prüfungsabnehmer. Da gibt es auch relativ gute Festanstellungen. Du bist zwar relativ viel auf Achse, aber du kriegst auch relativ viel mit und das ist eine gute Absicherung für die Zukunft."* [Jens-Diettrich]

Für passionierte Sportler ist es einfach, auch im Sommer Arbeit im Sportbereich zu finden. So hat sich ein Schilehrer im Sommer als Raftingguide betätigt:

„*Letzten Sommer war ich ein Raftingguide und gewohnt habe ich hauptsächlich in Innsbruck und gemacht habe ich das in Haiming. Du kannst Mountainbikeguide auch machen."* [Claude]

Ein Surfer berichtet über seinen Genuss beim Surfen in Newquay:

"*I've been surfing in Newquay on the coast of Cornwall in England. Hawaiian surfing. So I found it quite easy to balance. I like to lean backwards and forwards and I enjoyed the feeling and I find it quite exciting."* [British Al]

15.2 „PARTY ANIMALS"

Ausgehen und Feiern hat einen hohen Stellenwert für viele Urlauber, Touristen, Backpacker und Saisonarbeiter. Viele Urlaubsdestinationen bieten deswegen eine besonders ausgeprägte Lokal- und Barwelt an.
Zum ausgelassenen Feiern gehört für die meisten die Kontaktaufnahme mit anderen, der Urlaubsflirt und die Anonymität. Vor allem für junge Personen bietet ein solches Umfeld einen intensiven Anreiz. Für manche ist ungebremster Alkoholkonsum Hauptbestandteil des ganzen Aufenthaltes, andere Attraktionen und Formen des Erlebens sind gar nicht notwendig, weil die Partys Priorität haben. Manche Barkeeper und Touristen feiern lieber bis zum Nachmittag durch, als zeitig ins Bett zu kommen, um auf dem Berg vor der Haustür Schi fahren oder snowboarden zu gehen oder an das 100 Meter entfernte Meer zum Schwimmen oder Wasserschifahren zu gelangen. Für manche ist es egal, wo sie feiern, solange genügend Gleichgesinnte anwesend sind. So meint Barkeeper Irish Jack über seine Saison in Kitzbühel:

"I was not really often snowboarding. It was like I've been out almost every night. I think I only got a Snowboard for ten times. If the pub closed before seven a.m., I'd be professional. [laughing] But I don't mind." [Irish Jack]

Die Rezeptionistin einer Pension meint über die „Partytiger":

"I think totally that the alcohol consumption is over the roof. It is part of my lifestyle now. If we were like living at home and like doing nine to five job or whatever and drinking as much as I can drink here, I don't know what happens. [...] Sure like I used to go to the pub every night. If I am really tired and if I am not going to the pub I am still drinking in her, it is free. It is like, I kind of get a balance here in the morning going snowboarding, so that I don't get this trashed too much. Definitely a part of my face still." [Katie]

Die „party animals" feiern viel und gerne, man trifft sie meist im Saisonarbeiterlokal an, wo man sie ob ihrer Offenheit und Kontaktfreudigkeit leicht kennen lernt. Sie müssen keine Singles sein, einige haben eine gut funktionierende Beziehung.
Alkoholkonsum und Raubbau an der Gesundheit kann jedoch in manchen Fällen bedenkliche Dimensionen annehmen, wie Irish Jack aufzeigt:

"The first week was hard. That was really, really hard. I have never been so sick in my life like the first week. The smoking as well. The first three weeks I was very often sick, just from the smoke from the pub. A hundred meters away from the pub you can smell the smoke. [laughing] It is unbelievable when you come over here. I was a bit shocked about that." [Irish Jack]

15.3 Abenteuerreisende

Überraschungen und außergewöhnliche, beeindruckende Erlebnisse sind das Hauptmotiv des Abenteuerreisenden – je mehr davon, desto besser. Jede Abwechslung ist ihm willkommen, in Extremfällen sogar negative Erfahrungen, z.b. der Diebstahl eines Autos oder überfallen zu werden. Er ist Mitglied der Spaßgesellschaft, die vor nichts mehr Angst hat als vor der Langeweile. Von der „Münzwurf-Methode" angefangen über die „Linksabbiegemethode" haben diese Menschen die verschiedensten Konzepte entworfen und umgesetzt, um möglicher Langeweile entgegenzuwirken. Sie gehen gerne Risiken ein und suchen die „Angstlust". Handlungen, die Gänsehaut erzeugen, wie Skydiven, Raften, Klettern und Bungeejumping, müssen von ihnen ausprobiert werden. Manche von ihnen führen solche Handlungen nur deswegen durch, damit sie „interessante Geschichten" zu erzählen haben. Je extremer die Handlungen sind, desto besser für sie. Diese Personen leiden an Erlebnisdruck. Sie sind immer auf der Suche nach Thrills und vor allem nach Information, wo und wie man etwas erleben kann. So beschreibt ein ehemaliger Backpacker die „to-do-list" in seinem Leben:

"Absolutely. In my personal experience of travelling. I've travelled four and half a year now and during that time pretty much everywhere. [...] Except of my very first trip, every other trip I've been on apart of that, because someone has recommended it. Or you have heard a story from someone or someone told you about a great experience they have had. It really does control how you end up going on a surfing trip in Marocco. Or I'm going to the "Oktoberfest" or spending "St. Patrick's Day" in Ireland or whatever I might be. It is all word of mouth and the people you meet and also what you are looking for. For me – it is all about the people I meet the stories I hear. Coming here was one of these scenes: I skied one day in Australia – wow, I'm going to do this once. I'm going to go skiing. I want to have a great time and do it for a year or six months or so somewhere. And then my friend told me about Kitzbühel and that was a combination of two – a combination of my own." [Dude]

Für einen anderen Australier spielt eine Saison in Kitzbühel in derselben Liga wie das „Oktoberfest" oder die „Love-Parade":

"I think that there are a lot of things that changed the essence of backpacking and coming to Europe. [...] And Kitzbühel being one of these places to do a season in the mountains in Austria, I think it is the same thing as going to the "Oktoberfest". Going to running in the pools, going to the "Berlin Love-Parade", it is one of those big things you must do. Do you understand what I mean?" [Striker]

Die Abenteuerreisenden genießen die „Show up"-Strategie bei der Bewerbung und lieben die Ungewissheit über den weiteren Verlauf ihres Lebens.

15.4 SICHERHEITSREISENDE

Der Sicherheitsreisende hat sich gut vorbereitet, genügend Informationen eingeholt, einige Reiseführer studiert und sich ausreichend lange mit der Problematik des Visums beschäftigt. Sofern er während seiner Reise arbeiten muss, hat er den Job schon vorab organisiert und fixiert. Er will im Gegensatz zum Abenteuerreisenden keine Überraschungen erleben. Mögliche Probleme werden möglichst im Vorhinein analysiert, man ist für alle Situationen gerüstet und bucht die Jugendherbergen und Unterkünfte im Vorhinein. Wenn vor Ort eine Unterkunft gesucht werden muss, ist dies für Sicherheitsreisende aufgrund der verlorenen Zeit ärgerlich, für Abenteuerreisende dagegen eine Herausforderung. Die Sicherheitsreisenden sind stolz, wenn sie auftretende Probleme mit Leichtigkeit durch entsprechende Vorbereitung lösen:

"We thought about it. We always need a backup or something. I thought it would be the easiest, because we made travels when we had a van in Australia and New Zealand. We knew that we would stay in South Africa for three months. So we had some information. I am happy. We just looked up things in the internet, important things and on the sea and things you have care about and look for and stuff like that." [Marleen]

So ist auch der 26-jährige Engländer Robman gut gerüstet. Er hat alles im Vorhinein gebucht, seine Arbeit in Australien früh genug fixiert und zuvor einen Deutschkurs mit einer Schilehrerausbildung kombiniert, was für ihn wenig Organisationsaufwand bedeutet.

"For Australia? Not much. Not much planning at all. It was: I paid my ticket. I already arrange somewhere over there to work and that was it. I went over and had a lift to the outback where I lived and that was it. Very easy." [Robman]

Die unbedachten Handlungen des Abenteuerreisenden sieht der Sicherheitsreisende schlichtweg als Dummheit an. Im Gegenzug halten viele Abenteuerreisende Sicherheitsreisende für langweilig, da durch die ganze Organisation ihre Spontaneität eingeschränkt wird.

15.5 „BACK TO BACK SEASONER"

Unter den Saisonarbeitern verbringen einige ihr Leben in zwei Urlaubsorten während der jeweiligen Hauptsaison, wenn es das Highlife gibt. Sobald die eine Saison vorbei ist, freuen sie sich schon auf die andere. Sie sind in vielen Fällen in beiden Orten gut integriert, wobei sie zweimal im Jahr die Ortsbewohner und ihre Kollegen auswechseln. Die „Back to Back Seasoners" konzentrieren sich auf unterschiedliche Hobbys und Sportarten. In Extremfällen machen sie eine einzige Sportart zu ihrem Lebensmittelpunkt. Es gibt einige Schilehrer, die das ganze Jahr im Schnee sind. Sie folgen dem Winter, so gut sie können, von der Nord- auf die Südhalbkugel und umgekehrt. Genauso wie es den Winter-„Back to Back Seasoner" gibt, existiert auch der Sommer-„Back to Back Seasoner", der das ganze Jahr lang nur im Sommer lebt, ein Leben lang am Strand, am Meer ist. Einige Personen, die ich kennen gelernt habe, betreiben diesen Lebensstil schon seit ungefähr 20 Jahren und wollen ihn, sofern es möglich ist, bis an ihr Lebensende weiterführen – so der „Back to Back Seasoner" Walt Nuts:

"I don't know. One good friend of mine is here and making a change for next summer. And when he comes back next winter, other people are here the whole year. They like to cycle, like me. I like to change. I'm probably the longest running seasonal worker. I just come for the winter and come back again next season. Skiing in winter and swimming in the summer. I have done a lot of swimming: It is a lot of lifestyle. People let these things happen. I am very lucky." [Walt Nuts]

15.6 DIE HÄNGENGEBLIEBENEN

Vielen passiert es, dass sie für längere Zeit im Urlaubsort verweilen, manche bleiben sogar für immer dort, obwohl sie ursprünglich „nur eine Saison" bleiben wollten. Für die „Hängengebliebenen" muss es bestimmte Grundvoraussetzungen geben, wie Arbeit in der Nichtsaison. In Obertauern gibt es kaum Arbeit im Sommer und aus diesem Grund ist ein Hängenbleiben für das ganze Jahr fast unmöglich. In Wanaka, Queenstown und Kitzbühel gibt es genug Möglichkeiten, Arbeit über das ganze Jahr zu erhalten. Manche braten Burger in der Nichtsaison, wie Kate Allen. Manche Personen fliegen trotz eines bezahlten Flugtickets nicht sofort nach Hause, verlängern ihren Aufenthalt und müssen sich erst ein neues Rückflugticket organisieren.

Andere verlieben sich im Saisonort. Wieder andere haben sich verletzt und aufgrund eines Krankenhausaufenthaltes wird der Flug nach hinten verlegt.
"I broke my hip in the first winter season and that was in January. I had to stay where I was living. I had lived here for the rest of the three months because I couldn't work. So they let me stay there for three months. Then I had to work summer to pay back my rent. And then I met my ex-husband in that summer, ended up staying because of him. That is it. [laughing] Yeah, so I break my hip, owed money, stayed for summer and met my ex-husband." [Tamara]

Ähnliches passierte auch einem meiner Interviewpartner in Sydney, der sich beim Fußballspielen die Achillessehne gerissen hatte und aufgrund der Operation seinen Rückflug um drei Monate verschieben musste. Die Hängengebliebenen bilden ihren eigenen Freundeskreis. Sie haben weniger Kontakt mit Personen der ersten Saison, weil viele von ihnen auf langfristige Beziehungen bauen. Sie suchen keine „Teilzeitfreundschaften", wie es eine Deutsche in Wanaka beschreibt:

„*Am Anfang habe ich mich mit ein paar trampenden Reisenden angefreundet, aber irgendwann lässt das nach, weil nach einem halben Jahr sind die weg und dann muss man sich neue Freunde suchen. Und je länger man hier wohnt, ich glaube umso mehr Kontakt hat man mit den „locals". Es hat ungefähr einein-halb Jahre gedauert, bis ich die erste Person kennen gelernt habe, die in Wanaka geboren wurde. Oder sagen wir, die hier aufgewachsen ist seit ihrer Kindheit. Mittlerweile kenne ich ein paar mehr „locals", die hier seit 20 Jahren wohnen."* [Dani]

Wer in der Nichtsaison im Urlaubsort hängen bleibt, lernt nicht nur die Einheimischen kennen, sondern auch die anderen Hängengebliebenen, welche an ständigem Kontakt interessiert sind.

15.7 DIE QUASIHÄNGENGEBLIEBENEN

Die „Quasihängengebliebenen" unterscheiden sich von den Hängengebliebenen in der Geisteshaltung und Selbstwahrnehmung. Sie empfinden sich selbst nicht als hängen geblieben und verdrängen, dass dies der Fall ist. Dass sich ihr weiteres Leben im Urlaubsort abspielen wird, wollen sie nicht wahrhaben. Die Quasihängengebliebenen sprechen davon, dass sie irgendwann einmal wieder in ihr Heimatland zurückkehren möchten. Dieses „Irgendwann" wird auf Dauer unglaubwürdig und immer unwahrscheinlicher, je länger man sich im Urlaubsort befindet. In einer bestimmten Form drückt

dies eine gewisse Unsicherheit aus, da diese Personen nicht genau wissen, was sie wollen oder wie ihr Leben weitergehen soll. Von ihnen hört man am Saisonbeginn den Spruch: „This season is my last season". So geht es auch Todd:
> *"Well, I studied architecture, but I am basically a skipper. I keep coming back and back and say: "This is going to be my last season as ski instructor. I need to get a proper job now." I know I said that last season as well and I was going to look for a job in Vienna, a proper job. I still could not get a job in Vienna, so the ski season started and they called me from skischool, if I could work again for a season and I was: "Yeah, okay." It was already end of November and they started to hire ski instructors and I worked for them as before."* [Todd]

Es gibt gut integrierte Quasihängengebliebene in vielen Urlaubsorten. Dadurch, dass sie sich nicht eingestehen, dass sie gestrandet sind, haben sie einige Nachteile und werden nur in seltenen Fällen tatsächlich sesshaft. Sie sparen weder für ein Haus noch auf eine Wohnung. Ab einem bestimmten Zeitpunkt akzeptieren einige die Tatsache, dass sie tatsächlich im Saisonort verbleiben werden. Sie werden zu Hängengebliebenen, können die Zukunft sinnvoller planen und vorsorgen.

15.8 Die „Lost Souls"

Unter den Saisonarbeitern gibt es viele, die keine intakte Familie haben. Von manchen sind die Eltern geschieden, andere mussten den Todesfall eines nahen Verwandten miterleben. Ihr Aufenthalt im Urlaubsort bzw. die Reise dient für sie dazu, Abstand zu bekommen oder mit der aktuellen Familiensituation nicht konfrontiert zu werden. Viele der „Lost Souls" sind für lange Zeit auf Reisen, da sie keine Verbindlichkeiten gegenüber ihrer Familie, teilweise sogar überhaupt keinen Kontakt zu dieser haben. Die Wahrscheinlichkeit steigt, dass eine „Lost Soul" in einem Urlaubsort hängen bleibt. Viele Leute haben aufgrund der eigenen Vergangenheit großes Verständnis und Einfühlungsvermögen für Personen, die ein ähnliches Schicksal wie die Scheidung der Eltern und Familienzwist erlebt haben. Frank erzählt von einem guten Freund und Arbeitskollegen aus Neuseeland und zieht einen Vergleich zu seinem Leben:
> *„Er bekommt jedes Jahr von seiner Mutter Besuch. Dieses Jahr ist das halt gewesen, weil da der andere Sohn in England gestorben ist, und da war das Begräbnis. Sie kommt halt regelmäßig her, um ihren Jungen zu besuchen. Die „connection" ist auch wichtig. Ich glaub auch, dass der Vater sehr früh gestor-*

ben ist. Eine coole Familie. Ich habe mit meinen Eltern auch nicht so richtig Kontakt, schon ziemlich lange nicht mehr. Ich sehe das viel, viel mehr. Ich gebe auch auf so etwas viel mehr Acht, weil ich es schade finde, dass es mit meinen Eltern gerade nicht funktioniert. Ich achte auch drauf, wie die Leute mit ihren Eltern so umgehen, weil ich so etwas gerade nicht habe und ich muss echt sagen, dass die meisten Leute, die hier hinkommen, kein so gutes Verhältnis mit den Eltern haben." [Frank]

Vor allem Saisonarbeiter mit intensiver Vorgeschichte bleiben lange von zuhause weg. Viele von ihnen flüchten auch nach dem Ende einer langjährigen Beziehung. Ein englischer Snowboardlehrer brach einen Monat nach einvernehmlicher Trennung von seiner Freundin nach Kitzbühel auf, um dort alte Freunde wiederzutreffen und sich von seinen Sorgen zu distanzieren. Ich habe den Eindruck gewonnen, dass viele nach dem Bruch mit einem langjährigen Partner in „ihre" Saisonorte zurückkehren. Ein anderes Beispiel hierfür ist ein deutscher Tauchlehrer, der nach Mexiko aufgebrochen ist:

„Ich meine, jeder hat einmal irgendwo Probleme im Leben oder was. Und damals, im letzten Schuljahr, ist zum Beispiel die Freundin von mir gestorben bei einem Reitunfall. Und das sind dann halt so Sachen, wenn du immer wieder an die Sachen erinnert wirst. Also da ist es dann um einiges leichter, wenn du an einen neutralen Ort kommst, wo du einfach noch mal von vorn anfangen kannst." [Flo]

15.9 INDIVIDUALISTEN

Unter den Saisonarbeitern tauchen vereinzelt „Individualisten" auf. Dazu zählen für mich Personen, deren Lebensgeschichte und Lebensidee einzigartig ist. In Kitzbühel lernte ich zwei Menschen kennen, die einzigartige Charakteristika aufweisen. Einer ist ein 73-jähriger Pensionist, der oft und gerne am Leben der englischsprachigen Community teilnimmt und mit den viel jüngeren Saisonarbeitern herumhängt, weil er sich bei ihnen wohl fühlt. Wie er selber meint, ist es wichtig, einen Alten im Kreis zu haben, damit man sich jung fühlen kann:

"That is what keeps you young. This is good for the other guys. If you want to look young, hang around with an old guy." [Fred]

Fred wohnt in einer kleinen Wohnung auf einem Bauernhof am Berg, etwa hundert Höhenmeter über dem Städtchen Kitzbühel. Von dort kommt er einige Male die Woche herunter, um kleine Erledigungen in der Stadt zu machen, mit Freunden eine Runde Golf zu spielen oder gemütlich ein Bier mit seinen Kollegen zu trinken. Er hat viel Spaß dabei, seine Pension in Kitzbühel zu erleben, hilft am Golfplatz Bälle einzusammeln und führt kleinere Tätigkeiten aus, weswegen er dort gratis spielen darf. Die Golfturniere unter den Saisonarbeitern sind ein Highlight für ihn, dabei blüht er richtig auf.

Aufgrund seines Humors und seiner lockeren Art wird er trotz des großen Altersunterschiedes gut aufgenommen. Ursprünglich ist er des Schifahrens wegen nach Kitzbühel gekommen, er fährt aber heute nicht mehr Schi, weil er sich im Alter nicht mehr verletzten möchte. Ein Freund meint über ihn:

"Old Fred is connected to the ski community. He fell in love with Kitzbühel. He has done well on the mountain. He has a place in Kitzbühel." [Unlucky Luke]

Ich habe auch eine sehr eigenwillige Dame in Kitzbühel kennen gelernt, mich mit ihr ein paar Mal getroffen und anregende Gespräche geführt. Es handelt sich um die 26-jährige Norwegerin Inga, deren Vater aus einem arabischen Land stammt, ihre Mutter aus Norwegen, weswegen sie zwischen zwei Kulturen aufgewachsen ist. In Kitzbühel hat sie in einer Après-Ski-Bar gearbeitet, aber keinen Alkohol konsumiert, weil sie es nicht als notwendig betrachtet, sich zu berauschen. Sie hat ihr Kunstgeschichtestudium abgebrochen, weil sie die wissenschaftlichen Begrifflichkeiten, die Streitereien darüber und vor allem die Definitionsmacht, wer Kunst definiert und was Kunst ist, als uninteressant empfindet. Des Weiteren fühlt sie sich von den ständigen, zum Teil sinnlosen Informationen, die laufend über die Medien Fernsehen, Internet und Handy auf die Menschen niederprasseln, bedroht und überfordert. Sie hat mir erzählt, dass sie im Sommer auf einem Berg die Arbeiten auf einem Bauernhof verrichtet und dort der ständigen Berieselung entgehen kann. Ein Freund erzählt über sie:

"This will be her third summer season, looking after 20 cows and milking cows. She is a cowgirl on the mountain. The farm is a small bowl which sits on the top of the mountain over there. And she has to walk with the cows up in three weeks in the beginning of May. She will walk up with the cows, up when there is no snow on the "Alm". She is milking cows and working up there. [...] There is a neighbouring farm as well where she helps out. The girl cannot help herself, if she sees somebody who could use her help, she will give them that free hour instead of going to sleep or spend time painting or drawing or what she loves to do of photography or what it might be. She would rather be helping people and being part of the farm and she comes from a very interesting background. [...] She is such an open personality. She is genuinely interested in all people that she meets. So it is very easy for her to make a lot of friends. [...] Every friend that I

have is a friend of her, because she is such a wonderful character, but then she goes and spends these incredible hours and summer season working on the farm, practically alone and just a very few visitors get up there to see her. I made it last year maybe three times in the last summer. I intend to go more often to this, because I like being around her. She is a very special person. You need a few lifetimes to meet very few of these people." [Unlucky Luke]

15.10 Die „Reichen Söhne"

Eine besondere Spezies unter den Saisonarbeitern sind die Kinder reicher Eltern. Sie nehmen die Saisonarbeit nur an, weil sie dadurch besser Kontakte im Urlaubsort knüpfen können. Geld ist für sie nebensächlich. Wie sie von den Kollegen aufgenommen werden, ist unterschiedlich und davon abhängig, wie sehr sie diese spüren lassen, dass sie finanziell potenter sind. Die meisten Saisonarbeiter lehnen das überhebliche Gehabe ab, da sie der Lebenslauf ihres Vaters wenig bis gar nicht interessiert. Geredet wird trotzdem darüber.

"My dad is saying he looks at his friends. They do the same thing every day as they have done since my dad moved to East London. He was only 16 when he moved to East London. He is now 55 and he goes back to East London now for business. His old friends do the same things they were doing when they were 20. They still get drunk every Saturday at the same pub. You know life is just a circle for them. They are still plumbers, they are still electricians, they haven't moved on. They have not actually tried to make anything of their lives." [Jack]

Manchen „Söhnen" sieht man ihren Status nicht an, andere betonen ihn laufend im Gespräch. Aus dem Interview mit dem 20-jährigen Südafrikaner Jack geht sofort seine finanzielle Unbeschwertheit hervor, während es sich die meisten anderen Saisonarbeiter nicht leisten können, über ihre Verhältnisse zu leben:

"I don't want to be the "stinking", you know, the richest person in the world. I just want to be able to, you know, I don't want to think about partying. I don't want to look at my credit card and think about how much I have got left like I have to do now. That is cool. I like to be just able to do what I want to do. You don't have to be rich. You just have the right things working for you in the right way. Just I like to be a happy person. Money doesn't give you happiness, financially set and a really happy person as well. No, I give you an example: I do earn 35 Euro a day. This is my first season, so I think our budgets had been at least 80 Euro a day. It is an expensive holiday and a long one. So I can meet people as

well. That is the only reason why I'm ski instructing. I don't ski instruct for the money." [Jack]

Eine Barbesitzerin berichtete über einen anderen interessanten Fall:
„Jetzt über die Weihnachtsferien haben wir einen australischen Jungen dagehabt, 17 Jahre alt und sein Vater hat 1977, also ein Jahr nachdem wir aufgesperrt haben, nachdem mein Vater aufgesperrt hat, war der bei uns Barman, ein Australier. Der ist jetzt wieder nach Australien und hat dort seine Malerfirma und sein Sohn ist offensichtlich absolut superfaul und superschlecht in der Schule und dem hat es wirklich gereicht und er hat dem Sohn gesagt: „Du wirst jetzt nach Kitzbühel fahren und im „Londoner" arbeiten." Und der hat vorher angerufen bei uns und hat gefragt, ob das geht und das funktioniert. Für einen Monat war er da. Und das ist für uns eh so eine Stoßzeit und das war für uns eigentlich ganz okay. Ein Monat nur, also war das für uns ganz okay. Sonst sind ja nur Saisoniers da. Es war auch so: den zurechtzubiegen war am Anfang ein bisschen ein Kampf. Er war am zweiten Tag schon zu spät da. Wir haben ihm schon die harte Schule verpasst. Der hat jeden Tag um vier anfangen müssen und bis um 5 Uhr morgens. Der hat wirklich seine 13 Stunden hingebogen. Ich weiß nicht, ob er uns jetzt so wahnsinnig liebt. Sein Vater war sehr angetan. Ich glaube, manche Väter schicken ihre Söhne, wenn sie zu verwöhnt sind, irgendwo hin. Der Vater hat in Australien eine riesige Firma aufgebaut und das ist einfach so für die verwöhnten Söhne und Töchter. Es gibt auch andere aus gutem Hause. Wir haben zwei Mädels aus Südafrika. Deren Eltern sind sehr erfolgreiche Baumeister in Johannesburg und die sind der Wahnsinn. Die arbeiten härter als alle anderen. Die haben es wirklich überhaupt nicht notwendig. Die müssen eigentlich gar nicht arbeiten. Die sind wirklich – das kommt auch auf die Erziehung darauf an – die sind super. Das ist interessant zu sehen. Du begleitest die Leute vier Monate lang." [Tina]

15.11 Die „Gap Years" vs. Aussteiger und Überlebenskünstler

Zwischen den „Gap Years" und den Aussteigern bestehen bestimmte Unterschiede. Die „Gap Years" sind zumeist jünger, zwischen 18 und 26 Jahren, während die Aussteiger zumeist schon 26 oder älter sind. Die „Gap Years" haben ihre Auszeit aus der Gesellschaft zwischen zwei Ausbildungsstufen bzw. vor dem Berufsleben für einen Zeitraum von bis zu einem Jahr geplant. Sie probieren, sich wieder in die Gesellschaft einzufügen und Karriere zu machen. Für sie steht Abwechslung und Erlebnis im Vordergrund, sie wollen aber nicht im Urlaubsort hängen bleiben. Spaß am Saisonjob, Geldverdienen gehört für sie dazu, wird aber erst dann wichtig, wenn sie sich einem finanziellen Tiefpunkt nähern.

Die Aussteiger hingegen sind mit der eigenen Gesellschaft und dem damit verbundenen Karrieredenken unzufrieden. Im Gegensatz zu den „Gap Years" haben sie sich bewusst dafür entschieden, solange sie können und solange es ihnen Spaß macht, im Urlaubsort zu bleiben. Dabei kann es sich um ihr restliches Leben handeln. Für sie bedeutet eine Karriere viel Arbeit und wenig Freizeit. Das dabei verdiente Geld kann sie nicht ausreichend für den Arbeitsalltag und das aufgezwängte Leistungskorsett entschädigen. Sie verzichten lieber auf finanziellen Wohlstand mit wenig Freizeit und wollen mit wenig Geld ein angenehmes Leben führen. Es stört sie nicht, einen weniger qualifizierten Job anzunehmen und kaum Verantwortung tragen zu müssen.

Der Ausbildungsgrad der „Gap Years" und Aussteiger ist relativ hoch, fast alle haben Matura, wenn nicht sogar ein Studium absolviert. Wenige von ihnen haben Kinder oder eine Familie. Das erleichtert für sie den Ausstieg im Gegensatz zu Personen, die Verantwortung tragen müssen. Gerade diese beziehungslose Vorgeschichte kann den Ausstieg aus der Gesellschaft ermöglichen. Ihre Familien und Freunde zuhause verstehen in vielen Fällen die Gründe für den Ausstieg nicht, vor allem, wenn die Aussteiger einen sicheren, gut bezahlten Job gekündigt haben. Die meisten von ihnen sind froh, dass sie sich nicht mehr dem tagtäglichen gesellschaftlichen Zivilisationsstress, wie „Guten-Morgen-Staus" oder stundenlangen Anreisezeiten mit der U-Bahn, aussetzen müssen. Ohne große Reichtümer (mit einzelnen Ausnahmen wie Personen, die ein Nischengeschäft gegründet haben) führen die Aussteiger und Überlebenskünstler ein ihnen angenehmes Leben mit wenig Stress.

16. Resümee

In unserer heutigen Gesellschaft sind die Menschen auf der Suche nach dem Sinn des Lebens, einem neuen Weltbild, Spaßmaximierung und sozialer Einordnung. Durch die Auflösung der Klassen und den damit einhergehenden Individualisierungseffekt kommt es zu einer Pluralisierung der Lebensstile. Anstatt der verbindlichen Gemeinschaften von früher findet ein Großteil des Zusammenlebens in unverbindlichen „posttraditionalen Gemeinschaften" statt, die von kurzer Dauer sind.

Viele Menschen wollen aus ihrem Alltag ausbrechen. Sie sind auf der Suche nach authentischen Erlebnissen, weswegen die Urlaubswelten an die Vorstellungen der Touristen angepasst und bestimmte Ereignisse inszeniert werden. Es wird nicht mehr ein Ort, sondern ein Ereignis gesucht. Die Suche nach Spaß und Erregung einerseits und die nach „Ruhe" andererseits können als Triebfeder für den Urlaub angesehen werden. Im Urlaubsort werden zum Alltag konträre, außergewöhnliche Erlebnisse angeboten und eine Gegenrealität geschaffen. Der Urlaubsort kann dadurch an Originalität verlieren, die Kultur und die Traditionen der Einheimischen werden verändert.

In der Urlaubswelt herrscht soziale Unordnung mit geringen Verbindlichkeiten, es entstehen Bühnen, die der Selbstdarstellung der Touristen und Saisonarbeiter dienen. Es besteht eine gewisse „Narrenfreiheit", die Regeln sind weniger straff als im Alltag. Verhaltensfreizügigkeit gilt für Sexualität, Alkoholkonsum, Feiern sowie unverbindliche Kontakte. Vor allem durch die Reizintensivierung werden der Körper, der in vielen Fällen aufgrund der „Geistlastigkeit" im Alltag vernachlässigt und als „unwichtig" gesehen wird, und die Wahrnehmung des Körpers forciert.

Mit Aufkommen des Backpackens bietet sich für junge Menschen die Möglichkeit, den Lebensstil „Travel und Work" anzunehmen, um möglichst lange von zuhause fern bleiben zu können. Die wichtigsten Gründe, um die Heimat zu verlassen, sind Beziehungsprobleme, eine unsichere Familiensituation, der Wunsch nach einem neuen Image, eine Pause zwischen zwei Lebensabschnitten („Gap Year"), ein stressiger Job oder schlichtweg Abenteuerlust. Letztere wird u.a. durch das Angebot an unterschiedlichen sportlichen Aktivitäten, die wie Snowboarden, Klettern oder Bergsteigen extreme Formen annehmen können, angeregt.

Urlaubsorte bieten gute Möglichkeiten zur Saisonarbeit und ziehen arbeitssuchende Reisende an. In der ersten Saison ist der Kontrast zum früheren Alltagsleben groß. Viele sind erstmals von zuhause weg und müssen mit den neuen Freiheiten umgehen lernen. Zu intensiver sportlicher Betätigung steht ein ungesunder Lebensstil mit Feiern, erhöhtem Alkoholkonsum und Fastfood-Ernährung in Kontrast. Momentgemeinschaften bilden sich durch den raschen Wechsel der Urlauber. Durch die Reizintensivierung, wenig Verpflichtungen, die lange Dauer des Aufenthaltes, die unverbindlichen (auch sexuellen) Kontakte und die Chance, sich neu zu inszenieren, gelangen viele Saisoniers zu der Meinung, die „Zeit ihres Lebens" zu erleben. Gegen Saisonende aber ist ihr Alltag bereits mit Routinen durchzogen und sie empfinden das Leben im Urlaubsort als oberflächlich. Aufgrund des intensiven Lebensstils und vieler Exzesse sind Saisonarbeiter sehr tolerant gegenüber Normübertretungen der Urlauber und Kollegen. Sie bilden eine „forgiving society", eine Gesellschaft, die Regelverstöße verzeiht.

Durch die unterschiedliche Anzahl der im Urlaubsort verbrachten Saisonen gibt es verschiedene Saisonarbeitergenerationen und -typen. Das Risiko, hängen zu bleiben, ist direkt proportional zur Aufenthaltsdauer. Unter Saisoniers herrscht hohe Solidarität, welche am stärksten in Krisensituationen, bei Unfällen, Katastrophen und Todesfällen zu Tage tritt.

Die Saisonarbeiter befinden sich in einem speziellen Verhältnis zu den Einheimischen: Einheimische sind Etablierte, welche ihre Netzwerke im Ort schon seit ihrer Geburt entwickeln konnten, die Saisonarbeiter hingegen sind Außenseiter, die durch das Arbeitsverhältnis von den Etablierten abhängig sind. Sprachbarrieren und die Unkenntnis lokaler Bräuche, Sitten oder wichtiger Persönlichkeiten führen ihrerseits zu einer Abgrenzung ausländischer Arbeitskräfte. Sie grenzen sich von den Backpackern und den Touristen ab, während sie sich im Urlaubsort befinden. Ein typisches Symbol der Abgrenzung ist die Arbeitsuniform. „Alte" Saisonarbeiter grenzen sich sogar noch durch den in der Gruppe gesprochenen „Slang" ab, der sich teilweise aus unterschiedlichen Sprachen entwickelt hat.

Es gibt verschiedene Arten von Saisonen, die das Ortsgeschehen und das Verhalten der Saisonarbeiter mitbestimmen. Bewerbungen werden zumeist in der Vor- und Zwischensaison verfasst, während in der Hauptsaison hart gearbeitet und die Zeit intensiv erlebt wird. Die Saisonarbeit erzeugt bestimmte Wochenroutinen, welche am Saisonende aufgelöst werden. Abschlussfeiern und Rituale markieren den Bruch von einer Saison zur anderen. Events sind Knotenpunkte und außergewöhnliche Ereignisse während der Saison, die sich für Zusammenkünfte mit ehemaligen Saisonarbeitern eignen.

Die hauptsächlichen Probleme treten in Zusammenhang mit Geld, Visum, Transport, Bewerbung und Wohnsituation auf. Ein ungültiges Visum kann zu Problemen mit der Polizei führen. Mit Transport, Bewerbung und Wohnsituation sind häufig finanzielle Schwierigkeiten der Saisonarbeiter verbunden.

Die Saisoniers bilden Sekundärnetzwerke aus, die einen „losen" Zusammenhalt garantieren, was sich auf dem Arbeitsmarkt, bei der Wohnungssuche und anderen Problemen positiv äußert. Knotenpunkte des Netzwerks sind vor allem die Jugendherbergen und die Pubs, wo wichtige Informationen ausgetauscht werden. Sie sind auch die Schnittstellen für Backpacker und Reisende, die vorhaben, länger im Ort zu verweilen.

Die meisten reisenden Saisoniers haben sich während ihrer Reise weitergebildet und zumeist ihre „social skills" verbessert. Viele Saisonarbeiter müssen während der Saisonarbeit auch Gefühlsarbeit verrichten und den Gästen (teilweise auf eigene emotionale Kosten) einen schönen Aufenthalt ermöglichen. Wer länger im Saisonort bleibt, versucht sich zu verbessern und einen Berufsaufstieg bei den Saisonjobs zu erreichen. Die Länge des Aufenthaltes im Saisonort hängt stark von der Motivation, dem „Gap Year" oder einem tatsächlichen Ausstieg ab. Die Saisonarbeiter sind gut ausgebildet, die meisten haben die Matura bestanden und mehr als die Hälfte hat ein Studium erfolgreich abgeschlossen. Manche haben sogar schon ein eigenes Geschäft geführt und „Erfolg" im Leben gehabt. Die „Gap Years" lassen sich nach Saison- und Reiseende zumeist leicht wieder in das „normale" Karriereschema integrieren. Aussteiger planen hingegen für immer im Urlaubsort zu verbleiben. Manche können sogar im Urlaubsort eine Firma gründen und in der Erlebnisindustrie Fuß fassen.

Verabschiedungen sind Teil des Reisens und der Saisonarbeit. Die Reisenden verabschieden sich vor der Abreise von ihren Freunden und Verwandten, sofern sie ein entspanntes Verhältnis zueinander haben. Abschiedsfeiern gehören auch zu den Ritualen am Ende der Saison und treten vor allem bei der Ab- und Weiterreise auf.

Der Kontakt zur Familie und zu den Freunden wird zumeist über Internet und Telephonie aufrechterhalten. Das lange Fortbleiben führt jedoch in manchen Fällen zu unterschiedlichen Entwicklungen mit dem ursprünglichen Freundeskreis und kann bei der Rückkunft zu Spannungen und Verständnislosigkeit zwischen den alten Freunden und der Familie führen. Beim Weihnachtsfest, dem Familienfest, wird das Fehlen der Familie als besonders intensiv erlebt. Als schmerzvoll wird dieses vor allem von mit der Familie zerstrittenen Saisonarbeitern angesehen.

Es gibt elf verschiedene Typen unter den Saisonarbeitern. Man kann zwischen den Abenteuerreisenden, die das Risiko suchen, und den Sicherheitsreisenden, deren Ziel es ist, riskante Situationen zu vermeiden und so gut wie möglich gegen Probleme gerüstet zu sein, unterscheiden. Die „Back to Back Seasoners" kommen jedes Jahr in die gleichen Urlaubsorte, kombinieren die Hauptsaisonen zweier verschiedener Urlaubsorte und sind somit das ganz Jahr über beschäftigt, aber nirgends dauerhaft sesshaft. Bei den „Hängengebliebenen" handelt es sich um Personen, die sich im Urlaubsort zufällig angesiedelt haben. Die „Quasihängengebliebenen" ereilt dasselbe Schicksal wie die Hängengebliebenen, nur mit dem Unterschied, dass sie es noch nicht wissen oder wahrhaben wollen. Die „Lost Souls" haben eine emotional bedingte Vorgeschichte und haben im Urlaubsort in der Community Halt und eine Ersatzfamilie gefunden. Die Individualisten unterscheiden sich von den Saisonarbeitern durch ihren einzigartigen Lebensstil (z.B. Kühemelken während eines Sommers auf der Alm, Veranstalten von Tipi-Partys etc). Die „reichen Söhne" vertreiben sich die Zeit mit einem Saisonjob, um Anschluss zum Ortsgeschehen und Vergemeinschaftung zu finden. Im Gegensatz zu den jüngeren „Gap Years", die nur für ein oder zwei Jahre diesen Lebensstil wählen und sich wieder integrieren, steht eine besondere Gruppe, die sich vom vorherigen gesellschaftlichen Leben entfernt hat – in dieser befinden sich die wahren Aussteiger und Überlebenskünstler.

Nachwort von Roland Girtler

Die vorliegende kultursoziologische Forschungsarbeit unternimmt es, die Lebenswelten von Saisonarbeitern zu erkunden, die als Wandernde zwischen den Kulturen ihre Arbeitskraft anbieten. Es sind persönliche Erfahrungen, die mein Schüler Florian Spendlingwimmer als Skilehrer und Feldforscher gesammelt hat, die ihm die ersten Zugänge zum Alltag von „Aussteigern oder Überlebenskünstlern" ermöglicht haben. Um deren Lebenswelten zu studieren, hat er sich im Stil klassischer Feldforscher selbst auf Reisen begeben. Feldforschung, Abenteuer und Reisen gehören oft zusammen und die Präsenz des Forschers im Feld bereichert soziologische Studien – wie in diesem Fall – mit lebendigen Elementen.

Das Leben der Saisonarbeiter ist vielseitig und bunt. Gedanken zum Wandel unserer „Gesellschaft" bilden den Rahmen für die vorliegende Arbeit. Typische Verhaltensmuster der Gegenwart werden gezeigt und diskutiert. Um die Umgebung der Saisonniers besser zu verstehen, geht der Forscher auf das weite Thema der Urlaubsphantasien ein, zu denen das „Tiroler Bauernhaus" ebenso gehört wie die australischen „Aborigines". Diese „wirken" seiner Meinung nach nicht mehr „authentisch". Für den Urlauber werden „neue Welten" geschaffen, die für die Tätigkeiten der Saisonarbeiter höchst bedeutsam sein mögen. Der Urlaub als „eigener Kosmos" ist Gegenstand weiterer Überlegungen. Das Festefeiern, die Vielfalt sportlicher Abenteuer im Urlaub u.Ä. werden ebenso erläutert wie der Wandel des Reisens. Es ist der Rucksacktourist, der auf eine interessante Geschichte zurückblickt und der in seiner Intention des Reisens dem echten Saisonarbeiter gleicht. Die Gründe, um der eigenen Welt als Saisonarbeiter zu entfliehen, sind mannigfaltig.

Der Kultur der Saisonarbeiter widmet der Autor wohl das Hauptkapitel der Arbeit. Der Leser erhält nun einen spannenden Einblick in das z.T. „oberflächliche Leben" im Urlaubsort. Im Sinne von Norbert Elias unterscheidet der Autor zwischen Außenseitern und Etablierten, um den Unterschied zwischen den ansässigen Personen und den „Zugereisten" wie den Saisonarbeitern aufzuzeigen. „Feine Leute", die noble Urlaubsorte aufsuchen, werden in diesem Zusammenhang als Personen vorgestellt, die bisweilen Missverständnissen ausgesetzt sind. Ein interessantes Kapitel bezieht sich auf „Sprachbarrieren", die das Leben der Saisonarbeiter mit den Einheimischen erschweren. Schlussendlich wird die Thematik der „Saison" mit ihren

Routinen und Events beleuchtet. Auf die bunte Vielfalt des Lebens auf Saison verweisen: die Probleme reisender Saisonarbeiter, die es bei ihren Bewerbungen, mit ihren Reisekosten usw. nicht immer leicht haben; ihre Beziehungen, weltweite Freundschaften, die sich in Netzwerken manifestieren; die Gaststätten, die für die Saisonarbeiter mitunter wichtig werden können; die Vielfalt von Festen, mit denen Saisonarbeiter das Ende von Saisonen feiern; die „Jobs für Reisende". Mit dem Versuch, die reisenden Saisonarbeiter zu typisieren, endet die spannende Arbeit.

Der aufmerksame Leser erhält kulturwissenschaftlich bzw. kultursoziologisch höchst bedeutsame Einsichten in soziale Bereiche, in denen der Urlaub mit seinen bisweilen abenteuerlichen Unternehmungen immer wichtiger wird. Methodisch ist die Arbeit im Sinne der qualitativen Sozialforschung gut und klar strukturiert. Es war mir eine Freude, „Weggefährte" bei dieser Feldforschung gewesen zu sein.

Roland Girtler

ANHANG

METHODE

Was Wissenschaft ist und welches Wissen als gesichert gilt, darüber haben sich im Laufe der Geschichte schon viele Menschen ihren Kopf zerbrochen. Wahrheit und wie man sie messen könnte, führte zu den unterschiedlichsten Ideen und Erklärungsmodellen, über die man „wissenschaftlich" diskutierte. Jedes Modell hat eigene Modellannahmen und Verfechter, die davon überzeugt sind, die eigene Wirklichkeit am besten darstellen zu können. Ob diese oben angesprochenen Modellannahmen gültig sind, kann nicht mit Sicherheit festgestellt werden. Nach Roland Girtler hat der „Kulturwissenschaftler […] herauszufinden, wie die Menschen einer Gruppe ihre Welt sehen […], also welche Wahrheiten sie haben."[487]

Meine Forschungsarbeit verstehe ich dahingehend, dass ich mein neues Wissen in den bereits vorhandenen Wissenskorpus einfüge, wobei ich zuerst die Resultate betrachten möchte und nicht versuche, mit der Theorie die Realität herzuleiten. So sieht Norbert Elias Wissenschaft folgendermaßen:

> „Es scheint mir, daß die Schwierigkeiten, auf die man hier stößt, eng mit einer unter Soziologen herrschenden Unsicherheit über das Ziel wissenschaftlicher Forschung zusammenhängen. Soweit ich das sehen kann, ist dieses Ziel in allen Wissenschaften dasselbe. Grob vereinfacht besteht das Ziel darin, Menschen etwas zuvor Unbekanntes bekannt zu machen. Es besteht im Fortschritt des menschlichen Wissens zu größerer Gewißheit und besserer Anwendbarkeit und, fachspezifischer ausgedrückt, darin den Vorrat menschlicher Symbole auf Gebiete auszudehnen, die zuvor noch nicht erfasst worden waren. Das Ziel ist seine Entdeckung."[488]

Das menschliche Leben ist sehr komplex und nicht immer nachvollziehbar. Dennoch glaube ich ebenso wie Roland Girtler, dass der Handelnde kein Vollidiot ist und sein Handeln durchaus Gesetzmäßigkeiten unterliegt. Die meisten Menschen haben eine bestimmte Motivation für ihr Handeln, welches Konsequenzen nach sich zieht, egal ob ihr Weltbild der Wahrheit entspricht. „Es ist also danach zu fragen, was Leute mit ihrem Handeln meinen, welchen Sinn sie damit verbinden."[489]

Die meisten Menschen sind bereit, im Interview über ihr Leben zu reden, wenn man ihnen als Sozialwissenschafter den notwendigen Respekt entgegenbringt. Jeder Mensch hat seine eigene Lebenswelt, die durch die Wechselwirkung mit anderen Menschen in irgendeiner Form beeinflusst und verändert wird und nun beschrieben werden soll.

Mit der von Glaser und Strauss entwickelten „Grounded Theory" wird das Verhalten der untersuchten Personen mit soziologischer Theorie in Einklang gebracht. Die Theorie entwickelt sich erst im Lauf der Forschung und versucht, die Ergebnisse während der Forschung und im Nachhinein zu erklären. Vor allem bei einer Randkultur, über die es wenig Informationen gibt, ist es ungeschickt, mit Vorabhypothesen das Verhalten vorhersagen zu wollen. Es gibt kein festgelegtes Sample von Personen, denn dieses entwickelt sich während der Forschung.[490] Sobald der Forscher das Gefühl hat, genügend Informationen gesammelt zu haben, und bei weiteren Interviews, Gesprächen und Beobachtungen nach tiefgründiger Reflexion zu keiner neuen Erkenntnis gelangt, ist die Feldforschung abgeschlossen. Roland Girtler meint: "Nur wer sich dem Leben einer Gruppe, die er studieren will, vorbehaltlos überlässt, hat die Chance, tatsächlich herauszufinden, warum die Menschen in bestimmter Weise handeln und Symbole verstehen."[491]

Man stellt als Forscher in irgendeiner Form Hypothesen auf, wichtig ist dabei, sich dessen bewusst zu sein. Damit können eigene Vorurteile reflektiert und, sofern sie sich als falsch erweisen, abgebaut werden.

Bei der Auswahl der interviewten Personen der untersuchten Gruppe ist es im Rahmen der „Grounded Theorie" notwendig, unterschiedlichste Typen zu befragen, um ein breites Spektrum der Lebenswelt dieser Menschen erfahren zu können. Die Stichprobe ist daher nicht von vornherein gegeben, sondern erweitert sich während der Forschung, solange es für den Forschungserfolg notwendig ist.[492]

Für meine Untersuchung waren die teilnehmende Beobachtung und die qualitativen Interviews am geeignetsten. Die qualitativen Interviews können im Girtler'schen Sinne als „Ero-epische Gespräche" verstanden werden. Diese Gespräche können sich in unterschiedliche Richtungen entwickeln, es gibt keinen festgelegten Interviewleitfaden.

69 Gespräche wurden mit Tonband aufgezeichnet, viele andere nur in Beobachtungs- und Gesprächsprotokollen nachgezeichnet. Nur eine Minderheit der Probanden sah den Interviewtermin als verbindlich an. Das ist auch Jana Binder nicht neu, die über Backpacker geschrieben hat. Viele sagen zwar auf Anfrage ein Gespräch zu und sind vorerst bereit, es durchzuführen, so wie es auch Jana Binder bei ihrer Untersuchung feststellte, aber genauso schnell haben sie es wieder abgesagt.[493] Bei manchen klappte es tatsächlich beim vierten Versuch, andere hielten mich hingegen mit netten SMS-Nachrichten wie z.B. „Hey dude, I am on the mountain and I'm not sure at what time I will be back in town" oder „Sorry, I had to go to Innsbruck" bei Laune, als ich versuchte, sie telefonisch zu erreichen.

Sofern das Interview zustande kam, war der Forscher nicht nur Interviewer, sondern teilweise auch Erzähler. Damit kann man eine gute Gesprächsbasis herstellen, weil man auch als Forscher für den Gesprächspartner greifbar wird.[494] So kann man die Befragungen teilweise als „lockeres Gespräch" verstehen. Alle Interviewpartner, die mir auf Deutsch Auskunft gegeben haben, waren mit mir „per Du". Auch alle meine englischsprachigen Gesprächspartner habe ich mit dem Vornamen angeredet. Dabei habe ich einen Schischul- und Resortleiter, zwei Jugendherbergsleiter, zwei Geschäftsführer von Internetcafés, einige Türsteher, viele Schi- und Snowboardlehrer, einige Kellner, eine Billeteurin im Kino, einige Schishopmitarbeiter sowie Rezeptionisten und Angestellte des Zimmerservice interviewt.

Suggestivfragen darf man stellen, wenn man als Forscher informiert ist. Vorurteilen stehen die Gesprächspartner abweisend gegenüber, und sie führen zu Rechtfertigungen. Man erfährt dadurch einiges über die Lebenswelt, Interpretationen und auch das Selbstbild der untersuchten Personen. Das Alter meiner Gesprächspartner war zwischen 19 und 73 Jahren, wobei der Großteil der Befragten zwischen 24 und 32 Jahre alt war. Von den 69 interviewten Personen waren etwa zwei Drittel (43) männlich.

Die Interviews wurden, bis auf zwei, alle von mir selbst transkribiert, damit die Gesprächssituation genau nachvollzogen werden konnte. Durch die teilnehmende Beobachtung können die Aussagen der Personen ergänzt und teilweise geprüft werden. Dabei werden auch Protokolle für eine spätere genaue Rekonstruktion erstellt. So wie jeder Mensch anders ist und in verschiedenen Situationen individuell reagiert, unterscheiden sich alle Sozialwissenschaftler in ihren Stärken und Schwächen.

Dass sich während einer Forschung Freundschaften ergeben können und man Konsequenzen für sein eigenes Leben daraus zieht, ist für mich selbstverständlich. Sich zu verstellen und zu sehr an die Verhaltensweisen des Feldes anzupassen, ist nicht sinnvoll.[495] Zudem muss man – hiervon geht Manfred Prisching aus – die richtige Person für die entsprechende Forschung sein.[496]

Da sich die eigenen Einstellungen während der Forschung verändern, ist es sinnvoll, ein eigenes Feldtagebuch zu führen, wie von Roland Girtler empfohlen. In ihm werden auch die verschiedenen Beobachtungsprotokolle festgehalten.

Die Beobachtung fand nicht immer verdeckt statt, denn die meisten untersuchten Personen wurden über meine Forschungstätigkeit informiert. Wenn meine Untersuchungen nur verdeckt stattgefunden hätten, dann wäre ein Zugang zur Randkultur nur schwer möglich und eine derartige Forschung kaum durchführbar gewesen. Eine Untersuchung verdeckt durchzuführen hat den Vorteil, dass die untersuchten Personen sich nicht verändert verhalten und somit der durch den Forscher ausgelöste Beobachtungseffekt ausbleibt. Der Nachteil jedoch ist, dass, sofern der Forscher als solcher enttarnt wird, der Zugang zum Feld durch den Vertrauensmissbrauch für immer verwehrt bleiben könnte. Im Rahmen der teilnehmenden Beobachtung bin ich mir bewusst, dass ich auch auf die Situation einwirke. Roland Girtler geht davon aus, dass der Forscher, sofern er Freunde innerhalb des Feldes gefunden hat, kaum mehr als Forscher wahrgenommen und sein Einfluss auf die Situation geringer wird.[497]

Geographie spielt laut Girtler für das Ortsleben eine wesentliche Rolle. Aus diesem Grund sollte man die „Froschperspektive" verlassen und auf einem umliegenden Hügel oder Berg die „Vogelperspektive" einnehmen. In meinen untersuchten Orten war mir dies durch die „Aufstiegshilfen" (Lifte) leicht möglich.

Wie aus den zehn Geboten der Feldforschung hervorgeht, muss man die wichtigsten Sitten und Rituale der untersuchten Personen einhalten und respektieren, wenn man eine erfolgreiche Forschung durchführen will. So kam es auch während dieser Forschung zu einigen Behinderungen, welche durch unglückliche Umstände im Umfeld der Forschungsgruppe entstanden. So unterbrach ich in der Saison in Kitzbühel meine Forschung wegen eines Todesfalls durch ein Lawinenunglück aus Respekt zur trauernden Gemeinde und verschob sie auf den nächsten Winter.

Ebenso habe ich versucht, die Aussagen der interviewten Personen und ihre Erlebnisse möglichst vorurteilsfrei wiederzugeben. Gemeinsames Essen und Trinken mit den Befragten gehört zu den Tugenden eines Forschers.

Erving Goffman unterstellt uns allen, dass wir Theater spielen und uns gegenseitig jederzeit mit einer bestimmten Fassade begegnen. Er mag Recht haben, dass wir uns immer wieder in Szene setzen, aber auch Geheimnisse voreinander verbergen. Dass die Geheimnisse in einem großen Maß das menschliche Leben ausmachen, haben Erving Goffman in *Stigma* und Georg Simmel mit seinem Exkurs über eben diese Geheimnisse erläutert. Um die Geheimnisse und Stigmata jedoch erfahren zu dürfen, muss man als Wissenschaftler das notwendige Feingefühl für die Situation aufbringen und einen gewissen Grad an Ethik besitzen. Das impliziert auch, dass ich keiner der untersuchten Personen in irgendeiner Form mit dieser Forschung schaden möchte und versuche, die Würde aller zu respektieren. Daher wird bei allen untersuchten Personen die Anonymität gewahrt.

Die Forschung begann im Dezember 2005 in Obertauern und führte dann im Februar 2006 zu einer teilnehmenden Beobachtung in Kitzbühel. Nach einer Reflexionspause im Sommer näherte ich mich dem Feld in Kitzbühel wieder von Dezember 2006 bis April 2007 an, wo zahlreiche Interviews stattgefunden haben. Von Juni bis August 2007 haben Forschungen in Neuseeland, unter anderem in „Car Markets" in Christchurch, Methven, Wanaka, Queenstown und Taupo sowie in einigen Jugendherbergen auf der Durchreise stattgefunden. In Neuseeland und Australien war ich als Forscher in Bewegung, um die Routen der reisenden Saisonarbeiter studieren und verstehen zu können.

Vertrauen ist Grundvoraussetzung für eine funktionierende Forschung – daher trägt Roland Girtler seinen Universitätsausweis ständig mit sich, wenn er in Milieus forscht, „die den Anschein des Anrüchigen haben"[498].

Der Kriminalpsychologe Thomas Müller bemerkte in seinem Buch Bestie Mensch, dass nicht Verurteilen, sondern Beurteilen[499] wichtig für die Erkenntnis, zumindest für eine wissenschaftliche Denkrichtung sei. Ähnliches befindet auch Roland Girtler, der sich mit unterschiedlichsten Randkulturen beschäftigt und sich nicht als Richter, sondern als Zeitzeuge betrachtet.[500] Beide haben gemeinsam, dass sie sich mit bestimmten Gruppen und im Speziellen mit der Lebenswelt ihrer Mitglieder und deren Alltagsinterpretationen auseinandersetzen. Um sich auf andere Lebensideen einlassen zu können, sollte man den Mitgliedern der untersuchten Randkultur so vorurteilsfrei und offen wie möglich begegnen.

Ferner Gedanken Girtlers zur Herangehensweise an die Feldforschung: „Der gute Forscher im Feld, der Kontakte zu Menschen sucht und wissen will, wie Menschen leben und ihre Rituale aussehen, darf sich nicht durch einen exakten Forschungsplan leiten lassen"[501]. Das bedeutet aber nicht, dass man überhaupt keinen Plan haben sollte.

Der Zugang zum Feld ist in Kitzbühel durch verschiedenste Anknüpfungspunkte gegeben gewesen, einer davon war die Jugendherberge. Dorthin begab ich mich, um Leute aus der Community kennen zu lernen, wurde aber vom Besitzer gebeten, woanders zu forschen. Wäre ich einem strikten Plan gefolgt, hätte ich mich ab diesem Moment in einem großen Forschungsproblem befunden.

In Obertauern habe ich über eine Schischule Kontakte zu Australiern stiften können, ebenso in der Schischule in Kitzbühel. Die Schischuluniform erweckte Vertrauen, da ich so für alle anderen Personen ein sichtbares Mitglied der Schischule war. Das erleichtert den Zugang zu den untersuchten Personen, denn durch die Uniform gehört man zum saisonalen Personal in Kitzbühel. Diese Leute grüßen sich und vom Grüßen bis zum Kennenlernen ist es nicht mehr weit.[502] Durch die Uniform wissen die Befragten nämlich, wo und wie sie mich finden können. Ist man auffindbar, wird man von der untersuchten Subkultur leichter akzeptiert und damit die Forschung besser möglich.[503]

Des Weiteren habe ich auch in den Lokalen „Londoner", „Highways", „Grieserl", im „Londoner"-Personalhaus sowie über Freunde Kontakte geknüpft und neue Freunde gewonnen. Einige haben mich auch weiterempfohlen und dafür bin ich ihnen sehr dankbar.

In Neuseeland habe ich in vielen Orten, vor allem in Methven und Wanaka, in den Jugendherbergen geforscht. Wie Jana Binder beschreibt, bieten die „dorms", die großen Schlafräume in Jugendherbergen, eine gute Möglichkeit, um arbeits- bzw. wohnungssuchende Rucksacktouristen zu beobachten und kennen zu lernen. Da es in großen Räumen so etwas wie Privatsphäre nicht gibt, ist dort teilnehmende Beobachtung jederzeit ohne „ein extremes Vertrauensverhältnis"[504] möglich. Dass dies einen Eingriff in das eigene Privatleben bedeutet, ist dabei nicht von der Hand zu weisen.[505] Jana Binder zeigt, dass es einfach ist, zu den Rucksacktouristen Kontakt aufzunehmen. Ähnlich leicht kann dieser zu der im Tourismus arbeitenden Bevölkerung in Kitzbühel, Wanaka und Methven hergestellt werden.

Teilnehmende Beobachtung hat den großen Vorteil, dass das Individuum nicht aus seiner alltäglichen Lebenswelt herausgerissen wird. Dadurch kann man ohne künstliche Laborbedingungen die untersuchten Personen erforschen.

Der Vorwurf, dass ich selbst in dem Touristenort arbeite und deshalb zu wenig Abstand zum Feld habe, scheint durchaus berechtigt zu sein. Weil ich aber nur in der Hauptsaison in Kitzbühel als Schilehrer tätig war, ergab sich eine zeitliche Kluft, die Raum zum Überdenken der bisherigen Ergebnisse zuließ. Abstand zum Feld ist nach Glaser und Strauss notwendig.

Während der Forschung in Neuseeland und Australien war der Abstand da, weil ich mich als Forscher in mehreren Saisonorten aufgehalten habe und als teilinformierte Zivilperson den Kontakt zum Feld suchte. Es war mir leider aufgrund der schwierigen Bestimmungen trotz großer Anstrengungen nicht möglich, ein Arbeitsvisum zu erhalten (als Österreicher braucht man leider ein Arbeitsangebot im Vorhinein, um dieses Visum zu erhalten). Aus diesem Grund hatte ich keine Möglichkeit, die untersuchten Personen bei der Arbeit als Kollegen kennen zu lernen. Der Vorteil dabei war, dass ich herausfinden konnte, wie man als Außenstehender an die Gruppe der Saisonarbeiter herankommt.

ANMERKUNGEN

[1] Obertauern ist ein Wintersportort in Österreich.
[2] Roland Girtler: *Methoden der Feldforschung*. Wien, Köln, Weimar: Böhlau 2001, S. 147.
[3] Vgl. Florian Spendlingwimmer: *Mythos: Schi- und Snowboardlehrer: Helden oder Sozialversager?* Wien: LIT 2007, S. 138ff.
[4] Diesen Ausdruck von Manfred Prisching, der ihn für manche politischen Konzepte der Gegenwartsgesellschaft verwendet, adaptierte ich für Teilaspekte der Forschung für meine Saisonarbeitergruppe. Vgl. Manfred Prisching: *Die McGesellschaft: In der Gesellschaft der Individuen*. Graz: Styria 1998, S. 9.
[5] Christoph Hennig: *Reiselust: Touristen, Tourismus und Urlaubskultur*. Frankfurt am Main: Insel 1997, S. 177.
[6] Walter Kiefl, Reinhard Bachleitner: *Tourismuslexikon*. München, Wien: Profil 2005, S. 34.
[7] Das Thema bezieht sich gleichermaßen auch auf Saisonarbeiterinnen. Die männliche Form wird in den meisten Fällen aus Gründen der Lesbarkeit stellvertretend für beide Geschlechter gewählt.
[8] Vgl. Robert Gugutzer: *Sport im Prozess gesellschaftlicher Individualisierung*. In: Kurt Weis, R. G. (Hrsg.): *Handbuch Sportsoziologie*. Schorndorf: Hoffmann 2008, S. 92-96.
[9] Zit. nach Ronald Hitzler: *Vortrag über die „Bastelgesellschaft"* vom 6. April 2002 im Minoritensaal in Graz.
[10] Jana Binder: *Globality: Eine Ethnographie über Backpacker*. Münster: LIT 2005, S. 112.
[11] Roland Girtler: *Vom Fahrrad aus: Kulturwissenschaftliche Gedanken und Betrachtungen*. Wien: LIT 2004, S. 15.
[12] Die Idee der Reise in ein Buch habe ich von Attilio Brilli übernommen, der sich mit der „Grand Tour" beschäftigte. Vgl. Attilio Brilli: *Als Reisen eine Kunst war: Vom Beginn des modernen Tourismus: Die >Grand Tour<*. Berlin: Wagenbach 1997, S. 7.
[13] Girtler, *Vom Fahrrad aus*, 2004, S. 20f.
[14] Ebd., S. 5.
[15] Norbert Elias, Eric Dunning: *Sport und Spannung im Prozeß der Zivilisation*. Baden-Baden: Suhrkamp 2003, S. 112.
[16] Manfred Prisching: *Paradoxien der Vergemeinschaftung*. In: Ronald Hitzler, Anne Honer, Michaela Pfadenhauer (Hrsg.): *Posttraditionale Gemeinschaften: Theoretische und ethnographische Erkundungen*. Wiesbaden: VS Verlag für Sozialwissenschaften 2008, S. 50.
[17] Elk Franke: *Sozialphilosophische Grundlagen der Sportsoziologie*. In: Kurt Weis, Robert Gugutzer (Hrsg.): *Handbuch Sportsoziologie*. Schorndorf: Hoffmann 2008, S. 21.
[18] Hennig, *Reiselust*, 1997, S. 172.
[19] Peter Gross: *Pop-Soziologie?: Zeitdiagnostik in der Multioptionsgesellschaft*. In: Manfred Prisching (Hrsg.): *Modelle der Gegenwartsgesellschaft*. Wien: Passagen 2003, S. 53.
[20] Vgl. Peter Gross: *Die Multioptionsgesellschaft*. Frankfurt am Main: Suhrkamp 1994, S. 49.
[21] Vgl. Ronald Hitzler: *Die Bastelgesellschaft*. In: Manfred Prisching (Hrsg.): *Modelle der Gegenwartsgesellschaft*. Wien: Passagenverlag 2003, S. 65-80.
[22] Vgl. ebd., S. 70.
[23] Vgl. Karl-Heinrich Bette: *X-treme. Zur Soziologie des Abenteuer- und Risikosports*. Bielefeld: Transcript 2004, S. 26.
[24] Hitzler, *Die Bastelgesellschaft*, 2003, S. 68f.

[25] Kurt Weis: *Sport im Prozess der Säkularisierung*. In: K. W., Robert Gugutzer (Hrsg.): *Handbuch Sportsoziologie*. Schorndorf: Hoffmann 2008, S. 75.
[26] Gugutzer, *Sport im Prozess gesellschaftlicher Individualisierung*, 2008, S. 90.
[27] Ebd.
[28] Vgl. Hitzler, *Die Bastelgesellschaft*, 2003, S. 66f.
[29] Vgl. ebd., S. 73.
[30] Vgl. ebd., S. 69.
[31] Ebd., S. 68.
[32] Vgl. Manfred Prisching: *Bilder des Wohlfahrtstaates*. Marburg: Metropolis 1996.
[33] Hitzler, *Die Bastelgesellschaft*, 2003, S. 69.
[34] Ebd.
[35] Vgl. Erik Cohen: *Backpacking: Diversity and Change*. In: Greg Richards, Julie Wilson (Hrsg.): *The Global Nomad: Backpacker Travel in Theory and Praxis*. Clevedon: Channel View Publications 2004, S. 54f.
[36] Kate Allen: *2:04:43: Eine Weltreise am Olymp*. Wien: Styria 2005, S. 53f.
[37] Vgl. Darya Maoz: *The Conquerors and the Settlers: Two Groups of Young Israeli Backpackers in India*. In: Greg Richards, Julie Wilson (Hrsg.): *The Global Nomad: Backpacker Travel in Theory and Praxis*. Clevedon: Channel View Publications 2004, S. 109-122.
[38] Vgl. Hitzler, *Die Bastelgesellschaft*, 2003, S. 66.
[39] Ebd., S. 67.
[40] Ebd., S. 74.
[41] Ebd., S. 69.
[42] Vgl. ebd., S. 74.
[43] Vgl. ebd., S. 70.
[44] Ebd., S. 76.
[45] Ebd.
[46] Vgl. ebd.
[47] George Ritzer: *Die McDonaldisierung der Gesellschaft*. Konstanz: UVK 2006, S. 36.
[48] Vgl. Hennig, *Reiselust*, 1997, S. 107.
[49] Vgl. Prisching, *Paradoxien der Vergemeinschaftung*, 2008, S. 37; Ronald Hitzler, Anne Honer, Michaela Pfadenhauer: *Zur Einleitung: „Ärgerliche" Gesellschaftsgebilde*. In: R. H., A. H., M. P. (Hrsg.): *Posttraditionale Gemeinschaften: Theoretische und ethnographische Erkundungen*. Wiesbaden: VS Verlag für Sozialwissenschaften 2008, S. 9.
[50] Vgl. Reiner Keller: *Welcome to Pleasuredome? Konstanzen und Flüchtigkeit der gefühlten Vergemeinschaftung*. In: Ronald Hitzler, Anne Honer, Michaela Pfadenhauer (Hrsg.): *Posttraditionale Gemeinschaften: Theoretische und ethnographische Erkundungen*. Wiesbaden: VS Verlag für Sozialwissenschaften 2008, S. 90ff.
[51] Der Begriff der „Posttraditionalen Vergemeinschaftung" bezieht sich auf den von Ronald Hitzler verstandenen Sinngehalt. Trotz der von Knoblauch angemerkten Kritik des vielleicht nicht triftig gewählten Begriffes der „posttradionalen Gemeinschaften" werde ich an der Sinnbelegung Hitzlers festhalten. Vgl. Hubert Knoblauch: *Kommunikationsgemeinschaften: Überlegungen zur kommunikativen Konstruktion einer Sozialform*. In: Ronald Hitzler, Anne Honer, Michaela Pfadenhauer (Hrsg.): *Posttraditionale Gemeinschaften: Theoretische und ethnographische Erkundungen*. Wiesbaden: VS Verlag für Sozialwissenschaften 2008, S. 73-88.
[52] Vgl. Ronald Hitzler: *Brutstätten posttraditionaler Vergemeinschaftung*. In: R. H., Anne Honer, Michaela Pfadenhauer (Hrsg.): *Posttraditionale Gemeinschaften: Theoretische und ethnographische Erkundungen*. Wiesbaden: VS Verlag für Sozialwissenschaften 2008, S. 57.
[53] Ebd., S. 55.
[54] Prisching, *Paradoxien der Vergemeinschaftung*, 2008, S. 35.

[55] Vgl. Keller, *Welcome to Pleasuredome*, 2008, S. 93.
[56] Vgl. Hitzler/ Honer/Pfadenhauer, *Zur Einleitung: „Ärgerliche" Gesellungsgebilde*, 2008, S. 20.
[57] Vgl. ebd., S. 21.
[58] Vgl. Prisching, *Paradoxien der Vergemeinschaftung*, 2008, S. 46.
[59] Keller, *Welcome to Pleasuredome*, 2008, S. 89.
[60] Vgl. ebd., S. 90 bzw. 93.
[61] Vgl. Prisching, *Paradoxien der Vergemeinschaftung*, 2008, S. 37.
[62] Vgl. Hitzler, *Die Bastelgesellschaft*, 2003, S. 74.
[63] Vgl. Christian Wopp: *Soziologie des Freizeitsports*. In: Kurt Weis, Robert Gugutzer (Hrsg.): *Handbuch Sportsoziologie*. Schorndorf: Hoffmann 2008, S. 325.
[64] Vgl. Gugutzer, *Sport im Prozess gesellschaftlicher Individualisierung*, 2008, S. 92.
[65] Hitzler/ Honer/Pfadenhauer, *Zur Einleitung: „Ärgerliche" Gesellungsgebilde*, 2008, S. 20.
[66] Elias/Dunning, *Sport und Spannung*, 2003, S. 78.
[67] Vgl. Gugutzer, *Sport im Prozess gesellschaftlicher Individualisierung*, 2008, S. 92f.
[68] Vgl. Klaus Heinemann: *Sport im Prozess der Technologisierung*. Hrsg. von Kurt Weis und Robert Gugutzer. Schorndorf: Hoffmann 2008, S. 116f.
[69] Vgl. Gugutzer, *Sport im Prozess gesellschaftlicher Individualisierung*, 2008, S. 94; Hitzler, *Brutstätten posttraditionaler Vergemeinschaftung*, 2008, S. 67.
[70] Vgl. Gugutzer, *Sport im Prozess gesellschaftlicher Individualisierung*, 2008, S. 94.
[71] Vgl. Jürgen Schwier: *Soziologie des Trendsports*. In: Kurt Weis, Robert Gugutzer (Hrsg.): *Handbuch Sportsoziologie*. Schorndorf: Hoffmann 2008, S. 354; Hanspeter Stamm, Markus Lamprecht: *Sport im Prozess der Globalisierung*. In: Kurt Weis, Robert Gugutzer (Hrsg.): *Handbuch Sportsoziologie*. Schorndorf: Hoffmann 2008, S. 102.
[72] Vgl. Stamm/Lamprecht, *Sport im Prozess der Globalisierung*, 2008, S. 106.
[73] Vgl. Irena Ateljevic, Stephen Dorne: *Theoretical Encounters: A review on Backpacker Literature*. In: Greg Richards, Julie Wilson (Hrsg.): *The Global Nomad: Backpacker Travel in Theory and Praxis*. Clevedon: Channel View Publications 2004, S. 60-76.
[74] Vgl. Keller, *Welcome to Pleasuredome*, 2008, S. 91.
[75] Vgl. Dieter Heinz Jüttling: *Sport im Verein*. In: Kurt Weis, Robert Gugutzer (Hrsg.): *Handbuch Sportsoziologie*. Schorndorf: Hoffmann 2008, S. 135.
[76] Gunter Gebauer [et al.]: *Treue zum Stil: Die aufgeführte Gesellschaft*. Bielefeld: transcript 2004, S. 16.
[77] Vgl. Cohen, *Backpacking: Diversity and Change*, 2004, S. 53.
[78] Vgl. Hitzler, *Die Bastelgesellschaft*, 2003, S. 67f.
[79] Vgl. Prisching, *Paradoxien der Vergemeinschaftung*, 2008, S. 48.
[80] Vgl. Gugutzer, *Sport im Prozess gesellschaftlicher Individualisierung*, 2008, S. 90.
[81] Gross, *Pop-Soziologie*, 2003, S. 44.
[82] Vgl. Prisching, *Die McGesellschaft*, 1998, S. 119.
[83] Vgl. Hennig, *Reiselust*, 1997, S. 43.
[84] Ebd., S. 83.
[85] Vgl. ebd. S. 172.
[86] Ebd., S. 125.
[87] Vgl. Kiefl/Bachleitner, *Tourismuslexikon*, 2005, S. 47.
[88] Vgl. Hennig, *Reiselust*, 1997, S. 125-129.
[89] Vgl. ebd., S. 22.
[90] Ebd., S. 169.
[91] Vgl. ebd.; Horst W. Opaschowski: *Kathedralen des 21. Jahrhunderts*. Hamburg: Germa Press 2000, S. 15.
[92] Yvonne Niekrenz: *Traditionen in posttraditionaler Vergemeinschaftung – am Beispiel des rheinischen Straßenkarnevals*. In: Ronald Hitzler, Anne Honer, Michaela Pfadenhauer

(Hrsg.): *Posttraditionale Gemeinschaften: Theoretische und ethnographische Erkundungen.* Wiesbaden: VS Verlag für Sozialwissenschaften 2008, S. 272.

[93] Vgl. Opaschowski, *Kathedralen des 21. Jahrhunderts*, 2000, S. 53.

[94] Vgl. ebd.

[95] Ebd., S. 12.

[96] Vgl. Cohen, *Backpacking: Diversity and Change*, 2004, S. 50.

[97] Vgl. Thomas Winckelmann: *Bei uns können Sie Urlaub erleben: Über die Zusammenhänge zwischen den Erlebnisversprechungen der Fremdenverkehrswerbung und dem kollektiven Gedächtnis, dargestellt am Beispiel der Werbebroschüren über Skandinavien aus dem Jahr 2000.* In: Karlheinz Wöhler (Hrsg.): *Erlebniswelten: Herstellung und Nutzung touristischer Welten.* Münster: LIT 2005, S. 29.

[98] Anja Saretzky: *Die heimliche Disneyfizierung: Spanien erleben.* In: Karlheinz Wöhler (Hrsg.): *Erlebniswelten: Herstellung und Nutzung touristischer Welten.* Münster: LIT 2005, S. 126.

[99] Hennig, *Reiselust*, 1997, S. 104.

[100] Vgl. ebd.

[101] Ebd., S. 57.

[102] Vgl. ebd, S. 171.

[103] Opaschowski, *Kathedralen des 21. Jahrhunderts*, 2000, S. 13f.

[104] Vgl. Martin Füssenhäuser: *Erlebniswelt Reiseprospekt.* In: Karlheinz Wöhler (Hrsg.): *Erlebniswelten: Herstellung und Nutzung touristischer Welten.* Münster: LIT 2005, S. 55.

[105] Vgl. Hennig, *Reiselust*, 1997, S. 45.

[106] Vgl. Winckelmann, *Bei uns können Sie Urlaub erleben*, 2005, S. 29.

[107] Vgl. ebd., S. 30-39.

[108] Vgl. Saretzky, *Die heimliche Disneyfizierung*, 2005, S. 126.

[109] Hennig, *Reiselust*, 1997, S. 54.

[110] Winckelmann, *Bei uns können Sie Urlaub erleben*, 2005, S. 40.

[111] Vgl. Hennig, *Reiselust*, 1997, S. 173.

[112] Johanna Rolshoven: *Mediterranität als Lebensstil.* In: Karlheinz Wöhler (Hrsg.): *Erlebniswelten: Herstellung und Nutzung touristischer Welten.* Münster: LIT 2005, S. 62.

[113] Vgl. Maren Burkhardt: *Tourismus in Cuba: Inszenierung des Cuban Lifestyle.* In: Karlheinz Wöhler (Hrsg.): *Erlebniswelten: Herstellung und Nutzung touristischer Welten.* Münster: LIT 2005, S. 148.

[114] Vgl. Kiefl/Bachleitner, *Tourismuslexikon*, 2005, S. 35.

[115] Saretzky, *Die heimliche Disneyfizierung*, 2005, S. 126.

[116] Vgl. Opaschowski, *Kathedralen des 21. Jahrhunderts*, 2000, S. 46.

[117] Vgl. Hennig, *Reiselust*, 1997, S. 47.

[118] Ebd., S. 30.

[119] Saretzky, *Die heimliche Disneyfizierung*, 2005, S. 126.

[120] Vgl. ebd., S. 127.

[121] Hennig, *Reiselust*, 1997, S. 11.

[122] Vgl. ebd., S. 54.

[123] Vgl. H. Jürgen Kagelmann: *Themenparks.* In: H. J. K., Reinhard Bachleitner, Max Rieder (Hrsg.): *Erlebniswelten.* München: Profil 2004, S. 162.

[124] Vgl. Opaschowski, *Kathedralen des 21. Jahrhunderts*, 2000, S. 48.

[125] Vgl. Manfred Prisching: *Die zweidimensionale Gesellschaft: Ein Essay zur neokonsumistischen Geisteshaltung.* Wiesbaden: VS Verlag für Sozialwissenschaften 2006, S. 64; Gerhard Schulze: *Kulissen des Glücks: Streifzüge durch die Eventkultur.* Frankfurt am Main: Campus 2000, S. 35.

[126] Vgl. Gross, *Die Multioptionsgesellschaft*, 1994, S. 25.

[127] Hennig, *Reiselust*, 1997, S. 177.

[128] Vgl. Opaschowski, *Kathedralen des 21. Jahrhunderts*, 2000, S. 16f.
[129] Allen, *2:04:43*, 2005, S. 40.
[130] Hennig, *Reiselust*, 1997, S. 85.
[131] Vgl. Opaschowski, *Kathedralen des 21. Jahrhunderts*, 2000, S. 47.
[132] Vgl. ebd., S. 104.
[133] Vgl. ebd., S. 98.
[134] Vgl. Hennig, *Reiselust*, 1997, S. 181.
[135] Vgl. Opaschowski, *Kathedralen des 21. Jahrhunderts*, 2000, S. 97.
[136] Vgl. Kagelmann, *Themenparks*, 2004, S. 162.
[137] Vgl. Hennig, *Reiselust*, 1997, S. 46.
[138] Ebd., S. 40.
[139] Vgl. Opaschowski, *Kathedralen des 21. Jahrhunderts*, 2000, S. 34.
[140] Vgl. Hennig, *Reiselust*, 1997, S. 56f.
[141] Vgl. Opaschowski, *Kathedralen des 21. Jahrhunderts*, 2000, S. 94.
[142] Vgl. Hubert Knoblauch: *Das strategische Ritual zur kollektiven Einsamkeit. Zur Begrifflichkeit und Theorie des Events*. In: Winfried Gebhardt, Ronald Hitzler, Michaela Pfadenhauer (Hrsg.): *Events: Soziologie des Außergewöhnlichen*. Opladen: Leske + Budrich 2000, S. 43.
[143] Vgl. Otto Penz, Stefan Rösch: *Misserfolge und Scheitern von Erlebniswelten*. In: H. Jürgen Kagelmann, Reinhard Bachleitner, Max Rieder (Hrsg.): *Erlebniswelten*. München: Profil 2004, S. 52f.
[144] Vgl. Karlheinz Wöhler: *Wo was los ist: Zur Topographie touristischer Erlebniswelten*. In: K. W. (Hrsg.): *Erlebniswelten: Herstellung und Nutzung touristischer Welten*. Münster: LIT 2005, S. 20.
[145] Vgl. ebd., S. 169.
[146] Vgl. Winckelmann, *Bei uns können Sie Urlaub erleben*, 2005, S. 39f.
[147] Vgl. Opaschowski, *Kathedralen des 21. Jahrhunderts*, 2000, S. 13.
[148] Vgl. http://www.thepalm.dubai-city.de/, zuletzt besucht am 01.11.2009, 15.05 Uhr.
[149] Vgl. Opaschowski, *Kathedralen des 21. Jahrhunderts*, 2000, S. 61.
[150] Hennig, *Reiselust*, 1997, S. 56.
[151] Vgl. ebd., S. 182.
[152] Vgl. ebd., S. 181.
[153] Vgl. Cohen, *Backpacking: Diversity and Change*, 2004, S. 50.
[154] Vgl. Hennig, *Reiselust*, 1997, S. 182.
[155] Vgl. ebd., S. 43.
[156] Vgl. Opaschowski, *Kathedralen des 21. Jahrhunderts*, 2000, S. 43.
[157] Ebd., S. 16.
[158] Vgl. Wöhler, *Wo was los ist*, 2005, S. 17.
[159] Ebd.
[160] Vgl. Opaschowski, *Kathedralen des 21. Jahrhunderts*, 2000, S. 49.
[161] Hennig, *Reiselust*, 1997, S. 30.
[162] Vgl. ebd., S. 107.
[163] Vgl. Opaschowski, *Kathedralen des 21. Jahrhunderts*, 2000, S. 12.
[164] Vgl. Hennig, *Reiselust*, 1997, S. 23.
[165] Vgl. Thomas Bieger: *Tourismuslehre: Ein Grundriss*. Bern: Haupt 2004, S. 93f.
[166] Ebd., S. 159f.
[167] Vgl. Hartmut Luft: *Organisation und Vermarktung von Tourismusorten und Tourismusregionen: Destination Management*. Meßkirch: Gmeiner-Verlag 2005, S. 29.
[168] Ebd., S. 76.
[169] Meine Interviewpartner habe ich hauptsächlich in Winterdestinationen interviewt, daher ist diese Studie wintersportlastig. Für den Sommer gibt es andere Grundvoraussetzungen, den-

noch glaube ich behaupten zu können, dass sich die Saisonarbeit zu beiden Jahreszeiten ähnelt.
[170] Vgl. Luft, *Organisation und Vermarktung von Tourismusorten und Tourismusregionen*, 2005, S. 14.
[171] Hennig, *Reiselust*, 1997, S. 111.
[172] Luft, *Organisation und Vermarktung von Tourismusorten und Tourismusregionen*, 2005, S. 44.
[173] Vgl. Gross, *Die Multioptionsgesellschaft*, 1994.
[174] Bieger, *Tourismuslehre*, 2004, S. 118.
[175] Vgl. Luft, *Organisation und Vermarktung von Tourismusorten und Tourismusregionen*, 2005, S. 51.
[176] Vgl. ebd., S. 61.
[177] Vgl. ebd., S. 215-217. Die unterschiedlichen Interessen der Gruppen werden dort genauer aufgelistet.
[178] Vgl. Robert Frank, Philip Cook: *The Winner-Take-All Society: Why the Few at the Top Get So Much More Than the Rest of Us*. New York: Penguin Press 1996.
[179] Hennig, *Reiselust*, 1997, S. 169.
[180] Vgl. Kagelmann, *Themenparks*, 2004, S. 162.
[181] Vgl. Opaschowski, *Kathedralen des 21. Jahrhunderts*, 2000, S. 15.
[182] Vgl. Hennig, *Reiselust*, 1997, S. 67.
[183] Vgl. ebd., S. 55.
[184] Vgl. Opaschowski, *Kathedralen des 21. Jahrhunderts*, 2000, S. 39; Opaschowski, Horst W.: *Das gekaufte Paradies: Tourismus im 21. Jahrhundert*. Hamburg: Germa Press 2001, S. 113.
[185] Vgl. Hennig, *Reiselust*, 1997, S. 106.
[186] Vgl. Opaschowski, *Kathedralen des 21. Jahrhunderts*, 2000, S. 56.
[187] Ebd., S. 104.
[188] Vgl. Hennig, *Reiselust*, 1997, S. 55.
[189] Girtler, *Vom Fahrrad aus*, 2004, S. 64f.
[190] Vgl. Erving Goffman: *Wir alle spielen Theater: Die Selbstdarstellung im Alltag*. München: Piper 1969, S. 73ff.
[191] Prisching, *Paradoxien der Vergemeinschaftung*, 2008, S. 47.
[192] Vgl. Kiefl/Bachleitner, *Tourismuslexikon*, 2005, S. 31f.
[193] Vgl. Arlie Russell Hochschild: *Das gekaufte Herz: Zur Kommerzialisierung der Gefühle*. Frankfurt am Main: Campus 1990, S. 85.
[194] Opaschowski stellte bei einer Untersuchung über Themenparks fest, dass die Freundlichkeit der Dienstleister eine große Rolle für die Zufriedenheit der Gäste spielt. Vgl. Opaschowski, *Kathedralen des 21. Jahrhunderts*, 2000, S. 39.
[195] Manfred Prisching: *Die Pistengesellschaft: Ein Nachwort*. In: Florian Spendlingwimmer: *Mythos: Schi und Snowboardlehrer: Helden oder Sozialversager?* Münster: LIT 2007, S. 161.
[196] Hennig, *Reiselust*, 1997, S. 133.
[197] Vgl. ebd.
[198] Vgl. Hochschild, *Das gekaufte Herz*, 1990, S. 99ff.
[199] Vgl. Spendlingwimmer, *Mythos: Schi- und Snowboardlehrer*, 2007, S. 66.
[200] Vgl. ebd., S. 47.
[201] Herbert Willems: *Events: Kultur – Identität – Marketing*. In: Winfried Gebhardt, Ronald Hitzler, Michaela Pfadenhauer (Hrsg.): *Events: Soziologie des Außergewöhnlichen*. Opladen: Leske + Budrich 2000, S. 53.
[202] Vgl. Knoblauch, *Das strategische Ritual zur kollektiven Einsamkeit*, 2000, S. 42.
[203] Hennig, *Reiselust*, 1997, S. 86.

[204] Willems, *Events: Kultur – Identität – Marketing*, 2000, S. 55; vgl. Knoblauch, *Das strategische Ritual zur kollektiven Einsamkeit*, 2000, S. 40.
[205] Vgl. Willems, *Events: Kultur – Identität – Marketing*, 2000, S. 55.
[206] Vgl. Karl-Heinz Hillmann: *Wörterbuch der Soziologie*. Stuttgart: Kröner 1994, S. 742f.
[207] Roland Girtler: *Die feinen Leute: Von der vornehmen Art, durch das Leben zu gehen*. Wien: Böhlau 2002, S. 11.
[208] Knoblauch, *Das strategische Ritual zur kollektiven Einsamkeit*, 2000, S. 36.
[209] Girtler, *Vom Fahrrad aus*, 2004, S. 105.
[210] Vgl. ebd.
[211] Vgl. Hitzler, *Die Bastelgesellschaft*, 2003, S. 74.
[212] Goffman, *Wir alle spielen Theater*, 1969, S. 171.
[213] Vgl. Dimitrios Manopoulos: *Informationsvermittlung und soziale Interaktion mittels Humor am Beispiel des österreichischen Kabaretts*. Graz, Univ., Dipl.-Arb. 2006, S. 27ff.
[214] Vgl. Georg Simmel: *Soziologie: Untersuchung über die Formen der Vergesellschaftung*. Frankfurt am Main: Suhrkamp 1992, S. 383f.
[215] Erving Goffman: *Interaktionsrituale*. Frankfurt am Main: Suhrkamp 1971, S. 18.
[216] Vgl. Hennig, *Reiselust*, 1997, S. 70.
[217] Vgl. Kiefl/Bachleitner, *Tourismuslexikon*, 2005, S. 64f.
[218] Vgl. Hennig, *Reiselust*, 1997, S. 75.
[219] Vgl. Mihaly Csikszentmihalyi: *Einführung*. Hrsg. von M. C., Isabella Csikszentmihalyi. Stuttgart: Klett-Cotta 1995, S. 22.
[220] Vgl. Knoblauch, *Das strategische Ritual zur kollektiven Einsamkeit*, 2000, S. 43.
[221] Vgl. Hennig, *Reiselust*, 1997, S. 84f.
[222] Vgl. Victor Turner: *Das Ritual: Struktur und Anti-Struktur*. Frankfurt am Main: Campus 2000, S. 94ff.
[223] Vgl. Spendlingwimmer, *Mythos: Schi- und Snowboardlehrer*, 2007, S. 11; Hillmann, *Wörterbuch der Soziologie*, S. 742f.
[224] Goffman, *Interaktionsrituale*, 1971, S. 24.
[225] Vgl. Gerhard Schulze: *Die Erlebnisgesellschaft*. Frankfurt am Main: Campus 2000, S. 40; Kiefl/Bachleitner, *Tourismuslexikon*, 2005, S. 18.
[226] Vgl. Elias/Dunning, *Sport und Spannung*, 2003, S. 45.
[227] Ebd., S. 110.
[228] Prisching, *Paradoxien der Vergemeinschaftung*, 2008, S. 50.
[229] Vgl. Georg Simmel: *Philosophische Kultur: Über das Abenteuer, die Geschlechter und die Krise der Moderne*. Berlin: Wagenbach 1998, S. 25-38.
[230] Ebd., S. 35.
[231] Ebd.
[232] Girtler, *Vom Fahrrad aus*, 2004, S. 55.
[233] Vgl. Prisching, *Paradoxien der Vergemeinschaftung*, 2008, S. 50; Reinhard Bachleitner: „Erlebnis" kritisch betrachtet. In: H. Jürgen Kagelmann, R. B., Max Rieder (Hrsg.): *Erlebniswelten*. München: Profil 2004, S. 16.
[234] Heinz-Günther Vester: *Das Erlebnis begreifen: Überlegungen zum Erlebnisbegriff*. In: H. Jürgen Kagelmann, Reinhard Bachleitner, Max Rieder (Hrsg.): *Erlebniswelten*. München: Profil 2004, S. 11.
[235] Vgl. Vester, *Das Erlebnis begreifen*, 2004, S. 11.
[236] Ebd.
[237] Vgl. ebd., S. 13.
[238] Vgl. Frederic Goronzy: *Erlebniszoos: das Tier als Erlebnis*. In: H. Jürgen Kagelmann, Reinhard Bachleitner, Max Rieder (Hrsg.): *Erlebniswelten*. München: Profil 2004, S. 36.
[239] Hennig, *Reiselust*, 1997, S. 43.
[240] Vgl. Vester, *Das Erlebnis begreifen*, 2004, S. 13.

[241] Vgl. Bachleitner, „*Erlebnis*" *kritisch betrachtet*, 2004, S. 17f.
[242] Vgl. Mihaly Csikszentmihalyi: *Das flow-Erlebnis und seine Bedeutung für die Psychologie des Menschen*. Hrsg. von M., C., Isabella Csikszentmihalyi. Stuttgart: Klett-Cotta 1995, S. 30ff.
[243] Vgl. Bachleitner, „*Erlebnis*" *kritisch betrachtet*, 2004, S. 17.
[244] Alexander G. Keul: *Reisezeit = Erlebniszeit?* In: H. Jürgen Kagelmann, Reinhard Bachleitner, Max Rieder (Hrsg.): *Erlebniswelten*. München: Profil 2004, S. 25f.
[245] Vgl. Hennig, *Reiselust*, 1997, S. 112.
[246] Ebd., S. 27.
[247] Vgl. ebd., S. 60
[248] Ebd., S. 64.
[249] Vgl. ebd., S. 28, 43 sowie 51ff.
[250] Vgl. Horst W. Opaschowski: *Xtrem: Der kalkulierte Wahnsinn – Extremsport als Zeitphänomen*. Hamburg: Germa Press 2000, S. 41.
[251] Csikszentmihalyi, *Einführung*, 1995, S. 21.
[252] Vgl. Kiefl/Bachleitner, *Tourismuslexikon*, 2005, S. 62.
[253] Roland Girtler: *Herrschaften wünschen zahlen: Die bunte Welt der Kellnerinnen und Kellner*. Wien: Böhlau 2008, S. 23.
[254] Opaschowski, *Xtrem*, 2000, S. 29.
[255] Vgl. ebd., S. 30.
[256] Vgl. Knoblauch, *Das strategische Ritual zur kollektiven Einsamkeit*, 2000, S. 27.
[257] Vgl. Winfried Gebhardt: *Feste, Feiern und Events. Zur Soziologie des Außergewöhnlichen*. In: W. G., Ronald Hitzler, Michaela Pfadenhauer (Hrsg.): *Events: Soziologie des Außergewöhnlichen*. Opladen: Leske + Budrich 2000, S. 18.
[258] Vgl. Peter Gross, *Vortrag über die „Multioptionsgesellschaft"* vom 6. April 2002 im Minoritensaal in Graz.
[259] Prisching, *Paradoxien der Vergemeinschaftung*, 2008, S. 50.
[260] Willems, *Events: Kultur – Identität – Marketing*, 2000, S. 59.
[261] Vgl. Hennig, *Reiselust*, 1997, S. 75f.
[262] Vgl. Reinhard Bachleitner, Otto Penz: *Körper als Erlebnisort des Ichs*. In: H. Jürgen Kagelmann, R. B., Max Rieder (Hrsg.): *Erlebniswelten*. München: Profil 2004, S. 151.
[263] Bette, *X-treme*, 2004, S. 18.
[264] Vgl. Gabriele Klein: *Körper- und Bewegungspraktiken im Sport der Moderne*. In: Kurt Weis, Robert Gugutzer (Hrsg.): *Handbuch Sportsoziologie*. Schorndorf: Hoffmann 2008, S. 257.
[265] Vgl. Elias/Dunning, *Sport und Spannung*, 2003, S. 80; Hennig, *Reiselust*, 1997, S. 107.
[266] Vgl. Klein, *Körper- und Bewegungspraktiken im Sport der Moderne*, 2008, S. 260.
[267] Vgl. Bachleitner/Penz, *Körper als Erlebnisort des Ichs*, 2004, S. 151; Gugutzer, *Sport im Prozess gesellschaftlicher Individualisierung*, 2008, S. 95.
[268] Vgl. Bette, *X-treme*, 2004, S. 29; Opaschowski, *Xtrem*, 2000, S. 15ff.; Christian Oberhueber: *Extremsport und Risikosport: Optionen der Erlebnissuche in der Gegenwartsgesellschaft*. Graz, Univ., Dipl.-Arb. 2005, S. 42; Bachleitner/Penz, *Körper als Erlebnisort des Ichs*, 2004, S. 152; Weis, *Sport im Prozess der Säkularisierung*, 2008, S. 76.
[269] Bachleitner/Penz, *Körper als Erlebnisort des Ichs*, 2004, S. 152.
[270] Vgl. Weis, *Sport im Prozess der Säkularisierung*, 2008, S. 78.
[271] Vgl. Roland Girtler: *Irrweg Jakobsweg: Die Narbe in den Seelen von Muslimen, Juden und Ketzern*. Graz: Leykam 2007, S. 14.
[272] Vgl. Bette, *X-treme*, 2004, S. 17.
[273] Klein, *Körper- und Bewegungspraktiken im Sport der Moderne*, 2008, S. 258.
[274] Vgl. Kiefl/Bachleitner, *Tourismuslexikon*, 2005, S. 88.
[275] Vgl. ebd., S. 184.

[276] Elias/Dunning, *Sport und Spannung*, 2003, S. 117.
[277] Vgl. ebd., S. 119.
[278] Vgl. Kiefl/Bachleitner, *Tourismuslexikon*, 2005, S. 185.
[279] Vgl. ebd., S. 111.
[280] Vgl. Hennig, *Reiselust*, 1997, S. 47.
[281] Vgl. Georg Seeßlen: *Sex*. In: Hans-Otto Hügel (Hrsg.): *Handbuch Populäre Kultur: Begriffe, Theorien und Diskussionen*. Stuttgart: Metzler 2003, S. 403-408.
[282] Roland Girtler: *Der Strich: Soziologie eines Milieus*. Wien: LIT 2004, S. 276.
[283] Vgl. Willems, *Events: Kultur – Identität – Marketing*, 2000, S. 69f.
[284] Vgl. Girtler, *Der Strich*, 2004, S. 157-186.
[285] Vgl. Erving Goffman: *Stigma*. Baden-Baden: Suhrkamp 1967.
[286] Girtler, *Vom Fahrrad aus*, 2004, S. 2.
[287] Vgl. Binder, *Globality*, 2005, S. 105f.
[288] Vgl. Knoblauch, *Das strategische Ritual zur kollektiven Einsamkeit*, 2000, S. 40.
[289] Einige der von mir interviewten Personen meinen, dass es sich beim Trinken in einer Tankstelle um etwas typisch Österreichisches handelt.
[290] Mein Vater wurde von der Gastwirtin bei seiner 50er-Feier wegen seiner Nüchternheit folgendermaßen angesprochen: „Das verstehe ich nicht, dass man bei seinem fünfzigsten Geburtstag kaum was trinkt."
[291] Vgl. Elias/Dunning, *Sport und Spannung*, 2003, S. 186.
[292] Bette, *X-treme*, 2004, S. 10.
[293] Vgl. ebd., S. 11; Willems, *Events: Kultur – Identität – Marketing*, 2000, S. 64; Gebhardt, *Feste, Feiern und Events*, 2000, S. 25.
[294] Prisching, *Die zweidimensionale Gesellschaft*, 2006, S. 49.
[295] Ebd., S. 43.
[296] Ebd., S. 44.
[297] Vgl. Bette, *X-treme*, 2004, S. 65.
[298] Vgl. Oberhueber, *Extremsport und Risikosport*, 2005, S. 55.
[299] So wie Mark van Huisseling beschreibt, umgibt sich der Mensch gerne mit den Besten. Vgl. Mark van Huisseling: *How to be a star*. München: Nagel & Kimche im Carl Hanser Verlag 2006, S. 10f.
[300] Vgl. Spendlingwimmer, *Mythos: Schi- und Snowboardlehrer*, 2007, S. 92ff.
[301] Vgl. Dick Hebdige: *Subculture: Die Bedeutung von Stil*. In: Diedrich Diederichsen, D. H., Olaph-Dante Marx (Hrsg.): *Schocker: Stile und Moden der Subkultur*. Reinbek bei Hamburg: Rowohlt 1983, S. 107.
[302] Vgl. Gebauer [et al.], *Treue zum Stil*, 2004, S. 55; Roland Girtler: *Randkulturen: Theorien der Unanständigkeit*. Wien, Köln, Weimar: Böhlau 1995, S. 21.
[303] Vgl. Hebdige, *Subculture*, 1983, S. 111.
[304] Vgl. Simone Kayser: *Die Welt der Globetrotter: Selbsterfahrung durch Fremderfahrung*. In: Karlheinz Wöhler (Hrsg.): *Erlebniswelten: Herstellung und Nutzung touristischer Welten*. Münster: LIT 2005, S. 98.
[305] Vgl. Peter Welk: *The Beaten Track: Anti-Tourism as an Element of Backpacker Identity Construction*. In: Greg Richards, Julie Wilson (Hrsg.): *The Global Nomad: Backpacker Travel in Theory and Praxis*. Clevedon: Channel View Publications 2004, S. 88.
[306] Vgl. Greg Richards, Julie Wilson: *The Global Nomad: Motivations and Behaviour of Independent Travellers Worldwide*. In: G. R., J. W. (Hrsg.): *The Global Nomad: Backpacker Travel in Theory and Praxis*. Clevedon: Channel View Publications 2004, S. 24.
[307] Vgl. ebd., S. 20.
[308] Vgl. ebd., S. 25; Jana Binder: *The Whole Point of Backpacking: Anthropological Perspectives on the Characteristics of Backpacking*. In: Greg Richards, Julie Wilson (Hrsg.): *The

Global Nomad: Backpacker Travel in Theory and Praxis. Clevedon: Channel View Publications 2004, S. 103.

[309] Vgl. Welk, *The Beaten Track*, 2004, S. 84.

[310] Claire Speed und Tony Harrison zeigen, dass es auch in Schottland verschiedenste Hostelketten gibt. Vgl. Claire Speed, Tony Harrison: *Backpacking in Scotland: Formal Public Sector Responses to an Informal Phenomenon.* In: Greg Richards, Julie Wilson (Hrsg.): *The Global Nomad: Backpacker Travel in Theory and Praxis.* Clevedon: Channel View Publications 2004, S. 152.

[311] Vgl. Kayser, *Die Welt der Globetrotter*, 2005, S. 97f.

[312] Vgl. Cohen, *Backpacking: Diversity and Change*, 2004, S. 47.

[313] Vgl. Binder, *The Whole Point of Backpacking*, 2004, S. 98.

[314] Vgl. Cohen, *Backpacking: Diversity and Change*, 2004, S. 51.

[315] Vgl. ebd., S. 46.

[316] Vgl. ebd., S. 51.

[317] Vgl. Malcolm Cooper, Kieran O'Mahony, Patricia Erfurt: *Backpackers: Nomads Join the Mainstream? An Analysis of the Backpacker Employment on the 'Harves Trail Circuit' in Australia.* In: Greg Richards, Julie Wilson (Hrsg.): *The Global Nomad: Backpacker Travel in Theory and Praxis.* Clevedon: Channel View Publications 2004, S. 182.

[318] Prisching, *Paradoxien der Vergemeinschaftung*, 2008, S. 51.

[319] Vgl. Cohen, *Backpacking: Diversity and Change*, 2004, S. 47.

[320] Vgl. Welk, *The Beaten Track*, 2004, S. 89.

[321] Vgl. Cohen, *Backpacking: Diversity and Change*, 2004, S. 56.

[322] Vgl. ebd., S. 49.

[323] Vgl. Welk, *The Beaten Track*, 2004, S. 78.

[324] Vgl. ebd., S. 84 und 87ff.

[325] Vgl. Cohen, *Backpacking: Diversity and Change*, 2004, S. 46.

[326] Vgl. Hennig, *Reiselust*, 1997, S. 15.

[327] Vgl. Richards/Wilson, *The Global Nomad*, 2004, S. 20.

[328] Vgl. Hasso Spode: *Geschichte des Tourismus.* In: Heinz Hahn, Hans-Jürgen Kagelmann (Hrsg.): *Tourismuspsychologie und Tourismussoziologie: Ein Handbuch zur Tourismuswissenschaft.* München: Quintessenz 1993, S. 3-9.

[329] Vgl. Brilli, *Als Reisen eine Kunst war*, 1997, S. 11; Ken Newlands: *Setting out on the Road Less Travelled: A Study of Backpacker Travel in New Zealand.* In: Greg Richards, Julie Wilson (Hrsg.): *The Global Nomad: Backpacker Travel in Theory and Praxis.* Clevedon: Channel View Publications 2004, S. 217.

[330] Vgl. Brilli, *Als Reisen eine Kunst war*, 1997, S. 15.

[331] Hennig, *Reiselust*, 1997, S. 58.

[332] Vgl. Brilli, *Als Reisen eine Kunst war*, 1997.

[333] Vgl. Welk, *The Beaten Track*, 2004, S. 77.

[334] Stamm/Lamprecht, *Sport im Prozess der Globalisierung*, 2008, S. 100.

[335] Vgl. Lothar Mikos: *Soziologie des Mediensports.* In: Kurt Weis, Robert Gugutzer (Hrsg.): *Handbuch Sportsoziologie.* Schorndorf: Hoffmann 2008, S. 333.

[336] Kiefl/Bachleitner, *Tourismuslexikon*, 2005, S. 71.

[337] Vgl. Brilli, *Als Reisen eine Kunst war*, 1997, S. 9f.

[338] Vgl. Welk, *The Beaten Track*, 2004, S. 79.

[339] Vgl. Hebdige, *Subculture*, 1983, S. 9.

[340] Vgl. Cohen, *Backpacking: Diversity and Change*, 2004, S. 43f.

[341] Vgl. ebd., S. 45

[342] Vgl. ebd., S. 53.

[343] Vgl. Welk, *The Beaten Track*, 2004, S. 85.

[344] Vgl. Prisching, *Die zweidimensionale Gesellschaft*, 2006, S. 111ff.

[345] Vgl. Binder, *Globality*, 2005, S. 102f.
[346] Vgl. Binder, *The Whole Point of Backpacking*, 2004, S. 102.
[347] Vgl. Welk, *The Beaten Track*, 2004, S. 80.
[348] Vgl. Opaschowski, *Kathedralen des 21. Jahrhunderts*, 2000, S. 30.
[349] Vgl. Denise Kain, Brian King: *Destination-Based Product Selections by International Backpackers in Australia*. In: Greg Richards, Julie Wilson (Hrsg.): *The Global Nomad: Backpacker Travel in Theory and Praxis*. Clevedon: Channel View Publications 2004, S. 196.
[350] Vgl. Cooper/O'Mahony/Erfurt, *Backpackers*, 2004, S. 180.
[351] Vgl. Kiefl/Bachleitner, *Tourismuslexikon*, 2005, S. 45.
[352] Vgl. Welk, *The Beaten Track*, 2004, S. 102.
[353] Vgl. Binder, *Globality*, 2005, S. 102f.
[354] Vgl. Welk, *The Beaten Track*, 2004, S. 80.
[355] Vgl. Binder, *The Whole Point of Backpacking*, 2004, S. 90.
[356] Vgl. Greg Richards, Julie Wilson: *Widening Perspectives in Backpacker Research*. In: G. R., J. W. (Hrsg.): *The Global Nomad: Backpacker Travel in Theory and Praxis*. Clevedon: Channel View Publications 2004, S. 253.
[357] Vgl. Cohen, *Backpacking: Diversity and Change*, 2004, S. 43.
[358] Vgl. Cooper/O'Mahony/Erfurt, *Backpackers*, 2004, S. 180.
[359] Vgl. Kayser, *Die Welt der Globetrotter*, 2005, S. 97.
[360] Vgl. Welk, *The Beaten Track*, 2004, S. 79.
[361] Vgl. Cooper/O'Mahony/Erfurt, *Backpackers*, 2004, S. 184.
[362] Vgl. Newlands, *Setting out on the Road Less Travelled*, 2004, S. 229.
[363] Vgl. Kiefl/Bachleitner, *Tourismuslexikon*, 2005, S. 45.
[364] Keller, *Welcome to Pleasuredome*, 2008, S. 104.
[365] Prisching, *Paradoxien der Vergemeinschaftung*, 2008, S. 46.
[366] Vgl. Richards/Wilson, *Widening Perspectives in Backpacker Research*, 2004, S. 273f.
[367] Vgl. Kiefl/Bachleitner, *Tourismuslexikon*, 2005, S. 62f.
[368] Vgl. ebd., S. 194.
[369] Vgl. http://www.statistik.at/web_de/presse/031441, zuletzt besucht am 01.11.2009, 15.08 Uhr.
[370] Richard Sennet: *Der flexible Mensch*. Berlin: Berliner Taschenbuch Verlag 1998, S. 131.
[371] Vgl. Hillmann, *Wörterbuch der Soziologie*, 1994, S. 468f.
[372] Irgendein Genussspecht hat mir in einer Jugendherberge in Auckland eine ausgewählte Flasche Weißwein entwendet, die ich für das Abendessen mit Freunden im Kühlschrank gut versteckt hatte. Ich hoffe, dass er diesen edlen Tropfen angemessen geschätzt hat.
[373] Vgl. Robert Levine: *Eine Landkarte der Zeit: Wie Kulturen mit Zeit umgehen*. München: Piper 2002, S. 46.
[374] Vgl. Georg Simmel: *Die Großstädte und das Geistesleben*. Frankfurt am Main: Suhrkamp 2006, S. 16.
[375] Vgl. Norbert Elias: *Über die Zeit*. Frankfurt am Main: Suhrkamp 1988, S. 26ff.
[376] Sennet, *Der flexible Mensch*, 1998, S. 116.
[377] Vgl. Girtler, *Randkulturen*, 1995, S. 37.
[378] Vgl. Prisching, *Bilder des Wohlfahrtstaates*, 1996, S. 74.
[379] Vgl. Allen, *2:04:43*, 2005, S. 37.
[380] Ebd., S. 64.
[381] Ebd., S. 65.
[382] Ebd., S. 40.
[383] Ebd.
[384] Ebd., S. 74.
[385] Vgl. Opaschowski, *Xtrem*, 2000, S. 67.

[386] Knoblauch, *Das strategische Ritual zur kollektiven Einsamkeit*, 2000, S. 48.
[387] Vgl. Goffman, *Interaktionsrituale*, 1971, S. 29.
[388] Vgl. ebd., S. 20.
[389] Manfred Prisching: *GOOD BYE NEW ORLEANS: Der Hurrikan Katrina und die amerikanische Gesellschaft.* Graz: Leykam 2006, S. 55.
[390] Vgl. Prisching, *Bilder des Wohlfahrtstaates*, 1996, S. 72.
[391] Peter L. Berger, Thomas Luckmann: *Die gesellschaftliche Konstruktion der Wirklichkeit.* Frankfurt am Main: Fischer 1980, S. 110.
[392] Vgl. Girtler, *Die feinen Leute*, 2002, S. 321.
[393] van Huisseling, *How to be a star*, 2006, S. 20.
[394] Ebd., S. 24.
[395] Girtler, *Vom Fahrrad aus*, 2004, S. 83.
[396] Vgl. Spendlingwimmer, *Mythos: Schi- und Snowboardlehrer*, 2007, S. 47.
[397] Vgl. Norbert, Elias, John L. Scotson: *Etablierte und Außenseiter*. Baden-Baden: Suhrkamp 1990. Elias meint damit das Machtverhältnis zwischen den seit langem verwurzelten Ortsbewohnern und den Zugereisten.
[398] Allen, *2:04:43*, 2005, S. 104.
[399] Vgl. Brigitte Bönisch-Brednich: *Auswandern: Destination Neuseeland.* Berlin: Mana-Verlag 2002, S. 233.
[400] Vgl. ebd., S. 213-271.
[401] Vgl. Girtler, *Vom Fahrrad aus*, 2004, S. 80.
[402] Vgl. Berger/Luckmann, *Die gesellschaftliche Konstruktion der Wirklichkeit*, 1980, S. 45.
[403] Diese Art von Zeitdenken gibt es schon sehr lange. Der Saisonbegriff weist Ähnlichkeiten zu den Begriffen des Jahres oder des Monats auf. Norbert Elias spricht bei den Begriffen von Zeit, Monat und Jahr von „wiederkehrenden Zyklen", die mit dem „endlosen Kreislauf von momentaner Befriedigung, aufkommenden neuerlichen Bedürfnissen und der Suche nach ihrer Befriedigung" verbunden sind. Elias, *Über die Zeit*, 1988, S. 69.
[404] Vgl. Spendlingwimmer, *Mythos: Schi- und Snowboardlehrer*, 2007, S. 138ff.
[405] Vgl. Allen, *2:04:43*, 2005, S. 79ff.
[406] Girtler, *Herrschaften wünschen zahlen*, 2008, S. 178.
[407] Vgl. http://www.ischgl.at/de-events-archiv-winter.htm, zuletzt besucht am 01.11.2009, 15.06 Uhr.
[408] Vgl. Gebhardt, *Feste, Feiern und Events*, 2000, S. 20; Knoblauch, *Das strategische Ritual zur kollektiven Einsamkeit*, 2000, S. 40.
[409] Knoblauch, *Das strategische Ritual zur kollektiven Einsamkeit*, 2000, S. 40.
[410] Gebhardt, *Feste, Feiern und Events*, 2000, S. 27.
[411] Vgl. Willems, *Events: Kultur – Identität – Marketing*, 2000, S. 67.
[412] Vgl. Gebhardt, *Feste, Feiern und Events*, 2000, S. 27.
[413] Knoblauch, *Das strategische Ritual zur kollektiven Einsamkeit*, 2000, S. 43.
[414] Ebd., S. 36.
[415] Vgl. ebd., S. 41.
[416] Vgl. Gebhardt, *Feste, Feiern und Events*, 2000, S. 22.
[417] Vgl. http://www.sicktricktour.com, zuletzt besucht am 01.11.2009, 15.06 Uhr.
[418] Prisching, *Paradoxien der Vergemeinschaftung*, 2008, S. 44.
[419] Keller, *Welcome to Pleasuredome*, 2008, S. 95.
[420] Knoblauch, *Das strategische Ritual zur kollektiven Einsamkeit*, 2000, S. 46.
[421] Vgl. Willems, *Events: Kultur – Identität – Marketing*, 2000, S. 59.
[422] Vgl. Knoblauch, *Das strategische Ritual zur kollektiven Einsamkeit*, 2000, S. 27.
[423] Vgl. Gebhardt, *Feste, Feiern und Events*, 2000, S. 20.
[424] Vgl. Knoblauch, *Das strategische Ritual zur kollektiven Einsamkeit*, 2000, S. 41.
[425] Keller, *Welcome to Pleasuredome*, 2008, S. 97.

[426] Vgl. Knoblauch, *Das strategische Ritual zur kollektiven Einsamkeit*, 2000, S. 43.
[427] Prisching, *Paradoxien der Vergemeinschaftung*, 2008, S. 45.
[428] Vgl. Harald Gross: *Brand Lands: Erlebnis von Marken und neue Unternehmenskommunikation*. In: H. Jürgen Kagelmann, Reinhard Bachleitner, Max Rieder (Hrsg.): *Erlebniswelten*. München: Profil 2004, S. 166.
[429] Vgl. Binder, *The Whole Point of Backpacking*, 2004, S. 102.
[430] Allen, *2:04:43*, 2005, S. 31.
[431] Vgl. Robert S. Pindyck, Daniel L. Rubinfeld: *Mikroökonomie*. München: Pearson Studium 2003, S. 48ff.
[432] Valutenkurs 0,45 Euro für einen Neuseeländischen Dollar – Kurs 13.08.08.
[433] Vgl. Andrea Buchspieß: *Australien – Reisen und Jobben*. Bielefeld: Reise-Know-How-Verlag 2006, S. 137.
[434] Vgl. Alexandra Albert: *Work & Travel in Australien und Neuseeland*. Berlin: Mana-Verlag 2005, S. 103.
[435] http://www.immigration.govt.nz/migrant/stream/work/workingholiday, zuletzt besucht am 01.11.2009, 15.07 Uhr.
[436] http://ris.bka.gv.at/taweb-cgi/taweb?x=d&o=l&v=bgbl&db=BGBL&q={$QUERY}&sl=100&t=doc4.tmpl&s=(III%20175/1998):PORG%20und%20(3):TEIL, zuletzt besucht am 01.11.2009, 15.08 Uhr.
[437] In Neuseeland wurden 2007 laut Auskunft der Neuseeländischen Botschaft in Österreich etwa 10.000 „Working Holiday Visa" für deutsche und ca. 1.000 Visa für tschechische Bürger ausgestellt.
[438] Einmal wurde ich nach dem Aufstehen in meinem Schlafgewand im Wohnzimmer unserer Schischulwohnung von zwei KIAB-Beamten empfangen, als ich gerade auf dem Weg ins Badezimmer war. Glücklicherweise ist das nicht meiner Kollegin passiert und sie hatte genügend Zeit, sich passend anzukleiden.
[439] https://www.bmf.gv.at/Steuern/KontrolleillegalerA_1583/RechtlicheGrundlagen/Auslnderbeschftigun_1742/_start.htm, zuletzt besucht am 01.11.2009, 15.10 Uhr.
[440] Allen, *2:04:43*, 2005, S. 90.
[441] Vgl. Heinz-Günter Vester: *Tourismussoziologie*. In: Heinz Hahn, H. Jürgen Kagelmann (Hrsg.): *Tourismuspsychologie und Tourismussoziologie: Ein Handbuch zur Tourismuswissenschaft*. München: Quintessenz 1993, S. 39.
[442] Vgl. Pindyck/Rubinfeld, *Mikroökonomie*, 2003, S. 52ff.
[443] Vgl. Luft, *Organisation und Vermarktung von Tourismusorten und Tourismusregionen: Destination Management*, 2005, S. 157; Bieger, *Tourismuslehre*, 2004, S. 183.
[444] Vgl. http://www.orf.at/ticker/297337.html, zuletzt besucht am 01.11.2009 um 15.15 Uhr.
[445] Allen, *2:04:43*, 2005, S. 83.
[446] Vgl. Spendlingwimmer, *Mythos: Schi- und Snowboardlehrer*, 2007, S. 143.
[447] Erläutert wird dieses Phänomen anhand der Schilehrer. Vgl. *Spendlingwimmer, Mythos: Schi- und Snowboardlehrer*, 2007, S. 141ff.
[448] Vgl. Binder, *Globality*, 2005, S. 151.
[449] Allen, *2:04:43*, 2005, S. 74.
[450] Vgl. http://www.itu.dk/courses/DDKU/E2007/artikler/Granovetter-%20Weak%20Ties.pdf, zuletzt besucht am 01.11.2009, 15.02 Uhr.
[451] Vgl. http://www.cis.upenn.edu/~mkearns/teaching/NetworkedLife/travers_milgram.pdf, zuletzt besucht am 01.11.2009, 15.03 Uhr.
[452] Vgl. Cooper/O'Mahony/Erfurt, *Backpackers*, 2004, S. 183.
[453] Ebd.
[454] Vgl. ebd., S. 182.
[455] Vgl. Hillmann, *Wörterbuch der Soziologie*, 1994, S. 605f.
[456] Vgl. Opaschowski, *Kathedralen des 21. Jahrhunderts*, 2000, S. 35.

[457] Vgl. Girtler, *Herrschaften wünschen zahlen*, 2008, S. 171.
[458] Hier kann man sich die Karte des Kitzbüheler Pistennetzes ansehen: http://www.welt.de/multimedia/archive/00996/Reise_kitz_panorama_996535p.jpg, zuletzt besucht am 01.11.2009 um 15.21 Uhr
[459] Vgl. Prisching, *Bilder des Wohlfahrtstaates*, 1996, S. 111.
[460] Vgl. Goffman, *Interaktionsrituale*, 1971, S. 20.
[461] Vgl. Prisching, *Bilder des Wohlfahrtstaates*, 1996, S. 75.
[462] Vgl. Elias/Scotson, *Etablierte und Außenseiter*, 1990.
[463] Allen, *2:04:43*, 2005, S. 38.
[464] Vgl. Knoblauch, *Das strategische Ritual zur kollektiven Einsamkeit*, 2000, S. 45.
[465] Uwe Schimank: *Sport im Prozess gesellschaftlicher Differenzierung*. Hrsg. von Kurt Weis, Robert Gugutzer. Schorndorf: Hoffmann 2008, S. 71.
[466] Vgl. Girtler, *Vom Fahrrad aus*, 2004, S. 107-109.
[467] Vgl. ebd., S. 105f.
[468] Vgl. Spendlingwimmer, *Mythos: Schi- und Snowboardlehrer*, 2007, S. 62.
[469] Cohen, *Backpacking: Diversity and Change*, 2004, S. 44.
[470] Vgl. Hennig, *Reiselust*, 1997, S. 13-26; Welk, *The Beaten Track*, 2004, S. 83.
[471] Binder, *Globality*, 2005, S. 112.
[472] Vgl. Uta Glaubitz: *Jobs für Weltenbummler: Machen Sie Ihr Fernweh zum Beruf*. Frankfurt am Main: Campus 2001, S. 25-222.
[473] Vgl. Hochschild, *Das gekaufte Herz*, 1990, S. 103.
[474] Vgl. Girtler, *Herrschaften wünschen zahlen*, 2008, S. 251ff.
[475] Vgl. http://www.kleinezeitung.at/steiermark/steirerdestages/834715/index.do, zuletzt besucht am 01.11.2009 um 15.17 Uhr.
[476] Vgl. Prisching, *Die zweidimensionale Gesellschaft*, 2006, S. 41ff.; Gross, *Die Multioptionsgesellschaft*, 1994, S. 19.
[477] Hillmann, *Wörterbuch der Soziologie*, 1994, S. 405.
[478] Anthony Giddens: *Soziologie*. Graz, Wien: Nausner & Nausner 1999, S. 287.
[479] Vgl. ebd., S. 288.
[480] Vgl. Prisching, *Die zweidimensionale Gesellschaft*, 2006, S. 12.
[481] Vgl. Goffman, *Interaktionsrituale*, 1971, S. 26.
[482] Allen, *2:04:43*, 2005, S. 39.
[483] Ebd.
[484] Vgl. Elias, *Über die Zeit*, 1988, S. 11f.
[485] Vgl. ebd., S. 49f.
[486] Vgl. ebd., S. 39f.
[487] Girtler, *Vom Fahrrad aus*, 2004, S. 46.
[488] Elias/Dunning, *Sport und Spannung*, 2003, S. 43f.
[489] Girtler, *Vom Fahrrad aus*, 2004, S. 16.
[490] Vgl. Girtler, *Der Strich*, 2004, S. 20.
[491] Girtler, *Vom Fahrrad aus*, 2004, S. 15.
[492] Vgl. Barney G. Glaser, Anselm L. Strauss: *Grouded Theory: Strategien qualitativer Forschung*. Bern: Huber 1998.
[493] Vgl. Binder, *Globality*, 2005, S. 71.
[494] Vgl. Spendlingwimmer, *Mythos: Schi- und Snowboardlehrer*, 2007, S. 180f.
[495] Vgl. Girtler, *Methoden der Feldforschung*, 2001, S. 122f.
[496] Vgl. Prisching, *Die Pistengesellschaft*, 2007, S. 172.
[497] Vgl. Girtler, *Methoden der Feldforschung*, 2001, S. 116.
[498] Ebd., S. 127.
[499] Vgl. Thomas Müller: *Bestie Mensch*. Salzburg: ecowin 2004, S. 11.
[500] Vgl. Girtler, *Methoden der Feldforschung*, 2001, S. 185.

[501] Girtler, *Vom Fahrrad aus*, 2004, S. 15.
[502] Vgl. Goffman, *Interaktionsrituale*, 1971, S. 48.
[503] Vgl. Girtler, *Der Strich*, 2004, 21.
[504] Binder, *Globality*, 2005, S. 75.
[505] Vgl. Girtler, *Methoden der Feldforschung*, 2001, S. 73.

Bibliographie

Forschungsliteratur:

Albert, Alexandra: *Work & Travel in Australien und Neuseeland*. Berlin: Mana-Verlag 2005.

Allen, Kate: *2:04:43: Eine Weltreise am Olymp*. Wien: Styria 2005.

Ateljevic, Irena; Dorne, Stephen: *Theoretical Encounters: A review on Backpacker Literature*. In: Richards, Greg; Wilson, Julie (Hrsg.): *The Global Nomad: Backpacker Travel in Theory and Praxis*. Clevedon: Channel View Publications 2004, S. 60-76.

Bachleitner, Reinhard: *„Erlebnis" kritisch betrachtet*. In: Kagelmann, H. Jürgen; B., R.; Rieder, Max (Hrsg.): *Erlebniswelten*. München: Profil 2004, S. 16-20.

Bachleitner, Reinhard; Penz, Otto: *Körper als Erlebnisort des Ichs*. In: Kagelmann, H. Jürgen; B., R.; Rieder, Max (Hrsg.): *Erlebniswelten*. München: Profil 2004, S. 151-159.

Berger, Peter L.; Luckmann, Thomas: *Die gesellschaftliche Konstruktion der Wirklichkeit*. Frankfurt am Main: Fischer 1980.

Bette, Karl-Heinrich: *X-treme. Zur Soziologie des Abenteuer- und Risikosports*. Bielefeld: Transcript 2004.

Bieger, Thomas: *Tourismuslehre: Ein Grundriss*. Bern: Haupt 2004.

Binder, Jana: *Globality. Eine Ethnographie über Backpacker*. Münster: LIT 2005.

Binder, Jana: *The Whole Point of Backpacking: Anthropological Perspectives on the Characteristics of Backpacking*. In: Richards, Greg; Wilson, Julie (Hrsg.): *The Global Nomad: Backpacker Travel in Theory and Praxis*. Clevedon: Channel View Publications 2004, S. 92-108.

Bönisch-Brednich, Brigitte: *Auswandern: Destination Neuseeland*. Berlin: Mana-Verlag 2002.

Brilli, Attilio: *Als Reisen eine Kunst war: Vom Beginn des modernen Tourismus: Die >Grand Tour<*. Berlin: Wagenbach 1997.

Buchspieß, Andrea: *Australien – Reisen und Jobben*. Bielefeld: Reise-Know-How-Verlag 2006.

Burkhardt, Maren: *Tourismus in Cuba: Inszenierung des „Cuban Lifestyle"*. In: Wöhler, Karlheinz (Hrsg.): *Erlebniswelten: Herstellung und Nutzung touristischer Welten*. Münster: LIT 2005, S. 137-150.

Cohen, Erik: *Backpacking: Diversity and Change*. In: Richards, Greg; Wilson, Julie (Hrsg.): *The Global Nomad: Backpacker Travel in Theory and Praxis*. Clevedon: Channel View Publications 2004, S. 43-59.

Cooper, Malcolm; O'Mahony, Kieran; Erfurt, Patricia: *Backpackers: Nomads Join the Mainstream? An Analysis of the Backpacker Employment on the 'Harves Trail Circuit' in Australia*. In: Richards, Greg; Wilson, Julie (Hrsg.): *The Global Nomad: Backpacker Travel in Theory and Praxis*. Clevedon: Channel View Publications 2004, S. 180-195.

Csikszentmihalyi, Mihaly: *Einführung*. Hrsg. von C., M.; Csikszentmihalyi, Isabella. Stuttgart: Klett-Cotta 1995.

Csikszentmihalyi, Mihaly: *Das flow-Erlebnis und seine Bedeutung für die Psychologie des Menschen*. Hrsg. von C., M.; Csikszentmihalyi, Isabella. Stuttgart: Klett-Cotta 1995.

Elias, Norbert: *Über die Zeit*. Frankfurt am Main: Suhrkamp 1988.

Elias, Norbert; Dunning, Eric: *Sport und Spannung im Prozeß der Zivilisation*. Baden-Baden: Suhrkamp 2003.

Elias, Norbert; Scotson, John L.: *Etablierte und Außenseiter*. Baden-Baden: Suhrkamp 1990.

Frank, Robert; Cook, Philip: *The Winner-Take-All Society: Why the Few at the Top Get So Much More Than the Rest of Us*. New York: Penguin Press 1996.

Franke, Elk: *Sozialphilosophische Grundlagen der Sportsoziologie*. In: Weis, Kurt; Gugutzer, Robert (Hrsg.): Handbuch Sportsoziologie. Schorndorf: Hoffmann 2008, S. 16-26.

Füssenhäuser, Martin: *Erlebniswelt Reiseprospekt*. In: Wöhler, Karlheinz (Hrsg.): *Erlebniswelten: Herstellung und Nutzung touristischer Welten*. Münster: LIT 2005, S. 45-58.

Gebauer, Gunter [et al.]: *Treue zum Stil: Die aufgeführte Gesellschaft*. Bielefeld: transcript 2004.

Gebhardt, Winfried: *Feste, Feiern und Events. Zur Soziologie des Außergewöhnlichen*. In: G., W.; Hitzler, Ronald; Pfadenhauer, Michaela (Hrsg.): *Events: Soziologie des Außergewöhnlichen*. Opladen: Leske + Budrich 2000, S. 17-32.

Giddens, Anthony: *Soziologie*. Graz, Wien: Nausner & Nausner 1999.

Girtler, Roland: *Vom Fahrrad aus: Kulturwissenschaftliche Gedanken und Betrachtungen*. Wien: LIT 2004.

Girtler, Roland: „*Herrschaften wünschen zahlen*": *Die bunte Welt der Kellnerinnen und Kellner*. Wien: Böhlau 2008.

Girtler, Roland: *Irrweg Jakobsweg: Die Narbe in den Seelen von Muslimen, Juden und Ketzern*. Graz: Leykam 2007.

Girtler, Roland: *Die feinen Leute: Von der vornehmen Art, durch das Leben zu gehen*. Wien: Böhlau 2002.

Girtler, Roland: *Methoden der Feldforschung*. Wien, Köln, Weimar: Böhlau 2001.

Girtler, Roland: *Randkulturen: Theorien der Unanständigkeit*. Wien, Köln, Weimar: Böhlau 1995.

Girtler, Roland: *Der Strich: Soziologie eines Milieus*. Wien: LIT 2004.

Glaser, Barney G.; Strauss, Anselm L.: *Grouded Theory: Strategien qualitativer Forschung*. Bern: Huber 1998.

Glaubitz, Uta: *Jobs für Weltenbummler: Machen Sie Ihr Fernweh zum Beruf*. Frankfurt am Main: Campus 2001.

Goffman, Erving: *Interaktionsrituale*. Frankfurt am Main: Suhrkamp 1971.

Goffman, Erving: *Stigma*. Baden-Baden: Suhrkamp 1967.

Goffman, Erving: *Wir alle spielen Theater: Die Selbstdarstellung im Alltag*. München: Piper 1969.

Goronzy, Frederic: *Erlebniszoos: das Tier als Erlebnis*. In: Kagelmann, H. Jürgen; Bachleitner, Reinhard; Rieder, Max (Hrsg.): *Erlebniswelten*. München: Profil 2004, S. 29-38.

Gross, Harald: *Brand Lands: Erlebnis von Marken und neue Unternehmenskommunikation*. In: Kagelmann, H. Jürgen; Bachleitner, Reinhard; Rieder, Max (Hrsg.): *Erlebniswelten*. München: Profil 2004, S. 181-192.

Gross, Peter: *Die Multioptionsgesellschaft*. Frankfurt am Main: Suhrkamp 1994.

Gross, Peter: *Pop-Soziologie?: Zeitdiagnostik in der Multioptionsgesellschaft*. In: Prisching, Manfred (Hrsg.): *Modelle der Gegenwartsgesellschaft*. Wien: Passagen 2003, S. 33-64.

Gugutzer, Robert: *Sport im Prozess gesellschaftlicher Individualisierung*. In: Weis, Kurt; G., R. (Hrsg.): *Handbuch Sportsoziologie*. Schorndorf: Hoffmann 2008, S. 88-99.

Hebdige, Dick: *Subculture: Die Bedeutung von Stil*. In: Diederichsen, Diedrich; H., D.; Marx, Olaph-Dante (Hrsg.): *Schocker: Stile und Moden der Subkultur*. Reinbek bei Hamburg: Rowohlt 1983, S. 8-120.

Heinemann, Klaus: *Sport im Prozess der Technologisierung*. Hrsg. von Weis, Kurt; Gugutzer, Robert. Schorndorf: Hoffmann 2008.

Hennig, Christoph: *Reiselust: Touristen, Tourismus und Urlaubskultur*. Frankfurt am Main: Insel 1997.

Hillmann, Karl-Heinz: *Wörterbuch der Soziologie*. Stuttgart: Kröner 1994.

Hitzler, Ronald: *Die Bastelgesellschaft*. In: Prisching, Manfred (Hrsg.): *Modelle der Gegenwartsgesellschaft*. Wien: Passagenverlag 2003, S. 65-80.

Hitzler, Ronald: *Brutstätten posttraditionaler Vergemeinschaftung*. In: H., R.; Honer, Anne; Pfadenhauer, Michaela (Hrsg.): *Posttraditionale Gemeinschaften: Theoretische und ethnographische Erkundungen*. Wiesbaden: VS Verlag für Sozialwissenschaften 2008, S. 55-72.

Hitzler, Ronald; Honer, Anne; Pfadenhauer, Michaela: *Zur Einleitung: „Ärgerliche" Gesellungsgebilde*. In: H., R.; H., A.; P., M. (Hrsg.): *Posttraditionale Gemeinschaften: Theoretische und ethnographische Erkundungen*. Wiesbaden: VS Verlag für Sozialwissenschaften 2008, S. 9-31.

Hochschild, Arlie Russell: *Das gekaufte Herz: Zur Kommerzialisierung der Gefühle.* Frankfurt am Main: Campus 1990.

van Huisseling, Mark: *How to be a star.* München: Nagel & Kimche im Carl Hanser Verlag 2006.

Jüttling, Dieter Heinz: *Sport im Verein.* In: Weis, Kurt; Gugutzer, Robert (Hrsg.): *Handbuch Sportsoziologie.* Schorndorf: Hoffmann, S. 133-142.

Kagelmann, H. Jürgen: *Themenparks.* In: K., H. J.; Bachleitner, Reinhard; Rieder, Max (Hrsg.): *Erlebniswelten.* München: Profil 2004, S. 160-180.

Kain, Denise; King, Brian: *Destination-Based Product Selections by International Backpackers in Australia.* In: Richards, Greg; Wilson, Julie (Hrsg.): *The Global Nomad: Backpacker Travel in Theory and Praxis.* Clevedon: Channel View Publications 2004, S. 196-216.

Kayser, Simone: *Die Welt der Globetrotter: Selbsterfahrung durch Fremderfahrung.* In: Wöhler, Karlheinz (Hrsg.): *Erlebniswelten: Herstellung und Nutzung touristischer Welten.* Münster: LIT 2005, S. 97-107.

Keller, Reiner: *Welcome to Pleasuredome?: Konstanzen und Flüchtigkeit der gefühlten Vergemeinschaftung.* In: Hitzler, Ronald; Honer, Anne; Pfadenhauer, Michaela (Hrsg.): *Posttraditionale Gemeinschaften: Theoretische und ethnographische Erkundungen.* Wiesbaden: VS Verlag für Sozialwissenschaften 2008, S. 89-111.

Keul, Alexander G.: *Reisezeit = Erlebniszeit?* In: Kagelmann, H. Jürgen; Bachleitner, Reinhard; Rieder, Max (Hrsg.): *Erlebniswelten.* München: Profil 2004, S. 21-28.

Kiefl, Walter; Bachleitner, Reinhard: *Tourismuslexikon.* München, Wien: Profil 2005.

Klein, Gabriele: *Körper- und Bewegungspraktiken im Sport der Moderne.* In: Weis, Kurt; Gugutzer, Robert (Hrsg.): *Handbuch Sportsoziologie.* Schorndorf: Hoffmann 2008, S. 257-265.

Knoblauch, Hubert: *Kommunikationsgemeinschaften: Überlegungen zur kommunikativen Konstruktion einer Sozialform.* In: Hitzler, Ronald; Honer, Anne; Pfadenhauer, Michaela (Hrsg.): *Posttraditionale Gemeinschaften: Theoretische und ethnographische Erkundungen.* Wiesbaden: VS Verlag für Sozialwissenschaften 2008, S. 73-88.

Knoblauch, Hubert: *Das strategische Ritual zur kollektiven Einsamkeit. Zur Begrifflichkeit und Theorie des Events.* In: Gebhardt, Winfried; Hitzler, Ronald; Pfadenhauer, Michaela (Hrsg.): Events: *Soziologie des Außergewöhnlichen.* Opladen: Leske + Budrich 2000, S. 33-50.

Levine, Robert: *Eine Landkarte der Zeit: Wie Kulturen mit Zeit umgehen.* München: Piper 2002.

Luft, Hartmut: *Organisation und Vermarktung von Tourismusorten und Tourismusregionen: Destination Management.* Meßkirch: Gmeiner-Verlag 2005.

Manopoulos, Dimitrios: *Informationsvermittlung und soziale Interaktion mittels Humor am Beispiel des österreichischen Kabaretts.* Graz, Univ., Dipl.-Arb. 2006.

Mikos, Lothar: *Soziologie des Mediensports.* In: Weis, Kurt; Gugutzer, Robert (Hrsg.): *Handbuch Sportsoziologie.* Schorndorf: Hoffmann 2008, S. 331-339.

Müller, Thomas: *Bestie Mensch.* Salzburg: ecowin 2004.

Newlands, Ken: *Setting out on the Road Less Travelled: A Study of Backpacker Travel in New Zealand.* In: Richards, Greg; Wilson, Julie (Hrsg.): *The Global Nomad: Backpacker Travel in Theory and Praxis.* Clevedon: Channel View Publications 2004, S. 217-236.

Niekrenz, Yvonne: *Traditionen in posttraditionaler Vergemeinschaftung – am Beispiel des rheinischen Straßenkarnevals.* In: Hitzler, Ronald; Honer, Anne; Pfadenhauer, Michaela (Hrsg.): *Posttraditionale Gemeinschaften: Theoretische und ethnographische Erkundungen.* Wiesbaden: VS Verlag für Sozialwissenschaften 2008, S. 270-284.

Oberhueber, Christian: *Extremsport und Risikosport: Optionen der Erlebnissuche in der Gegenwartsgesellschaft.* Graz, Univ., Dipl.-Arb. 2005.

Opaschowski, Horst W.: *Kathedralen des 21. Jahrhunderts.* Hamburg: Germa Press 2000.

Opaschowski, Horst W.: *Das gekaufte Paradies: Tourismus im 21. Jahrhundert.* Hamburg: Germa Press 2001.

Opaschowski, Horst W.: *Xtrem: Der kalkulierte Wahnsinn – Extremsport als Zeitphänomen.* Hamburg: Germa Press 2000.

Penz, Otto; Rösch, Stefan: *Misserfolge und Scheitern von Erlebniswelten.* Hrsg. von Kagelmann, H. Jürgen; Bachleitner, Reinhard; Rieder, Max. München: Profil 2004, S. 39-46.

Pindyck, Robert S.; Rubinfeld, Daniel L.: *Mikroökonomie*. München: Pearson Studium 2003.

Prisching, Manfred: *Bilder des Wohlfahrtstaates*. Marburg: Metropolis 1996.

Prisching, Manfred: *Die zweidimensionale Gesellschaft: Ein Essay zur neokonsumistischen Geisteshaltung*. Wiesbaden: VS Verlag für Sozialwissenschaften 2006.

Prisching, Manfred: *Die McGesellschaft: In der Gesellschaft der Individuen*. Graz: Styria 1998.

Prisching, Manfred: *GOOD BYE NEW ORLEANS: Der Hurrikan Katrina und die amerikanische Gesellschaft*. Graz: Leykam 2006.

Prisching, Manfred: *Paradoxien der Vergemeinschaftung*. In: Hitzler, Ronald; Honer, Anne; Pfadenhauer, Michaela (Hrsg.): *Posttraditionale Gemeinschaften: Theoretische und ethnographische Erkundungen*. Wiesbaden: VS Verlag für Sozialwissenschaften 2008, S. 35-54.

Prisching, Manfred: *Die Pistengesellschaft: Ein Nachwort*. In: Spendlingwimmer, Florian: *Mythos: Schi und Snowboardlehrer: Helden oder Sozialversager?* Münster: LIT 2007, S. 159-161.

Richards, Greg; Wilson, Julie: *The Global Nomad: Motivations and Behaviour of Independent Travellers Worldwide*. In: R., G.; W., J. (Hrsg.): *The Global Nomad: Backpacker Travel in Theory and Praxis*. Clevedon: Channel View Publications 2004, S. 14-39.

Richards, Greg; Wilson, Julie: *Widening Perspectives in Backpacker Research*. In: R., G.; W., J. (Hrsg.): *The Global Nomad: Backpacker Travel in Theory and Praxis*. Clevedon: Channel View Publications 2004, S. 253-279.

Ritzer, George: *Die McDonaldisierung der Gesellschaft. Konstanz*: UVK 2006.

Rolshoven, Johanna: *Mediterranität als Lebensstil*. In: Wöhler, Karlheinz (Hrsg.): *Erlebniswelten: Herstellung und Nutzung touristischer Welten*. Münster: LIT 2005, S. 59-70.

Saretzky, Anja: Die heimliche Disneyfizierung: Spanien erleben. In: Wöhler, Karlheinz (Hrsg.): Erlebniswelten: Herstellung und Nutzung touristischer Welten. Münster: LIT 2005, S. 121-136.

Schimank, Uwe: *Sport im Prozess gesellschaftlicher Differenzierung*. Hrsg. von Weis, Kurt; Gugutzer, Robert. Schorndorf: Hoffmann 2008.

Schulze, Gerhard: *Die Erlebnisgesellschaft.* Frankfurt am Main: Campus 2000.

Schulze, Gerhard: *Kulissen des Glücks: Streifzüge durch die Eventkultur.* Frankfurt am Main: Campus 2000.

Schwier, Jürgen: *Soziologie des Trendsports.* In: Weis, Kurt; Gugutzer, Robert (Hrsg.): *Handbuch Sportsoziologie.* Schorndorf: Hoffmann 2008, S. 349-357.

Seeßlen, Georg: *Sex.* In: Hügel, Hans-Otto (Hrsg.): *Handbuch Populäre Kultur: Begriffe, Theorien und Diskussionen.* Stuttgart: Metzler 2003, S. 403-408.

Sennet, Richard: *Der flexible Mensch.* Berlin: Berliner Taschenbuch Verlag 1998.

Simmel, Georg: *Die Großstädte und das Geistesleben.* Frankfurt am Main: Suhrkamp 2006.

Simmel, Georg: *Philosophische Kultur: Über das Abenteuer, die Geschlechter und die Krise der Moderne.* Berlin: Wagenbach 1998.

Simmel, Georg: *Soziologie: Untersuchung über die Formen der Vergesellschaftung.* Frankfurt am Main: Suhrkamp 1992.

Speed, Claire; Harrison, Tony: *Backpacking in Scotland: Formal Public Sector Responses to an Informal Phenomenon.* In: Richards, Greg; Wilson, Julie (Hrsg.): *The Global Nomad: Backpacker Travel in Theory and Praxis.* Clevedon: Channel View Publications 2004, S. 149-167.

Spendlingwimmer, Florian: *Mythos: Schi- und Snowboardlehrer: Helden oder Sozialversager?* Wien: LIT 2007.

Spode, Hasso: *Geschichte des Tourismus.* In: Hahn, Heinz; Kagelmann, Hans-Jürgen (Hrsg.): *Tourismuspsychologie und Tourismussoziologie: Ein Handbuch zur Tourismuswissenschaft.* München: Quintessenz 1993, S. 3-9.

Stamm, Hanspeter; Lamprecht, Markus: *Sport im Prozess der Globalisierung.* In: Weis, Kurt; Gugutzer, Robert (Hrsg.): *Handbuch Sportsoziologie.* Schorndorf: Hoffmann 2008, S. 100-109.

Turner, Victor: *Das Ritual: Struktur und Anti-Struktur.* Frankfurt am Main: Campus 2000.

Vester, Heinz-Günther: *Das Erlebnis begreifen: Überlegungen zum Erlebnisbegriff.* In: Kagelmann, H. Jürgen; Bachleitner, Reinhard; Rieder, Max (Hrsg.): *Erlebniswelten.* München: Profil 2004, S. 9-15.

Vester, Heinz-Günter: *Tourismussoziologie.* In: Hahn, Heinz; Kagelmann, H. Jürgen (Hrsg.): *Tourismuspsychologie und Tourismussoziologie: Ein Handbuch zur Tourismuswissenschaft.* München: Quintessenz 1993, S. 39f.

Weis, Kurt: *Sport im Prozess der Säkularisierung.* In: W., K.; Gugutzer, Robert (Hrsg.): *Handbuch Sportsoziologie.* Schorndorf: Hoffmann 2008, S. 74-87.

Welk, Peter: *The Beaten Track: Anti-Tourism as an Element of Backpacker Identity Construction.* In: Richards, Greg; Wilson, Julie (Hrsg.): *The Global Nomad: Backpacker Travel in Theory and Praxis.* Clevedon: Channel View Publications 2004, S. 77-91.

Willems, Herbert: *Events: Kultur – Identität – Marketing.* In: Gebhardt, Winfried; Hitzler, Ronald; Pfadenhauer, Michaela (Hrsg.): *Events: Soziologie des Außergewöhnlichen.* Opladen: Leske + Budrich 2000, S. 51-76.

Winckelmann, Thomas: *Bei uns können Sie Urlaub erleben: Über die Zusammenhänge zwischen den Erlebnisversprechungen der Fremdenverkehrswerbung und dem kollektiven Gedächtnis, dargestellt am Beispiel der Werbebroschüren über Skandinavien aus dem Jahr 2000.* In: Wöhler, Karlheinz (Hrsg.): *Erlebniswelten: Herstellung und Nutzung touristischer Welten.* Münster: LIT 2005, S. 29-44.

Wöhler, Karlheinz: *Wo was los ist. Zur Topographie touristischer Erlebniswelten.* In: W., K. (Hrsg.): *Erlebniswelten: Herstellung und Nutzung touristischer Welten.* Münster: LIT 2005, S. 17-28.

Wopp, Christian: *Soziologie des Freizeitsports.* In: Weis, Kurt; Gugutzer, Robert (Hrsg.): *Handbuch Sportsoziologie.* Schorndorf: Hoffmann 2008, S. 321-330.

INTERNETQUELLEN:

http://www.itu.dk/courses/DDKU/E2007/artikler/Granovetter-%20Weak%20Ties.pdf, zuletzt besucht am 01.11.2009, 15.02 Uhr.

http://www.cis.upenn.edu/~mkearns/teaching/NetworkedLife/travers_milgram.pdf, zuletzt besucht am 01.11.2009, 15.03 Uhr.

http://www.thepalm.dubai-city.de, zuletzt besucht am 01.11.2009, 15.05 Uhr.

http://www.ischgl.at/de-events-archiv-winter.htm, zuletzt besucht am 01.11.2009, 15.06 Uhr.

http://www.sicktricktour.com, zuletzt besucht am 01.11.2009, 15.06 Uhr.

http://www.immigration.govt.nz/migrant/stream/work/workingholiday/, zuletzt besucht am 01.11.2009, 15.07 Uhr.

http://www.statistik.at/web_de/presse/031441, zuletzt besucht am 01.11.2009, 15.08 Uhr.

https://www.bmf.gv.at/Steuern/KontrolleillegalerA_1583/RechtlicheGrundlagen/Auslnderbeschftigun_1742/_start.htm, zuletzt besucht am 01.11.2009, 15.10 Uhr.

http://www.orf.at/ticker/297337.html, zuletzt besucht am 01.11.2009, 15.15 Uhr.

http://www.kleinezeitung.at/steiermark/steirerdestages/834715/index.do, zuletzt besucht am 01.11.2009, 15.17 Uhr.

http://www.welt.de/multimedia/archive/00996/Reise_kitz_panorama_996535p.jpg, zuletzt besucht am 01.11.2009 um 15.21 Uhr

Andere Quellen:

Hitzler, Ronald: *Vortrag über die „Bastelgesellschaft"* vom 6. April 2002 im Minoritensaal in Graz.

Gross, Peter: *Vortrag über die „Multioptionsgesellschaft"* vom 6. April 2002 im Minoritensaal in Graz.

ABBILDUNGSVERZEICHNIS:

Abbildung 1. *Harvest trails in Australia*, S. 163.

Quelle: Cooper, Malcolm; O'Mahony, Kieran; Erfurt, Patricia: *Backpackers: Nomads Join the Mainstream? An Analysis of the Backpacker Employment on the 'Harves Trail Circuit' in Australia.* In: Richards, Greg; Wilson, Julie (Hrsg.): *The Global Nomad: Backpacker Travel in Theory and Praxis.* Clevedon: Channel View Publications 2004, S. 183.

Abbildung 2. *Vernetzung Kitzbühel mit anderen Orten durch die Saisonarbeiter* (selbst erstellt), S. 165.

Abbildung 3. *Vernetzung Queenstown mit anderen Orten durch die Saisonarbeiter* (selbst erstellt), S. 165.

ANNEX ABSTRACT: 'DROP-OUTS' AND 'SURVIVAL ARTISTS'

In today's society many people search for the meaning of their life, a new idea of the world, fun maximization and social classification. The erosion of classes as well as individualisation lead to a multitude of lifestyles. Early strong binding communities with commitments have been replaced by short-term non-binding communities, the so-called 'post traditional societies'. Nowadays many people go on holiday to make a break from their everyday life. The quest for fun and excitement on the one hand, and for rest on the other hand, are the main motivators for going on holiday. On the contrary of everyday life, holiday resorts offer unusual experiences. Consequently in certain cases the resorts may lose their cultural origins in order to fulfill the wishes of the tourists. The fact that social disorder prevails on holidays allows tourists to act more freely. There is a certain type of jester's licence; rules are less strict than in everyday life. The behavioural freedoms are to be found in sexuality, alcohol consumption, celebration as well as non binding contacts. Many people on vacation focus on the body perception (which is in many cases neglected in everyday life in favour of 'top-heaviness'). Backpacking increasingly gives the opportunity to young people to travel far away from home. The travel and work lifestyle can expand the time staying abroad. Major factors for leaving home are relationship problems, uncertain family situations, desire for a new self-image, gap years, stressful jobs or desire for adventure. The latter is reinforced among other things by the large range of sports activities, which can be extreme like skiing, snowboarding or climbing. During the first season, the contrast is huge compared to earlier everyday life. Many of the travellers and workers are away from home for the first time in their lives and have to cope with new freedoms. Next to sport intensive activities there are also unhealthy lifestyles linked to partying, high alcohol consumption and fast food. Due to the high transition rate of the holidaymakers, instant communities are formed. Many seasonal workers have the opinion to live the time of their life caused by the many stimuli, few obligations and non-binding contacts. However towards the end of the season, seasonal worker's life is filled out with routine and the resort life becomes superficial. This intensive lifestyle full of excess makes the seasonal workers very tolerant towards the violation of rules. The seasonal workers form a sort of 'forgiving society'. Throughout the different seasons spent in the resort different generations and types of seasonal workers can be observed. The risk of remaining in a resort is directly proportional to the length of the stay. High solidarity prevails between seasonal workers mainly occuring in situations of crisis, catastrophes and deaths. The seasonal workers have a special relation towards the locals. Locals are established and they developed their networks in the resort since birth, whereas the seasonal workers are outsiders, who are dependent on the established persons by the employer-employee relationship. Language barriers and ignorance of local customs lead to delimitation of seasonal workers, who distinguish themselves from backpackers and tourists. A typical symbol for this delimitation is the work uniform. All seasonal workers define themselves by the slang spoken in the group, which partly developed from different languages. The main problems of the seasonal workers are financial resources, employment, visa, transport and accommodation. The seasonal workers build secondary networks, which guarantee a loose solidarity e.g. within the job market, apartment search etc. Crossroads of the networks are mostly youth hostels and pubs where important information is exchanged. They are also the interface for backpackers and travellers, who intend to stay longer in the place. Most of the travelling seasonal workers develop their personal skills during their stay and improve their social skills. Many seasonal workers must perform emotional work in order to ensure a pleasant stay for their tourists.

Generally speaking travelling seasonal workers are well educated, having passed A-levels or even finished university. Some even managed their own business and had success in their life. Travellers, who took a gap year, can be easily integrated into their normal career pattern after a season of travel and work. On the contrary drop-outs plan to remain forever in the resort. Many leave-takings are part of the travel and seasonal lifestyle. Travellers say goodbye to their friends and relatives. The contact with the family and friends is mostly maintained through internet and telephone. Long stay away from home can in some cases lead to different development from the original circles of friends and homecoming can be linked to tension and misunderstanding. The Christmas tradition being a typical family celebration is particularly intense for the seasonal workers due to the distance from their family.

There are eleven different types among the seasonal workers. One difference can be made between the 'adventurous travellers' towards the 'security travellers'. 'Back to back seasoners' come back each and every year to the same resorts and combine the high season of two different resorts e.g. Southern and Northern hemispheres. Their main characteristic is that they are employed for the whole year, but not settled anywhere. 'The hooked ones' happened to settled in a resort coincidently. The same fate meets the 'quasi-hooked-ones' with the only difference that they do not want to admit they are stuck. The 'lost souls' have an emotional antecedent and see the community and the resort as a spare family. The 'individualists' differ from the seasonal workers through their unique life-style e.g. characterized on the alpine pasture, the organising of tepee-parties etc. The 'rich sons' take a seasonal job in order to make friends in the resort. Contrary to the ever increasing number of gap-year takers, who select this life-style only for a determinate period of time, there is a special group, the true 'drop-outs' and the 'survival artists'.

Kulturwissenschaft

Florian Spendlingwimmer
Mythos: Schi- und Snowboardlehrer
Helden oder Sozialversager?
Dieses Buch beschäftigt sich mit dem Mythos der Schi- und Snowboarlehrer. Mittels teilnehmender Beobachtung und Gesprächen werden die Geheimnisse und Routinen der Schilehrer und auch Schilehrerinnen aufgearbeitet. „Die Analyse von unserem Schi- und Snowboardlehrer Florian Spendlingwimmer zeigt auf, dass die öffentliche Meinung über Schilehrer nur zum Teil ihre Richtigkeit hat." Rudi und Toni Sailer, Schilegenden aus Kitzbühel „Genau so, wie sie beschrieben werden, sind sie: die Schi- und SnowboardlehrerInnen." Dr. Lothar Stadler, Schilehrer aus Leidenschaft
Bd. 16, 2. Aufl. 2009, 216 S., 19,90 €, br., ISBN 978-3-8258-0277-6

LIT Verlag Berlin – Münster – Wien – Zürich – London
Auslieferung Deutschland / Österreich / Schweiz: siehe Impressumsseite

Pocket

Roland Girtler
10 Gebote der Feldforschung
Allen Soziologen wünschte René König etwas von Roland Girtlers Forschungsart. Dieses kleine Bändchen mit 10 Geboten der Feldforschung gibt Einblick in ein Forscherleben und lädt ein zur Nachahmung. Wie immer bei Girtler wird das pralle Leben sichtbar – und – es darf geschmunzelt werden.
Bd. 2, 2. Aufl. 2009, 128 S., 7,90 €, br., ISBN 978-3-8258-7700-2

LIT Verlag Berlin – Münster – Wien – Zürich – London
Auslieferung Deutschland / Österreich / Schweiz: siehe Impressumsseite